SHENZHEN
PROPERTY MANAGEMENT
YEARBOOK 2022

深圳物业管理年鉴

2022

《深圳物业管理年鉴》编辑委员会　编著

中国建筑工业出版社

图书在版编目（CIP）数据

深圳物业管理年鉴 . 2022 = SHENZHEN PROPERTY
MANAGEMENT YEARBOOK 2022 /《深圳物业管理年鉴》编
辑委员会编著 . —北京：中国建筑工业出版社，
2022.11
　　ISBN 978-7-112-28035-3

　　Ⅰ . ①深… 　Ⅱ . ①深… 　Ⅲ . ①物业管理－深圳－
2022 －年鉴 　Ⅳ . ①F299.276.53-54

　　中国版本图书馆 CIP 数据核字（2022）第 180280 号

　　《深圳物业管理年鉴》是深圳也是全国少有的地方物业管理年鉴，自1999年起已相继出版了1999、2003、2004、2005、2006、2007、2008、2009和2010、2011、2012、2019、2021等13册。该年鉴在完善深圳物业管理行业信息统计、收集分析行业发展态势、促进行业理论研究以及为政府提供决策参考等方面起到了良好的作用，受到了物业管理主管部门及业界的极大关注与支持，已成为记录深圳物业管理发展的权威史书。同时，该年鉴在宣传和推广深圳市物业管理整体形象、构建和谐深圳、效益深圳等方面也起到了良好的作用。

责任编辑：毕凤鸣
责任校对：孙　莹

深圳物业管理年鉴 2022
SHENZHEN PROPERTY MANAGEMENT YEARBOOK 2022
《深圳物业管理年鉴》编辑委员会　编著
*
中国建筑工业出版社出版、发行（北京海淀三里河路9号）
各地新华书店、建筑书店经销
逸品书装设计制版
广州市一丰印刷有限公司印刷
*
开本：880毫米×1230毫米　1/16　印张：19　插页：4　字数：431千字
2022年11月第一版　　2022年11月第一次印刷
定价：**128.00**元
ISBN 978-7-112-28035-3
（40154）

指导单位　中华人民共和国住房和城乡建设部
主持单位　深圳市住房和建设局
承编单位　深圳市住宅与房地产杂志社有限公司
编著者　《深圳物业管理年鉴》编辑委员会

编辑委员会

主　　任：徐松明
副 主 任：朱文芳
委　　员：张　雁　王必丰　谢吾德　王　锋　仇晨卉　刘国彪　胡书中　田　卓
　　　　　曹　阳　陈蔼贫　陈智勇　吕　维　杨　鸥　宋澜涛　蔡占宁　陈鸿基
　　　　　陈耀忠　陈海照　杨益涛　武根表　俞永铭　陈　谨　施均健　梁少金
　　　　　邹　玲　李德生　陈家发　崔　平　余绍元　杜淮滨　钟　仪

编　写　组

主　　编：朱文芳
副 主 编：张　雁
编写组主任：仇晨卉
执 行 主 任：杨少静　李春云
编写人员：吴兴宏　黎铭明　饶雅婷　雷　杰　李亚力　何　楠　李　纯　谢慧婷
　　　　　殷宇嘉　谢凤清　姚　琳　林彦嫒　林铄众　田　卓　赵　靓　范斐璇
　　　　　宋　杰　黄　飞　余建辉　潘永健　任晓寒　曾国平　关开斌　谢若权
　　　　　钟加媚　邹锡冰　张宇翔　黄汕霞　邱卓智　黄　翩　易　聪　孙　琴
　　　　　陈金福　林　平　林　琅　魏会学　樊　杰　董会宾　陈　培　叶铭毅
　　　　　张建明　姜培浩　白　潔　周志刚　李　斌　马　笛　谢建英　许　妲
　　　　　黄　鹏　徐　赫　王堉先　曹姜维　袁愉快　尹怡人　严　昔　葛大永
　　　　　赵林夫　李　响　张　毅　吴金平　黄子芳

策　　划：刘　云　李　华　杨卫东
设 计 / 制作：范海源

编撰说明

一、《深圳物业管理年鉴2022》(以下简称本书)是在中华人民共和国住房和城乡建设部指导下，深圳市住房和建设局主持编写的一本反映2021年深圳市物业管理历史与现状的资料性工具书。

二、本书综合性资料，来自中华人民共和国住房和城乡建设部官网、深圳市住房和建设局官网；专业性资料，来自深圳市住房和建设局统计年报、深圳市物业管理信息平台、2021年度深圳市物业管理行业发展报告、公开出版物，各区住房和建设局，深圳市物业管理行业协会、各区物业管理协会(联合会)，深圳物业管理相关出版机构、研究机构、培训机构，深圳市物业管理相关企业及专业机构的官方网站。缘于资料出处的不同和统计口径的差异，虽做过一些技术处理，但仍有参差。

三、年鉴本应以一年划分，但因截至2021年3月10日深圳物业管理行业迎来40年大庆，本书整理了行业发展40年大事记，并增加了序言，以作纪念。

四、本书有部分内容因各区住房和建设局统计口径不一，只能原始照录。

五、本书对物业管理行业理性评判的标准尺度没有完全统一，因此对物业管理发展历史及现状以描述存在或发生过的事实为主，部分为专业人士与专家的解读分析，谨供读者参考。对于本书中的不足与存疑，恳请有关领导、专家与同行们批评指正。

编著者
2022年9月

序

40年的变与不变

我一直认为,深圳物业行业40年的发展不仅是一部波澜壮阔的奋斗史,更是一部不断唤起自信、坚定自信的发展史。从摸着石头过河到引领行业发展,从一家企业发展成一个行业,从星星之火到时代荣光,一路走来步履铿锵——

至2020年,深圳物业行业产值已突破1100亿元,在管规模近30亿平方米,在管项目超过2万个,上市物业企业近十家。深圳一大批物业服务企业以总部型、集团化形式将业务拓展至全国各地甚至海外多个国家,并将服务的触角延伸至各种类型的物业项目中,延伸至城市管理和美丽乡村建设中,延伸至与物业服务相关的上下游领域。

经过40年的发展,物业管理被赋予了更多内涵,承载了更多责任。它已经从一个传统的劳动密集型行业发展成为资本密集型、技术密集型、知识密集型具有同心多元产业链特征的现代服务业;从过去人们眼中一个房地产开发公司的附属业务部门,变成了一个关乎民生、关乎社会和谐稳定、关乎城市可持续发展的重要行业,走上了自主发展的道路。

经过40年的发展,物业管理在经济社会发展中的作用越来越明显,物业企业的专业服务能力和资源整合能力在不断提升。物业管理的边界在不断扩大,已经融入了社区治理和城市发展中,成为政府加强城市精细化管理、推动经济社会建设的重要抓手;物业管理的功能也在不断提升,它已经远远超越了从前单纯的"四保"服务的范畴,业务链条延伸至与业主衣食住行相关的方方面面。

40年砥砺奋进,我们在改变中前行,也在不变中坚守!

这40年来,物业管理对建设美好生活的初心始终未曾改变。从满足客户需求到超越客户需求,万千物业人用行动体现着自身价值,用优质服务赢得客户尊重。无论是在2003年非典疫情面前,还是在2018年35年一遇的超强台风"山竹"面前,在小区各类突发事故和自然灾害面前,物业人都全力以赴地守护着广大人民群众的生命财产安全,履行着一个行业的社会责任。尤其在2020年新冠肺炎疫情期间,万千物业人顶着防疫物资紧缺的压力,严防死守,全力构筑起了小区疫情防控的严密防线。

这40年来，深圳物业行业勇于创新的魄力始终未曾改变。从出台首部地方性法规到成立首家物业协会，从首次实行公开招标投标到最早导入企业资质管理办法，从率先探索绿色物业管理和智慧社区建设到率先建立综合实力评价制度、业主满意度深圳指数体系、星级项目经理评价体系，率先登陆资本市场……40年发展中，一代代深圳物业人用敢为人先的勇气展示着创新底气和张力，引领着行业发展，推动着行业发展，也正是这些点点星光稳固了深圳物业管理国内行业领头羊的位置，更让"物业管理"被誉为深圳特区的一张城市名片。如今，这种勇于创新的精神也早已融入了深圳物业管理的基因里。

40年铿锵前行，我们在挑战中寻找机遇，也在磨砺中蜕变成长！

从确立实行专业化、企业化和社会化的管理模式到强化行业治理、规范企业行为，再到强化党建引领、践行以人民为中心的发展思想，将物业服务纳入现代服务业发展规划和社区治理体系，40年来，深圳坚持先行先试，勇当探路先锋，推动物业管理向规范化、市场化方向高质量发展。

回望过去40年，有太多的感动与振奋，也有无数的喜悦与荣光。一代代物业人用辛勤的汗水让物业行业焕发出勃勃生机，绽放出时代光芒与魅力。

举目已是千山绿，宜趁东风扬帆起。新时代的壮丽画卷正向我们徐徐展开。在奋斗的征程上，让我们继续坚持以质取胜、以质兴业的理念，以逢山开路、遇水架桥的开拓精神，以敢闯敢干的勇气和自我革新的担当，维护好"深圳物业管理"这个品牌，续写深圳物业行业发展的精彩篇章。

物业管理40年，感谢这个时代，感谢每一位默默付出的物业人！

深圳市住房和建设局局领导班子成员、一级调研员

朱文芳

■ 图片纪事

  2021 年 10 月 9 日，深圳市人大常委会主任骆文智率部分市人大代表赴福田区开展《深圳经济特区物业管理条例》执法检查。骆文智指出，此次修订后的《条例》凝聚了社会各界的智慧和心血，是党委领导、人大主导、政府配合、社会参与的一项重要立法成果。要切实推动《条例》的贯彻落实，切实依法保障广大业主的合法权益。各有关部门要加强统筹协调，形成齐抓共管的局面，并完善相关配套文件，为《条例》实施提供有力保障，推动全市物业管理水平再上新台阶，真正实现"住有宜居"。

　　2021年11月2日上午，新时代大讲堂"党组（党委）书记大家谈：100年再出发"系列课程第十四讲在市党群服务中心举行，深圳市住房和建设局党组书记、局长徐松明以《弘扬伟大建党精神，始终牢记初心使命，奋力开创深圳住房和城市建设事业高质量发展新局面》为题，对市民关注的住房建设、房地产市场发展、物业管理、老旧小区改造、管道天然气全覆盖等热点问题畅谈解题思路和落实方案。

■ 图片纪事

　　2021 年 4 月 20 日上午，深圳市住房和建设局局领导班子成员、一级调研员朱文芳做客深圳新闻广播《民心桥》节目，围绕"党建引领物业管理活动，营造共建共治共享的小区治理新格局"主题，和市民朋友展开沟通交流。朱文芳表示，深圳市正多措并举，推动物业管理全面升级，为市民营造安全舒适、文明和谐美好的工作和生活环境。

■ 图片纪事

2021年6月15日下午，深圳市住房和建设局物业监管处处长张雁、深圳市物业管理服务促进中心（市物业专项维修资金管理中心）主任谢吾德等一行6人到深圳市物业管理行协会调研指导工作。

2021年8月11日下午，深圳物业管理行业协会在莲花大厦11楼会议室召开落实转供电电价政策措施提醒告诫企业约谈会。深圳市物业管理服务促进中心领导胡书中出席会议并就规范转供电环节收费行为提出要求。

■ 图片纪事

2021年8月12日，深圳市物业管理行业协会受深圳市住房和建设局委托，启动宜居社区的培育、回访、考核等工作。

2021年12月21日至24日，由深圳市住房和建设局主办，深圳市物业管理行业协会承办的四场《深圳经济特区物业管理条例》解读专题公益培训圆满完成。本次培训采用网上直播的方式，分别由深圳市住房和建设局物业监管处处长张雁、副处长仇晨卉等人主讲，累计10万人次参加本次培训。

2021年4月19日下午，由深圳市住房和建设局、深圳市公安局安全技术防范管理办公室指导，深圳市物业管理行业协会联合深圳市智慧安防行业协会、华为技术有限公司、深圳天感智能有限公司共同举办的"高空抛物防范及治理"高峰论坛在深圳大中华喜来登酒店圆满召开。深圳市住房和建设局物业监管处副处长仇晨卉致辞。

2021年12月23日下午，深圳市物业管理行业协会第七届换届选举会员代表大会在罗湖区文锦广场五楼国际厅召开。会议审议通过了第七届换届筹备工作报告、第六届理事会工作报告等多项议案，并进行第七届换届选举。曹阳当选新一届会长，吕维当选副会长兼秘书长，侯亚军当选监事长。

■ 图片纪事

2021年4月，深圳市住房和建设局物业监管处党支部与深圳市物业专项维修资金管理中心党支部联合开展"不忘初心、牢记使命"主题活动。

2021年5月28日下午，深圳市物业专项维修资金管理中心在鼎和大厦45楼携手深圳公证处、中国银行深圳分行中心区支行等四家单位联合举办了党史学习教育知识抢答赛。

■ 图片纪事

　　2021年10月27-29日，2021广州国际智慧物业博览会在广州保利世贸博览馆开幕。深圳馆占地约2000平方米，特别设置了深圳上市企业、深圳百强企业、科技企业、配套供应商、产业研究与培训教育等多个展区。

（以上图片均由各相关单位提供）

C目 录
ontents

第一章

物业管理
发展概况

SHENZHEN
PROPERTY MANAGEMENT
YEARBOOK 2022

第一节　全市物业管理发展概况

【概况】　2021年，深圳市纳入统计的物业服务企业1994家，从业人员约73.44万。全市5806个项目由物业服务企业进行专业化管理，在管面积约4.73亿m²，全市物业服务企业2021年度主营业务收入超过1300亿元。深圳通过强化小区党支部引领作用，建立健全业主自治制度，科技赋能业主参与小区事务，加强物业公司规范管理，完善多方参与小区治理的机制，提升小区居民的满意度、获得感和幸福感。

【党建引领共建美好家园】　2021年，深圳市住房和建设局结合住房和城乡建设部"美好家园"小区创建和广东省住房和城乡建设厅"红色物业"试点工作，与中共深圳市委组织部、深圳市民政局联合印发《关于推进"支部建在小区上"提升居民小区治理水平的若干措施》的通知，推行"小区党组织＋业主委员会＋物业服务企业"治理模式，督促各区建立小区党支部，选优配强书记和支委，解决群众堵点、痛点、难点问题，推动党支部成为物业小区治理的"核心"、业委会成为居民自治的"法定权利平台"、物业服务企业成为"日常服务平台"，形成示范引领作用，不断完善党组织领导下的业主委员会、物业服务企业良性互动机制，着力构建党建引领、多元协同、居民自治、法制保障、专业支撑的居民小区治理格局。2021年，深圳市成为"加强物业管理，共建美好家园"活动试点城市。其中坪山区朗悦花园小区、长城二花园小区被住房和城乡建设部办公厅、中央文明办秘书局评为典型案例。

【立法先行夯实法制建设基础】　2021年，深圳市住房和建设局做好《深圳经济特区物业管理条例》相关配套文件修订工作，推动出台多部规范性文件，发挥特区立法的引领和推动作用。出台了《深圳市物业管理服务评价和管理办法》，解决物业管理领域的空白，创新改革物业管理领域监管模式，推动物业管理监管模式从"事前监管"向"事中、事后监管"转变，从"准入监管"向"行为监管"转变，建立健全物业管理监管体系，规范物业管理市场秩序，提升物业服务水平。推动出台《深圳市各类物业建筑安装工程总造价标准》和《深圳市使用物业专项维修资金工程造价服务工作规则（试行）》2部文件，调整更新各类物业建筑造价标准，有效规范造价服务工作，提高维修资金工程造价服务质量。2021年12月，《完善物业管理制度，满足人民对美好居住环境的需要——深圳经济特区物业管理条例正式颁布》入围第六届"法治政府奖"。

【开展《条例》实施情况执法检查】 2021年，深圳市人大常委会对《条例》的实施情况进行了执法检查，通过政府部门自查、实地检查、座谈调研等方式，对《条例》实施情况开展全方位"体检"，找出了《条例》实施中存在的主要问题，明确了下一步提升完善的具体方向和路径。

【建立全市统一物业管理信息平台】 2021年，深圳市住房和建设局建立了全市统一的物业管理信息平台。该平台以物业管理微信公众号作为面向公众的入口，业主关注物业管理微信公众号，实人认证后调取产权登记信息，确认并绑定业主身份，可以看到自己的小区的各类公开信息、开展满意度评价、参与业主决策等；业主委员会通过业主大会备案后，在平台上召开业主大会、公示各类信息等；物业服务企业通过物业合同备案后，在平台上回复业主意见、响应主管部门通知和检查、公开各类信息等；主管部门发布通知公告、根据各类主体信用信息进行差异化监管。

【推进宜居社区建设】 按照深圳建设中国特色社会主义先行示范区、争当民生幸福标杆、可持续发展先锋的战略定位，牢固树立以人民为中心的发展思想，在"广东省宜居社区"、原"广东省绿色社区"创建成果的基础上，深圳市住房和建设局开展社区人居环境的建设和整治，将绿色发展理念贯穿社区规划、建设、管理和服务等活动的全过程，打造安全高效的生产空间、舒适宜居的生活空间、碧水蓝天的生态空间，实现老有颐养、住有宜居，满足深圳市民对美好环境与幸福生活的向往。截至2021年底，全市646个社区已创建"广东省四星级宜居社区"，创建比例约为97%；646个社区中有60个完成了"广东省五星级宜居社区"创建。

【推行绿色物业管理模式】 2021年，深圳市住房和建设局持续开展绿色物业管理项目星级评价工作，引导物业服务企业实施技术改造，加强科学管理，降低运行能耗，积极开展以节能、节水、垃圾分类、环境美化、污染防治为主要内容的绿色物业管理活动，提高物业管理质量和服务水平，营造安全、舒适、文明、和谐、美好的工作和生活环境。截至2021年底，共有85个项目获得了"深圳市绿色物业管理项目星级评价标识"，这些项目节能减排效果显著，垃圾减量分类卓有成效，水循环利用效果良好，业主低碳环保意识明显提高。

【推进智慧物业试点】 2021年，深圳市住房和建设局按住房和城乡建设部要求，稳步推进智慧物业建设试点。制定《深圳市智慧物业建设试点工作方案》，以"互联网+"为创新引擎，以促进信息共享和资源整合为重点，按照"需求导向、市场主导、政府统筹协调"的原则引导市场主体参与智慧物业建设试点。通过完善物业监管平台，制定智慧物业标准体系，推动物业服务企业使用的智慧物业服务平台与物业监管平台对接，实现房屋、住户、车位、设施设备等物业小区基础数据的重复利用，提升全行业整体信息服务水平。

【压实安全生产责任】 2021年，深圳市住房和建设局贯彻"管业务必管安全、管行业必须管安全、管生产经营必须管安全"的要求，压实各区局安全监管及物业服务企业安全生产主体责任。截至2021年底，已初步形成了"法规+标准+指引"的管理制度、"自查+督查"的管理模式、"常规+专项"的工作方法，并充分利用信息化手段开展宣传、培训和其他相关工作。

【筑牢疫情防控线】 2021年，深圳市住房和建设局根据疫情防控指挥部的统一安排，加强工作部署，完善疫情常态化防控工作机制，明确市区的监管和检查要求，压实防控责任，把疫情防控各项工作规范化、标准化、流程化。加强工作部署，明确市区的监管和检查要求，压实防控责任，持续督查督导，确保小区防控措施落到实处。站在常态化管理和应急处置两个角度，在总结和清理现有工作的基础上，结合市、区住房和建设部门的行业职责，将疫情防控工作纳入物业管理安全监管体系。截至2021年底，联合各区局形成工作督察组，采用定期和不定期的方式，对1770个小区疫情防控情况进行检查和抽查，对发现的问题要求物业服务企业立行立改，从严从实抓好常态化疫情防控措施。

【探索"物业城市"治理新模式】 在《2021年政府工作报告》中，深圳提出要探索"物业城市"治理新模式。2021年，深圳物业服务行业探索拓展城市服务领域，通过数字化赋能、智慧化手段，实现规模化、一体化运营，面向城市政府、企业、居民等终端客户提供综合服务，像绣花一样管理城市。探索在物业城市团体标准成熟后上升为地方标准，聚焦物业城市运营技术含量，指导物业企业既能做好物业城市运营商，又能做好物业城市服务商，促进行业发展。

第二节　各区物业管理发展概况

1.福田区

【概况】　根据深圳市物业管理统计年报统计，截至2021年12月31日，在福田区注册的物业服务企业348家，在管全国项目10593个，在管建筑面积125081.08万 m^2，从业人员362470人。另据区内统计，截至2021年12月31日，福田区共有物业项目1429个，其中既有物业管理也有业主委员会的物业项目321个、有物业管理但无业主委员会的物业项目1082个、无物业管理但有业主委员会的物业项目0个、既无物业管理也无业主委员会的物业项目26个。

【日常工作】　2021年，共处理12345政府热线投诉2445件、电话投诉1236通、信访局转办件112宗、舆情信息24宗，出席协调联席会议28次。业主大会和业委会备案115个，物业服务合同备案58个，应急预案备案24个，日常金追缴完成项目37个，首期金追缴完成项目13个，物业专项维修资金专项使用首、尾款申请共400个，物业专项维修资金紧急使用申请97个，备用金拨付、核销申请共367个。对全区物业服务企业员工开展物业管理法规、安全生产、小散工程等培训，累计培训1500余人（次）；继续推动小散工程和零星作业智慧监管系统运行，将大量高度动态变化的小散工程和零星作业点纳入统一平台进行管理，系统上备案的全区小散工程和零星作业项目30963个，完成案件核销28579件，责令整改11118处，责令停工1845处，执法立案115宗。组织第三方专业检查机构进行物业领域专项监督检查，重点包括小散工程及零星作业、有限空间作业、新能源充电设施、电动自行车管理、消防安全管理及小区的用电安全、物业管理应急预案等内容，通过对存在的问题责令整改或进行行业通报，持续跟踪整改情况，形成完整的物业安全监管工作闭环，检查物业项目340个，向物业服务企业下达了2份《责令整改通知书》。

【专项工作】　推进"物业城市"改革：消除"三无小区"安全隐患，为辖区26个无物业管理、无业主委员会、无物业专项维修金的"三无小区"引入专业物业管理，并实施天面、外墙、消防设施等设施设备升级改造；提升城中村专业化物业管理水平，引导城中村股份合作公司与专业物业服务企业开展多种形式合作，推动试点设立7个城中村物业综合服务中心，开展城中村楼栋托管83栋，托管面积17.7万㎡，着力补齐城区管理短板。创新小散工程智慧监管手段：完善信息化监管手段，创新推广施工单位罚分排行榜机制，实现"备案、巡查、执法、宣传、培训"全过程纳管，全面提升安全巡查及行业监督的精准性；推行"开工确认"机制，源头杜绝超限额备案、拆分备案、违规备案等违法违规行为；开展小散工程季度督导，结合小散智慧系统分析结果，形成督导检查评估报告，指导各街道有针对性做好小散工程属地纳管工作。落实物业管理指导和监督工作：持续开展"党建+物管"改革，推进住宅小区党支部建设，福田区883个住宅小区中单独成立党支部的小区445个；加强对物业企业的指导和监督，打造物业管理标准化建设体系，参与《住宅物业服务规范》《物业管理基础术语》2项深圳市地方标准研制，提交《住宅小区新冠肺炎疫情防控物业管理服务规范》立项申请；规范业主大会和业主委员会运作，落实完善业主大会备案制度，向125个业主大会发放统一社会信用代码证，加强对业主共有资金的监管，制定业主共有资金基本账户开户业务材料清单核查要点，规范共有资金开户流程。

2. 罗湖区

【概况】 根据深圳市物业管理统计年报统计，截至2021年12月31日，在罗湖区注册的物业服务企业336家，在管全国项目2553个，在管建筑面积27542.80万㎡，从业人员112912人。另据区内统计，截至2021年12月31日，罗湖区共有物业项目1450个，其中既有物业管理也有业主委员会的物业项目240个，无物业管理但有业主委员会的物业项目27个。

【日常工作】 积极推进党建工作融入物业管理，在899个住宅小区中促进576个成立党支部，助推9家非公物业服务企业组建党支部；全年开展物业领域执法检查8次，约谈、询问监管对象45次，发出责令通知书10份，行政警告6次；全区已开设业主共有资金账户193个，其中基本账户27个、共管账户179个；完成物业服务合同备案127件，物业管理区域安全防范应急预案备案111件，业主委员会备案79件，公示物业信息260条；坚持依法依规、实事求是，站在群众的立场为群众解决问题。2021年，处置各类信访矛盾纠纷416个；全年督导检查662个物业项目，发现并整改问题787处，整改率100%。开展专项应急演练7场，线上安全生产培训3场，4000余人参加，安全生产形势平稳可控，行业发展持续向好。

【专项工作】 推动2个物业项目创建绿色物业标识，获得绿色物业评价款补贴；在83个社区中创建宜居社区78个、五星宜居社区5个，累计创建率达93.9%；无物业小区实施规范化考评，物业管理费收缴率达70%，业主满意度达90%；督促完成全区5163个物业消防通道隐患排查、整治和移交；统筹罗湖区住宅小区和城中村"飞线"整治工作，359个物业项目（338个住宅小区、21个城中村）的"飞线"问题在规范化整改，2021年中央文明办文明典范城市综合测评对罗湖区创文工作表示肯定和认可。

3.盐田区

【概况】 根据深圳市物业管理统计年报统计，截至2021年12月31日，在盐田区注册的物业服务企业41家，在管全国项目119个，在管建筑面积571.4万 m²，从业人员2304人。另据区内统计，截至2021年12月31日，盐田区共有物业项目163个，其中既有物业管理也有业主委员会的物业项目39个、有物业管理但无业主委员会的物业项目124个。

【日常工作】 全年推进142个物业项目的物业安全管理检查，检查出隐患601条，同时推进全部有安全隐患全复查，复查整改率100%，对存在的较大安全隐患和拒绝整改的定期向有关安全生产执法部门、各街道进行通报；全区共处理各类信访投诉案件总计167件，其中包括政数电投诉18件、区长专线6件、各类信访82件（含绿色盐港家园小区同一信访事项共计50件），社情民意投诉61件（含半山悦海花园同一信访事项共计13件），共指导、参与各街道社区进行现场纠纷调解52次；共受理业主大会和业主委员会备案、物业服务合同备案共计60宗，审核通过并发放业主大会统一社会信用代码证书22份、业主大会和业主委员会备案通知书30份、物业服务合同备案通知书24份；全年共组织开展5场覆盖全辖区的专项安全培训，培训内容包括安全生产方面的法律法规、充电桩的安全管理、消防车通道施划与管理、有限空间和防风防汛等内容，物业管理相关从业人员共300余人次参加；制定了《深圳市盐田区首次业主大会会议召开和业主委员会换届选举工作内部操作指引》及《深圳市盐田区业主委员会规范履职内部操作参考》，并正式印发给各街道办事处和中英街管理局。

【专项工作】 推进绿色物业管理评价标识评审，协助市局完成其中2个项目的评审工作，上善梧桐苑、港城蓝山雅园项目已顺利通过评审，其中上善梧桐苑获二星级评价标识、港城蓝山雅园获一星级评价标识；开展宜居社区建设，委托深圳市盐田区物业管理联合会对辖区19个社区进行区级回访检查，19个社区全部已获评为四星级宜居社区，其中有5个社区已升级为五星级宜居社区；全市率先对业委会开展创新性服务，指导深圳市盐田区物业管理联合会建立了业委会沟通交流机制，定于每周五为辖区业委会接待日，一对一接待辖区业委会，切实解答协调小区存在的问题，消除物业矛盾纠纷，打造和谐物业小区，全年共服务12家业主委员会，协调解答30余项问题。

4.南山区

【概况】 根据深圳市物业管理统计年报统计，截至2021年12月31日，在南山区注册的物业服务企业265家，在管全国项目4834个，在管建筑面积47656.84万 m²，从业人员103011人。另据区内统计，截至2021年12月31日，在南山区注册的物业服务企业540家，共有物业项目1500

个，其中既有物业管理也有业主委员会的物业项目457个，有物业管理但无业主委员会的物业项目843个。

【日常工作】 开展安全生产督导工作：将物业行业安全生产工作与疫情防控工作紧密相结合，安全生产重点工作围绕小区消防安全、高空坠物和电动自行车停放和充电安全等方面开展，上半年共出动1068人次，对534个物业项目的安全生产工作进行督导。对现场未整改完成的隐患，向31家物业服务企业下发《告知函》，要求其限期整改。约谈了3家物业服务企业。加强行业安全警示教育：针对物业管理区域发生的消防安全、道路交通安全、电动自行车及高空坠物问题，在全区物业行业进行了警示教育，对800余名物业服务人员开展了12场物业管理安全生产宣讲。9月15日至9月16日，会同区消防救援大队对900余名物业服务企业（项目）负责人、安全管理人和安全岗位从业人员开展了3场消防安全培训活动。指导企业开展安全宣传工作：制作安全动漫宣传片，在各物业小区滚动播放。同时，要求各物业服务企业通过公告宣传栏、微信业主群等渠道，广泛宣传安全用火用电、电动车安全停放充电、火灾隐患自查自纠等知识，提高小区住户的居家安全防范知识和安全意识。规范物业管理区域外包作业单位安全管理：针对招商街道蛇口邮轮中心的第三方外墙清洁外包单位在进行作业时，发生高处坠落事故，向物业服务企业下发了《关于进一步做好物业管理区域外包作业安全管理的通知》，并制定了《安全生产管理协议（示范文本）》《安全承诺书（示范文本）》印发给辖区各物业服务企业。要求物业服务企业加强外包作业的安全管理，在发现未按规定审批、工人违章作业等行为时，要及时采取有效措施，消除安全隐患，严防事故发生。指导物业服务企业开展应急演练活动：7月8日，在航空航天大厦组织举办应急演练活动。开展督导检查：6月1日，下发《关于全面强化小区疫情防控管理的通知》，要求各物业服务企业严格落实各项防疫措施。6月5日至30日，共出动140人次，对283个住宅小区和城中村进行督查检查，并对抽查未落实防疫工作要求的120个项目进行了复查。制定应急预案，开展专项检查。

【专项工作】 宜居社区建设：组织专家对各街道办事处上报的2021年五星级宜居社区的创建名单依照创建标准，从社区治理、社区空间、社区环境、社区安全、社区文化、社区服务共6个方面进行实地走访，并将检查中发现需要完善的部分函告各街道办事处。对20个社区开展宜居社区回访复查工作，以实地查勘方式开展，对照创建标准查找短板问题，形成回访报告，指导各街道办事处及社区工作站积极对照完善。创新宣传方式：制作了《业委会违法违规警示片》，提高业主委员会委员法律意识。开展专项检查：根据《深圳经济特区物业管理条例》《安全生产法》等相关法律规定，对南山区物业服务企业的物业服务、安全工作中存在的违法违规行为进行检查。共检查物业项目80个，发出《整改建议书》75份。同时，根据《条例》的相关规定，对1家建设单位、4名业主委员会成员和1名业主进行立案处罚，其中2件已结案，另外4件已按程序依法进行处理。

5.宝安区

【概况】 根据深圳市物业管理统计年报统计，截至2021年12月31日，在宝安区注册的物业服务企业386家，在管全国项目1439个，在管建筑面积10139.35万 m²，从业人员43928人。

另据区内统计，截至2021年12月31日，宝安区共有物业项目1117个，其中既有物业管理也有业主委员会的物业项目210个、有物业管理但无业主委员会的物业项目894个、无物业管理但有业主委员会的物业项目3个、既无物业管理也无业主委员会的物业项目10个。

【日常工作】 推动物业管理品质提升：动态开展物业管理等级评定，印发《宝安区商住小区物业管理服务等级评定工作方案》，对《宝安区城中村物业管理等级评定方案》进行修订，每半年度对388个商住小区、430个村改居小区开展评定工作。拟定《关于推动城中村管理品质提升若干措施》，从股份公司主体责任、城中村工作联动机制、质价相符标准等方面着手，对全区城中村管理工作进行谋划。组织召开新桥街道、松岗街道现场调研活动，编印新桥工作经验并向全区推广；委托专家团队对各街道样板小区进行专题调研，指导样板小区创建。截至2021年底，已有海裕、海旺、凤凰、桃源、沙企、新桥6个社区被评为"广东省五星级宜居社区"，航城后瑞村、松岗沙二新村获评"深圳市十佳城中村"，新桥"上寮模式"被南方日报社评为"最具推广价值案例"的"城中村管理模式"。强化安全生产监管：专题印发部署文件及工作联系函件32份，督促街道、协会、企业全面开展安全隐患排查整治。广泛发动社会力量参与监督劝导，联合行业协会印发"安全出行文明相伴倡议书"3万余份，推送反诈、禁毒相关宣传材料10万余份，组织编印3000余份"小区综合监督员证"。持续开展安全督导检查，实施"区—街道及社区—物业服务企业"三级巡查，并委托专家开展系统性风险评估检查，共出动881人次，抽查物业小区968个，整治隐患194处，发出整改通知书8份。妥善化解物业矛盾纠纷：共发生物业矛盾纠纷1151起，同比2020年的1425起下降20%。加强信访纠纷处置，积极召开协调会，推动纠纷化解。共召开协调、联席会议68次，信访办结率100%。依法履行物业行业行政监管职责：落实行政审批职责，共办理业委会备案32份，物业服务合同备案41份，发放业主大会统一社会信用代码20份。落实提案建议办理，年内完成39份人大建议、政协提案及党代表提案办理工作，其中主办11份、分办5份、会办23份，均取得代表、委员满意。

【专项工作】 落实住宅小区疫情防控：印发《关于进一步加强物业小区疫情防控及围合管理的通知》等通知、指引文件9份，召开专题部署会2次，指导动员全区物业小区有序开展防控工作。开展住宅小区疫情防控督导检查，在"6·21"全区疫情防控关键期及中秋国庆等重要时段加大频次力度。共计出动984人次，检查小区715项次，制发通报、简报6份，责令整改小区36个，约谈企业相关负责人9人。编制住宅小区疫情防控应急预案，联合街道、社区在中洲华府、坪洲新村等小区开展疫情防控应急演练，筑牢疫情防控思想防线。推动老旧小区加装电梯：制定印发《宝安区既有住宅加装电梯工作方案》与《宝安区既有住宅加装电梯工程工作指引》，为既有住宅加装电梯提供科学遵循指引。成立区级专项工作小组，设立区加梯办，年内组织召开业主协调会议40余次、同深圳市规划和自然资源局等部门召开工作会议5次，推动加梯纠纷化解。2021年试点的25台电梯中，已投入使用27台，超额完成2台，全年加梯数量同比增长50%。推进宜居社区创建：制定年度宜居社区工作方案，按期组织街道、社区开展宜居社区申报及回访准备，并配合区委组织部开展智慧社区建设，推动智慧物业监管平台数据对接。推动文明城市、卫生城市创建：组织召开动员部署会3次，传达转发相关工作部署通知3份，派发宣传资料5万余份，通过不定期随机抽查，压实企业主体责任，助力营造小区创文、创卫良好氛围。推进住宅小区垃圾分类投放管理：印发垃圾分类工作通知，组织395家物业服务企业召开小区垃圾分类统筹部署暨宣传培训会，检查小区200余项次，发出整改通知书3份。

6.龙岗区

【概况】 根据深圳市物业管理统计年报统计，截至2021年12月31日，在龙岗区注册的物业服务企业247家，在管全国项目1679个，在管建筑面积25659.99万 m²，从业人员47597人。

另据区内统计，截至2021年12月31日，龙岗区共有花园小区456个，城中村499个，物业服务企业226家，成立业主大会并选举产生业主委员会的商品房住宅小区有183个。

【日常工作】 物业服务合同备案35宗，指导街道办理业主委员会和业主大会成立、变更、换届、注销等备案登记事项155个。累计处理全区信访物业投诉622件，约谈物业服务企业和业主委员会委员52人次，召开信访协调会28次、信访联席会议22次。委托第三方机构开展全区物业小区安全隐患排查工作，建立安全隐患台账和安全检查工作档案库。完成440个物业管理区域安全检查工作，出动人数880余人次，按照不低于小区数量的50%比例开展复查工作。邀请区消防救援大队、深圳公安局龙岗分局、律所以及第三方安全专家等，向街道办事处、社区工作站、物业服务企业等进行全方位的安全培训。累计开展5场培训，参训人数1000余人次。

【专项工作】 严格做好物业服务区域疫情防控措施，做好防控宣传引导、人员出入管控、日常垃圾消毒管理、重点人群信息排查和健康监测等工作，推动防疫措施落实到户、落实到人；严格做好物业从业人员疫苗接种和核酸检测工作。龙岗区12000余名物业从业人员已100%完成疫苗接种任务；成立11个专项督查组，对商品房住宅小区落实疫情防控措施开展抽查工作，督促物业服务企业严格落实疫情防控相关要求，全年累计检查物业小区150余个，出动330余人次。制定《龙岗区商品房住宅小区业主委员会星级服务评价工作方案》并于11月1日印发，开展11场巡回讲座，下发宣传海报11000份、宣传手册11000份，将宣传资料转发小区业主微信群856个近100万业主。制定《龙岗区物业管理协会日常管理制度和考核工作方案》，通过创设"业务指导部门＋协会会员"双考核机制，设置联席机制建设、协会内部管理、协会财务制度、安全生产、星级评价、廉政建设等考核项，对物业管理协会的内部管理和外部服务进行量化考核并定级。制定并实施《"物业管理工作落实"指标评分标准》，细化各街道办商品房住宅小区安全生产管理、物业矛盾纠纷调处、业主大会和业委会指导、监管工作、宜居社区创建工作、小区星级评价工作、信息报送和维修金管理等8大项主要工作内容，由区住房和建设局根据全年工作情况及台账资料确定各街道评分及排名。指导街道办做好五星级宜居社区创建申报工作，坂田街道第五园社区申报2021年五星级宜居社区，已通过专家初步评查，成功获评五星级宜居社区。牵头组织宜居回访工作，委托第三方先于市创宜办回访前按每个社区抽检三个社区的方式，摸底已获评社区情况，查漏补缺指导已获评社区积极做好回访复查工作。探索共有资金监管项目试点创建，以布吉街道作为共有资金监管项目试点，指导布吉街道办开展共有资金监督项目试点创建工作，通过参与布吉街道工作资金的矛盾化解工作，总结突出问题，在《深圳经济特区物业管理条例》（以下简称《条例》）的框架下，积极探索共有资金的规范模式。牵头组织各街道共同研讨业主共有资金的突出问题及后续规范措施，完善《条例》相关配套指引文件，细化业主共有资金账户类型及开设情形，对基本账户的开设、启用及继续使用条件，以及业主共有资金的使用、公示、后续监督等提出具体要求，进一步规范业主共有资金的监督管理，维护业主的合法权益。

7.龙华区

【概况】 根据深圳市物业管理统计年报统计，截至2021年12月31日，在龙华区注册的物业服务企业221家，在管全国项目472个，在管建筑面积5173.61万㎡，从业人员24001人。另据区内统计，截至2021年12月31日，龙华区共有物业项目217个，其中既有物业管理也有业主委员会的物业项目65个、有物业管理但无业主委员会的物业项目142个、无物业管理但有业主委员会的物业项目3个、既无物业管理也无业主委员会的物业项目7个。

【日常工作】 探索城中村全周期管理模式：落实《龙华区城中村小区围合建设工作方案》，有299个城中村小区已基本实施物理围合，正在实施科技围合。完善城中村物业管理政策体系，按照"政府与市场相结合"的思路推进城中村小区规范化管理工作，印发了《关于促进龙华区城中村专业物业管理发展的工作指引》。配合实施"城市管家"试点工作。把城中村公共空间与公共资源整体作为一个管理对象，引入高水平专业物业公司统一管理，实现城市管理科学化、精细化、智能化。建立健全物业纠纷调解机制：推动成立了龙华区物业纠纷调解工作领导小组，印发了《关于建立龙华区物业纠纷调解工作机制的方案》，建立起"1+6+56+N"物业纠纷调解机制，引导成立龙华区物业管理行业协会和龙华区物业管理纠纷调解委员会。印发了《深圳市龙华区住房和建设局物业管理信访领导包案机制工作方案》，印制了《龙华区商品房小区物业管理项目移交参考指引》，规范商品房小区物业管理项目交接工作，减少交接矛盾，维护社区稳定。开展物业管理区域安全督导。共对590个住宅小区开展安全生产检查和消防工作巡检（含复查），累计出动检查人员1333人次，总共发现安全隐患点3183个，下发整改建议书93份。聘请了专业的第三方机构对住宅区4233个新能源充电桩进行检测，确保安全运行。

【专项工作】 新能源汽车充电设施检测：对龙华区住宅区停车场内新能源汽车充电桩进行检测，共检查住宅小区129个、充电桩4850个。经检查发现，115个小区的3568个充电桩正常运营，14个小区的905充电桩已经停运，377个充电桩已拆除。在检测过程中共发现1825条隐患，包括整体安全隐患1001条、用电安全隐患416条、消防安全隐患171条、充电系统安全隐患237条。组织开展物业管理区域消防车通道划线标识核查：印发了《深圳市龙华区住房和建设局关于进一步加强高层住宅小区消防车通道划线标识工作的通知》，督促尚未完成划线标识工作的高层住宅小区根据《深圳市高层建筑消防车通道标识施划指引》要求，尽快完成消防车通道标识施划工作；已完成消防通道划线标识工作的高层住宅小区立即开展消防车通道标识施划自检工作，对完成标准不高、局部脱落、缺少警示牌、小区内部道路划线不完整等情况进行全面整改。据各街道统计，纳管的高层建筑住宅小区有122个，118个高层住宅小区完成了消防通道施划工作。

8. 坪山区

【概况】 根据深圳市物业管理统计年报统计，截至2021年12月31日，在坪山区注册的物业服务企业34家，在管全国项目189个，在管建筑面积416.43万 m²，从业人员2978人。另据区内统计，截至2021年12月31日，坪山区共有物业项目45个，其中既有物业管理也有业主委员会的物业项目18个、有物业管理但无业主委员会的物业项目27个。

【日常工作】 处理物业管理投诉案件，受理物业管理信访投诉共计70件次，同比下降42%，初步实现了"大事不出街道、小事不出社区小区"的工作目标。常态化巡查保物业安全生产零事故。累计出动检查小组1110人次，开展555次安全巡查，检查内容涵盖有限空间、消防安全、高空坠物、新能源汽车充电设施、电动自行车共五大安全生产重点领域，督促企业整改隐患1569项，常态化巡查保物业安全生产零事故。组织召开2021年物业安全工作会议共计5场。对物业服务合同、业主委员会开展备案工作，指导物业服务项目物业服务合同备案和业委会备案，完成信达泰禾金尊府、怡瑞达云秀府、和城里等物业管理服务合同备案8件，受理奥园翡翠东湾、亚迪三村等小区业主委员会备案8件，指导丹梓龙庭、深业御园等小区成功领取12个业主大会信用代码证。对《深圳经济特区物业管理条例》(以下简称《条例》)开展相关宣传。送课上门举办《条例》应用实践的培训活动6场次；制定并发放信息公开问答宣传折页约4600份，总结了113条实践中碰到的共性问题及物业管理法律法规相关工作指引，为各街道办事处、业主委员会及物业服务企业等基层治理团体理解、执行《条例》以及解决相关问题提供参考和指引。

【专项工作】 对辖区内各物业小区专项维修资金开展监管工作。根据深圳市物业专项维修资金管理系统统计，全年首期归集资金5013万余元，收缴日常维修金1613万余元；同时，物业维修资金专项使用成功划款53万余元，备用金使用核销27万余元。

9. 光明区

【概况】 根据深圳市物业管理统计年报统计，截至2021年12月31日，在光明区注册的物业服务企业64家，在管全国项目1644个，在管建筑面积21748.39万平方米，从业人员12750人。另据区内统计，截至2021年12月31日，光明区共有物业项目140个，其中既有物业管理也有业主委员会的物业项目13个，有物业管理但无业主委员会的物业项目127个。

【日常工作】 分级分类有针对性地做好矛盾纠纷处置，共办结政务服务热线咨询及投诉件142宗，办结率100%；建立事前预判机制，在房屋入伙前、业委会成立前、物业公司进驻前、停车等费用收缴前4个环节启用预判机制，起草《光明区物业管理纠纷调处指引》。结合物业管理区域安全生产工作要点，明确专项检查和巡查检查工作内容，开展特殊极端天气、"打通生命通道"等各专项检查，共出动230人次，开展安全检查83项次，督促物业企业按照物业服务合同约定做好小区管理区域的日常检查、维护和管理工作。依托微信工作群，累计发送132条极端天气、新能源充电桩消防预警、疫情防控和其他突发安全事故信息至各物业企业，督促做好物业管理区域安全防范和小区疫情防控工作。

【专项工作】 推进城中村物业管理提升：根据城中村固化围合工程要求及实际物业管理规划情况，全区整合为59个城中村围合管理区域，共有40家物业公司进驻。总建筑面积1407万平方米，房屋18397栋，从业人员1912人。其中58个小区已办理停车许可（马田街道将石新村无法规划停车位不符合办理条件），占比98%；55个已开展停车收费，占比93%；51个已开展物业管理收费，占比86%，物业管理费为0.3~0.8元㎡/月。城中村开展物业管理的模式主要有三种：股份公司成立物业公司自行开展的有34个，占比58%；股份公司与专业物业公司合作开展的有18个，占比31%；股份公司聘请专业物业公司顾问开展的有7个，占比12%。制定出台了《光明区城中村围合式小区物业管理服务内容及成本指引》《光明区城中村围合式小区物业管理考核评分标准》，涉及6个部门共计42个考核项目。统筹开展全区宜居社区创建工作：对全区31个社区回访自查和整改工作给予全面统筹指导，实现全区四星级宜居社区全覆盖。提前顺利通过本年度宜居社区市级回访复查；部署全区五星级宜居社区创建工作。挑选条件成熟的社区申报创建"广东省五星级宜居社区"，全程指导、协助、审核。光明街道碧眼社区已成功创建2021年广东省五星级宜居社区。

10. 大鹏新区

【概况】 根据深圳市物业管理统计年报统计，截至2021年12月31日，在大鹏新区注册的物业服务企业20家，在管全国项目187个，在管建筑面积209.46万平方米，从业人员768人。另据区内统计，截至2021年12月31日，大鹏新区共有商品房住宅小区30个，其中既有物业管理也有业主委员会的物业项目11个（3个已到期，1个因业委会成员人数不足一半已解散），有物业管理但无业主委员会的物业项目20个。

【日常工作】 维修资金管理工作：首期专项维修金的追缴。新区41个物业区域完成了首期维修金的缴存，针对未缴存首期维修金的物业区域，委托律师团队协助开展追缴工作。督促物业服务企业及时将日常缴交的专项维修资金存入专项维修资金专户：大鹏新区共有28个物业小区缴交日常维修金，已签订代收协议。指导物业服务企业做好维修金的使用工作。2021年，海语山林、亚迪村的物业服务企业分别申请专项维修资金用于维修海语山林电梯、改造亚迪村空调排水主管，已完成相关的维修、改造工程。创新城中村物业管理模式：以试点城中村为突破口，以点带面推进新区城中村试点围合管理。加强调查研究，联合各办事处、社区工作站、社区股份公司等单位多次前往深水田、黄榄坑新村、坝光新村、澳头、龙岐村、莲花村、沙浦等9个城中村进行实地走访及调研，初步选定丰新村作为试点城中村。指导南澳办事处、新大社区工作站结合丰新村的村容、村貌及特色，制定城中村围合管理方案，申报资金需求，实施相关工程。参照光明区城中村围合管理优秀经验做法，研究制定并印发了《大鹏新区城中村小区围合围栏建设指引设计方案》。探索城中村居住区物业管理模式，整合安保、防疫等资源，按照"岗亭值守全天候，安保巡逻常态化"要求，在公共区域开展常态化疫情防控、安全巡查管理、停车秩序维护等服务。鼓励社区股份公司或其他村集体经济组织自行成立物业服务企业来对居住区进行管理。办理"深圳业主大会和业主委员会备案"9宗，发放业主大会统一社会信用代码证书7个；办理"深圳物业服务合同备案"4宗。受理物业信访投诉19件、12345市长专线投诉25件，约谈物业企业和业主委员会委员13人次，召开信访协调会4次。

【专项工作】 强化物业行业安全生产，组织开展物业行业安全培训及宣传工作。加大安全检查力度，引入专业技术力量提供技术支持，协同第三方专业安全顾问公司对新区约153个物业项目定期进行排查，其中30个商品房、5个统建楼、3个安置区、5个保障房按每季度100%的比例进行全覆盖检查，110个城中村小区按每半年100%的比例进行全覆盖检查。组织各办事处物业管理部门配合开展检查工作，共出动检查人员656人次，检查物业项目326项次，发现安全隐患共计1082处，发出安全隐患整改转办函46份。开展新能源汽车充电桩专项检查，委托专业的第三方专业检测机构，对住宅小区的新能源汽车充电设施进行安全抽检。2021年累计抽样检测80台住宅小区的新能源汽车充电桩。印发了《大鹏新区住房和建设局关于开展住宅小区新能源汽车充电设施消防安全检查的函》《大鹏新区住房和建设局关于住宅小区业主私人申请安装新能源汽车充电设施的复函》等文件。指导督促亚迪村物业服务企业做好消防安全隐患整改工作。开展消防夜查行动，每月对住宅小区物业服务企业开展一次消防安全夜查，主要针对用火、用电、用气是否规范，电动自行车是否违规停放、充电，消防通道、安全出入口是否畅通，"三小"场所是否违规住人等消防安全进行检查。2021年累计开展13次消防夜查行动，出动54人次，检查物业项目26项次。印发了《大鹏新区住房和建设局关于加强物业小区信息公开工作的函》《大鹏新区住房和建设局关于加强新区业主共有资金账户监管工作的函》，对9家物业服务企业、5个业主委员会分别发函，提示其及时公示物业小区强制公开信息。

11.深汕特别合作区

【概况】 根据深圳市物业管理统计年报统计，截至2021年12月31日，在深汕特别合作区注册的物业服务企业3家，在管全国项目8个，在管建筑面积90.56万 m²，从业人员377人。

另据区内统计，截至2021年12月31日，深汕特别合作区共有商品房物业小区项目15个，其中有物业管理但无业主委员会的物业项目15个。

【日常工作】 2021年共完成7个项目前期物业服务合同备案。督促物业服务企业做好疫情防控工作。督促物业服务企业加强物业管理区域安全管理工作，定期做好物业管理区域安全自查自纠工作，加强检查督导，结合物业自查、随机抽查等方式，对消防车通道、消防楼道、地下停车场、电动车停放充电场所、新能源汽车充电设施、消防设施设备等进行消防安全隐患排查整治。共出动68人次，检查物业项目36个，发现并整改问题132项；配合区消安委办开展消防安全夜查活动，每月开展敲门活动，对违规住人、电动自行车违规停放或充电、用火用电不规范等进行巡查。强化物业管理监督，做好突发天气状况安全警示工作，并督促物业企业高度重视防汛工作；督促物业服务企业加强物业服务行业安全知识学习，提高安全管理水平。组织物业服务企业安全负责人参加市、区相关单位开展的电动自行车停放充电场所管理、电动汽车充电设施管理、有限空间安全、供用电安全、物业行业疫情防控等物业管理相关安全培训。指导物业服务企业张贴消防、疫情防控、国家安全日、安全生产月等安全宣传海报，共培训89人次，发放、张贴宣传海报492份。处理涉物业信访5件，确保信访100%回复，信访人100%满意。

【专项工作】 "打通生命通道"专项工作。指导物业服务企业完成消防车通道划线工作，督促各物业服务企业做好物业管理区域消防车通道标线标识管理，对于占用、堵塞、封闭疏散通道、安全出口、消防车通道等违规行为予以制止，对消防车通道使用管理进行宣传，在显眼处张贴"禁止占用消防车通道"的标识及海报。开展"高空坠物"专项排查整治工作。督促物业企业根据市住房和建设局发布的《物业管理区域高空坠物防范要点（2021版）》做好高空抛物防范准备，落实物业服务公共区域高坠隐患排查责任，加强高空作业管理和防护，加大高空坠物防范宣传培训力度。开展"电动自行车消防安全、电气火灾防范"专项整治工作。督促各物业服务企业加大物业小区内电动自行车违规停放充电巡查力度，重点排查电动自行车违规进楼停放、电池入户充电等突出问题，发现有电动自行车违规停放、充电的行为及时制止，督促物业企业做好物业小区内电动自行车集中停放场所和充电设施维护管理，紧密结合电动自行车火灾风险点，充分利用短信、业主微信群，公共电子屏、小区宣传栏、横幅等途径，在电动车集中停放充电场所，在楼栋出入口等部位，宣传电动自行车有序停放、安全充电，以及处置初起火灾、逃生自救等常识；督促物业服务企业履行消防安全管理职责，落实消防安全主体责任，严格执行用电安全规程，依法依规定期开展电气防火检测，按照物业服务合同约定做好小区公共部分电气线路的日常检查、维护和管理工作。

第二章

物业管理
行业管理

SHENZHEN
PROPERTY MANAGEMENT
YEARBOOK 2022

PROPERTY MANAGEMENT

第一节　物业管理行政管理体制与机构

1.行政管理体制

深圳物业管理行业管理体制主要由两个密切配合的系统组成：行政管理系统，由深圳市房屋和物业管理委员会、深圳市住房和建设局、各区（新区）住房和建设局、街道办事处（社区工作站）组成，分别在各自行政职能范围内从事物业管理活动的指导、监督、管理等工作；行业自律系统，即深圳市物业管理行业协会、各区物业管理协会（联合会），负责制定区域内行业行为规范、组织从业人员培训、开展行业信息交流和沟通、调解行业内部争议、办理主管部门授权委托的工作等。

2.行政管理机构

深圳市房屋和物业管理委员会是全市物业管理的最高管理和协调机构，负责协调和管理物业管理的重大事项。深圳市房屋和物业管理委员会主任由主管副市长担任，政府副秘书长和住房建设主管部门负责人任副主任，成员分别由市政府办公厅、市住房建设局、市发展改革委、市财政局、市规划和自然资源局、市城管局、市市场监管局、市民政局、市公安局、市中级人民法院、市信访办、福田区政府、罗湖区政府、盐田区政府、南山区政府、宝安区政府、龙岗区政府、龙华区政府、光明区政府、坪山区政府、大鹏新区管委会、市广电集团、广东电网公司深圳供电局、市水务集团、市燃气集团等单位的负责人担任。深圳市房屋和物业管理委员会下设办公室，设在市住房建设局，负责日常工作。深圳市住房和建设局是全市物业管理行业的主管部门，依法对物业管理行业进行指导、监督和管理。下设物业监管处，承担深圳全市物业管理行业管理工作，指导、监督、协调各区和相关单位开展物业管理各项具体工作；拟订物业管理行业发展规划、相关政策并监督实施；依法监管物业管理招标投标；指导和监督物业专项维修资金的管理；承担市物业管理委员会办公室的日常工作。各区住房和建设局在市主管部门的指导下负责本辖区内物业管理的监督管理和工作指导。街道办事处在区主管部门指导下，负责组织、协调业主大会成立及业主委员会的选举工作，指导、监督业主大会和业主委员会的日常活动，调解物业管理纠纷，并配合住房和建设部门对物业管理活动进行监督管理。社区工作站协助街道办事处开展物业管理相关工作。

第二节　物业管理行业党建引领

1.深圳市物业管理行业党委开展的主要工作

2021年，在深圳市社会组织党委的领导下，深圳市物业管理行业党委以习近平新时代中国特色社会主义思想为指导，深入学习贯彻党的十九大以来的会议精神，以"不忘初心、牢记使命"主题教育为依托，以实现"两个覆盖"为目标，以脱贫攻坚为己任，以严防新冠肺炎为主导，以培育基层党组织、规范党组织建设、提升战斗力为重点，全面推进党建工作。

推进"两个覆盖"加强党建工作。深圳市物业管理行业党委以实现"两个覆盖"为目标，开发了"党建信息采集系统"，对整个物业管理行业的党员和党组织进行摸底调查，推进全行业的党建信息采集工作，宣传和贯彻执行党的政策，统筹指导全市物业管理行业的党建工作，在物业服务中发挥政治核心和组织保障作用。2021年，新增加8个党支部，新增加党员117人，新增入党积极分子24人，发展对象28人，预备党员34人。已有455家企业完成信息采集工作，已成立191个党组织，收集了党员信息6957人，其中直属党委2个、党总支2个、党支部55个、党员451名。深圳综合实力排名前100名的企业已经全部完成了党建信息采集工作，"两个覆盖"工作做到了重点推进。规范党的组织建设，实现党委事务的便捷高效，成立了中国共产党深圳市物业管理行业委员会办公室。

提高新发展党员素质。严格落实发展党员工作责任，严格规范发展党员工作程序，严肃发展党员工作纪律。坚持个别吸收的原则，成熟一个，发展一个，严禁突击发展；严格坚持党章规定的党员标准，严禁把不符合入党要求的人员拉入党内；严禁在发展党员工作中搞不正之风，通过不正当手段发展党员。各级党组织对发展党员工作中出现的违纪违规问题严肃查处。2021年，行业党委总计收到入党申请书130余份，符合参训人员48人，考试合格人员28人，已领取入党志愿书34本。

配合直属党委党建工作。之平党委成立于2020年12月29日，并于2021年1月13日揭牌。深圳市物业管理行业党委全程参与协助整个党委的组建工作，完成组织建设及党委制度建立。协助做好发展党员和党员组织关系转接，完成了之平党委9个党支部的组建工作。

主题教育学习活动。在建党100周年之际，深圳市物业管理行业党委组织了直属党组织书记集中学习，要求各党组织始终把政治建设摆在首位，认真对照"学史明理、学史增信、学史崇德、学史力行"的总要求，切实发挥党建的引领和教育作用，提升党员干部的政治判断力、政治领悟力和政治执行力，把党史学习教育与学习习近平新时代中国特色社会主义思想结合起来，与庆祝建党100周年活动结合起来，统筹好时间和精力，统筹好工作和学习，推动学习教育与各项工作相互促进。党史学习教育开展以来，在行业党委的引领下，各基层党组织紧密结合队伍思想和业务工作实际，开展形式多样、内容丰富的专题学习，坚持学党史与悟思想融会贯通、办实事与开新局同向发力，努力把学习教育成果转化为增强党性、改进作风、提高能力、推动工作的实际成效，增强"四个意识"，坚定"四个自信"，做到"两个维护"。行业党委结合党史学习教育，通过"三会一课"、主题党日等载体，精心策划和组织系列庆祝活动，如"党旗在基层一线高高飘扬"活动、重温入党宣誓活动、讲党课、走进井冈山等，持续增强主题教育感染力，教育引导广大党员干部在传承红色基因中淬炼初心使命、汲取精神力量。

基层党组织规范化建设。2021年初，由党委办公室牵头，对16个基层党组织进行党建工作的专项检查，对个别党组织进行现场培训，促进各基层党组织的组织生活正常化，确保"三会一课"、组织生活会、民主评议党员、党员活动日、党员志愿服务等各项制度做实做细，确保常态化、规范化开展，推进基层党组标准化建设，做到党建基本制度健全、基本功能完善、基础管理规范、基本工作到位、监督体系完善，从根本上不断增强组织生活活力，增强党组织凝聚力，为全面从严治党打下坚实基础。

特色党课。行业党委结合综合专业优势，开发特色党课，如《研读"十四五"建议规划》《解读政府工作报告》《发展党员流程和组织关系转接》等，不断提升基层党组织的服务和管理能力，发挥好党组织的战斗堡垒作用。

日常党务。接收上级党委、主管部门和行业来文109份，呈报审批文件185份；完成2021年度467名党员的党费交纳、登记、汇总及上交工作；完成深圳智慧党建系统23个党组织的创建及完善党组织信息，完成163名党员信息的收集汇总工作；完成党建工作总结6份、党建工作PPT 9份、党建工作简报14份、两个覆盖和扶贫案例报告各1份；完成"七一"表彰考察材料4份；完成学习强国17个组织的创建和党员邀请工作；完成253份督查文件的整理打印，配合完成督导组的检查指导工作。

2.各区开展的党建工作

【福田区党建工作成果】 积极推进"党建+物管"改革，探索"党建先行、四方联动"的物业小区治理模式。自2018年"党建+物管"改革工作开展以来，已建立起党建引领下的社区居民委员会、业主委员会、物业服务企业协调运行机制，形成了社区治理合力。"群众提议—支部动议—业委会审议—物业（第三方企业）执行—群众评议"的闭环运作体系也已构建而成。基层党组织在小区亮身份，在为群众排解"急愁难"、化解小区重大矛盾纠纷、参与物业管理活动、构建群防群控抗疫防线等方面都发挥了正面导向作用。聚焦全域治理，加速推进"三无小区"纳管新模式，实现从"三无"到"三有"的转变。在"三无小区"纳管行动推进过程中，党员在小区亮身份，鼓励引导群众共同为社区治理出谋划策，并向居民做好"三无小区"实施改造、引入物业管理的目的及效果的解释工作，充分发挥了党员的先锋模范作用。开展了"学党史 跟党走"党建物管知识竞赛活动。有近60家物业企业超15000人次参与本次活动。以赛代学，以赛促优。各物业企业通过党建物管知识竞赛，把学习百年党史和物业管理工作结合起来，加强社区党委、小区党组织、业主委员会、物业服务企业党建共建，打造共建共治共享的社会治理格局。

【罗湖区党建工作成果】 全面启动质量党建工程。罗湖区以各级党委为核心，通过党的领导作用，建立了社区自治、楼宇联合自治、"同乡村"党组织等党建工程，推动了罗湖楼宇经济发展，更好地服务了来深建设者群体。全面推动小区党支部建立。在全面总结以往居民小区党建探索经验的基础上，制定了居民小区党建三年行动计划1+3制度体系，推进社区治理向小区延伸，并取得了显著成效。《做实居民小区党建，共创城市美好家园》获广东城市基层党建优秀创新案例奖、《光明日报》红船初心特刊、《中国城市报》党建周刊整版刊。首创"四位一体"党建新模式。在物业管理改革上大胆突破，创建小区党支部、物业服务公司、业主委员会、居民小组"四位一体"党建模式，探索性地培育了黄贝街道怡景花园、桂园街道鸿翔花园、东晓街道百仕达花园三期为代表的党建品牌小区，进一步探索共建共治共享治理格局新路径。推动社区体制改革。创建以渔邨为代表的13个先行示范社区，形成并深化"社区党委领导、以块为主、条块结合"的统筹联动机制，推进党建引领下的综合网格改革，构建智慧化、全周期的管理服务体系，推动毗邻党建，积极探索超大城市党建领导基层治理的新路子。经验做法获评"圳治"2020深圳治理现代化年度十大优秀案例，中央组织部、国务院港澳办、国家统计局等部门领导给予了充分肯定。

【盐田区党建工作成果】 全面推行"支部建在小区上"，实现全区小区党组织全覆盖，全区163个专业化物业管理住宅小区已成立党支部的149个小区，成立率为91%。小区党支部总数89个，其中46个独立党支部，43个联合党支部（涵盖103物业小区）。

【南山区党建工作成果】 制定改革配套文件。会同区委组织部、区民政局按照改革方案要求，联合制定出台《南山区物业管理指导委员会工作指导意见（试行）》《南山区关于加强物业管理指导体系建设的通知》等6个改革配套文件，建立健全业主委员会委员任职负面清单、任前谈话、后备人才培养储备、重大事项报备等机制，有效保障业主委员会规范运行。实现社区物业管理指导委员会全覆盖。推动8个街道的101个社区成立社区物业管理指导委员会，实现社区物业管理指导委员会全覆盖。各社区物业管理指导委员会已对辖区20个业委会开展了任前谈话，并签订履职承诺书。参与指导业主大会会议共55次，10次重大事项报备。同时会同各社区物业管理指导委员会副主任走访了64个社区，了解社区物业管理指导委员会在实际运作中遇到的困难，并进行现场指导。成立南山区物业管理指导委员会促进联合会党委，增强党建对物业管理行业的引领能力。建设南山区物业管理指导委员会促进联合会党群服务中心，打造开放共享的"红色物业"新阵地。开展"小区共同体"专题培训。组织区八个街道社区450人开展8期"小区共同体"专题培训。成立区级跟踪指导小组，帮助社区物业管理指导委员会理顺运作机制，有效推动解决小区业主委员会推选换届、物业服务企业选聘和物业矛盾纠纷化解中遇到的各种问题。总结代表案例，形成经验做法。会同区委组织部、区物业管理行业协会开展实地调研，梳理各社区物业管理指导委员会的经验做法，形成案例，通过微信公众号、创新南山等渠道进行宣传，为基层解决实际问题提供借鉴参考。

【宝安区党建工作成果】 强化"红色物业"顶层设计，完善党建引领机制。先后印发《宝安区关于开展住宅物业小区党建试点的工作方案》《宝安区关于进一步推进党建引领住宅物业小区治理工作方案》及《宝安区党建引领新时代基层治理2020年工作要点》等文件，强化党建引领物业管理品质提升顶层设计，指导小区党组织居中协调物业服务企业、业主委员会及业主之间的关系，监督小区物业管理各项制度的完善。修订完善《宝安区城中村物业管理等级评定方案》，将城中村小区物业管理的党建工作引入等级评定之中，新增社区党委评价内容，体现党对物业管理的领导作用。全面推行"支部建在小区上"，推动党组织广覆盖。区分商住小区、城中村等不同类型，优化党组织设置，通过成熟小区单独组建、就近小区连片组建、商圈小区联合组建等方式成立小区党支部，把党的组织和工作延伸覆盖到群众家门口；同时，结合机关在职党员进社区报到活动，遴选机关在职党员担任小区党支部"第一书记"，并将符合条件、表现优秀的社区工作人员推选为小区党支部书记，精准选配党支部委员，建好建强引领小区治理的"火车头"。全区已建立小区党支部273个，覆盖住宅小区311个，管理小区党员超7000人，服务群众约89万人。全域打造"红色业委会"，推动多元主体协商共治。坚持从源头抓起，推动"红色业委会"建立，积极推进小区党支部与业委会、物业服务企业成员"双向进入、交叉任职"，逐步形成以小区党支部、业委会、物业服务企业共同参与的三方联动治理格局，有力地推进小区党建共建和小区事务管理，实现小区治理主体共建共治。如深业新岸线党支部与深业物业党委第三党支部共同打造"候鸟党员"之家，发挥流动党员的作用，助推小区管理服务水平再上台阶；金石雅苑小区是成立以支部为核心的共享家园建设委员会，解决了门禁、停车位划设、人行道建设等一系列问题。着力推进党建物业标杆创建，发挥样板示范作用。在辖区每个街道选取住宅小区试点开展党建进物业工作，实行党建工作与住宅小区治理同步部署、同步推进、同步检查、同步考核，通过在对小区考核评级中加入党建内容，将党员比例、物业服务企业支持党组织工作情况等作为物业服务量化考核、等级评定和"以奖代补"考评的内容之一，有效促进物业小区参与党建工作的积极性。同时，委托专家对样板小区创建提供指导，推动"红色物业"示范作用不断深化。

【龙岗区党建工作成果】 印发《关于加强社区党建引领、指导业委会等有关工作的通知》，指导各街道强化社区党委的领导作用，认真把好业委会"三关"（筹备时机关、筹备组人选关和业委会人选关）。指导市级试点龙城街道及区级试点吉华街道中海怡翠社区、坂田街道第五园社区积极开展社区党委指导业委会工作试点工作，打造社区党委指导和监督业委会工作的样板。建立党建参与物业服务企业和业委会星级评价机制，将小区党支部、社区党委作为评价主体，参与对小区物业服务企业、业主委员会的评价考核，打造"红色业委会""红色物业服务企业"。联合区委组织部共同摸索党建引领红色基因全周期全链条打造宜居小区工作机制，起草《党建引领红色基因全周期全链条打造宜居小区工作方案（征求意见稿）》。区住房和建设局会同区委组织部研究建立社区党委考核机制。

【龙华区党建工作成果】 深化"一引领三参与"物业小区党建模式。认真落实区委关于推广北站社区党建工作经验的决定，研究起草基层党组织指导、监督业主大会及业主委员会履职相关文件，以党建引领推进小区物业管理规范化。全区已入住小区192个，共组建住宅（物业）小区党组织192个，党组织服务覆盖小区180个，党组织服务覆盖率98.9%，单独组建党组织的小区154个，单独组建率84.62%。

【坪山区党建工作成果】 全面推广党建引领物业小区基层治理模式。指导各街道以金地朗悦小区为样板向全区物业小区推广实施党支部领导下的"业委会+物业服务企业"小区治理模式落地实施，形成基层群众治理合力；提前介入物业小区管理，提前谋划管理阵地，搭建沟通平台，培育和发展党员骨干，组建由前期物业服务企业和业主党员为主的党支部；指导各街道和社区对物业小区业主党员进行全面摸排、长期跟踪，系统掌握党员类型、特点、专长、素养，推动物业小区党支部书记依照法定程序担任业委会主任，党支部委员与业委会委员交叉任职，发挥党支部的核心引领作用。

【大鹏新区党建工作成果】 推动在商品住宅小区建立党支部，完善业委会人选的推荐和组织把关机制，规范对业委会履职的监督机制，发挥基层党组织在基层治理中的先锋引领作用，确保业委会规范健康运行。推动业主大会成立、业主委员选举、换届，充分发挥业主在小区治理中的主体作用。高质量扩大党的组织覆盖。推行"支部建在小区上"，对已入住小区，按照"因地制宜、分类指导、有序推进、应建尽建"的要求，在摸清小区党建情况的基础上，扩大党的组织和工作有效覆盖，扎实推进小区党支部规范化标准化建设。2021年，新区31个商品房住宅小区已成立23个小区党支部，成立率为74.19%。高质量推进"红色业委会"建设。推动符合条件的小区成立业主大会，鼓励和支持符合条件的物业管理区域中国共产党基层组织委员会委员通过规定程序担任业主委员会委员，加强业主委员会人选把关。2021年，万科17英里、东部明珠雅苑已成立业主大会，且业主委员会中党员所占比例达到40%以上。高质量发挥党组织对物业管理活动的指导监督作用。加强办事处、社区党委、小区党支部对业主大会、业主委员会履职过程的指导、监督。加强办事处、社区党委和小区党支部对业主大会会议、业主委员会会议过程的指导。社区党委派员列席业主大会会议，跟踪会议过程。

第三节　物业管理法制建设

1.深圳市物业管理法制建设进程

1988年，深圳市政府在颁布《深圳经济特区住房制度改革方案》时出台了《住宅区管理细则》，对住宅区的管理体制、维修养护、收费、招标投标等做了原则性规定，是深圳经济特区物业管理立法的雏形，标志着深圳物业管理法制建设的开始。

1994年，深圳出台了国内第一部物业管理地方性法规——《深圳经济特区住宅区物业管理条例》，为建立特区物业管理法规体系奠定了良好的基础。此后，原深圳市住宅局会同有关部门制定了一系列配套规章和规范性文件，形成了一个以法规为龙头、以规章为主干、以规范性文件和技术规则为辅的相对独立完整的深圳经济特区物业管理法规政策体系。

2004年1月底，深圳市住宅局向深圳市政府法制办报送了《深圳经济特区物业管理条例（送审稿）》。同年9月，深圳市国土资源和房产管理局向市政府法制办报送了《深圳市业主大会和业主委员会指导规则（送审稿）》；12月30日，经市政府常务会议审议后原则通过。

2005年1月17日，深圳市政府颁布了《深圳市业主大会和业主委员会指导规则》。2007年9月25日，《深圳经济特区物业管理条例》在深圳市第四届人民代表大会常务委员会第十四次会议获得通过。

2009年，深圳市国土资源和房产管理局制定了《深圳市物业管理统计报表制度》，并经原市统计局审核批复（深统法字〔2008〕12号），于2009年1月20日予以发布。同年，深圳市国土资源和房产管理局根据深圳市人民政府办公厅《关于清理部分市政府部门规范性文件的通知》（深府办〔2007〕70号）的要求，对2001年12月31日前制定发布的规范性文件进行了清理，其中废止了8个关于物业管理的规范性文件。

2010年5月11日，《深圳市建筑物和公共设施清洗翻新管理规定》在深圳市政府四届161次常务会议审议通过，该规定自2010年7月1日起施行。2010年7月20日，深圳市人民政府五届六次常务会议审议通过了《深圳市物业专项维修资金管理规定》（深府〔2010〕121号）并于2010年9月10日印发施行，标志着深圳市物业专项维修资金监管工作进入了一个全新的阶段。

2013年11月27日,《深圳经济特区物业管理条例》实施若干规定发布,明确市主管部门应当建立市物业管理信用信息库,完善不良行为警示制度,将物业服务企业及相关从业人员、业主委员会委员和候补委员及执行秘书、承担机电设备维修养护或者清洁卫生等专项服务的专业机构等纳入信用信息档案管理。同时,倡导绿色物业管理,鼓励采用新技术、新方法,促进物业管理的集约化、信息化、低碳化,并提倡物业服务企业参与养老事业,业主大会倡导生活垃圾分类。

2016年12月14日,深圳市住房和建设局发布《深圳市物业管理微信投票规则(试行)》,规范了物业管理微信投票行为,有效破解业主大会召开难、表决难的老大难问题。

2019年5月15日,深圳市住房和建设局发布《深圳市绿色物业管理专家管理办法》,绿色物业管理专家的监督和管理得到有效规范,专家的技术支撑作用得以充分发挥,进一步推进了深圳市绿色物业管理发展。

2019年9月4日,深圳市六届人大常委会发布公告:《深圳经济特区物业管理条例》经市第六届人民代表大会常务委员会第三十五次会议于2019年8月29日修订通过,自2020年3月1日施行。

2020年,为确保《深圳经济特区物业管理条例》(以下简称《条例》)中各相关条款得到有效落实,《深圳市业主共有资金监督管理办法》《深圳市业主大会和业委会备案管理办法》《深圳市物业管理电子投票规则(修订)》《深圳市物业专项维修资金管理规定(修订)》共4个《条例》配套文件相继发布实施,从制度层面落实《条例》规定,规范业主委员会运作,加强物业服务企业监管,保障业主合法权益。

2.2021年深圳市物业管理法制建设状况

2021年,为进一步做好《深圳经济特区物业管理条例》相关配套文件制修订工作,推动出台多部法规、规章、规范性文件(表2-3-1)。一是出台《深圳市物业管理服务评价和管理办法》,解决物业管理领域的空白,创新改革物业管理领域监管模式,推动物业管理监管模式从"事前监管"向"事中、事后监管"转变,从"准入监管"向"行为监管"转变,建立健全物业管理监管体系,规范物业管理市场秩序,提升物业服务水平。二是推动出台《深圳市各类物业建筑安装工程总造价标准》和《深圳市使用物业专项维修资金工程造价服务工作规则(试行)》两部重要文件,调整更新各类物业建筑造价标准,有效规范造价服务工作,提高维修资金工程造价服务质量。

深圳市现行物业管理法规、规章、规范性文件一览表 表2-3-1

序号	名称	发布单位及文号	发布时间	执行时间
1	《关于印发我市住宅物业服务收费指导标准的通知》	深价规〔2007〕1号	2007-10-16	2007-11-01
2	《关于印发〈深圳市绿色物业管理专家管理办法〉的通知》	深建规〔2019〕4号	2019-05-15	2019-06-01
3	《深圳经济特区物业管理条例》	深圳市第六届人民代表大会常务委员会公告第158号	2019-09-04	2020-03-01

序号	名称	发布单位及文号	发布时间	执行时间
4	《关于印发〈深圳市业主共有资金监督管理办法〉的通知》	深建规〔2020〕8号	2020-05-26	2020-07-01
5	《关于印发〈深圳市业主大会和业主委员会备案管理办法〉的通知》	深建规〔2020〕13号	2020-07-23	2020-08-05
6	《关于印发〈深圳市物业管理电子投票规则〉的通知》	深建规〔2020〕14号	2020-08-11	2020-09-01
7	《关于印发〈深圳市物业专项维修资金管理规定〉的通知》	深府规〔2020〕8号	2020-10-22	2020-11-01
8	《关于印发〈深圳市各类物业建筑安装工程总造价标准〉的通知》	深建物管〔2021〕7号	2021-03-10	2021-03-11
9	《关于印发〈深圳市物业服务评价管理办法〉的通知》	深建规〔2021〕15号	2021-12-31	2022-01-01

3. 2021年深圳市出台的物业管理相关政策、文件

（1）中共深圳市委组织部深圳市民政局深圳市住房和建设局印发《关于推进"支部建在小区上"提升居民小区治理水平的若干措施》的通知；

（2）《深圳市住房和建设局关于完善业主共有资金账户管理的通知》；

（3）《深圳市住房和建设局关于开展住宅小区业主满意度评价工作的通知》；

（4）《2021年度物业管理行业安全工作要点》；

（5）《2021年深圳市物业管理专项整治工作方案》；

（6）《深圳市住房和建设系统开展"加强物业管理，共建美好家园"活动工作方案》；

（7）《2021年深圳市宜居社区创建工作方案》；

（8）《深圳市住房和建设局关于加强物业管理行业宣传培训工作的通知》（深建物管〔2021〕55号）。

第四节　物业管理信息化建设

1.综述

深圳市住房和建设局坚持全市物业管理"一盘棋",搭建深圳市物业管理信息平台,实现物业管理行业的统一和动态管理。截至2021年底,物业平台已上线小区业主决策、信息公开、业主满意度评价、物业事项备案、安全检查、诚信管理等多个物业监管子系统,破解业主大会表决难题,规范业委会运作,促进小区公共事务公开透明,充分保障业主参与权、知情权和监督权;各子系统数据将运用到物业服务企业和物业管理项目负责人的物业服务信息评价和管理中,进一步健全深圳市物业监管体系,不断优化市场竞争环境,促进行业高质量高水平方向发展。

2.物业管理信息平台核心架构

物业管理信息平台打造"两端"+"三类"+"N+1"核心架构。"两端"指PC端和微信端,"三类"指政府部门、物业服务企业和业主(组织)三类用户,"N+1"指N个子系统和一个基础数据库(图2-4-1)。

3.物业管理信息平台部分子系统介绍

权限管理:权限管理子系统可实现对平台内用户的管理与赋权,更好地进行组织机构管理及区分用户角色,可根据实际情况建立用户组织架构及划分不同的用户角色,并采用分级赋权的管理方式。由深圳市住房和建设局创建区局组织架构体系及用户角色体系,区局创建辖区内街道的组织管理架构,以此类推,管理创建全市的组织架构体系。

待办事项:待办事项子系统可实现精准定位最新任务,快速响应,提高行政办事效率,进而保障业务处理的完整性和及时性,是整个系统业务快速推进的基础。

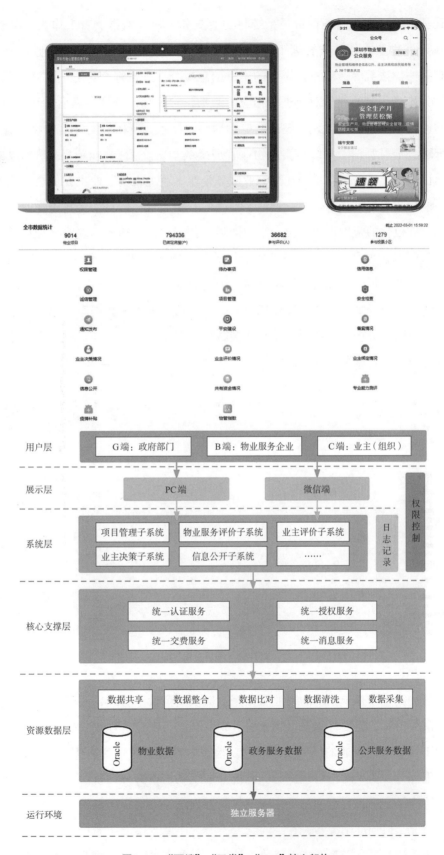

图 2-4-1 "两端"+"三类"+"N+1"核心架构

物业服务评价：物业服务评价子系统将物业服务企业、项目负责人作为评价对象，通过对评价对象在开展物业服务日常管理工作中的基础信息计分、获得表彰及奖励的良好信息加分，以及违反有关法律法规等造成不良影响的不良信息减分，进行综合评分，实现相关的结果应用，即对综合评分排名靠前的评价对象进行相应的激励，对综合评分排名靠后的评价对象加强监管，进而规范物业管理市场秩序，建立健全物业管理监管体系，营造诚实守信的物业管理市场环境。

项目管理：项目管理子系统是实现物业管理区域（以下简称物业项目）基本数据采集的子系统。物业项目是物业管理信息平台连接物业服务企业、业主大会、业主委员会和业主的关键性信息。为了保证物业项目信息管理的一致性、准确性，物业管理信息平台对于物业项目采用统一来源、标准化、规范化的管理模式。统一来源即指，各用户在各功能模块中办理涉及物业项目信息的业务时，只能通过项目名称关键字、宗地号等信息搜索并选择物业项目，而不能新增、修改、删除物业项目。如数据库中没有所需项目时，由物业服务企业通过项目的管理功能模块发起项目新增功能。新增项目经平台管理员审核通过后，相关信息即并入数据库。标准化是指，物业服务企业在新增项目时，应按照系统要求填写相关数据、提交相应的佐证材料。规范化是指物业项目信息发生变更时，物业服务企业应及时对相关数据进行维护（图2-4-2）。

行政区域	总数	按物业项目类型统计						按有无物业企业管理统计	
		住宅	写字楼	商业	工业园区	城中村	其他	有物业企业管理	其他
宝安区	1705	476	1	4	9	58	1157	1498	207
南山区	1430	681	2	1	3	2	741	1151	279
福田区	1394	736	7	1	6	2	642	1142	252
罗湖区	1359	738	10	6	6	8	591	1187	172
龙岗区	1312	504	1	0	4	3	800	991	321
龙华区	838	208	1	0	6	1	622	690	148
盐田区	317	181	0	0	1	0	135	224	93
坪山区	250	50	0	0	3	2	195	154	96
光明区	218	91	0	0	5	2	120	175	43
大鹏新区	183	46	0	0	1	13	123	143	40
深汕特别合作区	8	6	0	1	0	0	1	7	1
合计	9014	3717	22	13	44	91	5127	7362	1652

图2-4-2　项目管理界面

安全检查：安全检查子系统为物业服务企业提供安全检查管理，同时实现监督物业服务企业安全管理的落实情况，能更好地督促物业服务企业开展与安全管理相关的决策、计划、组织和控制等方面的工作，实现企业的线上安全管理。检查内容包括综合管理部分、设施设备管理部分、高空抛物管理部分及防风防汛管理部分。系统采取现场检查打分评价法，物业公司的检查人员需将安全管理检查的记录、数据和结果录入信息管理系统，市局、区局等相关主管单位用户查看安全检查统计情况，以便准确决策（图2-4-3）。

通知发布：通知发布子系统能保障准确地发布最新消息，促进物业各项业务的顺利展开，市

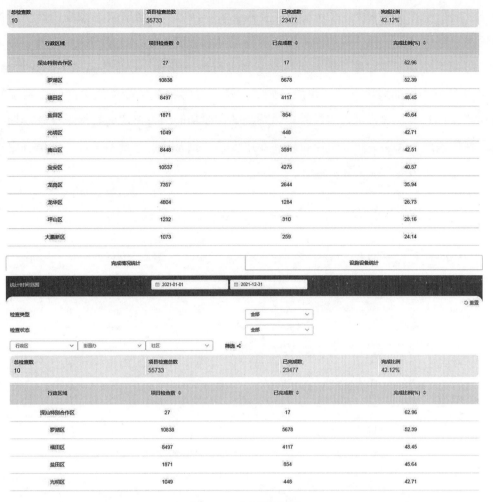

总检查数	项目检查总数	已完成数	完成比例
10	55733	23477	42.12%

行政区域	项目检查数 ⇕	已完成数 ⇕	完成比例(%) ⇕
深汕特别合作区	27	17	62.96
罗湖区	10838	5678	52.39
福田区	8497	4117	48.45
盐田区	1871	854	45.64
光明区	1049	448	42.71
南山区	8448	3591	42.51
宝安区	10537	4275	40.57
龙岗区	7357	2644	35.94
龙华区	4804	1284	26.73
坪山区	1232	310	25.16
大鹏新区	1073	259	24.14

完成情况统计	设施设备统计

统计时间范围 📅 2021-01-01 📅 2021-12-31

↻ 重置

检查类型 全部 ∨

检查状态 全部 ∨

行政区 ∨ 街道办 ∨ 社区 ∨ 筛选 ∢

总检查数	项目检查总数	已完成数	完成比例
10	55733	23477	42.12%

行政区域	项目检查数 ⇕	已完成数 ⇕	完成比例(%) ⇕
深汕特别合作区	27	17	62.96
罗湖区	10838	5678	52.39
福田区	8497	4117	48.45
盐田区	1871	854	45.64
光明区	1049	448	42.71

图2-4-3　安全检查界面

区两级物业主管部门可以对下级行政单位及物业企业、业委会、项目经理等主体发布消息通知，通知类型有不回复、回复、回复含文件等，通知发出部门可以查看接收主体是否已查看及进行催办，可按项目、企业、行政区域等维度进行通知发布情况的统计，以供主管部门进行查看。

平安建设：平安建设子系统的主要功能是完善住宅小区治理，推动住宅小区党建，推动业主组织建设及督促住宅小区安全管理打造。以年为单位，涵盖了各项年度考核数据信息，并统计出行政区的评分排行榜。考核的数据均取值于物业管理平台。主管部门可通过年度考核的数据信息清晰地了解全市住宅小区的治理情况。

备案管理：备案管理子系统能够掌握全市物业行业备案管理情况。备案业务可与上下游相关业务进行串联，实现业务协同、时点控制。如：业委会若没有进行业委会备案业务，则无法申请小区维修资金使用等。

业主决策：业主决策子系统是为维护业主合法权益，规范物业管理电子投票行为，根据《深圳经济特区物业管理条例》《深圳市业主大会和业主委员会指导规则》《深圳市物业管理电子投票规则》等法规开发的管理系统。系统功能主要是围绕小区公共事务表决，系统内产生的投票结果在确保民主、公平、公正和公开的前提下，经街道办和社区工作站审核确认后生效。业主大会会议召集人使用系统的发起议题功能，可组织业主进行电子投票；业主使用系统的业主决策功能，可通过系统参与小区的表决事项；市局、区局、街道办等相关主管单位用户使用系统的业主决策统计功能，可对电子投票进行监督管理。系统的主要功能为投票议题新增、投票延期、投票提前截止、计票完成、投票中止、暂停投票、业主投票、投票补记、投票统计、微信绑定管理、委托投票、推选投票人等功能（图2-4-4）。

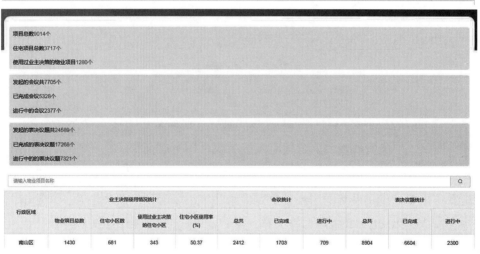

行政区域	物业项目总数	住宅小区数	使用过业主决策的住宅小区	住宅小区使用率(%)	总共	已完成	进行中	总共	已完成	进行中
南山区	1430	681	343	50.37	2412	1703	709	8904	6604	2300
龙岗区	1312	504	257	50.99	1981	1325	656	5046	3491	1555
福田区	1394	736	242	32.88	1360	924	436	5214	3537	1677
龙华区	838	208	85	40.87	672	536	136	1389	1078	311
宝安区	1705	476	89	18.70	505	320	185	1241	729	512
罗湖区	1359	738	142	19.24	396	276	120	1679	1107	572
盐田区	317	181	36	19.89	181	108	73	590	363	227
大鹏新区	183	46	11	23.91	83	63	20	166	114	52
坪山区	250	50	16	32.00	71	50	21	199	155	44
光明区	218	91	12	13.19	44	23	21	161	90	71
深汕特别合作区	8	6	0	0.00	0	0	0	0	0	0
合计	9014	3717	1233	33.17	7705	5328	2377	24589	17268	7321

项目总数9014个
住宅项目总数3717个
使用过业主决策的物业项目1280个

发起的会议共7705个
已完成会议5328个
进行中的会议2377个

发起的表决议题共24589个
已完成的表决议题17268个
进行中的表决议题7321个

请输入物业项目名称

行政区域	业主决策使用情况统计				会议统计			表决议题统计		
	物业项目总数	住宅小区数	使用过业主决策的住宅小区	住宅小区使用率(%)	总共	已完成	进行中	总共	已完成	进行中
南山区	1430	681	343	50.37	2412	1703	709	8904	6604	2300

图2-4-4 业主决策界面

业主绑定情况：业主绑定情况子系统是业主行使权利和义务的前提条件，通过绑定身份进行决策和评价，该子系统能够保障业主身份的真实性和确定性（图2-4-5）。

业主评价：业主评价子系统是为小区业主提供的满意度测评工具，经过实人认证和绑定业主身份后，就可以对小区物业管理服务机构和业主委员会进行评价，评价结果按月排名，督促物业服务企业和业主委员会增强服务意识、提高服务水平，营造和谐优美的居住环境（图2-4-6）。

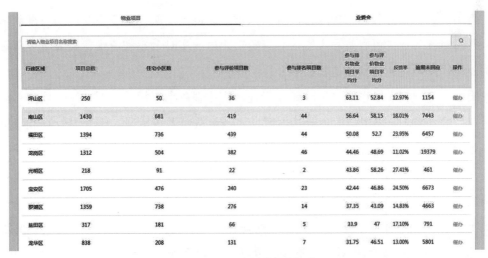

市局绑定统计

角色	类别	机构单位数			用户账户数			操作
		全部单位	未开设单位	覆盖率(%)	账户总数	未绑账户	绑定率(%)	
政府	行政区域	11	0	100.00	135	8	94.07	绑定
	街道办事处	79	4	94.94	245	27	88.98	绑定
	社区工作站	663	4	99.40	964	72	92.53	绑定
物业	物业企业	3719	1509	59.42	2217	1041	53.04	绑定
	物业项目	8986	2245	75.02	6564	551	91.61	绑定
业主	业委会主任	1518	413	72.79	1448	898	37.98	绑定
	党支部	2339	27	98.85	1922	1773	7.75	绑定
合计	/	单位总数: 17315			总账户数: 13495		关注公众号总人数: 1024815	

行政区域	本级统计			本级及以下合计			项目经理绑定微信情况					有物业服务企业的其他!		
							有物业服务企业的住宅项目				有物业服务企业的其他项目		
	账户总数	未绑定数	绑定率(%)	账户总数	未绑定数	绑定率(%)	单位总数	项目经理账户数	未绑定数	绑定率(%)	单位总数	项目经理账户数	未绑
罗湖区	20	0	100.00	1839	228	87.60	667	661	14	97.88	519	443	
福田区	15	1	93.33	1977	324	83.61	717	714	8	98.88	425	315	
南山区	15	0	100.00	1756	281	84.00	660	652	8	98.77	491	417	
盐田区	6	0	100.00	341	43	87.39	152	151	2	98.68	72	49	
宝安区	15	0	100.00	2002	301	84.97	452	449	4	99.11	1046	866	
龙岗区	9	0	100.00	1490	320	78.52	481	471	16	96.60	510	340	
龙华区	12	0	100.00	956	191	80.02	197	193	5	97.41	493	408	
光明区	14	1	92.86	275	29	89.45	88	87	13	85.06	87	84	
坪山区	13	0	100.00	290	20	93.10	49	48	6	87.50	105	88	

图 2-4-5　业主绑定界面

物业项目									业委会
请输入物业项目名称搜索									
行政区域	项目总数	住宅小区数	参与评价项目数	参与排名项目数	参与排名物业项目平均分	参与评价物业项目平均分	反馈率	逾期未回应	操作
坪山区	250	50	36	3	63.11	52.84	12.97%	1154	催办
南山区	1430	681	419	44	56.64	58.15	18.01%	7443	催办
福田区	1394	736	439	44	50.08	52.7	23.95%	6457	催办
龙岗区	1312	504	382	46	44.46	48.69	11.02%	19379	催办
光明区	218	91	22	2	43.86	58.26	27.41%	461	催办
宝安区	1705	476	240	23	42.44	46.86	24.50%	6673	催办
罗湖区	1359	738	276	14	37.35	43.09	14.83%	4663	催办
盐田区	317	181	66	5	33.9	47	17.10%	791	催办
龙华区	838	208	131	7	31.75	46.51	13.00%	5801	催办

图 2-4-6　业主评价界面（1）

第二章　物业管理行业管理

图2-4-6 业主评价界面（2）

安全检查：安全检查子系统为物业服务企业提供在线安全检查功能，分为常规检查和专项检查。常规检查依据《物业服务行业安全管理检查评价规范》设定检查指标，每半年在全市开展一次；专项检查包含电动汽车充电桩、电动自行车、有限空间、游泳池、电梯、防风防汛、高空坠物等内容。通过定期常规检查和不定期专项检查，督促物业服务企业全面落实物业管理区域内安全管理责任，及时消除安全隐患，降低安全事故发生的概率（图2-4-7）。

信息公开：物业信息公开子系统以小区为单位，以物业服务企业、业主委员会等为信息公开主体，按照"谁公开谁负责"的原则，对小区的物业服务信息进行依法公开，包括小区基础信息、物业服务企业信息、业主委员会信息等，物业主管部门可以对信息公开情况进行监管，业主可以对信息公开内容提出质疑、投诉。

业主共有资金管理：业主共有资金管理子系统旨在通过信息化手段规范深圳市物业管理活动中业主共有资金的监督管理，维护业主的合法权益。通过该功能，物业主管部门可准确掌握全市共有资金开设情况，业主可以查看本小区共有资金账户的实时余额和流水，提升物业费等资金使用的透明度，保障业主知情权、监督权（图2-4-8）。

企业报表：企业报表子系统主要功能在于统计物业服务企业相关数据，统计周期一般为半年一次，企业报表包含8张表格，即企业基本信息、企业从业人员情况、企业在管物业情况、顾问及其他、企业财务状况、企业基本业务外包情况、业主满意度、其他指标数据。通过开展统计报表填报工作，物业主管部门可以掌握物业管理行业统计数据，为制定行业发展政策提供参考。

电子投票：电子投票子系统为业主提供用户注册、查询投票记录、委托投票人、电子投票；为业主委员会提供用户注册、业主注册情况查询、投票使用申请、补计票和复核、投票结果查询；为街道办事处提供投票使用申请审核、委托投票申请审核、投票结果及明细查询；为市、区物业主管部门提供统计决策分析等功能。

疫情补贴：疫情补贴子系统是物业向行政部门提交疫情补贴的渠道，通过该系统，快速地申

总检查数	项目检查总数	已完成数	完成比例
10	55733	23477	42.12%

行政区域	项目检查数 ⇅	已完成数 ⇅	完成比例(%) ⇅
深汕特别合作区	27	17	62.96
罗湖区	10838	5678	52.39
福田区	8497	4117	48.45
盐田区	1871	854	45.64
光明区	1049	448	42.71
南山区	8448	3591	42.51
宝安区	10537	4275	40.57
龙岗区	7357	2644	35.94
龙华区	4804	1284	26.73
坪山区	1232	310	25.16
大鹏新区	1073	259	24.14

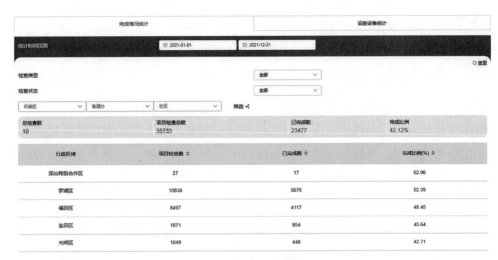

	完成情况统计		设施设备统计

统计时间范围	📅 2021-01-01	📅 2021-12-31	

↻ 重置

检查类型		全部 ⌄
检查状态		全部 ⌄

| 行政区 ⌄ | 街道办 ⌄ | 社区 ⌄ | 筛选 ⋖ |

总检查数	项目检查总数	已完成数	完成比例
10	55733	23477	42.12%

行政区域	项目检查数 ⇅	已完成数 ⇅	完成比例(%) ⇅
深汕特别合作区	27	17	62.96
罗湖区	10838	5678	52.39
福田区	8497	4117	48.45
盐田区	1871	854	45.64
光明区	1049	448	42.71

图2-4-7 安全检查界面

南山区	1430	673	261	412	38.78	催办	55	263	9	21	14	0	7	0
罗湖区	1359	478	219	259	45.82	催办	46	390	8	99	64	0	35	0
宝安区	1705	398	182	216	45.73	催办	29	302	8	55	50	0	5	0
龙岗区	1312	470	119	351	25.32	催办	35	119	2	3	3	0	0	0
福田区	1394	575	109	466	18.96	催办	37	122	2	46	34	0	12	0
龙华区	838	196	74	122	37.76	催办	27	77	2	1	1	0	0	0
盐田区	317	130	68	62	52.31	催办	8	92	1	37	6	0	31	0
光明区	218	61	36	25	59.02	催办	7	47	1	9	5	0	4	0
坪山区	250	39	30	9	76.92	催办	8	35	0	4	0	0	4	0
大鹏新区	183	34	19	15	55.88	催办	4	21	0	1	1	0	0	0
深汕特别合作区	8	7	3	4	42.86	催办	0	4	0	0	0	0	0	0
合计	9014	3061	1120	1941	36.59		256	1472	33	276	178	0	98	0

图2-4-8 业主共有资金管理界面（1）

深圳市

共享银行统计

物业项目总数:	9014个
已开户物业项目数:	1661个
基本账户数:	256个
共管账户数:	1472个
应开共有资金账户数:	3061个
已开共有资金账户数:	1120个
未开共有资金账户数:	1941个
异常账户数:	33个

待整改	整改中	待处罚	处罚中	设置
178	0	0	0	

物业项目 查询

行政区域	项目总数（个）	应开共有资金账户数					共有资金账户数		异常账户数	逾期未开户责令整改数				
		总数	已开数	未开数	开户率(%)	操作	基本账户	共管账户		应整改总数	待整改	整改中	待办结	整改完成
南山区	1430	673	261	412	38.78		55	263	9	21	14	0	7	0

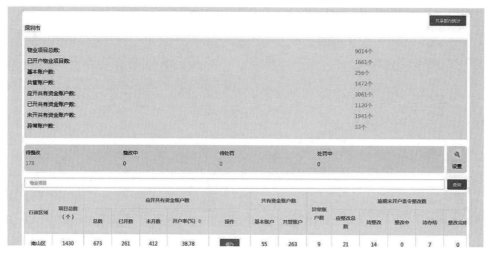

图2-4-8　业主共有资金管理界面（2）

请疫情补贴，提高物业防疫积极性，确保疫情补贴正确快速地落实下发。

疫情防控：疫情防控子系统包括核酸登记、疫苗接种、工作（学习）场所白名单，主要用以全方面监控疫情数据，保障疫情数据的真实性，为疫情防控的工作提供数据支持和保障。

信用信息：信用信息子系统可以实现基础信息自动获取，良好信息的自主申报和不良信息的手动登记，建立信用预警池及信用预警模型，同时，利用物业管理信息平台各业务模块的业务数据，自动推送信用预警信息至预警池，由市、区物业主管部门筛选登记不良信息，进而建立健全全市物业管理信用档案，营造诚实守信的物业管理市场环境（图2-4-9）。

专业能力测评：专业能力测评答题内容主要包括物业管理基础知识、物业管理相关法律法规、《深圳经济特区物业管理条例》(2020版）及相关配套文件、应急安全、疫情防控、生活垃圾分类等知识，并根据国家、省、市物业管理的最新动态和政策对系统题库及时更新。专业能力测评试卷共设置80道题，总分100分，考试时间60分钟。题型为单项选择题、多项选择题和判

物业企业　项目负责人　业委会主任　业 主　业委会执行秘书　业主监事（会）

基本信息　良好信息　不良信息

物业企业名称

*列表按物业项目在管面积倒序排列

企业名称	满意度排名	在管面积㎡	共有资金账户	信息公开率(%)	人员培训情况	通知公告响应率(%)	安全检查情况(%)	评价反馈率(%)	统计填报情况	全国在管面积㎡	小区业主绑定率(%)	公众号关注率(%)	项目经理绑定率(%)	物业合同备案率(%)
深圳市万科物业服务有限公司	18	15556008.38	104	3.31	4	7.94	43.18	13.35	0	15556008.38	40.95	53.68	91.91	14.06
佳兆业物业管理（深圳）有限公司	82	5788854.55	18	0.25	1	9.68	58.80	8.16	3	5788854.55	25.99	46.15	88.46	29.63
深圳市金地物业管理有限公司	29	5725741.28	26	1.74	3	7.35	64.59	27.48	4	663310105.06	48.19	50.00	94.23	28.3
深圳市鸿荣源物业服务有限公司	-	5714672.19	19	4.69	2	25.00	80.14	79.52	4	5714672.19	16.48	62.50	100.00	16.67
深圳市特科物业发展有限公司	-	5209723.79	4	0	0	0	7.44	-	4	6679533.79	-	66.67	95.83	86.32

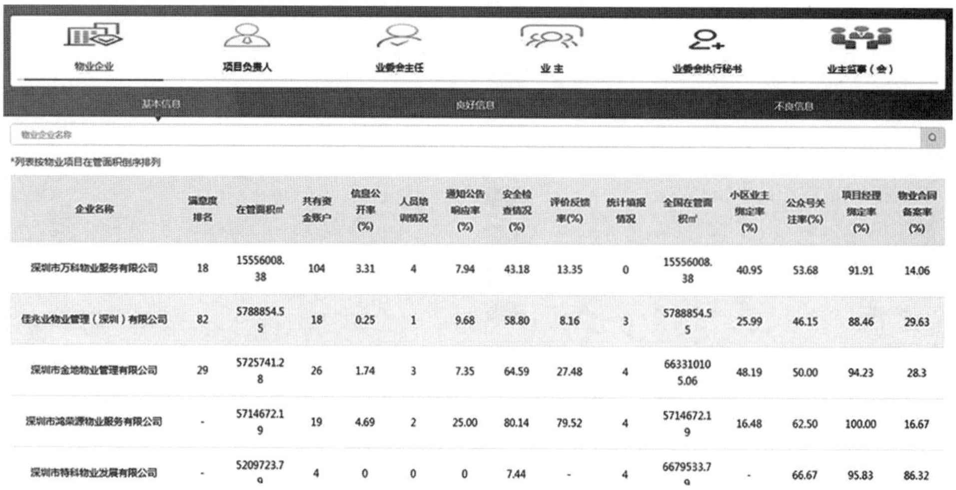

图2-4-9　信用信息界面

断题，测评成绩80分以上即为合格。参加答题人员可进行多次答题，无需支付任何费用。考试结束后可通过"深圳市物业管理公众服务"微信公众号查询答题人员答题结果，了解各业主委员会委员、物业在管项目经理等人员的答题情况。查询内容包含答题人员姓名、单位名称、证书编号、答题成绩、电子证书等。答题及格的，系统将自动生成电子版合格证书，答题人员可自行打印或截图作为学习凭证。答题结果纳入《深圳市物业服务企业和物业管理项目负责人物业服务信息计分标准》(图2-4-10)。

| 排序 | 行政区 | 总得分 | 项目经理绑定（5分） | | 共有资金账户（20分） | | 信息公开（20分） | | 满意度评价（20分） | | 业主意见反馈（10分） | | 备案率 |
			绑定率（%）	得分	开户率（%）	得分	公开率（%）	得分	满意度	得分	反馈率（%）	得分	
1	坪山区	34.21	50.00	2.50	82.05	16.41	0.56	0.11	52.84	10.57	12.97	1.30	3.
2	光明区	34.15	65.14	3.26	65.57	13.11	0.46	0.09	58.26	11.65	27.41	2.74	22
3	南山区	30.82	70.28	3.51	41.46	8.29	1.16	0.23	58.15	11.63	18.01	1.80	9.
4	罗湖区	30.02	77.04	3.85	48.95	9.79	1.08	0.22	43.09	8.62	14.83	1.48	16
5	大鹏新区	29.27	69.40	3.47	55.88	11.18	0.19	0.04	58.71	11.74	6.43	0.64	2.
6	盐田区	28.41	59.94	3.00	53.08	10.62	0.77	0.15	47	9.40	17.10	1.71	13
7	宝安区	28.11	73.96	3.70	47.99	9.60	0.28	0.06	46.86	9.37	24.50	2.45	3.
8	龙华区	25.79	63.72	3.19	41.33	8.27	0.54	0.11	46.51	9.30	13.00	1.30	8.
9	福田区	25.54	69.73	3.49	21.04	4.21	1.01	0.20	52.7	10.54	23.95	2.40	8.

图2-4-10　专业能力测评界面

4.物业管理信息化平台数据

项目管理：深圳11个行政区域共计物业项目9205个。

平安建设数据（含各区）：平安深圳建设考核指标目前由组织管理、成立小区党支部、建设"红色业委会"、物业管理执法检查和小区安全管理组成，各项指标总计5分。结合各项考核指标，各区综合得分排名情况如下：龙华区5分，坪山区5分，大鹏新区4.97分，福田区4.895分，福田区4.895分，宝安区4.855分，盐田区4.79分，南山区4.695分，光明区4.595分，罗湖区4.5分，龙岗区4.49分，其中深汕特别合作区不参与平安建设考核。

物业服务合同备案数据：深圳11个行政区域物业合同备案总数达1014个，其中罗湖区309个、南山区179个、福田区156个、龙华区98个、宝安区83个、光明区63个、盐田区56个、龙岗区56个、坪山区10个、大鹏新区4个、深汕特别合作区0个。

业主决策：深圳行政区域内住宅项目总数3831个，使用过业主决策的物业项目1322个，已完成会议5605个，完成表决议题18134个。

业主评价：参与评价的物业项目2296个，参与评价的业委会1085个，参与评价的物业企业823个。

　　业主身份绑定：深圳行政区域内业主身份绑定数总计833278个（实时更新）。

　　信息公开：物业项目总数9205个，有项目经理的物业项目6491个，有业委会主任的物业项目1013个。

　　业主共有资金账户：深圳行政区域内共有物业项目9205个，已开户物业项目数1790个。

第五节　物业管理标准化管理

1.标准化工作思路

为推动深圳物业管理由传统优势行业向现代服务业转型升级，构建法制化、市场化、国际化及专业化、集约化、智能化的现代物业管理服务业，深圳市住房和建设局大力推进物业管理标准建设，推动成立"深圳市物业管理标准化技术委员会"，统筹标准化工作。通过明确服务类、安全类的基础性标准，为物业服务企业划定物业管理行为的"底线"；通过明确写字楼和医院服务规范及绿色物业评价标准，为物业服务企业提升服务树立"标杆"。按照确保守住"底线"，鼓励追赶"先进"的思路，在深圳市推行"抓两头、带中间"的管理模式，促进物业管理行业的高质量发展。

【标委会基本情况】

2017年6月，经深圳市市场监督管理局批准，深圳市住房和建设局牵头成立深圳市物业管理标准化技术委员会。2021年3月4日，根据《市市场监管局关于同意深圳市物业管理标准化技术委员会换届的复函》，第二届深圳市物业管理标准化技术委员会顺利完成换届，新一届标委会由25名委员组成，秘书处设在深圳市物业管理服务促进中心。

2.标准化工作总体情况

物业管理标准化技术委员会按照统一规划、统一标准、资源整合、分工建设、数据共享的指导原则，全面统筹深圳市物业管理领域标准的制修订、技术审查、宣贯、培训、实施、复审、解释及实施效果评估等工作。截至2021年12月31日，已发布实施《物业服务通用规范》SZDB/Z 42—2011、《物业服务区域秩序维护规范》SZDB/Z 170—2016、《住宅物业服务内容与质量规范》SZDB/Z 203—2016、《新建物业项目承接查验规范》DB4403/T 188—2021、《物业服务要求医院》DB4403/T 194—2021等16个物业管理地方标准，物业管理标准体系初步建成。

3.物业管理地方标准索引

表2-5-1是物业管理标准一览表（截至2021年12月31日）。

物业管理标准一览表 　　　　　　　　　　　　　　　　　　　　表2-5-1

序号	标准名称	标准编号	主要起草单位（前三位）	发布时间
1	物业服务通用规范	SZDB/Z 42-2011	深圳市物业管理行业协会、深圳市万科物业服务有限公司、中海物业管理有限公司	2011-07-27
2	物业服务区域秩序维护规范	SZDB/Z 170-2016	深圳市居佳物业管理有限公司、深圳市科技工业园物业管理有限公司、深圳市口岸物业管理有限公司	2016-01-27
3	物业服务人员管理规范	SZDB/Z 171-2016	北京世邦魏理仕物业管理服务有限公司深圳分公司、中海物业管理有限公司深圳分公司	2016-01-27
4	物业共用部位设施设备编码规范	SZDB/Z 172-2016	万科物业发展有限公司、长城物业集团股份有限公司、中航物业管理有限公司	2016-01-28
5	物业绿化养护管理规范	SZDB/Z 173-2016	中航物业管理有限公司、深圳市上城物业管理有限公司、深圳市特科物业管理有限公司	2016-01-28
6	住宅物业服务内容与质量规范	SZDB/Z 203-2016	深圳市万厦居业有限公司、深圳市万科物业服务有限公司、中海物业管理有限公司	2016-10-14
7	物业管理基础术语	SZDB/Z 287-2018	深圳市标准技术研究院、中航物业管理有限公司	2018-02-09
8	物业服务安全与应急管理导则	SZDB/Z 306-2018	深圳市科技工业园物业管理有限公司、中航物业管理有限公司、长城物业集团股份有限公司	2018-06-14
9	物业服务行业安全管理检查评价规范	SZDB/Z 307-2018	深圳市物业管理行业协会、深圳市住房和城市建设发展研究中心、深圳市诚则成第三方物业服务评估有限公司	2018-06-14
10	绿色物业管理导则	SZDB/Z 325-2018	深圳市可持续发展研究会、深圳市标准技术研究院、深圳市万厦居业有限公司	2018-10-10
11	绿色物业管理项目评价标准	SJG 50-2018	深圳市建设科技促进中心、通标标准技术服务有限公司、深圳市生活垃圾分类管理事务中心	2018-12-7
12	物业服务要求商务写字楼	DB4403/T 12-2019	中航物业管理有限公司、SGS通标标准技术服务有限公司	2019-03-26
13	住宅小区电动汽车充电设施安全管理规范	DB4403/T 56-2020	深圳市标准技术研究院、深圳市计量质量检测研究院、普天新能源（深圳）有限公司	2020-04-10
14	公安系统物业服务规范	DB4403/T 71-2020	深圳市公安局、深圳市住房和建设局、深圳市物业管理行业协会	2020-07-29
15	新建物业项目承接查验规范	DB4403/T 188-2021	深圳市万科物业服务有限公司、深圳市标准技术研究院、深圳市科技工业园物业管理有限公司	2021-09-22
16	物业服务要求医院	DB4403/T 194-2021	中航物业管理有限公司、深圳市卓越绩效管理促进会（深圳标准认证联盟秘书处）、通标标准技术服务有限公司	2021-10-26

第六节　绿色物业管理、智慧物业、宜居社区、美好家园建设

1. 绿色物业管理

【综述】 经过近40年的发展，我国物业管理服务业已颇具规模，物业管理覆盖不动产管理的所有领域。物业管理对我国经济社会发展的推动作用日益显现，在改善人居工作环境、推动国民经济增长、维护社区和谐稳定、解决城乡就业问题、推进社会建设等方面，发挥了重要的作用。随着居民对节约资源、健康环境的需求越来越高，广大业主及政府对物业管理提出了更多节约资源和环境保护的要求。深圳市部分物业服务企业以科学管理、技术改造和行为引导为本责，以有效降低能耗、节约资源和保护环境为目标，通过开展以节能、节水、垃圾分类、环境绿化、污染防治等为主要内容的绿色物业管理活动，为业主和物业使用人营造安全、舒适、文明、和谐、美好的工作和生活环境。自2016年7月起，受深圳市住房和建设局物业监管处委托，深圳市建设科技促进中心（以下简称促进中心）开展绿色物业管理项目指导、评价认定、标准编制、宣传培训等工作。

【评价标识概况】

促进中心于2021年3月印发了《深圳市建设科技促进中心关于开展2021年度绿色物业管理项目星级标识评价工作的通知》，并修订了《深圳市绿色物业管理项目评价申报自评估报告模板》和《〈绿色物业管理评价标准〉专家审查要点》，开展2021年度的绿色物业管理项目星级标识评价工作。截至2021年底，全市共有85个项目获得绿色物业管理项目标识。按照星级划分，三星级项目21个，二星级项目29个，一星级项目35个；按照物业标识类型划分，全市住宅物业44个，商业、办公物业30个，园区物业11个。2021年，全市新增19个绿色物业管理项目评价标识，其中三星级项目4个、二星级项目8个、一星级项目7个；全市新增住宅物业11个，商业、办公物业5个，园区物业3个，如图2-6-1所示。随着绿色物业管理工作的不断推进，绿色物业管理评价标识获得业主和社会的不断认可。

促进中心于2021年3月组织3位专家对清华信息港、睿智华庭等6个项目绿色物业管理实施

情况开展了资料审查和现场检查工作。经查，这6个物业项目在获得绿色物业管理评价标识后均按照《绿色物业管理项目评价标准》SJG 50-2018的要求在实施绿色物业管理，取得了不错的成效（表2-6-1）。

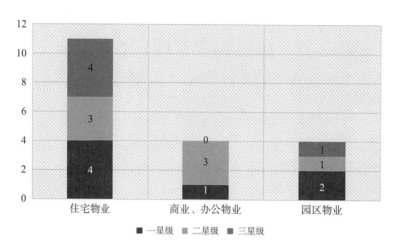

图2-6-1 全市获得绿色物业管理标识项目统计图

2021年度深圳市绿色物业管理评价标识项目清单　　　　　表2-6-1

项目类型	项目名称	物业管理公司	评价等级
园区物业	南山智园崇文园区	深圳市南山智慧园区运营服务有限公司	★★★
	山同心外国语学校文源校区	深圳市中民物业管理有限公司	★★
	深圳科学馆	深圳市中民物业管理有限公司	★
	群星广场	深圳市赛格物业管理有限公司	★
商业、办公物业	深城投创意工厂	嘉邻物业服务（深圳）股份有限公司	★★
	中铁南方总部大厦	深圳市城铁物业服务股份有限公司南山分公司	★★
	深圳长虹科技大厦	四川长虹物业服务有限责任公司深圳分公司	★★
	龙年广场	深圳市花样年国际物业服务有限公司龙岗分公司	★
住宅物业	华强城市花园一期	深圳华强物业管理有限公司宝安分公司	★★★
	颐安都会中央花园2期	深圳颐安物业服务有限公司	★★★
	朗麓家园	深圳地铁物业管理发展有限公司	★★★
	上善梧桐苑	深圳市善家物业管理有限公司	★★★
	天峦湖花园	深圳市泰富华物业管理有限公司	★★
	广岭家园	深圳市天健城市服务有限公司	★★
	玉雅居	深圳市玉蓝物业管理有限公司	★★
	振业城六七期	深圳市午越物业管理有限公司	★
	中海康城花园二期	中海物业管理有限公司深圳分公司	★
	宝田苑	深圳市阳光城市物业管理有限公司	★
	港城蓝山雅园	深圳市康厦物业管理有限公司	★

【政策落实情况】

根据《深圳市建筑节能发展专项资金管理办法》，使用《绿色物业管理项目评价标准》SJG 50—2018评价获得"深圳市级绿色物业管理评价标识"的物业管理项目可以申请成为"绿色物业示范项目"。经评审纳入示范项目的，"一星级最高资助5万元，二星级最高资助10万元，三星级最高资助20万元"的资助。

经过申报与审核，清华信息港、睿智华庭等11个项目成为我市第二批的绿色物业示范项目。截至2022年1月底，深圳市共计有15个项目成为"绿色物业示范项目"，深圳市住房和建设局累计发放建筑节能发展专项资金165万元。并且，为推进2021—2022年绿色物业示范项目资助奖金计划的全面顺利执行，科学、规范编制2021—2022年专项资金资助计划，深圳市住房和建设局完成2021—2022年度绿色物业示范项目组织申报及核查的各项工作（表2-6-2）。经过审核，该9个项目均符合资助条件，拟于2022年予以补贴。

深圳市绿色物业示范项目清单　　　　　　　　　　　表2-6-2

排名	申报项目名称	申报单位名称	资助金额
1	崇文花园	深圳市常安物业服务有限公司	20万元
2	迈瑞总部大厦	深圳市常安物业服务有限公司	20万元
3	前海花园一期二期	深圳市常安物业服务有限公司	10万元
4	御景翠峰	深圳市合泰物业管理有限公司	10万元
5	清华信息港	深圳力合物业管理有限公司	20万元
6	国人大厦	深圳市保利物业管理集团有限公司	20万元
7	颐安都会中央花园	深圳市颐安物业服务有限公司	20万元
8	山海四季花园	深圳市鹏广达物业服务有限公司	10万元
9	假日名居	深圳市莲花物业管理有限公司	10万元
10	大冲商务中心（AB栋）	深圳市保利物业管理集团有限公司	20万元
11	睿智华庭	深圳市颐安物业服务有限公司	20万元
12	水贝金座	深圳市特发服务股份有限公司	10万元
13	上东湾雅居	深圳市鹏广达物业服务有限公司	20万元
14	深圳市大鹏新区大鹏办事处	深圳市龙城物业管理有限公司	10万元
15	东关岸上林居	深圳市万家好物业服务有限公司	5万元

【评价标准修订情况】

评价标准中的部分内容已普及，难以继续起到行业引领作用；随着新类型建筑的出现，评价标准的内容已经无法涵盖全部既有建筑；在我国工程建设领域"绿色"的定义比2017年已经有很大的延伸，绿色物业管理的内容可以涵盖大部分的物业管理基础服务内容；按照《绿色建筑评价标准》GB/T 50378—2019建成的绿色建筑需要一部新的评价标准对其运营管理效果进行评价。2021年4月，深圳市住房和建设局启动了对《绿色物业管理项目评价标准》SJG 50—2018的修订工作，新版评价标准正在促进中心的组织下开展试评价工作。

附件：绿色物业管理优秀案例

南山智园崇文园区

物业管理单位：深圳市南山智慧园区运营服务有限公司

项目地址：深圳市南山区桃源街道福光社区留仙大道3370号

总用地面积：21606.94m²

总建筑面积：229895.69m²

建筑概况：园区由3栋塔楼组成，其中1、2号楼24层，高度99.95m；3号楼35层，15、25层为避难层，高度148.25m；地下两层为停车场有693个停车位（图2-6-2）。

图2-6-2　深圳市南山智园崇文园区项目

使用情况：2018年12月竣工，2019年5月正式交付使用。

获奖情况：2021年获得深圳市绿色物业管理项目三星级标识证书（图2-6-3）。

图2-6-3 绿色物业管理项目三星级标识证书

1 项目概况

项目位于深圳市南山区西丽湖国际科教城大学城片区，桃源街道留仙大道与塘岭路交汇处，紧邻南坪快速、留仙大道，距深圳北站交通枢纽约4.5km、塘朗地铁站1km。园区聚焦集成电路、AI人工智能、新一代信息技术，并以服务人才、企业为核心，助力企业专注核心业务。

项目占地面积21606.94m²，总建筑面积229895.69m²，共3座塔楼均为一类高层建筑，1、2栋为高层办公楼建筑，高度99.95m，共24层；3栋为超高层办公楼建筑，高度148.25m，共34层，其中15、25层为避难层；裙楼1、2层为商业，3楼整层为南山区西丽湖人才服务中心；地下两层为停车场有693个车位，充电桩数量80个，占总车位的12%。

南山智园崇文园区设施设备管理启用IBMS集成管理系统，对大厦的供配电系统、给水排水系统、空调通风系统、公共照明、安防系统、弱电智能化系统进行全方位监控，实现智慧化运维管理；园区建设有雨水回收系统，用于园区绿化灌溉、地库冲洗及景观水池用水；地库照明及楼内公共照明全部采用高效LED智能照明系统；园区2级的用水器具比例达到100%。

公司从2020年即开始筹备绿色物业工作的开展，积极引导企业参与绿色管理（垃圾分类、绿色出行、节能降耗），共同维护绿色环境。有针对性地制定了环境管理（含保洁、绿化、垃圾清运、固废、培训、宣传）、能耗管理（节水、节电、创新、改造）等规章制度，专门成立了绿色物业运营管理小组，负责项目绿色物业的各项工作开展，推进落实对制度的执行，把绿色物业工作深入每一项工作当中，为绿色物业管理奠定了良好的基础。

2 节能管理改造措施

2.1 中央空调系统

中央空调的改造措施，主要采取变频节能改造及自动控制系统两种方式，变频节能改造是通过主机与水泵跟随负荷变化调节机组运行模式，起到合理使用能源的作用，改造后空调整体能耗下降达30%以上。

中央空调自动控制系统，是通过组态软件设定空调机组参数，系统监测回水总管的温度、流量信号计算系统实际空调负荷，控制机组及其配用的空调水泵运行台数和运行组合。空调自动控制系统累计每台冷水机组、空调水泵的运行时间，并控制冷水机组和空调水泵均衡运行，使制冷设备功率随热负载的变化而变化，在满足使用要求的前提下达到最大限度的节能效果（图2-6-4）。

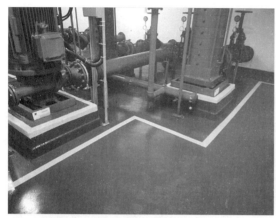

图2-6-4　项目空调设备房

2.2　电梯系统

园区电梯全部采用变频技术，通过对电梯的联动及运行控制模式进行编程优化，电梯轿厢设置成无人自动关灯、自休眠模式，早晚高峰期间由专人进行梯控，确保电梯荷载运行，同时对电梯空调控制进行升级改造，达到电梯节能运行的目的。

为降低电梯能耗，提倡低楼层客户多走楼梯、少乘电梯；同时，在大堂通过电子竖屏和现场派发宣传等方式，进行绿色出行宣传，将绿色出行理念传达至每个客户。

2.3　能源管理系统

采用EMS能源管理系统，实时监测园区各楼栋、楼层、设备机房、公共区域的用电功率、电流及用电度数情况，形成用电趋势图、分栋能用流向数据报表，全面实现园区能源数据可视化监控分析，通过数据分析及时发现高能耗用户和用电异常报警，并对能耗异常的问题进行专项分析，采取措施进行整改提升（图2-6-5）。

2.4　园区照明设施改造

园区景观照明、停车场照明、大堂及公共走廊、办公区域、大厦景观灯、路灯等全部更换成高效、节能的LED照明灯具与智能照明管理系统，结合照明需求，实现智能化控制节能效果。

同时对车库照明设备进行改造，将原有的双灯管灯架改为单只灯管，车库照明组控在无人或者晚上采取亮一排关一排的措施，降低车库照明用电（图2-6-6）。

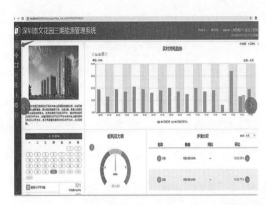
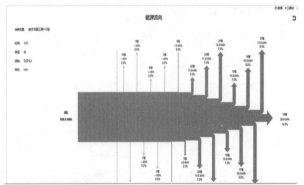

图2-6-5　园区能源管理系统和用能趋势图

图2-6-6　停车场照明和公共通道照明

2.5　新能源汽车充电桩的建造

为积极倡导园区客户的绿色出行，在加大宣传及倡导的同时，与新能源汽车建立合作模式，在地库安装了新能源汽车充电桩80个，占总车位的12%（图2-6-7）。

图2-6-7　新能源汽车充电桩及标识

3 节水管理改造措施

3.1 雨水回收再利用

建立雨水回收系统，经初雨气流后，收集至雨水回收设备的原水储水池，然后经曝气精滤装置过滤，再经加氯消毒后进入雨水清水水池，最后经变频水泵加压后的雨水送至绿化、景观水及车库冲洗管网，将回收用水用于绿化灌溉、车库冲洗及景观水池，保证水量平衡，达到节水目的（图2-6-8）。

图2-6-8　园区雨水回收设备

3.2 节水器具改造

对园区坐便器、蹲便器、水嘴等全面进行升级改造，100%使用2级用水器具，同时对楼层的二次供水压力进行调节，以降低用水器具工作压力，避免超压出流现象，进行节水管控。

3.3 自动喷灌技术

园林绿化灌溉，大部分区域采用雨水回收用水灌溉及自动喷灌技术，自动喷灌技术结合人工智能设置和雨天关闭装置，进行全自动绿化灌溉，达到园区绿化灌溉的节水高效控制措施。

4 绿化、环境督导及宣传活动

4.1 垃圾分类督导及宣传

为落实物业企业的管理责任，切实提升客户及员工对生活垃圾分类的参与率和投放准确率，通过广泛宣传、检查等方式来强化保障、规范生活垃圾分类管理。

在园区茶水间、洗手间、公共通道、外围、垃圾房等区域，配置了分类垃圾桶，设置了大件垃圾回收区域。

通过电子竖屏、发放宣传单、粘贴海报、培训等多样化的形式，定期开展垃圾分类的宣传，指导客户及员工的精准投放，提升环保意识。

每日对垃圾分类投放、垃圾房卫生、垃圾桶卫生、垃圾分类宣传等情况进行现场检查,并将此工作纳入常态化管理(图2-6-9)。

图2-6-9 垃圾房垃圾分类及志愿者督导垃圾分类照片

4.2 绿色低碳宣传

为提高全员节能、节水及环境保护的意识,近一年崇文园区共开展宣传活动20余次,宣传内容丰富,包括节能宣传、绿色出行、绿色照明、节水宣传、垃圾分类等,将节能环保理念植入每位企业客户心中。同时还培训出了一批专业的人才队伍,为公司的节能降耗、环境防治、宣传等工作作出了显著突破(图2-6-10)。

图2-6-10 园区节能宣传、绿色出行宣传

4.3 园区绿植养护及标识管理

为创造舒适宜人的环境氛围,公司聘请专业的绿化养护公司对园区绿化生长情况进行诊断分析,制定绿化管理养护方案及月度养护计划,养护方案中明确了作业要求、检查要求、作业规范、检查人员、检查范围、作业设备及安全设备等要求,并督导严格按计划实施,以生物防治、物理防治为主,化学防治为辅,达到绿植养护理想效果。

每月对绿化养护员工进行培训，强调节水措施，提升节水意识。对管理区域内绿化，设有明显的绿化保护提示标志、绿化标识（图2-6-11）。

图2-6-11 园区外围及空中花园绿化

颐安都会中央花园二区

物业管理单位：深圳市颐安物业服务有限公司

项目地址：深圳市龙岗区龙城街道爱南路639号颐安都会中央花园二区

总用地面积：43197.36m²

总建筑面积：205393.47m²

建筑概况：1570户，住宅底商89户，住宅户数1481户，建筑高度90m（图2-6-12）。

使用情况：2016年5月竣工验收，2016年10月物业进驻。

获奖情况：2017年荣获深圳市"排水达标小区"，2018年荣获"深圳市物业管理优秀项目""深圳市龙岗区物业管理优秀项目"，2019年荣获深圳市龙岗区安全文明小区"先进单位"，2020年被评为"无疫小区""先进保安单位"，2021年荣获"深圳市三星级绿色物业管理项目标识""生活垃圾分类绿色小区"（图2-6-13）。

1 项目概况

颐安都会中央花园二区坐落于深圳市龙岗区龙城街道爱南路639号，项目占地面积43197.36m²，总建筑面积205393.47m²。项目由深圳市颐安物业服务有限公司提供"悦·服务"的物业管理服务、资产管理、社区生态圈服务的综合运营平台。项目采用"CGlife"物业管理模式，营造社区舒适、绿色生活。项目迄今已获得"深圳市区市物业管理优秀项目""安全文明小区""尊师重教文明小区""无疫小区""防疫及垃圾分类红榜表扬""排水达标小区"等诸多荣誉，第三方客户满意度稳居90%以上，并于2021年获得"深圳市三星级绿色物业管理项目"荣誉称号。

图 2-6-12 小区实景俯瞰图

图 2-6-13 绿色物业管理项目三星级评价标识证书

颐安都会中央花园二区绿色物业践行始终围绕着"绿色物业"（简称LSWY）进行绿色物业的实施，绿色物业要涵盖7个模块，即制度制定、节水、节能、垃圾分类、环境绿化、污染防治、创新提高；在绿色物业基础7大模块上，颐安都会中央花园二区领先践行绿色家庭、碳中和的推广与实践、绿色办公共3个创意亮点。

2 绿色改造措施

2.1 绿色运行制度的制定

颐安都会中央花园二区率先将绿色物业理念融合到ISO9001、ISO14001等三体系并完成认证，将绿色物业管理理念和内容贯彻整个物业管理的制度，设置组织架构，自上而下实施，涵盖对外服务协议、规约及相关文件的约定，对内涵盖实施计划、制度培训、推广宣传、实施评价、实施成果奖励机制、绿色环保采购制度、绿色环保公约及绿色物业实施等各方面。

2.2 节能灯具改造

项目设备房及公共区域灯具设置为自动声控，公共区域风扇设置为人体感应控制，均可做到"人来启动，人走关闭"；电梯采用群控、电梯空调采用时间控制器控制；风机房采用时控开关控制；停车场及公共区域均改为LED自动感应灯具，避免因人工管理不当出现资源浪费的情况。相比传统的人工管理方式，改造每年可节约用电62720kW·h，节省费用4.5万元。

2.3 非传统水源利用

为节约用水，有效提升项目水资源使用率，充分利用非传统水资源，项目设置了空调冷凝水回收系统、景观水回收系统，并将回收的水资源注入回收箱并铺设排水管用于园林浇灌、路面清洗、环境清洁等。

2.4 节水灌溉

项目设置了绿化自动喷淋系统，公共区域采用节水型水龙头，小区精装房采用较高用水效率等级的卫生器具。工作人员会定期对供水设备进行维护保养巡查，避免跑、冒、漏的情况。相比之前的管理方式，项目每年可节约用水776m³，节约费用约0.35万元（图2-6-14）。

图2-6-14 绿化灌溉

2.5 垃圾分类管理

为积极响应垃圾分类号召，实施垃圾分类工作，颐安都会中央花园二区2018年在龙岗区率先实现楼层撤桶工作，并积极引进智能垃圾分类设备一组，引导业主和物业使用人积极开展垃圾分类管理工作。为提高垃圾分类的精细化管理，项目针对8处生活垃圾分类投放点全部安装智能监控摄像头，方便及时观察业主和物业使用人垃圾的分类投放，并有效实施动态管理。采用科技和高效管理方法，引进智能垃圾分类设备一组，分类投放点增设监控摄像头，提高居民自觉进行生活垃圾分类。项目在实施垃圾分类管理后，每年生活垃圾可减量20余吨（图2-6-15）。

图2-6-15　垃圾分类收集

2.6　绿化环境管理

（1）蚊虫消杀

采用无害化药引的方式，吸引大自然的蚊虫、苍蝇等，有效减缓蚊虫的滋扰，有效结合物理与药物消杀的作用，进一步减少蚊虫的滋扰与困扰（图2-6-16）。

图2-6-16　蚊虫消杀装置

（2）废弃物利用

项目充分利用业主废弃物点缀生活空间、美化生活环境。利用废弃塑料瓶自制盆栽绿萝置放分类投放点，净化空气；利用废弃物制作绿色环保标志物，让业主和物业使用人感受到直观的环保、低碳生活，并成为园林网红打卡点（图2-6-17）。

图2-6-17　废弃物利用

2.7　绿色出行

通过绿色出行宣传、展示、引导，有序规范对项目非机动车辆的管理；响应国家新能源号召，按要求在停车场配备10%的新能源充电桩，方便业主和物业使用人停放与充电，真正意义上让更多业主和物业使用人选择绿色出行，响应低碳环保的政策要求（图2-6-18）。

图2-6-18　充电桩及非机动车停车位

2.8　物业管理现代化方式或信息化手段

目前项目停车系统引进了AI机器人实现无人值守，明源APP实现无纸化办公，实现一键报修、咨询、受理、关闭等，手机APP开门减少制卡成本与浪费，最大限度实现一键开门，智能设备节约总成本约60000元/年（图2-6-19）。

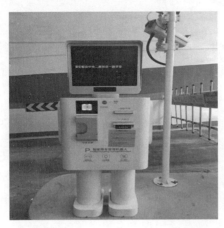

图2-6-19　智能化设备

2.智慧物业

【智慧物业建设试点】

根据《住房和城乡建设部关于开展新型城市基础设施建设试点工作的函》（建改发〔2020〕152号）、住房和城乡建设部等部门《关于推动物业服务企业加快发展线上线下生活服务的意见》（建房〔2020〕99号）、住房和城乡建设部等部门《关于加强和改进住宅物业管理工作的通知》（建房规〔2020〕10号）等文件要求，深圳市被选为智慧物业建设试点城市，要求稳步推进智慧物业建设试点工作。

【智慧物业总体思路】　以"互联网+"为创新引擎，以促进信息共享和资源整合为重点，按照"需求导向、市场主导、政府统筹协调"的原则，引导市场主体参与智慧物业建设试点。政府通过完善物业监管平台，制定智慧物业标准体系，推动物业服务企业使用的智慧物业服务平台（以下简称智慧物业平台）与物业监管平台对接，实现房屋、住户、车位、设施设备等物业小区基础数据的重复利用，提升全行业整体信息服务水平。

【2021年工作开展情况】

建立周例会制度。每周召开信息化工作例会，讨论智慧物业顶层方案设计和系统实现事宜，分析物业监管平台建设过程中面临的困难，及时协调解决重难点问题，科学有序推进智慧物业建设试点。

深入企业广泛调研。住房和建设局领导带队广泛调研智慧物业建设情况，重点了解了深圳市部分科技企业和物业服务企业开发的智慧物业服务平台功能设置、市场覆盖率、活跃度、可持续经营情况、发展中遇到的困难等，对分析总结深圳市智慧物业建设目前存在的问题，形成与深圳市实际相符合的智慧物业建设工作方案起到积极作用。

与建行达成战略合作意向。深圳市住房和建设局与中国建设银行股份有限公司深圳市分行签订《深圳市智慧物业管理平台合作备忘录》，共同探索以"科技+服务"为特征的服务质量和管理质量"双提升"路径,助力深圳市智慧物业建设。

制定智慧物业建设工作方案。在前期调研基础上,结合深圳市实际,制定了《深圳市智慧物业建设工作方案》。方案以"互联网+"为创新引擎,以促进信息共享和资源整合为重点,按照"需求导向、市场主导、政府统筹协调"的原则引导市场主体参与智慧物业建设试点。政府通过完善物业监管平台、制定智慧物业标准体系,推动物业服务企业使用的智慧物业服务平台与物业监管平台对接,实现房屋、住户、车位、设施设备等物业小区基础数据的重复利用,提升全行业整体信息服务水平。

选取小区进行智慧物业试点。选取华侨城香山里小区进行智慧物业建设试点。香山里小区由华侨城物业(集团)有限公司提供物业管理服务,为提高香山里智能化、信息化水平,华侨城物业通过与深圳市四格互联信息技术有限公司合作,购买四格互联智慧物业平台软件服务,并由物业公司出资对香山里门禁等硬件设备进行智能化改造,利用信息化手段提高业务处理效率,提升服务质量水平,同时整合融入华侨城物业自己打造的一站式社区生活综合服务平台——侨城汇APP,为业主打造一个"设施智能、服务便捷、管理精细、环境宜居"的智慧物业小区。

启动智慧物业相关标准编制。为规范智慧物业平台信息共享范围、共享方式和共享标准建设,为小区智能化改造、智能化管理及信息共享提供标准支撑,根据智慧物业建设工作方案相关规划,编制完成《智慧物业服务和数据交换规范》初稿。

完善物业监管平台。坚持全市"一盘棋",进一步完善物业监管平台,通过手机移动端实现物业管理行业的统一和动态管理。平台打造"两端"+"三类"+"N+1"核心架构,目前平台已上线权限管理、信用信息、电子投票、业主满意度评价、安全检查、信息公开、共有资金管理、报表统计等16个物业管理服务子系统,基本覆盖物业监管各个方面,有效破解业主大会表决难题,规范业委会运作,促进小区公共事务公开透明,充分保障业主参与权、知情权和监督权。

附件一：

深圳市智慧物业建设工作方案

为贯彻落实《住房和城乡建设部关于开展新型城市基础设施建设试点工作的函》（建改发〔2020〕152号）、住房和城乡建设部等部门《关于推动物业服务企业加快发展线上线下生活服务的意见》（建房〔2020〕99号）、住房和城乡建设部等部门《关于加强和改进住宅物业管理工作的通知》（建房规〔2020〕10号）等工作要求，稳步推进智慧物业建设试点工作，不断提高住宅小区物业服务智能化、数字化水平，结合实际制定本方案。

一、工作目标

以"互联网＋"为创新引擎，以促进信息共享和资源整合为重点，着力构建智慧物业管理服务平台，力争到2021年底，全市建成一批"设施智能、服务便捷、管理精细、环境宜居"的智慧物业小区示范点；推动物业服务企业拓宽物业服务领域，提供家政服务、电子商务、居家养老、快递代收等增值服务，促进线上线下融合发展，初步形成可推广、可复制的商业模式。

二、总体思路

（一）明确智慧物业技术架构。基于"新城建"整体架构要求，整合全市房屋基础数据，重点打造"一中心两平台"，即：搭建数据共享交换中心，建设智慧物业管理服务平台（以下简称智慧物业平台）和物业监管平台。充分发挥政府有形的手与市场无形的手的作用，明晰智慧物业建设中政府与企业的责任边界。政府负责物业监管平台建设维护，制定智慧物业平台服务标准、基础数据结构标准、智慧物业平台与物业监管平台的数据交换标准，建立智慧物业管理体系运行维护规则。第三方技术支持企业或者头部物业服务企业负责智慧物业平台开发维护，业主组织购买智慧物业平台的服务，授权物业企业使用，实现小区智慧物业管理。

（二）建立健全可持续运营机制。政府通过物业监管平台向智慧物业平台提供小区房屋基础数据。头部物业服务企业和第三方技术支持企业开发的智慧物业平台如果能够满足智慧物业平台服务标准，可以按照数据交换标准与物业监管平台对接，并上传智慧物业基础数据和监管数据，政府将其列入智慧物业平台目录，推荐给各物业小区业主组织。小区业主组织自由选择智慧物业平台，实现智慧物业管理。业主组织更换物业服务企业后，如果更换智慧物业平台，则需要从物业监管平台下载本小区基础数据，然后设定新物业服务企业负责人的系统使用权限，即可实现智慧物业管理无缝衔接。深圳市业主组织均在数据共享银行开设业主共有资金账户，由业主共有资金账户开户行支付智慧物业平台服务费的模式，在全市推广智慧物业管理。智慧物业平台服务费平均5～10元/年户，占每年物业管理费千分之二左右，目前，多家数据共享银行均有意愿为了吸引存款而支付智慧物业平台服务费，这是市场行为。第三方智慧物业平台的技术开发企业凭平台服务质量从市场竞争用户，头部企业可以评估软件开发成本收益，根据需要购买第三方智慧物业平台的服务，促进全行业整体信息服务水平提升。

三、主要任务

（一）推进智慧物业平台建设

智慧物业平台服务标准规范智慧物业平台服务功能，要求能为物业服务企业和业主提供个性化、一站式、全方位数字化服务。主要功能涵盖基础信息、综合客服、云坐席、收费管理、设备管理、安全巡查、环境管理、员工考勤、数据分析等所有管理业务及相关增值服务业务，并结合APP、微信公众号和小程序，利用5G、物联网等最新前沿技术，实现手机开门、车牌识别、扫码支付等智能化系统的落地应用，为小区物业管理提供专业、高效、便捷的管理能力，全方位、全体系助力物业服务企业转型，帮助企业做到业财一体化管理，实现移动化作业、集约化管控、数字化管理和精细化服务。

（二）完善物业监管平台

1.丰富扩展物业监管平台功能。坚持全市"一盘棋"，进一步完善物业监管平台，通过手机移动端实现物业管理行业的动态监管。平台以物业服务企业、物业项目负责人、业主委员会等物业管理基本信息为基础，借助全市统一的地楼房人基础数据，打造涵盖电子投票、小区信息公开、业主评价、共有资金账户预约开户、业主委员会管理，以及物业事项备案、在线安全检查、诚信管理等的多个物业管理服务子系统，破解业主大会表决难题，规范业委会运作，帮助业主从人、财、物、事四个维度全方位抓小区管理，监督物业服务品质，促进小区公共事务公开透明，充分保障业主参与权、知情权和监督权。加强对物业服务企业信用管理和信用评价，加快构建以信用为核心的物业服务市场监管机制，不断优化市场竞争环境，促进行业向优质高效方向发展。

2.连接智慧物业平台。按照智慧物业数据交换标准为各智慧物业平台对接提供平台接口，通过信用评价、智慧物业小区评价、安全检查、物业服务合同约定等多种手段，推动自建智慧物业平台的物业服务企业或者使用第三方技术支持企业软件服务的物业服务企业与本平台对接，实现房屋基础数据、小区设施设备、业主委员会等物业小区基础数据的重复利用。

（三）搭建数据共享交换中心

以需求为导向，以应用为重点，以安全为基础，以解决互联互通、信息共享问题为核心，建立智慧物业数据共享交换中心，通过统一的数据接口标准和交互通道，采集物业管理区域内房屋、住户、车位、设施设备、物业服务企业、业主委员会等基础数据，以及设施设备运行维护等监管数据。对采集的数据进行系统化管理，按照用途、用户、权限等维度对数据封装打包和分布式存储，实现对采集数据的分析、管理、查询、共享和展示，提高数据利用率。推动物业监管平台与深圳市统一政务服务APP"i深圳"及相关公用事业服务平台的协同和共享，为维修资金、业主共有资金、住房公积金、住房保障、住房租赁、二手房参考价、就学、养老、图书借还、供水、供电、供气等各种应用场景提供方便、快捷的查询应用入口。

（四）制定智慧物业相关标准与规范

1.打造智慧物业标准体系。充分调研现有小区物业管理信息化现状，制定智慧物业建设标准、智慧物业平台服务标准、智慧物业基础数据结构标准、智慧物业数据交换标准、智慧物业小区评价标准和数字人民币智慧物业支付标准，为小区设施设备软硬件建设、智能化改造、智能化管理以及信息共享提供标准支撑，规范智慧物业平台信息共享范围、共享方式和共享标准建设。

2.推动智能设施设备接入标准统一。与公安、交警、市场监管、消防等部门积极沟通，推动小区停车、门禁、电梯、消防等设施设备监管部门牵头制定智能服务规范与接口标准，减少智能设施设备供应商管理系统与智慧物业平台之间的数据共享成本，提高智慧物业建设水平。

3.共享全市房屋基础数据。发布社会治理区域编码规则，对全市物业管理区域进行编码，统一和规范深圳市社会治理区域的管理。充分利用深圳市可视化城市空间数字平台的空间服务，搭建适应物业管理业务需要的空间数字底板，通过物业监管平台与深圳市可视化城市空间数字平台相互开放数据接口，建立健全协同更新机制，推进物业管理区域、楼栋、分户等社区管理基础信息的共建共享和业务协同，建立全市房屋基础数据，向智慧物业平台开放。

（五）开展智慧物业小区建设试点

1.开展智慧物业小区评价工作。选取部分基础条件较好的小区进行智慧物业小区建设试点，指导试点小区按照智慧物业小区评价标准对设施设备进行数字化、信息化提档升级，组织开展智慧物业小区评价活动，通过系统自动评价方式，评选公布一批智慧物业小区名单。

2.建立健全智慧物业小区建设。以智慧物业建设标准、智慧物业平台服务标准、智慧物业基础数据结构标准、智慧物业数据交换标准、智慧物业小区评价标准和数字人民币智慧物业支付标准为基础，推进智慧物业小区建设，在试点实践中，不断完善智慧物业相关标准和智慧物业小区评价制度，促进智慧物业小区建设可持续发展。对在管项目获得"智慧物业小区"称号的物业服务企业，纳入企业良好信用记录，在信用评价中予以加分，提高企业参与智慧物业建设的积极性。另外，在绿色宜居社区建设考核指标中，将智慧物业作为加分项，发挥区、街道和社区在智慧物业建设中的组织推动作用。

（六）探索数字人民币在智慧物业中应用

基于数字人民币智慧物业支付标准，探索在物业管理领域推广数字人民币应用，通过数字人民币接入智慧物业平台缴费系统，可在线上线下同步开通数字人民币支付功能，为用户提供专用途资金管理、消费、代扣等金融服务，实现水费、电费、燃气费、物业管理费、停车费等费用通过数字人民币零手续费缴纳。并运用聚合支付、静脉支付、声纹支付、人脸支付、无感支付等先进支付手段，促进传统支付手段智慧化，进一步提升物业小区业主支付的便捷程度。

（七）促进线上线下服务融合发展

鼓励有条件的物业服务企业运用物联网、云计算、大数据等技术，购买智慧物业平台的架构层服务，在此基础上进行增值服务开发，大力发展线上线下社区服务业，接入干洗、配送、健身、文化、旅游、家装、租赁等优质服务，拓展家政、教育、护理、居家养老、长者食堂、二手闲置资源互换等增值服务，构建健康、有活力的智慧物业服务生态。

四、实施步骤

（一）方案制定阶段（2021年4月前）。深圳市目前约有70%的小区物业管理或多或少进行了信息化，只是程度不同。针对智慧物业管理现状，梳理智慧物业建设相关政策法规、标准规范等文献资料及智慧物业典型案例。分析总结智慧物业建设目前存在的问题，结合我市实际，形成试行版智慧物业小区评价标准和智慧物业建设工作方案，并选取1家平台企业和1个小区进行智慧物业小区建设试点。

（二）方案实施阶段（2021年4—12月）。加快编制智慧物业建设标准、智慧物业平台服务标准、智慧物业基础数据结构标准、智慧物业数据交换标准、智慧物业小区评价标准和数字人民币智慧物业支付标准，扎实推进智慧物业平台建设，不断完善物业监管平台功能。于2021年7月底前再确定3个小区开展智慧物业小区建设试点，2021年8月底前试点工作实质性启动。

（三）总结推广阶段（2022年起）。总结梳理智慧物业建设试点经验和成果，构建我市智慧物业管理体系，建成一批智慧物业小区示范点，初步形成可推广、可复制的智慧物业建设模式。推动智慧物业建设工作由既有住宅小区向新建住宅小区延伸，形成涵盖所有住宅小区的智慧物业小区评价工作机制。通过物业监管平台与政数、规划、网格等其他智慧系统互联互通，力争为政府监管、企业发展和居民服务提供强有力平台支撑，同时宣传推广物业服务企业在居家养老、家政、生活服务等领域好的经验做法，引导社会力量参与智慧物业服务体系建设，推出多种品牌社区服务。

五、保障措施

（一）加强统筹协调。建立例会制度，定期协调解决工作中面临的问题，合力推动智慧物业整体设计和系统实施工作，科学有力推进智慧物业建设试点，不断提升小区物业服务智能化、数字化水平。

（二）做好资金保障。资金保障主要涉及物业监管平台建设维护。试点阶段由中国建设银行提供试点方案实施费用的支持，主要包括智慧物业标准编制、物业监管平台升级、数据交换接口调试、智慧物业试点工作宣传推广等，推广阶段物业监管平台运营维护纳入常规升级维护费用。

（三）加大政策支持。坚持政府主导和市场有序参与有机结合，加大政策扶持力度，探讨将符合智慧物业评价标准的小区纳入《深圳市工程建设领域绿色创新发展专项资金管理办法》资助范围，鼓励、引导业主大会、物业服务企业按照智慧物业标准进行智能化改造和管理，提升设施设备数字化管理水平，对于示范效应良好的智慧物业小区，按照资助标准予以扶持。将小区设施设备智能化改造纳入"新城建"和老旧小区改造指标范畴，提高政策资金叠加效益。

（四）严格安全管理。严格落实网络安全法律法规和政策标准，建立健全网络安全应急体系，加强网络安全防护，保障公共数据资源安全，防止居民个人信息和物业管理信息泄露，有效维护人民群众合法权益。

附件二：智慧物业小区试点案例

智慧物业小区试点案例——香山里

一、基本情况

（一）项目简介

香山里位于深圳华侨城香山西街以北，侨香路南侧，与天鹅堡、纯水岸共同构成华侨城波托菲诺产品系。香山里项目分两期于2009年开始建设，2011年12月入伙，总投资22亿元，建筑面积321208m²，涵盖4幢18层和7幢33层的住宅楼、幼儿园、商场及社区服务中心，共1405户，同时设有1个两层地下停车场，共提供停车位1664个。

（二）物业服务企业概况

香山里项目委托华侨城物业（集团）有限公司提供物业管理服务，华侨城物业（集团）有限公司成立于1995年12月，是深圳市华侨城集团直属的全资国有企业，公司首批获得国家物业管理一级企业资质，现为深圳市物业管理行业协会、广东省物业管理行业协会副会长单位和中国物业管理协会理事单位。经过20多年积淀与发展，公司目前共有员工人数约5000人，年营业收入6.9亿元人民币，管理面积超过千万平方米，业务范围覆盖深圳、北京、上海、成都、南京、武汉等28个城市，拥有区外超过50家分、子公司，初步完成了在全国发展的战略布局。

（三）智慧物业平台供应商概况

2016年，深圳市四格互联信息技术有限公司与华侨城物业达成合作意向，开始为香山里提供智慧物业平台服务。深圳市四格互联信息技术有限公司创立于2013年的深圳，专注不动产管理与服务数字化平台的设计、研发与运营，提供不动产本体数字化、业务数字化、价值数字化三大领域的解决方案，涵盖了资产管理、资产经营、物业服务、客户服务、收入管理、支出管理、预算管理等专业系统，提供多业态、全生命周期、集团型一站式全方位的数字化解决方案。现有员工400多人，其中产品研发和交付超360人，设有深圳、武汉和南京3个研发中心，并建有覆盖全国的常驻服务机构。已与招商蛇口、华润置地、三一集团、中海物业、招商局物业、华侨城物业、深业物业等全国1000多家客户深度合作，服务项目超过20000个，服务面积超过10亿m²，服务区域遍布全国30个省市。

二、智慧物业小区建设过程

在近些年国家治理现代化战略大背景之下，由大数据、互联网、物联网、5G、人工智能、数字孪生、区块链等为代表的"新型基础设施建设"所引爆的智慧治理时代已经到来。华侨城物业也顺应行业发展，满足业主对美好生活的品质要求，于2016年选择深圳市四格互联信息技术有限公司为华侨城打造智慧物业管理服务平台（以下简称智慧物业平台），并由物业公司出资对香山里门禁等硬件设备进行智能化改造，整个平台的建设着力解决日常物业管理业务的信息化，利用信息化的手段加速提高业务处理的速度、提升服务质量水平，项目建设应满足物业日常的业务管理并为领导监控提供强有力的支持，同时整合融入侨城汇APP，为业主打造一个"设施智能、服务便捷、管理精细、环境宜居"的智慧物业小区。

智慧物业平台系统架构如图2-6-20所示。

智慧物业平台功能模块分为基础信息、综合客服、云坐席、设备管理、安全巡查、综合品质、环境管理、员工考勤、收费管理、数据呈报。平台从2016年开始建设，于2016年10月完成数据收集与初始化的工作，在2017年3月完成产品的培训与上线，从2017年4月开始进入正常的运维服务期。结合企云助手APP、寻常生活APP和华侨城物业香山里微信公众号，为小区居民提供了智能、快捷、高效、优质的服务体验，也提升了物业公司的工作效率和服务品质。

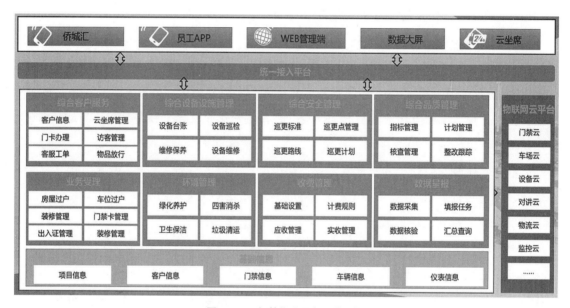

图2-6-20　智慧物业平台系统架构

三、智慧物业小区建设取得的成效

通过智慧物业小区建设，香山里建立了基础信息数据档案库，能够把常住和流动人口等基础信息数据管理起来。同时，对小区1000多个设备设施生成了唯一的二维码身份识别，并通过线上巡检、保养、维修等作业工单的执行与处理，建立了设备设施全生命周期的管理档案，为小区的智能化运行、智慧化管理提供了有力支撑。

利用5G、物联网等最新前沿技术，实现了手机开门、车牌识别、扫码支付等智能化系统应用，并结合400呼叫中心和云坐席统一客服工单受理中心，大幅提升了客户服务的响应速度和工作效率。

业主除了可通过手机进行报事报修、查缴费用之外，还可享受放心到家、便利商城、资产管理、爱车养车、社区活动、侨城特惠、儿童陪护、健康养老等多种增值服务，并利用微信公众号保持与业主的积极交流互动。通过拜访业主、慰问留守老人等主动服务，进一步提升了居民的幸福感、满足感。业主满意度超过90%，收缴率达到98.27%。

具体上线效果如下：

（1）建立了完整的小区数据信息库，包括：楼栋、房间、业主、家庭成员、非常住人口、车位、设备设施等详细的台账信息，为智慧小区平台的运行提供数据支撑（图2-6-21）。

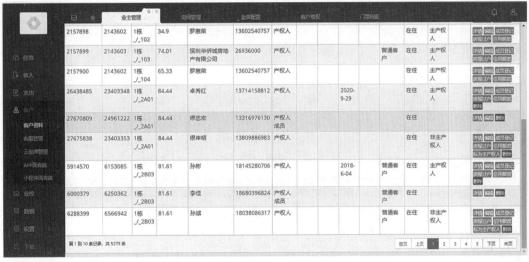

图2-6-21　小区数据信息库

（2）通过综合客服平台提供了设备主动工单、咨询记录、巡更主动工单、土建/墙体报修、室内维修、公共报修、其他服务、安保服务、清洁绿化、投诉建议、清洁绿化、小区安全、公共报障这13类标准化的客户服务，有力保障了公司标准化服务体系的落地（图2-6-22）。

（3）设备设施管理平台将香山里小区内的11569个设备全部建立了标准的数字化卡片式台账信息，并为每台设备生成了二维码标签，为设备的日常检查、保养、维修等作业工单提供了线上化、移动化的执行方案，极大地提高了日常工作效率，通过对设备设施全面的监控，减少因设备老化、损坏、异常所带来的安全隐患问题的发生（图2-6-23）。

图2-6-22　综合客服平台

图2-6-23　设备设施管理平台

（4）安全是任何一个居住小区最关注的核心诉求。香山里在小区所有出入口均实现了智能门禁出行管理功能，一共安装部署了87个智能门禁，其中大门门禁6个、楼栋门禁61个、其他区域门禁20个。业主可通过手机开门进出，实现了访客管理、物品放行等功能，结合小区设置的45个巡更点，全方位保卫小区的安全，为业主提供了一个舒服、可靠的居住环境（图2-6-24）。

图2-6-24　安全管理

（5）物业员工每日上下班通过企云助手APP的考勤功能进行打卡，无需考勤机或人脸识别等硬件设备，进入公司自动连接Wi-Fi获取地址，与手机的mac地址进行核对，自动完成上班打卡，员工无感，系统自动统计分析（图2-6-25）。

四、智慧物业小区建设亮点

华侨城物业充分利用华侨城集团在休闲旅游方面的优势资源，积极拓展增值服务。侨城汇APP是华侨城物业打造的一站式有保障的社区生活综合服务平台，旨在让业主生活更美好、让生活更轻松。通过"服务平台＋智能社区＋生活管家"为业主提供全方位的社区服务，包括提供在

图 2-6-25　考勤打卡

线缴物业费/停车费、智能门禁、小区通知、公共报修等小区移动互联物业服务；严选侨城周边及市面上最优质的服务，让业主和家人乃至房屋，都能享受到优质、放心、有保障的生活服务；一键下单，专人免费上门收送，五星级酒店洗护服务，48小时内洗护完成送回；优选各地当季水果、基地直供、新鲜食材等，让华侨城居民足不出户即可享受优质商品配送到家的便利实惠等多种增值服务（图 2-6-26）。

3.宜居社区建设

【总体情况】　2021年，深圳市住房和建设局继续开展宜居社区创建工作，同时，本着衔接以往工作成果、持续完善社区建设的原则，认真研究将绿色社区创建与广东省宜居社区、广东省原绿色社区及完整居住社区等创建工作深度融合，推动宜居社区建设向绿色（宜居）社区建设过

图2-6-26 增值服务

渡。截至2021年12月底，全市665个社区已创建646个"广东省四星级宜居社区"，创建比例约为97%，其中，60个社区创建了"广东省五星级宜居社区"。

【2021年工作开展情况】

部署宜居社区全年工作。印发《深圳市创建宜居城市工作领导小组办公室关于印发2021年深圳市宜居社区创建工作方案的通知》，对全年创建工作进行部署，要求各区重点推进"五星级宜居社区"创建工作，除旧改、城市更新等客观原因外，力争剩余未创建"四星级宜居社区"的社区清零。

举办宜居社区业务培训。组织开展2021年宜居社区建设线上培训活动，采取线上直播方式，对各区、各街道办事处、各社区工作站的创建工作相关负责人及2021年列入宜居社区创建计划的社区工作人员等约400人进行培训。

开展宜居社区回访复查。印发《深圳市创建宜居城市工作领导小组办公室关于开展2021年宜居社区回访复查的通知》，通过制度化、常态化回访复查，巩固宜居社区建设成果。回访采用"多层次均衡抽取、各分数段均匀取样"的原则，各区按10%的比例从已获评的646个社区中，抽取65个社区进行回访复查，所抽查的社区均较好地维持了原创建标准。

组织宜居社区现场评审。组织专家对15个申报社区进行现场考察，经书面材料审核、专家现场审核等环节，圆满完成2021年宜居社区创建评审工作。其中，4个社区获评广东省四星级宜居社区称号、11个社区获评广东省五星级宜居社区称号（表2-6-3）。

2021年广东省宜居社区市级评审通过名单   表2-6-3

序号	行政区	街道	社区名称	申报星级
1	罗湖区	笋岗街道	湖景社区	五星级
2	福田区	福保街道	明月社区	五星级
3	南山区	蛇口街道	深圳湾社区	五星级
4	宝安区	新桥街道	新桥社区	五星级
5	龙岗区	坂田街道	第五园社区	五星级
6	盐田区	海山街道	海涛社区	五星级
7	龙华区	民治街道	龙塘社区	五星级
8		龙华街道	清华社区	五星级
9		大浪街道	陶元社区	四星级
10		大浪街道	横朗社区	四星级
11		观湖街道	樟溪社区	四星级
12		福城街道	新和社区	四星级
13	坪山区	马峦街道	马峦社区	五星级
14	光明区	光明街道	碧眼社区	五星级
15	大鹏新区	大鹏街道	鹏城社区	五星级

制定《深圳市绿色（宜居）社区创建行动实施方案》。按照国家、省市关于绿色社区创建工作的部署和要求，在广泛调研和深入研究的基础上，编制了《深圳市绿色（宜居）社区创建行动实施方案》，方案以绿色社区为主线，同时统筹考虑宜居社区、完整社区、老旧小区改造等要求，全方位提升社区绿色、宜居水平。

附件：宜居社区案例

以下选取的是2021年深圳市级评审通过的10个"广东省五星级宜居社区"概况。

【福田区福保街道明月社区】

明月社区位于福田区委区政府的北面，东至益田路，南至福民路，西至新洲路，北至滨河大道，面积约0.4km²，常住人口约3万，总人口近4万人。明月社区以住宅小区为主，共有26个住宅小区，分布有九年制办公学校1所（石厦学校）和幼儿园2家（丽阳天下幼儿园、博雅幼儿园），临近地铁3号线石厦站，交通便利，环境优美，生活便利，基础设施完善，人文气息浓郁。社区工作站配备工作人员近40人，队伍呈现总体素质高、年轻化的特点，为辖区居民提供优质便利的服务。辖区内设有图书馆、社康中心、老人活动室等，各住宅小区都建有健身路径，居民足不出户就可以享受到便利的健康、文化服务。

在市委市政府、区委区政府和街道党工委的正确领导下，明月社区充分借助社区优势，以创建管理有序、服务完善、环境优美、生活便利、治安良好、人际关系和谐的宜居社区为目标，扎实有效地开展创建工作。社区先后获得"广东省省级充分就业星级社区""广东省六好平安和谐社区""广东省省级充分就业星级社区""广东省民主法治示范村（社区）""深圳市学习型社区""深圳市绿色社区""深圳市和谐劳动关系先进示范点"、深圳市健康社区"银奖"等荣誉称号。明月社区文体团队先后获得第四届珠三角地区太极拳交流大赛暨2020深圳市太极拳比赛一等奖、深圳市太极拳研究会举办的网络比赛太极双扇一等奖等十余个荣誉奖项（图2-6-27）。

【罗湖区笋岗街道湖景社区】

湖景社区是个成熟的城市街区社区。社区位于罗湖区笋岗街道洪湖公园东南畔，东起文锦北路，西至洪湖路，南起笋岗东路，北至洪湖二街，管辖范围约0.4km²。社区总人口14606人，其中户籍人口9465人，成立居民小组12个，党支部16个，共有党员382名。

湖景社区是个生活便利环境优美的中心社区。社区坐落在洪湖公园畔，辖区内道路纵横有序，楼宇错落有致，商贸活跃，银行齐全，律师事务所集中，拥有洪湖花园、碧湖花园、湖景花园、合正锦湖逸园等花园小区，物业管理全覆盖，工作生活十分便利。湖景社区拥有多个

图 2-6-27　明月社区宜居环境

"第一"。这里拥有深圳老牌幼儿园"深圳教育幼儿园";以"荷文化"为主题的深圳市洪湖小学;"新中国第一家股份制企业、发行新中国第一张股票"的中国宝安集团股份有限公司;沃尔玛百货有限公司登陆中国的"第一家门店"洪湖分店……社区先后获得"全国综合防灾减灾示范社区""国家级无邪教示范社区""广东省宜居社区""深圳市平安家庭创建活动示范社区"等荣誉称号（图2-6-28）。

图 2-6-28　湖景社区宜居环境

【盐田区海山办事处海涛社区】

海涛社区成立于1991年8月，隶属于深圳市盐田区海山街道，东起大鹏湾海域，西至海涛路，南临桥东街，北靠东和路，与中英街一河之隔，社区面积约1.7km²，总人口合计10352人，共4731户。辖区内有海涛花园、太平洋、鹏湾二村、海景花园、蓝郡广场、蓝郡西堤等11个住宅小区，辖区企事业单位有小学、幼儿园、工青妇、医疗保健等18家机构。社区组织机构包括社区党委、社区工作站、社区居委会（海涛、海景）、民意表达工作室（海涛、海景）、海涛社区党群服务中心、老年人协会（海涛、海景）社区议事会等。社区内无工厂，无城中村，是纯居民住户的城市社区，居民入住率80%。辖区内交通便利，位于地铁8号线和360省道500m辐射半径内。海涛社区环境优美依山傍海，从金融路南行可达盐田区海滨栈道。

社区通过厚植党建根基、凝心聚力搭建同心圆议事平台，以"建设服务型党组织"为抓手，以"打造社会治理同心圆，实现多元共治"为路径，保障和改善民生，维护社会和谐稳定，提高社会治理水平，协同多方力量如海涛驻站代表、辖区单位、党员群众、商家企业等推动社区问题的解决，共绘同心圆蓝图。发挥好12支志愿服务队作用，健全小区横向文化、安全、环保、邻里帮扶、儿童友好、文明创建、心理健康等方面的服务机制，实现社区事务协调共商、资源共建共享；落实好"小区化党建、联动式服务"的民意收集、服务承诺、民愿圆梦等机制。社区先后获得"全国综合减灾示范社区""国家创建无邪教示范社区""广东省民主法治示范社区""广东省六好平安和谐社区""广东省生态示范社区""广东省宜居社区""广东省绿色社区""广东省无邪教示范社区""广东省家庭文明建设示范点""深圳市爱心社区""深圳市无毒社区""深圳市文明社区"等荣誉称号（图2-6-29）。

图2-6-29　海涛社区宜居环境

【南山区蛇口街道深圳湾社区】

深圳湾社区属填海新建片区，面积3.2km²，北起东滨路，南至望海路，西起后海滨路，东至深圳湾口岸。目前，社区共有住宅小区18个、商业中心3个、学校2所，还驻有中国边检、中国海关、深圳湾口岸、深圳湾派出所等大单位23家。社区现居住人口24069人，多以高收入居民、中国香港人和外国人为主，是一个典型的新型居住区、现代生活区和口岸行政区。社区规划布局合理，绿地面积适宜，环境优美，绿地与社区融合，草木环绕，营造社区居民绿意生活；同时社区合理选用绿化植物，采用立体绿化方式，丰富景观层次、增加环境绿量，打造拥有自身特色格局的生态空间。社区内文体设施齐全，公园绿道、健身路径、儿童乐园等活动场地充裕，生活空间丰富，处处展现深圳现代沿海城市的魅力。

近年来，深圳湾社区不断创新，探索新型社区治理模式，试点建设"一平台两中心"。深圳湾社区试点建设"一平台两中心"是南山区委、区政府交给蛇口街道的一项重点改革创新任务，承载了为前海中心区、南山高新南区、后海总部湾区的社会服务管理模式探路的重要使命。2013年1月，"试点建设深圳湾社区'一平台两中心'，构建与国际接轨的社区管理服务模式"首次写入南山区政府工作报告，2014年列入南山区十大重点改革创新项目，2015年始在深圳前海中心区全面推行。"一平台两中心"在社区治理主体、社区治理工具、社区治理机制三个方面都有显著突破和创新，在全国同类型社区中有重要借鉴意义和参考价值。社区先后获得"全国法治社区建设示范社区""广东省河长制省级示范点""广东省宜居社区"等荣誉称号（图2-6-30）。

图2-6-30 深圳湾社区宜居环境

【宝安区新桥街道新桥社区】

新桥社区位于深圳市宝安区新桥街道东北部，东至象山社区，西靠沙井壆岗社区，南邻新二社区，北至松岗谭头社区。辖区面积约为3.6km²，有居委会1个，网格数51个。已纳管企业306家（含工矿企业），楼栋3689栋（其中出租屋2148栋），管理人口数量61539人，其中户籍人口6412人。

新桥社区坚持党建引领、坚持领导带头，坚持源头治理，坚持问题导向，切实凝聚各方发展合力，把党的组织优势转化为治理优势，以社区各项安全监管责任和经营主体责任为抓手，统筹联动各方力量和资源，提升社区治理精细化、精准化、品质化水平。社区以"古镇新韵、智造新城、绿美新桥"为目标，针对社区治理、社区空间、社区安全、社区环境、社区文化、社区服务六大板块，按照"扬长避短、有的放矢、精准发力、守正出新"的工作思路，围绕城中村农贸市场、垃圾中转站、公共厕所、机动车停放秩序和乱摆场五大痛点，严格日常管理和执法，开展城中村公园绿地、交通设施、环卫设施和各类管网的系统规划和建设，彻底扭转了社区城中村公共秩序混乱、市容环境差的形象。同时借力城中村综合治理工程建设，全面改善"城中村"的安全质量、环境品质、配套服务和管理水平，切实提升群众的获得感、幸福感、安全感。社区先后获得"广东省宜居社区""深圳市青年文明号""深圳市百优社区"等荣誉称号（图2-6-31）。

图2-6-31 新桥社区宜居环境

【龙岗区坂田街道第五园社区】

第五园社区位于深圳北部坂雪岗片区南部，在龙华、坂雪岗和观澜组成的深圳城市中部生活服务发展轴线上，管辖万科第五园1~9期、太阳雨家园、中海月朗苑3个小区，占地1.15km²，现有居民8067户，总人口数18857人，其中户籍人口9980人，常住人口呈现高学历、高职位、高收入"三个高"特点。社区党委成立于2012年11月，现有委员9名，下设12个党支部，有党员221名。

近年来，在龙岗区委区政府的领导下，在坂田街道党工委的具体指导下，第五园社区党委坚持"以人民为中心"的发展理念，积极探索党建引领基层治理新路子，以推行"民心接待"制度、"八个一"党员活动、红色业委会等工作为抓手，通过构建"社区吹哨、部门报到""居民吹哨、党员报到"服务新模式，致力于打造暖心、有温度的宜居五园，社区空间环境更加优美，居民生活更加舒适安全，服务更加周到细致，切实提升辖区居民幸福感、获得感和安全感。社区先后获得"国家级地震安全示范社区""广东省宜居社区""广东省科普示范社区""深圳市学习型社区""深圳市老年体育工作先进社区"等荣誉称号（图2-6-32）。

图2-6-32　第五园社区宜居环境

【龙华区龙华街道清华社区】

清华社区成立于2016年，隶属于龙华区龙华街道，北接机荷高速，南临建设路，东起梅龙大道，西至龙观东路，辖区面积1.9km²，总户数14000余户，总人口数约3.8万人。社区有幸福城花园小区、天玑公馆、盛世江南等住宅小区，城中村1个、小学2所、幼儿园3所。辖区遍布工业园区，毗邻富士康，共有工矿企业275个，有大型农批市场1个，有尚美时代、振华大厦、卫东龙商务大厦等办公写字楼18栋，有港之龙、青创园、融城国际等园区17个，还有驻社区机关事业单位23个。辖区内交通发达便利，有地铁4号线和独具特色的龙华有轨电车。

清华社区在龙华区委区政府、龙华街道的领导和大力支持下，认真贯彻落实创建宜居社区精神，以创建管理有序、服务完善、环境优美、生活便利、治安良好、人际关系和谐的广东省五星级宜居社区为目标，不断加强社区的环境建设，加强服务和管理，加强社区文化和精神文明建设，从居住空间环境、综合配套设施、人文社会环境、公共服务环境、生态自然环境等方面，高标准、严要求，全力打造"以人为本，环境舒适，配套完善，文明和谐"的宜居社区。一是推进数字治理模式。清华社区作为深圳市龙华区积极探索智慧城市建设"1+6+N"框架中的数字治理指挥中心之一，以龙华区强有力的城市数字库为基础，运用先进的技术手段进行社区综合治理。二是成立清华社区基金。基金聚集社区内的公益资源，围绕社区建设，建立多元化社会资源募集渠道。以小资金撬动大服务，用小投入激发大活力，让多元主体共同参与社会治理。三是打造龙华区交通枢纽。清华社区不仅有梅龙大道、石清大道、龙观大道等多条主干道贯通辖区，还有地铁4号线清湖站和独具特色的龙华有轨电车。地铁4号线延长线终点站牛湖站将打通龙华观澜片区与市中心的交通屏障，不断方便市民出行，营造经济活跃发展的动力源泉（图2-6-33）。

图2-6-33　清华社区宜居环境

【坪山区马峦街道马峦社区】

马峦社区位于坪山区马峦街道办事处南部，总面积约22km²。2001年8月，马峦山被整体征用于规划建设郊野公园，大部分居民搬迁到龙岗、坪山等地零散居住，小部分居民仍在山上居住。社区辖红花岭、新民、建和、老围、光背、径子6个居民小组。辖区常住人口3500余人，其中户籍人口525人。辖区内有党群服务中心1个，位于坪环社区工作站；图书馆1个，老人活动中心1个，住宅小区1个（天峦湖花园）。

在各级党委、政府及相关部门的领导下，马峦社区认真贯彻落实创建宜居社区精神，从居住空间环境、综合配套设施、人文社会环境、公共服务环境、生态自然环境等方面，大力开展宜居社区的创建工作，社区以创建宜居社区为契机，积极改善社区环境，在社区环境、市政工程等建设上，积极完善社区公共服务设施，改善社区环境。同时，社区积极开展丰富社区居民文化生活的活动，大力支持社区内社会组织等开展文化活动。按照宜居社区建设评价标准55项指标，社区逐一对辖区内存在的问题进行排查，并积极进行整改，扎实有效地开展创建工作，着力打造具有马峦特色的宜居品牌。社区先后获得"广东省宜居社区""广东省城市体育先进单位"等荣誉称号（图2-6-34）。

图 2-6-34　马峦社区宜居环境

【光明区光明街道碧眼社区】

碧眼社区居委会成立于1994年，2007年11月成立社区工作站，面积5.92km²。社区有碧眼新村、华强创意产业园——创领寓、碧眼旧村、白芊沥、水利组、白鸽场、生化厂等居民点，常住人口16993人，其中户籍人口3046人。社区配套设施齐全，有1间市属教育基地（育新学校），1间幼儿园（碧湖幼儿园）；有虹桥公园、回归亭纪念公园、竹韵公园、碧眼休闲公园、碧眼旧村儿童公园等多个公园。有1条生态绿道：大顶岭绿道，长约6.7km。有1个生态旅游景区：光明滑草场，占地面积7.3万m²，是集运动、休闲、观光、饮食服务、拓展培训及会议为一体的生态旅游园区。

近年来，碧眼社区大力推进宜居社区建设。一是加强网格党支部建设，发挥党员及"红小二"服务队伍的基层作用。2021年，社区进一步深入探索"党建＋物业"治理新模式，推动物业党组织全覆盖，整合社区工作站、股份公司、"红小二"队伍、物业巡查队等资源，凝聚基层治理合力，把"红管家"物业党建打造成基层党组织联系服务群众、推动基层治理体系和治理能力现代化的重要平台、重要力量、重要载体，促进社区微治理。二是加强无障碍设施建设。社区在公园、碧眼新村、碧眼旧村、华强创意产业园等居民活动密集区域，以及商铺、小区等，增设无障碍通道，设置公共无障碍洗手间，同时积极推行无障碍停车位建设。三是推进基础设施智能化和安防系统智能化建设。社区建设了24小时便民服务自助服务站，引入政务自助服务平台和金融社保自助服务平台，方便社区居民办事，社区楼栋还引入智慧门禁，提升居民安全感。社区先后获得"广东省宜居社区""深圳市群众体育先进单位""深圳市平安和谐社区""深圳市生活垃圾分类绿色单位"等荣誉称号（图2-6-35）。

图2-6-35 碧眼社区宜居环境

【大鹏新区大鹏街道鹏城社区】

鹏城社区位于东部大鹏半岛，行政上隶属于大鹏新区大鹏办事处，辖区范围东至大亚湾核电站基地加油站，南至罗香园—较场尾—龙岐海滨，西至锣鼓山—新马厂片区，北至排牙山，总面积为20.5km²。社区有全国重点文物保护单位——大鹏所城，第一批中国历史文化名村——鹏城村，旅游资源非常丰富，拥有山（排牙山+锣鼓山+七娘山）、海（大亚湾）、城（大鹏古城）、田（基本农田和科普特生态农业园）、寺（东山寺）、核（大亚湾和岭澳核电站）六大旅游要素。社区有7个居民小组，常住人口15443人，其中户籍人口1957人。辖区内有学校3所（中职学校1所、小学1所、幼儿园1所）。

近年来，鹏城社区在大鹏新区管委会的领导下，在大鹏办事处的具体指导下，深入贯彻落实习近平新时代中国特色社会主义思想，以创建一个规划科学、治安良好、服务完善、生活便利、环境优美、人际关系和谐的宜居社区为目标，按照特区内外一体化的整体思路，全面推进社区基础设施建设，各项工作均取得较大进展。2001年6月，大鹏所城被国务院列为"全国重点文物保护单位"，2003年10月，大鹏所城所在的鹏城村被原建设部和国家文物局列为"中国历史文化名村"，2004年6月，大鹏所城被评为"深圳八景"之首，2009年被评为"深圳市绿色社区"，2013年被评为"广东省宜居社区"，2014年被评为"十佳爱心社区"，2016年6月，大鹏所城被评选为"深圳十大文化名片"之一，2020年被评为"广东省十强村"（图2-6-36）。

4.美好家园示范

【总体情况】 2021年，住房和城乡建设部精神文明建设办公室印发《住房和城乡建设系统开

图 2-6-36 鹏城社区宜居环境

展"垃圾分类进校园""加强物业管理，共建美好家园"活动的实施方案》，深圳市申报成为"加强物业管理，共建美好家园"活动试点城市。试点期间，深圳市住房和建设局印发工作方案，要求各区积极推荐"美好家园"项目，最终，坪山区朗悦花园小区、长城二花园小区被住房和城乡建设部办公厅、中央文明办秘书局评为典型案例。

【2021年工作开展情况】

高度重视，制定工作方案。为落实好住房和城乡建设部和广东省厅工作要求，构建党建引领、多元协同、居民自治、法治保障的居民小区治理格局，满足人民群众对美好家园生活需要，结合深圳市实际，深圳市住房和建设局于2021年7月印发《深圳市住房和建设局关于印发〈深圳市住房和建设系统开展"加强物业管理，共建美好家园"活动工作方案〉的通知》（深建物管〔2021〕27号），压实各区主体责任，细化创建"美好家园"小区的原则要求，落实好创建精神。

加强部署，推进工作落实。统筹各区住房建设部门向全市79个街道、673个社区工作站发出关于开展"加强物业管理，共建美好家园"活动的动员和倡议，推进党建引领、街道属地管理、行政执法进小区、规范业主委员会运行、提升物业服务质量等工作，构建社区党委领导下的"小区党支部＋业主委员会＋物业服务企业"治理新模式。

树立典型，发挥引领作用。指导街道社区按照工作方案要求组织实施，在"美好家园"小区原则要求的基础上，结合实际制定"美好家园"评价规则，推进共建"美好家园"工作，组织开展建设效果评价，各区（新区）成功选树1～2个"美好家园"小区，并组织参观学习，发挥示范小区引领作用，持续开展"加强物业管理，共建美好家园"工作。

附件：美好家园案例

【深圳市坪山区朗悦花园小区】

（一）基本情况

朗悦花园位于深圳市坪山区马峦街道坪环社区环兴一路，2014年6月建成，占地面积29514.72m²，建筑面积11.07万m²，总户数1018户。朗悦花园创新实施党建引领"业委会＋物业服务企业"模式，支部建在小区里，治理就在家门口，得到深圳市委、市政府高度肯定，并在全市示范推广。此外，通过研创"综合制"高效管理共有资金、创新机制约束业主行为及"党员特邀监事"机制监督业委会运作等方式，使得小区面貌和居民生活焕然一新，不断满足居民对美好家园、幸福生活的追求。

（二）主要做法及成效

（1）发挥党建引领作用。一是党建挂帅全方位引领小区治理。做大小区党支部基本盘，组织关系在支部的党员共22名，日常联系发动138名党员参与小区治理工作。通过OAO（线上＋线下）群众工作方法，提高党组织在居民群众中的广泛认可度和权威影响力，站在小区治理舞台C位带领群众听党话、跟党走。二是建立党员特邀监事机制监督业委会。通过《议事规则》确定业委会可以向辖区社区党委申请，邀请一名非业主的党员作为特邀监事履行监事职责，在监督业委会运作同时也为业委会依法依规运行作保正名。

（2）创新运用机制加强管理。一是研创"综合制"高效管理共有资金。着力破解"包干制"不公开不透明和"酬金制"实操难度大的困局，选取走两者中间路径，创造性采用新形式约定物业服务费用收支方式。二是建立机制约束业主行为。通过《管理规约》建立机制，综合采用公开违约信息、通报批评、支付违约金和报列失信人名单等手段，破解个别业主破坏生活环境秩序却没有硬手段约束、惩罚的问题。

（3）联合执法进小区，遵法守法享文明。各职能部门协同属地街道同向发力，集中资源下沉服务，联合执法进小区，形成良好遵法守法氛围，共同营造文明美好家园。业委会会同物业企业每季度对物业服务、共有资金收支报告等进行公开公示，让居民明明白白消费。

（4）治理模式发力破解重难点和历史遗留问题。党建赋能小区治理，推动改善小区民生，解决周边施工导致墙体裂缝、烧烤商铺油烟扰民和居民缺少活动场地等长期难以解决的问题。朗悦花园小区深刻把握新时代对基层治理工作提出的新要求，努力提高基层治理专业化、智能化、精细化水平，切实提升人民群众的幸福感。小区环境整洁优美，绿地率为30%；地面草坪无垃圾，按要求严格实施垃圾分类投放和收集；通过开展宣传教育，小区内无违章搭建现象、占用消防通道等行为；业主满意度得到显著提升，邻里和谐氛围温暖，群众评价度高，小区居民的获得感、幸福感、安全感得到显著提升，满足居民对美好家园、幸福生活的需要。

（5）重视民生与民情，固本强基得民心。在招生入学前期，朗悦党支部主动成立了入园入学交流平台，让适龄的儿童都能临近入园；全部覆盖AED急救设备，并联合公共卫生小组组织了业户急救培训；疫情防控期间，党支部、物业、业委会共同联合抗疫，组织居民核酸检测、疫苗团体预约等服务，便利群众需求。平均每月开展2～3场形式多样内容丰富的社区文娱活动；为群众创建良好的生态空间美丽的生活家园，植树增绿小区绿地率为30%；开展各类便民活动，如发放蟑螂药、磨刀、修鞋、理发、放映电影等。

【深圳市福田区长城二花园小区】

（一）基本情况

长城二花园位于深圳市福田区园岭街道百花四路，建成于20世纪80年代末。小区占地22500m²，建筑面积80909m²，现有居民798户。长城二花园将支部建在小区里，把党的全面领导落实到小区治理全过程各环节，以全国第二名的成绩入选第二届"中国幸福社区多元共治范例"。"美好家园"创建活动开展以来，该小区在物业管理多方参与、协商共建机制、推进党建引领、落实街道属地管理、行政执法进小区、规范业委会运行、提升物业服务质量等多方面成效显著。

（二）主要做法及成效

（1）将支部建在小区上，组建"红色业委会"。实现业委会与党支部的交叉任职，小区党支部于2021年6月被中共福田区委授予"福田区先进基层党组织"光荣称号。小区党支部结合"我为群众办实事"实践活动要求，建立小区和居民的需求清单和问题清单，推行"党员主动领单、组织定期派单、小区公示清单"的服务认领制。创建活动开展以来，通过党员服务认领制，梳理居民群众服务清单236条，成功协调解决社区事务46件，成功化解各类矛盾27宗。

（2）规范物业小区管理工作。政府各部门定期进小区开展执法检查活动，督促指导各方主体落实主体责任。落实物业服务收费信息公开制度，物业服务企业定期通过物业管理信息平台、智慧社区电子屏、小区通告栏、微信业主群等多渠道公示物业收费信息，实现财务阳光、服务阳光、管理阳光。

（3）坚持民生导向，构建美好生活"共同体"。探索多方协调运行机制，搭建居民议事小组、社区、街道多方议事平台，实现"群众提议、支部动议、业委会审议、物业或第三方企业执行、监委会监督、群众评议"的共治模式，解决民生难题。与邻近的长泰花园试点解决"停车难"问题，推动两个小区利用公共区域建立立体停车库，为居民新增提供96个公共车位。推进社区食堂建设，推动近300m²的社区长者食堂升级为社区食堂，升级后的社区食堂服务范围预计覆盖周边23000余名居民群众。配合完成街道智慧居家工作试点工作，开展"银龄互助"活动，利用支部"前哨"作用，关注和收集老年人养老需求，助力建设全国示范性老年友好型社区。4.打造睦邻空间，塑造文明典范小区。业委会牵头制定小区居民公约，培育小区共同精神，提升居民主人翁意识和民主协商能力。组建矛盾纠纷调解队伍，整合叠加社区服务资源，将退休老党员、老干部、老干警、律师、心理咨询师及其他社会热心人士纳入矛盾纠纷调处的专家库和智囊团，成功协调解决社区事务46件、成功化解各类矛盾27宗。小区无违章搭建现象、通道干净整洁、车位规划整齐，车辆停放有序、无占用消防通道现象物业费的收缴率高达99.6%，近2年来收缴率更是达到了100%，业主满意度得分为90.7分，业主满意度位于深圳市前5%。

第七节　物业专项维修资金管理

1. 综述

物业专项维修资金（以下简称维修资金）是指专项用于住宅共用部位、共用设施设备保养期满后的维修和更新、改造的专项资金，充分发挥"房屋养老金"作用。1994年，深圳市出台《深圳经济特区住宅区物业管理条例》，建立了维修资金制度。经过20余年的探索与实践，目前深圳市已构建起较为完善的物业维修保障体系，相关法制建设日趋完善，维修资金管理工作步入科学化、规范化的轨道，并逐渐向业主自治管理、政府事后监管的新模式转变。

2. 物业专项维修资金管理法规制度

物业专项维修资金管理工作主要依据以下法律、法规、规章和规范性文件来开展：

（1）国家层面的法律法规：

《中华人民共和国民法典》；

《物业管理条例》。

（2）地方规章和规范性文件：

《深圳经济特区物业管理条例》；

《深圳市物业专项维修资金管理规定》（深府规〔2020〕8号）；

《深圳市各类物业建筑安装工程总造价标准》；

《深圳市物业管理微信投票规则（试行）》。

（3）市主管部门文件：

深圳市住房和建设局印发《深圳市小区日常维修金自行管理规则（示范文本）》；

深圳市住房和建设局印发《深圳市使用物业专项维修资金购买维修保险业务操作指引（试行）》。

3.物业专项维修资金管理

截至2021年12月31日，全市维修资金专户的资金总额为271.35亿元，覆盖全市5104个物业项目。其中，首期维修金已归集205.8亿元，涉及3726个物业项目；日常维修金已归集38.47亿元，涉及3361个物业项目；维修金增值收益已到账42.5亿元；已拨付的维修金（含退款）15.42亿，涉及1645个物业项目。历年年末维修金总额情况如图2-7-1、表2-7-1所示。

图2-7-1　历年年末维修金总额（亿元）

2006—2021年维修金收支情况统计（亿元）　　　　　　　表2-7-1

内容＼年份	2006—2011	2012	2013	2014	2015	2016	2017	2018	2019	2020	2021	合计
首期归集	61.87	7.51	6.92	8.03	11.10	14.12	16.95	15.29	13.49	29.22	21.3	205.8
日常归集	0.05	0.85	1.64	1.48	1.94	2.56	5.62	5.95	5.91	6.03	6.44	38.47
增值收益	2.18	0.61	4.21	2.29	0.73	4.14	5.26	5.73	6.12	6.83	4.40	42.5
拨付使用	0.2	0.18	0.30	0.63	0.75	0.85	1.13	1.78	2.79	2.88	3.93	15.42
当年增量	63.9	8.78	12.47	11.18	13.02	19.97	26.70	25.19	22.73	39.2	28.19	271.35

注："当年增量"＝首期归集＋日常归集＋增值收益－拨付使用

【维修资金归集模式】

根据《深圳经济特区物业管理条例》，深圳全市维修资金包括两部分，即首期归集的专项维修资金（下称首期维修金）和日常收取的专项维修资金（下称日常维修金）。首期维修金由建设单位按照物业项目建筑安装工程总造价的2%，在办理该物业项目初始登记前一次性划入物业专项维修资金专户；日常维修金是业主在缴交物业费时，由物业公司一并代收，并按月通过与市中心、归集银行签订三方托收协议的方式，通过系统从物业公司扣款账户上进行统一划扣，按月存入维修资金专户，标准是0.25元/（月·m^2）（带电梯）、0.15元/（月·m^2）（不带电梯），日常维修金的设立，从制度上解决了维修资金的归集问题（图2-7-2）。

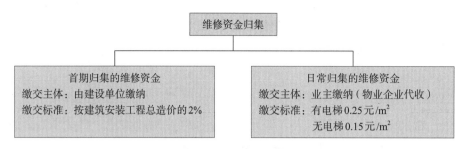

图 2-7-2 维修资金归集

【维修资金使用模式】

设立"3+1"资金使用模式。通过修订《深圳市物业专项维修资金管理规定》，针对不同的维修需求和缓急程度，设立了专项使用、日常使用和应急使用三种使用方式，并建立了日常维修金自管制度，拓宽维修资金管理和使用模式。"3+1"的使用模式涵盖了小区范围内维修资金使用的各种情形，保障实现"居有所安"。专项使用适用于共有物业大、中修和专项更新、改造等项目，由业主大会决定实施；日常使用适用于共有物业日常小额零星维修项目，由业主大会决定，具体由业主委员会组织实施，提高日常维修的资金使用效率；应急使用适用于紧急情形下的应急处置和维修项目，开辟了快审、快拨、快修的绿色通道，让房屋应急"应修尽修"，由物业服务企业依法定情形和程序组织实施；日常维修金自管是通过立法授权明确，有条件的小区可以通过业主大会决定自行管理日常维修金，即日常维修金无需移交政府代管，可以采取直接设立小区业主共有资金账户的方式，自行"收取"和"使用"日常维修金，进一步提高资金使用效率（图2-7-3）。据统计，自2018—2021年，深圳市维修资金的年度划拨金额分别为1.75亿元、2.83亿元、2.83亿元和3.92亿元，4年时间里使用量翻了一番（图2-7-4、图2-7-5）。

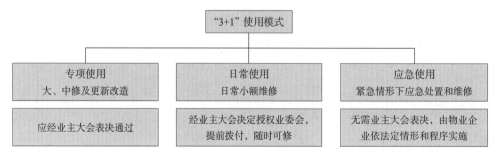

超过10万元的，引入造价预（结）算第三方审核制度，费用由银行承担。

图 2-7-3 "3+1"资金使用模式

【维修资金管理重点工作开展情况】

坚持立法先行，夯实法制建设基础。深圳市物业专项维修资金管理中心（以下简称中心）推动出台了多部规范性文件，比如，《深圳市物业服务评价管理办法》（深建规〔2021〕15号），作为深圳市住房和建设局规范性文件将于2022年1月1日起正式实施，推动物业管理监管模式从"事前监管"向"事中事后监管"、从"准入监管"向"信用监管"转变，逐步推进物业服务市场良性

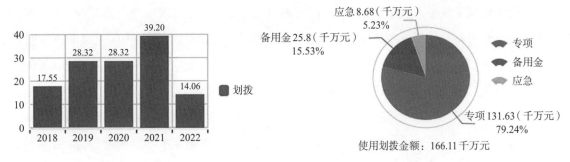

图2-7-4　近5年使用划拨统计（千万元）　　　　　图2-7-5　使用划拨金额情况

竞争和物业服务行业健康发展。《深圳市小区日常维修金自行管理规则（示范文本）》（深建物管〔2021〕58号），于2021年12月28日起正式实施，进一步规范业主大会自行管理日常维修金的活动。《深圳市使用物业专项维修资金购买维修保险业务操作指引（试行）》（深建物管〔2021〕53号），于2021年12月28日起正式实施，进一步落实《条例》关于维修保险的相关规定，做好使用物业专项维修资金购买共有物业维修保险工作。推动出台《深圳市各类物业建筑安装工程总造价标准》和《深圳市使用物业专项维修资金工程造价服务工作规则（试行）》两部重要文件，调整更新了各类物业建筑造价标准，有效规范造价服务工作，提高了维修资金工程造价服务质量。中心编制《深圳市物业管理招投标办法》，建立物业管理招标投标制度体系以及物业管理评标专家管理制度，服务深化住房制度改革的目标，保障社区和谐稳定。研究起草《关于全市物业专项维修资金追缴工作的指导意见》，指导各区首期维修资金追缴工作。修订《物业专项维修资金业务操作规程》《中心内部管理各项规章制度》等文件，在顶层设计层面上夯实制度体系，进一步规范物业管理及维修资金管理。

梳理维修资金系统业务数据。中心组织专班力量全面清理维修资金系统自2006年以来的信息数据。基本完成业务数据清理工作，针对4300多个小区的12万余笔历史业务数据，逐一比对排查出数据问题，形成《深圳物业专项维修资金管理系统业务数据清理方案》，根据调取的各种业务档案，按笔逐条进行核实、处理问题数据。完成全市小区增值收益重建工作，对全市500多笔维修资金增值收益涉及的6亿多条分摊流水数据进行重建，已全部完成4213个物业小区增值收益重建工作，确保全市维修资金数据完整、准确。完成2021年小区增值收益分摊到户工作，前期为了提高系统运算效率，制定《维修资金增值收益分摊算法优化方案》，简化维修金系统增值收益分摊规则，并开发了增值收益分摊算法功能，出具《维修资金增值收益分摊工具校验报告》，2021年增值收益已全部分摊到户。

推进审计整改事项，确保1年内完成历史遗留项目首期维修金的追缴任务。以深圳市住房和建设局名义向各区管理机构印发《关于进一步加强全市物业专项维修资金缴交工作的通知》《关于加快推进全市维修资金审计整改工作的通知》，督促各区安排专人定期梳理整改进度，每月按时向中心报送追缴项目的整改工作进度情况，实现首期维修资金追缴应收尽收，全力落实审计整改工作，确保如期完成整改任务。组织召开了深圳市2021年物业专项维修资金追缴工作现场会，研究讨论全市普遍存在的历史遗留项目首期维修金追缴等疑难问题，压实各区追缴职责。通过市区两级共同努力，2021年以来全市完成追缴历史欠缴首期维修金项目314个，追缴维修资金2.8亿元。组织开展市区两级物业专项维修资金管理工作会议，2021年11月9日、10日中心在龙岗区组织召开市区两级物业专项维修资金管理工作会议，探讨维修金日常业务的疑难问题，进一步加强全市物业专项维修资金管理工作。2021年度，全年归集物业专项维修资金27.74亿元，累计归集维修金244.27亿元，年内使用拨付3.93亿元，实现增值收益4.40亿元。

加强维修资金的规范化管理。完成2020年度维修资金造价审核业务监管工作，中心通知各区做好抽查的档案调取、现场察看等配合工作，完成档案抽查成果报告，作为第三方造价审核业务开展情况考评的重要依据，在造价审核业务模块上线运行后，组织各造价审核机构开展系统操作培训，加强事中事后监管。指导深汕合作区开展维修资金业务，中心以深圳市住房和建设局名义与深汕合作区管委会签订《关于将深汕特别合作区归集的物业专项维修资金纳入全市统一的维修资金专户进行代管的备忘录》，规范深汕合作区物业专项维修资金管理。联合市市场监管局印发《关于进一步规范老旧电梯改造补助发放相关工作的通知》（深建物管〔2021〕10号），进一步规范已申请物业专项维修资金的老旧电梯改造工程补助发放监管工作，建立老旧电梯改造补助发放协同工作机制，并形成《深圳市住房和建设局关于老旧电梯更新改造申请维修资金相关问题整改情况的报告》报市政府审定。

第八节　深圳市物业管理服务促进中心

1.机构职能与简介

中心简介：深圳市物业专项维修资金管理中心成立于2006年11月13日（前身为深圳市房屋公用设施专用基金管理中心）。2021年5月21日更名为深圳市物业管理服务促进中心，加挂"深圳市物业专项维修资金管理中心"牌子，是深圳市住房和建设局直属公益一类事业单位，经费由市财政核拨，内设综合管理部、财务部、物业监管事务部、维修金归集使用部等机构，核定事业编制22名，主要负责全市物业管理培训宣传、服务评价、业务指导及物业专项维修资金的统筹管理等工作。

工作职能：承担全市物业管理信息平台的运行维护管理工作，组织开展全市物业管理培训宣传；承担全市物业专项维修资金的统筹管理工作；参与拟订物业管理有关政策法规，协助开展全市物业管理的监督协调、信用评价、业务指导及市本级物业管理投诉处理等工作；完成深圳市住房和建设局交办的其他任务。

2.2021年中心开展的工作

跟进平台建设，推动信息化管理再升级。根据《深圳经济特区物业管理条例》有关规定，深圳市住房和建设局需要建立全市统一的物业管理信息平台，中心在搭建平台建设方面做了以下工作：优化升级维修资金系统，在现有系统架构及功能的基础上，对业务流程规范、数据治理、数据共享等方面进行优化升级，目前已形成系统升级改造建设方案、基础数据管理（物业区域、楼栋、分户）及用户权限管理等模块需求文档。完成物业管理信用评价系统的开发及上线工作，根据《深圳市物业服务评价管理办法》《深圳市物业服务企业和物业管理项目负责人信用信息计分标准》及业务流程，及时完成物业管理信用评价系统的开发工作，系统于2021年12月30日正式上线。完善维修金系统与物业管理信息平台的对接融合工作，譬如完成维修资金灭失退还业务功能开发上线、"单一产权分割登记缴交首期金"功能、停用"技防"和强制使用功能等，实现信息自动化收集管理与公开，打通各系统备案小区、物业信息传输共享渠道，实现相关基础信息互连、互通、共享。

全力开展物业管理区域基础数据清理工作。中心在2021年2月获得市委政法委块数据库全部数据后，正式开展物业管理区域数据清理工作，着手物业管理区域比对、新增和落图。前期制定了物业管理基础数据清理工作方案，截至2021年底，已完成物业平台和维修金系统共18903个物业管理区域的落图及图形比对，物业区域分栋分户数约274万户，业主身份绑定达77.4万户，已梳理出全市物业管理区域实际共有7992个，全市物业管理总建筑面积约3.575亿㎡，有维修资金的物管区域4438个，无维修资金的物管区域3554个，在管物业公司数量2350个，已成立业委会的小区数量1497个，物业服务合同备案的小区数量633个。积极建立数据维护工作管理制度，起草了《深圳市住房和建设局关于建立物业管理数据维护工作管理机制的通知》，印发了《深圳市物业专项维修资金数据工作规则（试行）》，建立了数据专员制度和微信工作群数据反馈机制。

强化赋能显能，展现"两块牌子"工作风貌。中心坚持以第一责任抓党建，以"学党史"筑牢党性强根基、"悟思想"党建引领促发展、"办实事"恪尽职守解民忧为主线，提高政治理论水平和专业能力素养。中心与物业处、深圳公证处、中国银行深圳分行等单位举办丰富多彩的党建活动，比如参观坪山"不忘初心、牢记使命"党史主题教育馆、组织党史学习教育知识抢答赛及演讲比赛、开展"不忘初心、牢记使命"主题马峦山徒步活动等，深入开展"我为群众办实事"活动，荣获深圳罗湖虹桥星座小区业主委员会的致谢锦旗"情系百姓解民忧，政策到位办实事"，收到深圳职业信息技术学院寄来的感谢信。疫情期间，中心组建党员先锋队下沉各物业小区督导防疫工作，在"战役先锋"小程序报名参加党员志愿服务，在园岭新村开展疫情防控督导检查工作，提供现场疫苗注射义工服务，派专人脱产进驻社区防疫小组。做好"一对一"挂点服务工作，慰问社区内的老党员以及困难群众，举行物业维修资金宣传活动，把开展"我为群众办实事"实践活动贯穿始终。

第九节 物业管理行业自律管理

1.深圳市物业管理行业协会开展的主要工作

发挥行业评价工作，引领行业有序竞争。年初，根据《优秀会员评选办法》设定的条件及相应分值要求，通过定量指标统计，同时征求市、区两级行业主管部门意见，评选出11家特殊贡献优秀企业和100家年度优秀企业。组织开展了2021年深圳市物业服务企业综合发展研究工作。本项工作在9月正式向社会公布成果。完成了中国物协综合实力发展研究、广东省住房和城乡建设厅组织安排的"红色物管"试点项目前期资料审核工作。开展2020年度业主满意度深圳指数的测评，并于3月15日当天发布。调查显示，2020年度物业管理业主满意度深圳指数为82.5，同比增长1.3，业主评价有明显上升。本次测评共在全市抽取了228家物业服务企业管理的305个物业管理项目作为样本，回收有效问卷7000份。

加强与相关政府部门的紧密合作，共同推动行业发展。配合主管部门做好深圳市住宅前期物业管理费指导标准制定工作。根据国家十部委《关于加强和改进物业管理工作的通知》对协会关于团体标准制定工作的要求，联合第三方专业机构初步完成制定《深圳市物业管理行业团体标准管理办法》，鼓励并规范行业内企业及第三方机构的行业标准制定工作，以标准制定提升物业服务质量、促进行业发展。对扶贫、公益慈善、疫情防控（不含业主自发捐赠的物资金额）累计达到10万元（含）以上的52家物业服务企业授予"公益慈善突出贡献爱心企业"称号；累计金额在10万元以下的118家物业服务企业授予"公益慈善热心企业"荣誉。协助深圳市市场监督管理局对转供电黄码告诫企业的整改。针对19家会员企业在转供电费用中的有关不规范操作行为，及时通过通信方式约谈企业的形式，督促会员企业按相关法律法规要求进行整改。配合市住房和建设局加快新冠疫苗接种推进。动员全市物业服务企业鼓励企业员工在6月30日前完成新冠病毒疫苗第二剂的注射。组织多家企业召开座谈会，对居民小区供水抄到户及二次供水设施移交等工作中，只接收部分供水管道及其附属设施，同时将加压电费和相关维护费用计入物业管理费成本由物业企业承担的做法进行探讨，从责、权、利等方面提出优化建议，向相关部门反映。加强企业安全生产管理，做好警示提醒。对业委会未换届至基本账户资金冻结等问题向物业企业下发

《关于业主委员会未能按时换届导致基本账户资金不能支付的预警及指导意见》；在南山荟芳园小区居民生活用水污染事件，下发《关于物业管理区域给排水等设备设施安全管理风险警示的通知》；下发《关于加强物业管理区域高处作业安全管控预警的通知》。配合贯彻落实2021年深圳市物业管理专项整治工作。协会组织召开会长办公会、理事会、部分企业座谈会，多批次地召开专题会议，督促物业企业要积极主动化解矛盾，让业主明明白白消费。

响应品牌建设年的号召，展现行业风采。为庆祝建党100周年、深圳物业行业40周年，组织开展第八届深圳物业好声音活动，好声音以"快闪"形式宣传行业发展，弘扬企业精神，展现物业人风貌，歌颂祖国歌颂党等弘扬企业正能量为主题的节目。企业报名踊跃，有40家企业55个快闪节目视频参选，为庆祝党的生日在全城开展"快闪"演出及宣传播放。最终评选出一等奖3名、二等奖6名、三等奖9名、优秀奖25名。

提升会员服务，加强会员交流沟通。4月至12月期间，分4批次组织常务理事、理事近200余人走进中旅联合物业"联合广场""博思高科技企业""中物互联科技公司""安杰科技公司"，就"智能化平台建设，以及标准化管理"等创新先进经验及做法展开考察、交流活动。2021年接待行业间交流考察33批次近550人，其中外地来深考察交流12批次近146人、本地间物业企业交流考察21批次405人，得到深圳物业企业所管的50个物业项目的接待考察支持。

完成职业技能等级评价资格认证及技能竞赛。在4月中旬获得深圳市人社局"深圳市第二批职业技能等级认定社会培训评价组织试点机构"。评价认证等级有"物业管理员、客户服务员"两个岗位的工种。组织开展职业技能竞赛。组织国贸产业园开展楼长和电工岗的员工技能竞赛，通过理论和实操赛评选出优秀的技能型选手。

深圳市物业管理行业协会开展的专项工作。2021年8月，深圳市住房和建设局印发《2021年深圳市物业管理专项整治工作方案》，此次整治内容包括17项物业服务企业违法违规行为，8项建设单位违法违规行为，12项业主委员会及其委员违法违规行为。协会第一时间发布了《关于贯彻落实2021年深圳市物业管理专项整治工作的通知》。连续召开3次会议，就贯彻落实深圳市物业管理专项整治工作进行部署，并要求各企业主动参与到专项整治工作中来，找出问题与不足、差距与短板，并落实整改。协会通过《深圳物业管理》和深物协微信公众号等平台发布近20篇文章，分享各企业在落实专项整治工作，规范物业服务行为方面的一些思考与实践。针对如何以专项整治为契机，规范物业管理行业发展，共建美好家园等方面经验进行分享。协会根据政府相关部门要求，向物业服务企业发出签订"合法经营、规范收费"承诺书的倡议后，截至2021年底，共有442家物业企业签订"合法经营、规范收费"承诺书。

2.深圳市罗湖区物业服务行业协会开展的主要工作

开展各类特色活动，到大鹏沙鱼涌东江纵队红色纪念馆、淘金山党群中心图书馆、怡金花园党建引领工作室、百仕达花园三期（君逸华府）党群服务中心、名骏豪庭党建引领工作室、井冈山红色之旅等多处参观学习交流，"忆初心、践初心、守初心"党建学习教育活动。配合区住房和建设局开展物业行业执法检查12场次，检查12个项目。累计协助受理涉及物业服务质量水平、公共区域收益、停车场管理、业主委员会选举不规范等内容的信访事件891件；协助区住房和建设局开展租赁行业摸底、市场监管、辅导企业申报、指导街道办初审、主导区级复审、监测处理"高收低租"乱象、城中村规模化租赁改造等工作。协会秘书处为会员企业提供物业管理及相关领域行业信息、技术、法律等咨询服务100多次，接待来访80余人次；通过收集各会员单位疫情工作开展情况及动态，在协会公众号推广。开展"物业管理优秀项目"考评活动，评选出6个物业项目作为2021年度罗湖区物业管理优秀项目。拜访了50多家会员单位及企业，向政府有关部门反映行业存在的问题、企业诉求、行业建议10余项。开启了"每周一课"物业服务专题培训讲座活动，内容包含《物业催费沟通技巧》《项目关键过程管理要求》《消防安全知识及消防设施设备器材操作》等，累计参训人数600余人。组织了"参观交流拓思路，相互学习促提高"为主题的参观交流活动。通过网站、微信公众号、微信群等网络平台，不断加大社会主义核心价值观宣传，倡议物业服务企业积极参与小区违章搭建整治、消防安全管理、垃圾分类、扫黑除恶专项斗争等社会治理工作。

3.深圳市南山区物业管理协会开展的主要工作

消除事故隐患，织密安全网。对118个项目进行应急预案指导，并选取部分项目进行应急演练指导，实现有针对性的"一项目一预案"；对106个物业项目开展安全督导，对80个物业项目进行物业专项检查，制定安全生产示范文本，督促物业服务企业及时整改，压实安全生产主体责任。规范物业管理招标投标活动，保障新旧物业平稳交接。制定物业服务招标投标工作指引，规范选聘物业服务企业招标投标活动，共计开展27个物业小区招标投标工作、9场履约评价。跟进13个物业小区新旧物业交接工作，实现100%平稳交接，未引发群体性事件。有效化解矛盾，确保和谐稳定。建立物业专项人民调解机制，搭建政府、物业服务企业、业主、开发商等多方主体沟通平台，全年共参与87个物业小区的纠纷调解，重点调解了御林华府、雷圳碧榕湾、世纪村、汇景花园、花果山、假日湾华庭等小区的物业纠纷，及时化解矛盾冲突，把问题处理在萌芽之中。社区、城中村双推动，提升城区居民生活品质。开展五星级宜居社区创建工作，通过实地查勘、社区走访、点对点指导的方式，督促社区及时整改提升，深圳湾社区顺利通过广东省五星级宜居社区创建市级评审，共101个社区（内伶仃岛除外）四星级宜居社区创建率为100%，五星级宜居社区共计6个。通过开展宜居社区创建、20个社区回访复查及2场政策宣讲活动，提升公共服务质量，优化社区人居环境。推动物业进村，提升城中村人居环境。综合调研全区整合治理后的32个城中村，开展物业进村试点，制定考核评分标准，逐步实现城中村专业化物业管理全覆盖，巩固城中村综合治理成效，提高城中村环境卫生质量。全市首创社区物业管理指导委员会，强化基层治理力度。实现辖区8个街道101个社区全覆盖，组织开展4期社区物业管理指导委员会运作情况座谈会、八期"小区共同体"专题培训，理顺运作机制，深化"区、街道、社区、小区"四级物业管理指导体系有序衔接和有效运作，发挥基层党组织在小区治理中的战斗堡垒作用。组织专家对物业服务评价标准进行修订，累计发动近80名专家完成400个住宅小区的物业服务评价工作，评价项目覆盖率近60%，同时出具提升建议书，提升企业物业管理服务水平，规范南山区物业管理服务。组织开展2021年度南山区物业管理优秀项目考评工作，评选出优秀示范项目5个，树立物业行业优秀项目典范。首次报名参加南山区社会组织等级评估，获得"5A"级社会组织称号的区级物业行业协会，纳入《2021年度南山区承接政府职能转移和购买服务社会组织推荐目录》。

4.深圳市宝安区物业管理协会开展的主要工作

完善组织架构。根据协会章程健全组织架构，建立了系列管理制度。组织成立宝安区物业管理行业专业委员会，设立筹备小组，建立专家资源库，制定《宝安区物业管理行业专业委员会管理办法》。吸收全市从事与物业管理相关业务的特种设备、机电、消防、人防工程、数字信息化等行业的专家、教授支持行业运营管理，促进行业健康发展。设立人民调解分支机构。推动建立协会人民调解组织框架和人民调解咨询专家库，完善落实物业协会人民调解室文化建设和人民调解制度。协会调委会落实区住房和建设局"宝安区物业管理纠纷调解服务项目"。2021年协助区住房和建设局处理和调解物业管理纠纷案件共计47件。搭建会员交流学习平台。完善协会会员单位走访调研活动制度，开展定期走访调研活动，建立长效调研机制，广泛走访会员单位及区级物业管理协会、街道办事处、社区工作站、社区股份合作公司等，听取各方意见，形成工作思路，制定工作方案。完成政府委托事项。配合区住房和建设局建立安全生产防范机制，推动物业管理品质提升。多次组织专家开展专题学习讨论，贯彻落实区住房和建设局下发的关于物业行业的相关文件，形成建设性的工作建议，推动工作落实。区住房和建设局联合协会召开宝安区人防工程知识宣讲会系列活动，举办8场，宣讲范围覆盖宝安区十个街道，400多人参加；举办消防设施操作员培训活动。参加人数50人，为宝安区物业企业从业人员提供消防安全及设施操作进行培训。促进物业行业党建工作创新。推动协会会员单位党建结对工作；以抓实党建为关键，以经营绩效为中心，使党建工作延伸到企业经营管理各环节，激活企业内在潜力，塑造"同举旗帜、同干事业、同奔目标"的社会形象。积极反映行业诉求，努力维护行业利益。以研讨会、座谈会的形式进行讨论，分别召开了关于做好垃圾分类、减轻企业负担的座谈会；关于商品房小区的公办幼儿园物业管理费收费讨论会等会议，帮助物业企业解决共性问题。

5.深圳市龙岗区物业管理协会开展的主要工作

2021年，协会党小组开展党小组会议6次，通过线上和线下相结合的方式组织党员学习累计10次，开展党小组志愿活动8次。组织专家参加《龙岗区物业专项维修资金使用指引》评审会，对新《维修资金使用指引》的相关条文提出了许多行之有效的建议和措施。完成了龙岗区住房和建设局委托的各项工作，分别为：2021年深圳市物业管理专项整治工作统计工作、龙岗区物业服务企业及从业人员基本情况调查统计工作、社会组织党建工作台账登记、龙岗区2020年度绩效公众满意度调查以及垃圾分类等工作。先后撰写，转发省、市、区政府部门相关通知、通报文件20余份，召开了2次会长办公、2次理事会、2次监事会和1次会员大会，开展"龙岗区物业管理优秀项目"及"龙岗区优秀物业服务企业"评选活动，评选出优秀项目15个。向全区物业服务企业及从业人员发起自律与诚信倡议。在优秀企业和项目评优等评优评先进时，对有重大安全事故或严重违规、违法、诚信扣分的项目和企业一律实行一票否决制。为会员企业提供物业管理及相关领域行业信息、技术、法律咨询服务100多次，接待来访200余次，上门拜访了30多家会员单位及企业。协助会员企业申报《2021年度深圳市清洁生产企业》和《2021年度深圳市节水型居民小区》资金补贴，近10家符合申报条件的会员企业申请了该补贴。免费向会员单位赠送最新《物业管理法律法规文件汇编》书籍。针对行业发展中遇到的困难和存在的问题，组织企业共同研究探讨解决对策，向政府有关部门反映行业存在的问题、企业诉求、行业建议2项。先后组织会员单位参加各类论坛及交流活动9场，250余人；与本市同行业间交流10批次，60余人；组织物业企业从业人员参加各类线上培训8场，累计参训人数达3.3万人；开展"广东省物业管理项目经理执业技能培训"及"建（构）筑物消防员培训"，累计参训人员达50余人。协会公众号编发文章近2000篇，网站更新信息近100条。通过开通官方网站、微信公众号、微信群等网络平台，加大社会主义核心价值观宣传，倡议物业服务企业积极参与小区违章搭建整治、消防安全管理、垃圾分类、扫黑除恶专项斗争等社会治理工作。

附件一：深圳市物业服务企业规范经营经验分享

万科物业：让阳光透明的物业服务温暖社区每一个角落

一是物业服务履约管理需规范透明。早在2012年，万科物业就自主研发了"物业设备远程监控管理系统（EBA）"，通过物联网技术将小区里各项设备的状态进行远程采集、监控，对设备检查与维保进行集中工单调度管理，所有工作记录线上留痕、清晰可查。

二是财务信息需公开透明。万科物业于2017年开发的业财一体化项目，在既有的物业业务运营信息基础上，进一步完善了合同管理、计费管理、订单管理和财务结算管理，形成了一套从业务到财务的一体化运营和分析平台，为复杂琐碎的业务提供全面数字化财务管理的支持。万科物业所有的收费标准都在物业前台进行公示，同时还积极应用科技手段打通客户与物业之间的信息壁垒。

三是公共收益透明化管理与社区共建之实践。从2021年1月1日起，万科物业在公共收益管理方面启动了一个革命性的动作：将全部在管住宅小区电梯广告收益在"住这儿"APP上实时公开，涉及6.4万部电梯、24万个广告点位。在2020年以前，这部分数据并未完全线上拉通，只是在每季度公示物业服务收支时将公共收益情况进行公开。

此外，万科物业通过"友邻计划"与"美丽社区计划"推动社区共建，撬动业主对社区公共收益、公共权益的关注，助力社区更新。

龙城物业：严格规范经营，坚守发展正道

近段时间以来，政府相关部门出台了系列规范物业服务行为的文件，一方面说明对物业管理行业发展的重视和关注，另一方面说明了在坚持"以人民为中心"发展思想中的坚定决心。

民生问题是政府一切工作的出发点和落脚点。作为一个与民生息息相关的行业，龙城服务在发展中，一直坚持诚信经营、规范服务，致力于提升业主的幸福感和获得感。在近日协会发出《关于贯彻落实2021年深圳市物业管理专项整治工作的通知》后，龙城服务积极响应，一是根据通知要求，签署《深圳市物业服务企业"合法经营、规范收费"承诺书》，并根据《2021年深圳市物业管理专项整治工作方案》中列举的17项物业服务企业违法违规行为进行自查自纠。二是加强企业内部管理。在管理上严格落实"四抓"工作——"抓落实，抓执行，抓反馈，抓沟通"，实现人性化、标准化、合法化服务。三是主动"出击"，根据自查自纠行动，严格落实整改方案，并通过自查主动发现问题，积极与业主进行沟通，改进不足，化解矛盾，真切了解业主所需，将"为人民办实事"贯彻到底，并在此过程中依法维护双方权益。同时，龙城服务根据深圳市住房和建设局印发的《深圳市物业小区信息公开指引》逐项落实物业服务内容、服务收费项目、收费标准及其他应公开事项的信息公开工作，通过召开专项会议提高全员思想认识，再到全员思想统

一、行动统一，建立微信公众号服务平台，在物业服务区域公开相关负责人联系方式，成立健全投诉反馈机制，以切实行动履行令"消费者"放心的服务举措。龙城物业也将严格落实好深圳市住房和建设局、深圳市物业管理行业协会对规范物业管理发展的相关要求，坚持诚信经营、守法经营、规范经营，为广大业主建设美好家园贡献物业企业的力量！

之平管理：坚持党建引领，让客户有好体验

坚持以客户为中心，最大限度满足人民群众不断增长的美好居住生活需要是之平物业一直坚持的目标。2021年以来，之平管理也在积极贯彻落实《住房和城乡建设部等部门关于加强和改进住宅物业管理工作的通知》《关于持续整治规范房地产市场秩序的通知》《关于开展"加大物业服务收费信息公开力度，让群众明明白白消费"工作的通知》等相关文件要求，自查自纠，规范行为，诚信经营。并积极响应深圳市住房和建设局和深圳市物业管理行业协会号召，签署《深圳市物业服务企业"合法经营、规范收费"承诺书》。

接下来，之平管理还将重点从以下几方面努力：首先，坚持党建引领，提升团队战斗力，积极为业主办实事。结合之平管理服务的特点，以"建强组织筑堡垒、之平管理作贡献、为民办事解难题"为主线，重点结合业主实际需求优化服务内容，解决业主困扰，提升业主的幸福感和体验感。其次，开展"营造美好生活场景，打造福城乐邻"，让社区倡导"正念、善行"等系列活动，倡导诚信守法经营，提升服务质量，更好、更专业地服务于顾客。同时，之平管理也完成了数字化平台的搭建，满足业务管理需要，平台在CRM核心数据分析、品质管理、设备巡检、驾驶舱、停车场系统、资金归集、协同办公、人力资源、内部管控、培训等多维度上构建敏捷业务系统并不断保持迭代升级，快速响应不断变化的市场环境和顾客需求。

大族物业：开展自查自纠，规范服务行为

在深物协发出《关于贯彻落实2021年深圳市物业管理专项整治工作的通知》后，大族物业高度重视，第一时间召开物业公司高层会议，成立了以总部品质运营部为首的内审小组，对深圳区域项目进行突击检查和现场会议宣导，要求公司全国各分公司物业服务项目对照《工作方案》深入开展自查，严格落实自查自纠整改行动。对异地分公司进行线上会议宣导，要求分公司负责人组织成立专项整治小组，根据总部检查要求落实各分公司专项整治工作。

一是自查"廉洁自律阳光大族"诉求渠道公示情况，进一步强化纪律作风建设，规避营私舞弊或职业道德风险等事件发生，保障诉求通道畅通。二是自查物业服务信息公示情况，严格要求各项目每月以服务简报形式面向业户推送物业24小时服务热线和当月物业服务情况；三是自查物业服务平台运营情况；四是通过开展QES管理体系内审专项工作。内审小组制定内审总控计划，在深圳区域逐项目开展各项目内审工作，为项目存在的问题制定合理有效的纠正预防措施。

大族物业将持续以"遵纪守法""公平竞争""诚实守信""文明服务""勇于承担"的优良品

质，响应行业协会号召，为增强企业守法诚信意识、弘扬守法诚信品德做出应尽职责。

北方物业：让物业服务沐浴在透明规范的阳光下

为积极贯彻落实物业管理专项整治工作的相关要求，北方物业第一时间签订《深圳市物业服务企业"合法经营、规范收费"承诺书》，并从如下方面进行部署和执行：

第一，思想高度重视、督导认真执行，成立专项小组，确保稳中落实。为确保本次物业管理专项整治工作的顺利开展，让全体人员在思想上形成统一认识，北方物业成立了以总经理为组长的专项小组，部署相关工作。同时，通过远程视频连线、集中大会宣导、项目片区督导等方式，把相关指示和要求通知到位。公司总部、各地分公司、各项目片区主管负责人迅速响应，并督导落实。

第二，配套信息化系统，从源头把控收费，让收费在阳光下进行。总部、分公司、各项目通过接入ERP系统，部署标准信息化管控、财务严格审核等制度，集中推行线上缴费，通过APP、小程序、支付宝等多种方式，从源头保证每笔收费的公开透明，做到有据可查、有据可依。同时，对每笔收费进行追踪溯源，实时管控，规范管理，并按照有关规定对物业服务相关信息进行公开。

第三，加强服务规范，提升服务标准，主管部门和项目经理签订责任书。各分公司、项目主管负责人，进行服务规范绩效考评，其中就包含规范服务和收费。总部运营品质部，督导巡查各单位，严控服务质量，健全物业服务投诉快速处理机制。项目上，积极开展集中宣导，签订廉洁服务承诺，杜绝任何不规范的收费行为和损害业主利益的行为。

北方物业也将以本次的物业管理专项整治工作为契机，全面优化服务内容，提升服务品质，提高业主幸福感和满意度。北方物业也愿意和各物业同仁一起携手，凝心聚力，精益求精，促进行业规范，树立物业服务行业新标准、新风尚！

附件二：已签订"合法经营、规范收费"承诺书的企业名单
（截至2021年12月31日）

1	深圳市新东升物业管理有限公司	2	深圳市赤湾物业管理有限公司
3	深圳市凯盛物业管理有限公司	4	深圳裕恒达物业服务有限公司
5	深圳市华联物业集团有限公司	6	深圳市信德行物业管理有限公司
7	深圳市住宅物业管理有限公司	8	深圳市鹏基物业管理服务有限公司
9	深圳市永红源物业服务有限公司	10	深圳市保利物业管理集团有限公司
11	深圳国民物业开发管理有限公司	12	深圳市恒裕物业管理有限公司
13	深圳市鸿荣源物业服务有限公司	14	深圳市大众物业管理有限公司
15	深圳市骏科物业管理发展有限公司	16	深圳广田物业服务有限公司
17	深圳市赛格物业发展有限公司	18	深圳市和诚物业管理有限公司
19	深圳市深福保物业发展有限公司	20	深圳市莱蒙物业服务有限公司
21	深圳市常安物业服务有限公司	22	深圳市勤诚达物业管理有限公司
23	广东龙光集团物业管理有限公司	24	深圳市午越物业管理有限公司
25	深圳市皇庭物业管理有限公司	26	深圳市皇庭物业服务有限公司
27	深圳市皇庭物业发展有限公司	28	深圳市城建物业管理有限公司
29	深圳市和健物业管理有限公司	30	深圳市宝晨物业管理有限公司
31	广州香江物业管理有限公司深圳分公司	32	深圳市德源物业管理有限公司
33	深圳市奇新物业发展有限公司	34	深圳市机场物业服务有限公司
35	深圳市诺德物业管理有限公司	36	深圳市俊荣物业管理有限公司
37	深圳市聚祥和物业管理有限公司	38	深圳市罗湖区蔡屋围金龙实业公司
39	深圳市核电物业有限公司	40	深圳市华盛物业管理有限公司
41	深圳市富益宁物业管理有限公司	42	深圳市安联第一太平戴维斯物业管理有限公司
43	深圳市新洲城物业管理有限公司	44	深圳市百悦千城物业管理有限公司
45	深圳市特科物业发展有限公司	46	深圳市昌益祥物业管理有限公司
47	深圳市鸿威物业管理有限公司	48	佳兆业物业管理（深圳）有限公司
49	深圳松安实业集团有限公司	50	深圳广居物业服务有限公司
51	深圳市君临天下物业服务有限公司	52	深圳市卓诚物业管理有限公司
53	深圳市城投物业管理有限公司	54	深圳市靖炜物业管理有限公司
55	深圳市锦峰物业经营管理有限公司	56	中粮地产集团深圳物业管理有限公司

57	深圳融创物业服务集团有限公司	58	深圳市博今物业管理有限公司
59	深圳中旅联合物业管理有限公司	60	深圳市海外物业管理有限公司
61	深圳市新澜物业管理有限公司	62	四川长虹物业服务有限责任公司深圳分公司
63	龙城城市运营服务集团有限公司	64	深圳市前海物业发展有限公司
65	深业置地（深圳）物业管理有限公司	66	深圳华业物业管理有限公司
67	深圳市万厦居业有限公司	68	深圳市万科物业服务有限公司
69	长城物业集团股份有限公司	70	深圳市陆港物业管理有限公司
71	深圳市东方银座物业管理有限公司	72	深圳市海岸物业管理集团有限公司
73	深圳市世纪开元物业服务有限公司	74	深圳市华佳宏物业投资集团有限公司
75	众安康后勤集团有限公司	76	深圳市大族物业管理有限公司
77	深业物业集团有限公司	78	深圳市万厦世纪物业管理有限公司
79	深圳市中电物业管理有限公司	80	深圳市兄弟高登物业管理有限公司
81	深圳市京基物业管理有限公司	82	深圳市龙宇物业服务有限公司
83	深圳市泰源物业管理有限公司	84	深圳市金兆丰物业管理有限公司
85	深圳荣晟智慧物业集团有限公司	86	深圳市天安云谷物业服务有限公司
87	深圳市东部物业管理有限公司	88	深圳市建艺物业管理有限公司
89	深圳市金地物业管理有限公司	90	深圳市金地物业服务有限公司
91	华侨城物业（集团）有限公司	92	深圳德诚物业服务有限公司
93	深圳市广垦六联实业有限公司	94	深圳天安智慧园区运营有限公司
95	深圳市方益城市服务发展有限公司	96	深圳市锦和物业管理有限公司
97	深圳市建东装饰物业管理有限公司	98	深圳金丰城科技发展中心有限公司
99	深圳碧桂园盛孚物业服务有限公司	100	深圳市昊岳物业管理有限公司
101	招商局物业管理有限公司	102	招商局积余产业运营服务股份有限公司
103	中航物业管理有限公司	104	深圳市鹏基物业管理有限公司
105	深圳市荣超物业管理股份有限公司	106	深圳市圆想物业服务有限公司
107	深圳市大铲湾智城物业服务有限公司	108	深圳市盛世嘉物业管理有限公司
109	深圳市佳华物业管理有限责任公司	110	深圳市深广军物业管理有限公司
111	深圳市仁恒物业管理有限公司	112	深圳市北方物业管理有限公司
113	深圳市洁原物业管理有限公司	114	深圳市满京华物业管理有限公司
115	深圳市乐华物业管理有限公司	116	家利物业管理（深圳）有限公司
117	深圳四川大厦企业有限公司	118	深圳市联合安泰物业管理有限公司
119	深圳市合泰物业管理有限公司	120	深圳市泰然物业管理服务有限公司
121	中海物业管理有限公司	122	明喆集团有限公司

123	深圳市海天大厦物业发展有限公司	124	深圳市莲花物业管理有限公司
125	深圳市卓越物业管理有限责任公司	126	深圳历思联行物业管理有限公司
127	深圳市赛格物业管理有限公司	128	深圳市绿清集团有限公司
129	深圳市绿源物业环保产业有限公司	130	深圳市缔之美物业管理有限公司
131	深圳市中民物业管理有限公司	132	深圳市特发服务股份有限公司
133	深圳市绿景物业管理有限公司	134	深圳市颐安物业服务有限公司
135	深圳吉祥服务集团有限公司	136	深圳吉胜物业管理有限公司
137	深圳市首地物业管理有限公司	138	深圳市创美安物业保安服务有限公司
139	深圳玉禾田智慧城市运营集团有限公司	140	深圳星河智善生活股份有限公司
141	深圳市新国信物业服务有限公司	142	深圳市交通场站建设发展有限公司
143	深圳市城铁物业服务股份有限公司	144	深圳市公元物业管理有限公司
145	深圳市深华物业集团有限公司	146	深圳市嘉诚物业管理有限公司
147	深圳华强物业管理有限公司	148	深圳市彩生活物业管理有限公司
149	深圳市航天物业管理有限公司	150	深圳市富通物业管理有限公司
151	深圳市恒博物业管理有限公司	152	深圳市之平物业发展有限公司
153	深圳市天健城市服务有限公司	154	福田物业发展有限公司
155	深圳市汉京物业服务有限公司	156	深圳市金阳成物业管理有限公司
157	深圳市滢水物业管理有限公司	158	深圳市美鹏物业管理有限公司
159	深圳市康厦物业管理有限公司	160	深圳市物业管理有限公司
161	深圳市庐山物业管理有限公司	162	深圳市合田物业管理有限公司
163	深圳市冠懋物业管理有限公司	164	深圳市科技园物业集团有限公司
165	深圳市鹏广达物业服务有限公司	166	深圳桑达物业发展有限公司
167	深圳华润物业管理有限公司	168	深圳市特发特力物业管理有限公司
169	深圳市沙尾物业管理有限公司	170	深圳原创物业发展有限公司
171	深圳市下梅林永恒物业管理有限公司	172	深圳市盛天源物业管理有限公司
173	深圳市蘅芳股份合作公司	174	深圳市滨海物业管理有限公司
175	深圳市金众物业管理有限公司	176	深圳市冠天物业管理有限公司
177	深圳市红树林物业管理有限公司	178	深圳市天海通物业管理有限公司
179	深圳市万嘉惠物业管理有限公司	180	深圳市人人物业环境工程有限公司
181	深圳招商物业管理有限公司	182	秀峰物业管理（深圳）有限公司
183	深圳市四季阳光物业管理有限公司	184	深圳市华通物业管理有限公司
185	深圳市抱朴物业服务有限公司	186	深圳市家华永安物业管理有限公司
187	深圳市启胜物业管理有限公司	188	深圳市思越物业管理有限公司

189	深圳市楚天物业管理有限公司	190	深圳市大康物业管理有限公司
191	深圳市金梧桐物业管理有限公司	192	深圳市现代园物业管理有限公司
193	深圳市巧通投资发展有限公司	194	深圳市富基物业管理有限公司
195	深圳联马物业管理有限公司	196	深圳市平利达物业管理有限公司
197	深圳爱安物业管理有限公司	198	深圳市丰佳德投资发展有限公司
199	华尔登物业管理（深圳）有限公司	200	深圳中山物业管理有限公司
201	深圳市鑫梓润智慧城市管家股份有限公司	202	深圳市鼎盛号物业管理有限公司
203	深圳市丹竹头物业管理有限公司	204	深圳市百达利物业管理有限公司
205	深圳市鸿运物业管理有限公司	206	深圳市新天陆实业发展有限公司
207	深圳市福中福房地产开发有限公司	208	深圳西丽高尔夫球会物业管理有限公司
209	深圳市铂睿联行物业管理有限公司	210	深圳市新绿岛物业管理有限公司
211	深圳市安佳信物业管理有限公司	212	深圳市乐到家物业管理有限公司
213	深圳市海丰苑物业管理有限公司	214	深圳市嘉亿乐居物业管理有限公司
215	深圳市梅源实业发展有限公司	216	深圳市帝廷峰物业管理有限公司
217	深圳市世纪汇鑫物业管理有限公司	218	深圳市怡正发物业管理有限公司
219	深圳市联投物业有限公司	220	深圳市中核物业管理有限责任公司
221	深圳市众康物业管理有限公司	222	深圳市鑫森磊物业管理有限公司
223	深圳市锦新明物业管理有限公司	224	深圳市钱排村物业管理有限公司
225	深圳市利丰物业服务有限公司	226	深圳市佳米基物业管理有限公司
227	深圳市相如雅苑物业管理有限公司	228	深圳市普乐康物业管理有限公司
229	深圳市横岗保安股份合作公司	230	深圳市坂田物业管理有限公司
231	深圳市世界花园物业管理有限公司	232	深圳市工艺服装工业公司物业管理分公司
233	深圳市中航建筑设计有限公司	234	深圳市阳基物业管理有限公司
235	置佳烨物业管理（深圳）有限公司	236	深圳市半岛物业管理有限公司
237	深圳市莱英物业管理有限公司	238	深圳市合鑫物业管理有限公司
239	深圳市佳旺物业管理有限公司	240	深圳市佳美佳物业管理有限公司
241	深圳市嘉泰城物业运营有限公司	242	深圳市中洲物业管理有限公司
243	深圳市沙保物业发展有限公司	244	深圳市深龙鑫物业管理有限公司
245	深圳市汇龙城物业管理有限公司	246	深圳市上城物业管理有限公司
247	中旅城市运营服务有限公司	248	深圳市城安物业管理集团有限公司
249	深圳市德美物业管理有限公司	250	深圳市汇锦物业管理有限公司
251	深圳市德田实业有限公司	252	深圳市城安佳园物业管理有限公司
253	深圳市怡盛华物业发展有限公司	254	深圳市百胜物业管理有限公司

255	深圳市美佳华物业管理有限公司	256	深圳市民合物业管理有限公司
257	深圳市丰盛町物业服务有限公司	258	深圳市广鸿达物业管理服务有限公司
259	深圳市安和物业管理有限公司	260	深圳市横岗西坑物业管理有限公司
261	深圳市东深物业管理有限公司	262	深圳市航天高科物业管理有限公司
263	深圳市和礴物业管理有限公司	264	深圳市志联佳物业管理有限公司
265	深圳市超越物业管理有限公司	266	深圳市新高物业管理服务有限公司
267	深圳市爱地花园物业管理有限公司	268	深圳市创展置地物业管理有限公司
269	深圳市布心物业管理有限公司	270	深圳市兴福源物业管理有限公司
271	深圳山湖海物业服务集团有限公司	272	深圳市深水水务咨询有限公司
273	深圳市鹏城山水物业管理有限公司	274	深圳市康发实业发展有限公司
275	深圳力合物业管理有限公司	276	深圳市景泰物业管理有限公司
277	阳光城物业服务有限公司深圳分公司	278	深圳市科陆物业管理有限公司
279	深圳市质高物业管理有限公司	280	深圳市镇安物业管理有限公司
281	深圳市灏华物业管理有限公司	282	深圳市鸿泰德物业管理有限公司
283	深圳市福祥物业管理有限公司	284	远洋亿家物业服务股份有限公司深圳分公司
285	深圳多禾国际物业管理有限公司	286	深圳市盛城物业管理有限公司
287	深圳市国贸美生活服务有限公司	288	普宁市嘉信物业管理有限公司深圳分公司
289	深圳市卓越兴隆物业管理有限公司	290	深圳市安居乐物业管理有限公司
291	深圳市华茂物业管理有限公司	292	深圳市安业物业管理有限公司
293	深圳市富上佳物业管理有限公司	294	深圳市世宸物业管理有限公司
295	深圳市盐综保市政服务有限公司	296	深圳市广通物业管理有限公司
297	深圳中电长城能源有限公司	298	深圳市旭焕晖物业管理有限公司
299	深圳市劲嘉物业管理有限公司	300	深圳市雅枫物业管理有限公司
301	深圳市惠陆港物业管理有限公司	302	深圳市盛迪嘉物业服务有限公司
303	深圳市南油物业管理有限公司	304	深圳市创厉晟物业发展有限公司
305	上海三湘物业服务有限公司	306	深圳新闻大厦物业管理有限公司
307	深圳市昱发物业管理有限公司	308	深圳市深茂物业管理有限公司
309	深圳市恒美物业管理有限公司	310	华御城(深圳)物业管理有限公司
311	深圳市崇信物业管理有限公司	312	深圳市梓盛发物业服务有限公司
313	深圳市塑和物业管理有限公司	314	深圳市七洲物业管理有限公司
315	深圳市集信物业管理有限公司	316	深圳市同创汇企业服务管理有限公司
317	深圳市信勤物业服务有限公司	318	深圳市馨居佳物业管理有限公司
319	深圳市华熙物业管理有限公司	320	深圳市振粤物业管理有限公司

321	深圳市新天时代物业管理有限公司	322	深圳市景乐物业管理有限公司
323	深圳市沿海金岸物业发展有限公司	324	深圳市中伦物业管理有限公司
325	广东公诚设备资产服务有限公司 三分公司	326	深圳市浩安物业服务有限公司
327	深圳市和润居物业服务有限公司	328	深圳市中盈物业管理有限公司
329	深圳市志诚物业管理有限公司	330	深圳市绿景纪元物业管理服务有限公司
331	深圳市渔丰物业管理有限公司	332	深圳市鸿发物业管理有限公司
333	深圳市中正物业管理有限公司	334	深圳市金风帆物业管理发展有限公司
335	深圳市康业物业服务有限公司	336	深圳万利达物业服务有限公司
337	振华集团深圳电子有限公司	338	深圳恒丰物业管理有限公司
339	深圳市欧瑞德珠宝首饰有限公司	340	深圳市鹏港物业管理有限公司
341	深圳市国贸物业管理有限公司	342	深圳市鸿基物业管理有限公司
343	深圳市博林物业服务有限公司	344	深圳市南园枫叶物业服务有限公司
345	深圳市厚德物业服务有限公司	346	深圳地铁物业管理发展有限公司
347	深圳信德丰房地产有限公司	348	深圳市深业泰富商业物业管理有限公司
349	深圳市金泽实业发展有限公司	350	深圳市恒立冠物业管理有限公司
351	嘉邻物业服务（深圳）股份有限公司	352	深圳市龙安物业管理有限公司
353	广东建投嘉昱物业服务有限责任公司 深圳分公司	354	深圳市禧居物业管理有限公司
355	深圳市德荣物业管理有限公司	356	金旺来物业管理（深圳）有限公司
357	深圳市高发物业管理服务有限公司	358	深圳市鹅公岭股份合作公司
359	新中物业管理（中国）有限公司 深圳分公司	360	深圳市宇宏物业服务有限公司
361	深圳市新润园物业发展有限公司	362	深圳市香榭里物业经营管理有限公司
363	深圳市鹏安诚物业管理服务有限公司	364	深圳市中运物业发展有限公司
365	深圳市合正物业服务有限公司	366	深圳市三围股份合作公司
367	金砖国际物业发展（深圳）有限公司	368	深圳市华玲物业管理有限公司
369	深圳市广济物业管理有限公司	370	深圳市积盛物业管理有限公司
371	深圳海燕大酒店有限公司	372	嘉里建设管理（上海）有限公司深圳分公司
373	深圳市现代联行物业管理有限公司	374	深圳市中通泰物业管理有限公司
375	深圳市金运物业管理服务有限公司	376	深圳市恒明珠物业管理有限公司
377	深圳市贤和物业管理有限公司	378	深圳市群利物业管理有限公司
379	深圳市深泰物业管理有限公司	380	深圳第一亚太物业管理有限公司

381	深圳市翡翠海岸物业管理有限公司	382	深圳市大雁物业管理有限公司
383	深圳市新活力实业发展集团有限公司	384	深圳书城物业管理有限公司
385	深圳市家润物业管理有限公司	386	深圳市任达物业管理有限公司
387	深圳市威华实业有限公司	388	深圳市天天向上物业管理服务有限公司
389	深圳市阳光城市物业管理有限公司	390	金碧物业有限公司深圳分公司
391	深圳市都市物业管理有限公司	392	深圳市建设家园物业服务有限公司
393	深圳市友邻共创物业集团有限公司	394	碧桂园生活服务集团股份有限公司龙岗分公司
395	深圳市港新物业服务有限公司	396	深圳市联城文锦物业管理有限公司
397	深圳市诚邦物业技术咨询服务有限公司	398	深圳市盈泰物业管理有限公司
399	深圳市益田物业集团有限公司	400	深圳市大冲物业管理有限公司
401	深圳市泰富华物业管理有限公司	402	深圳市老东门物业管理有限公司
403	深圳市鸿彩云实业发展有限公司	404	深圳市海晟物业管理有限公司
405	深圳市富德义物业管理有限公司	406	深圳市旭润物业管理有限公司
407	深圳市和悦物业管理有限公司	408	深圳市江科达实业有限公司
409	深圳市隔岸物业管理有限公司	410	深圳市观澜物业发展有限公司
411	深圳市罗伯特管家物业管理有限公司	412	深圳市凯豪达物业管理有限公司
413	深圳市深闽物业管理有限公司	414	深圳市财富物业管理有限公司
415	深圳市方大物业管理有限公司	416	深圳市御高物业管理有限公司
417	深圳市先进物业管理有限公司	418	深圳阳峻物业管理有限公司
419	深圳世纪海景物业管理有限公司	420	深圳市龙房物业管理有限公司
421	深圳市懿德物业管理服务有限公司	422	龙湖物业服务集团有限公司深圳分公司
423	深圳市万泽物业管理有限公司	424	深圳市伟禄物业管理有限公司
425	深圳市聚馨源物业服务发展有限公司	426	泛海物业管理有限公司深圳分公司
427	诚信行（深圳）物业管理有限公司	428	深圳市百年物业管理有限公司
429	深圳市宏轩物业管理有限公司	430	深圳市永安时代物业管理有限公司
431	深圳市振华盛物业管理有限公司	432	深圳市城泰物业管理有限公司
433	深圳市新亚洲物业管理有限公司	434	深圳市君之安物业管理有限公司
435	深圳市零七物业管理有限公司	436	深圳万洁物业科技服务有限公司
437	深圳市恒诚物业管理有限公司	438	深圳市前海第一太平戴维斯物业管理有限公司
439	深圳市广豪物业管理有限公司	440	深圳市都之都物业管理有限公司
441	深圳市广新物业管理有限公司	442	深圳美卉园艺有限公司

第三章

物业管理市场

SHENZHEN
PROPERTY MANAGEMENT
YEARBOOK 2022

第一节　物业服务企业总体情况

2021年是"十四五"的开局之年，也是物业管理行业改革发展40年。2021年上半年，国家层面出台相关政策文件明确了物业管理行业未来的发展方向，为行业的快速增长和规范发展创造了有利条件。物业服务企业持续加快前行步伐，陆续登陆资本市场扩大规模。同时，在智能化和增值服务建设道路上，也更加理性、坚定和深入。而在下半年，受房地产市场影响，物业管理行业关注的热点逐渐由上市转为并购。物业服务企业在并购热潮下快速扩张规模，行业集中度呈现进一步提升的趋势。

2021年以来，国家出台了一系列鼓励性政策支持和促进物业管理行业发展，物业管理行业在国家发展中的地位受到空前重视。《中华人民共和国国民经济和社会发展第十四个五年规划和2035年远景目标纲要》正式发布，住房和城乡建设部等部门联合印发《关于加强和改进住宅物业管理工作的通知》，商务部等12部门发布《关于推进城市一刻钟便民生活圈建设的意见》，国家发展改革委发布《关于推动生活性服务业补短板上水平提高人民生活品质若干意见》等重要指示性文件，为物业管理行业、物业服务企业的发展提供了政策层面的指导，指明了未来发展的方向，更加快了物业管理行业转型升级。

1. 综述

2021年，深圳市物业管理行业总体呈上升发展趋势。在纳入统计的1994家企业中，从业人员总数达73.44万人，同比增长7.80个百分点，为助力深圳市"稳就业"各项政策落实、减轻疫情对就业影响夯实了基础；在管项目共计25756个，其中在管本地项目有5806个、在管外地项目有19950个，在管本地项目数量较2020年有一定幅度的下降，而在管外地项目数量呈现持续增长态势，其中在管本地项目数量同比下降24.68个百分点；在管外地项目数量同比增长22.23%；在管项目面积较大幅下降，为28.80亿m²，其中在管本市项目面积为4.73亿m²，同比下降29.96%；外地在管项目面积为24.07亿m²，同比下降9.87个百分点；营业总收入达1554.37亿元，同比增长31.48个百分点，其中主营业务收入突破1300亿元，达1328.29亿元，同比增长

31.41个百分点。深圳市物业管理行业总体状况对比详见表3-1-1。

深圳市物业管理行业总体状况对比　　　　　　　　　　　　表3-1-1

	2021年	2020年	同比
物业服务企业数量（个）	1994	1533	30.07%
在管物业项目（个）	25756	24030	7.18%
其中：在管本市物业项目	5806	7708	−24.68%
在管外地物业项目	19950	16322	22.23%
在管物业总建筑面积（亿m²）	28.80	33.46	−13.93%
其中：在管本市物业总建筑面积	4.73	6.76	−29.96%
在管外地物业总建筑面积	24.07	26.71	−9.87%
从业人员数（万人）	73.44	68.13	7.80%
其中：从业人员中本市户籍人数（人）	55218	45743	20.71%
营业总收入（亿元）	1554.37	1182.23	31.48%
其中：主营业务收入（亿元）	1328.29	1010.77	31.41%

注：表中同比增长部分均使用原始数据计算，报告数据存在四舍五入的偏差，特此说明，下同。

2021年，新冠肺炎疫情对于各行各业仍存在不同程度的影响。面对深圳市疫情多点散发，全市物业管理全行业在新冠疫情常态化清零管控下运行，其本地业务拓展速度受不可抗力影响而有所放缓。总体而言，2021年我市物业管理行业保持快速的发展态势，各物业服务企业在疫情常态化防控形势下坚持"走出去"，进一步拓展物业服务的边界，"物业+养老服务"、"物业+生活服务"、物业布局老旧小区成为关键词，相应的优惠扶持政策也不断出台。因此行业整体仍属于稳中有进、蓄势待发的良好态势，具体表现为以下三个方面：

行业营业总收入首次突破1500亿元。统计数据显示，深圳物业行业规模大、增速高，2021年深圳市物业服务企业营业总收入首次突破1554.37亿元，同比增长31.48个百分点，其中主营业务收入达1328.29亿元，首次突破1300亿元，同比增长31.41个百分点。总体而言，物业服务企业营业总收入与主营业务收入增速迅猛，且远大于其规模扩张速度。究其原因，一方面，物业服务企业在管物业项目数量增长为企业带来了盈利新增点，也为其未来稳定持续的盈利提供了强有力的保障。另一方面，物业服务企业收入结构得到了改善，在基础物业服务为主创收业务的前提下，小区增值服务、城市服务及商业运营服务业务收入均得到一定增长，对营业总收入的贡献进一步扩大，企业经营效率整体得到提升。

行业从业人员数持续增长。统计数据显示，2021年深圳市物业服务企业从业人员总数进一步扩大，达73.44万人，同比增长7.80个百分点，相比2020年增加了5.32万个就业岗位，发挥了行业在促进就业方面的积极作用。

企业数量和在管外地项目数量增长。与2020年相比，深圳市填报企业数量和在管外地项目数量均有较大幅度增长，分别同比增长了30.07个百分点和22.23个百分点（表3-1-1）。究其原因，一是受疫情影响。物业服务企业或多或少受到不同程度的影响，市住房和建设局通过发放补贴方式帮助企业度过艰难时刻，一定程度上带动了企业填报的积极性，促使2021年填报企业数量增长迅猛。二是面对疫情常态化管控的形势，行业的重要性进一步凸显，疫情防控加速物业管理行业融入社会基层治理，成为防控体系中的重要一环。政府和业主等主体逐渐意识到物业管理的重要性，疫情防控期间，对"三驾马车"（物资保障、协助疫情防控、垃圾处理）的需求快速增长，在较大程度上为物业服务企业外拓项目提供了潜在的市场机遇。三是在力求趋利避害的情况下，物业管理行业以调整业务结构、业务模式，以及市场拓展与推广的方式来避免和减轻疫情常态化可能带来的损失，同时根据行业与市场、客户及其行为模式的变化，竭力发掘潜在的机会与机遇，结合技术创新、管理创新、商业模式创新和场景创新等创新手段，在困境中找到可持续发展的契机。

行业多元化发展趋势明显。行业总营收增加、管理面积减少，说明深圳物业行业在城市服务、社区经济等方面持续发力，拓宽了盈利渠道，提高了盈利效率，企业盈利能力进一步提升，通过新赛道的深耕抵消了一部分管理面积减少带来的不利影响。

2.在管项目情况

2021年深圳市物业服务企业不断探索企业发展新路径，不断延伸行业服务边界，探索"物业+养老""物业+托幼"、社区便民服务等多种增值服务。虽然行业在多赛道不断探索，而目前行业在管项目仍以住宅为主。统计数据显示，2021年深圳市物业服务企业在管物业项目数量达到25756个，较2020年增加1726个，同比增长7.18个百分点。深圳市各物业服务企业在全国各地、各个领域的渗透率、市场规模等均有较大提升空间。深圳物业管理行业历年在管物业项目数量及增长率、建筑面积及增长率详见图3-1-1、图3-1-2。

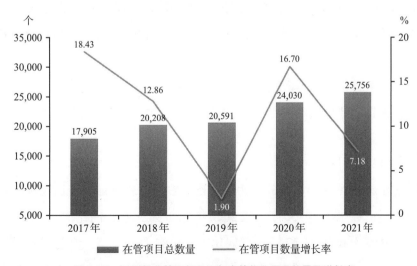

图3-1-1 深圳物业管理行业历年在管物业项目数量及增长率

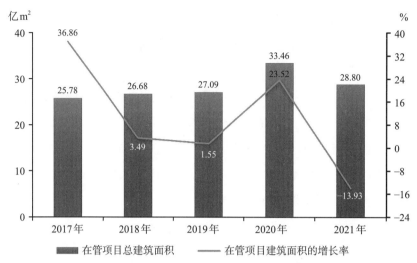

图3-1-2　深圳物业管理行业历年在管项目建筑面积及增长率

从管理面积位居前列的企业数据来看，在管物业项目管理面积超过1亿m²的物业服务企业共有5家，与去年持平。其中在管物业项目管理面积超过2亿m²的物业服务企业仅有1家，较2020年减少2家。

（1）在管本市物业项目数量和建筑面积

根据统计数据显示，2021年在管本市物业项目的数量和面积均有大幅下降。2021年在管本市物业项目的数量为5806个，较2020年减少1902个，同比下降24.68个百分点；而在管本市物业项目的建筑面积为4.73亿m²，同比下降29.96个百分点。面积下降较多的原因，是本次统计采用新的报表系统，改变了以往企业填报人员手填项目数量、面积的做法，而采用了更为严格的"一项目一审核、审核通过才入库"的做法，即审核人员根据企业上传的项目合同等资料，核对项目建筑面积等无误后，才将该项目确认为该企业在管项目，项目面积依据合同载明的面积，并且单独红线内的建筑一般只确认有一个在管企业。从而在此基础上，规避了往年企业填报人数据填写的随意性，使本次填报数据更加准确；剔除了往年同一栋建筑内，既有该栋建筑、又有建筑内个别楼层的一部分重复项目。深圳市历年在管本市物业项目数量及建筑面积详见图3-1-3。

从不同类型项目来看，在管本市项目主要以住宅类居多，项目数量占比为72.60%，达4215个；其次为办公楼项目，项目数量占比为9.13%，达530个。在管本市各类物业项目数量及建筑面积情况见图3-1-4。

（2）在管外地项目数量与建筑面积

根据统计数据显示，2021年在管外地物业项目的数量有所增加，而面积则小幅下降。2021年在管外地物业项目的数量为19950个，较2020年增加3628个，同比增长22.23个百分点；在管外地物业项目的建筑面积为24.07亿m²，同比下降9.87个百分点。在管外地项目数量和面积均远高于深圳市内，其服务面积超过5个深圳市内物业总建筑面积（4.73亿m²）。说明一方面，

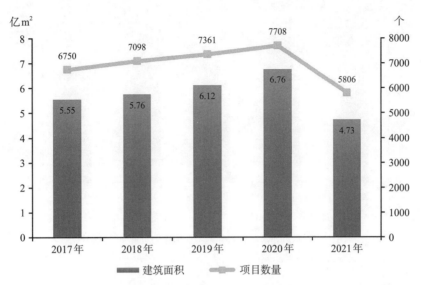

图3-1-3　深圳市历年在管本市物业项目数量及建筑面积

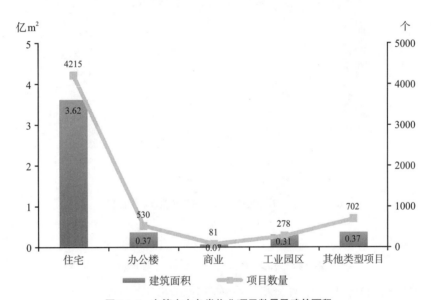

图3-1-4　在管本市各类物业项目数量及建筑面积

深圳物业企业在外地面临更为激烈的竞争，存在较多退出外地大项目、转而承接更多小项目的情况，在管项目单体面积下降；另一方面，内地物业企业实力有所增强，内地企业的崛起，使更多当地企业承接了本地的大型项目。深圳市历年在管外地物业项目的数量和建筑面积详见图3-1-5。

从不同类型项目来看，在管外地项目主要以住宅类居多，项目数量占比达50.74%，其次为其他类型项目，占比为23.78%；办公楼物业项目数量占比达15.02%。在管外地各类物业项目数量及建筑面积详见图3-1-6。

（3）项目续约率

项目续约是指在管物业项目业主对物业管理及物业服务企业提供的服务持肯定态度并同意

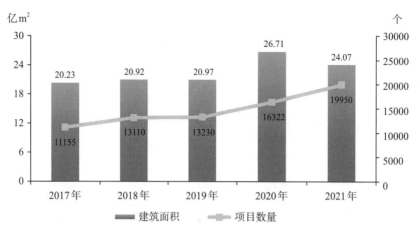

图3-1-5 深圳市历年在管外地物业项目的数量和建筑面积

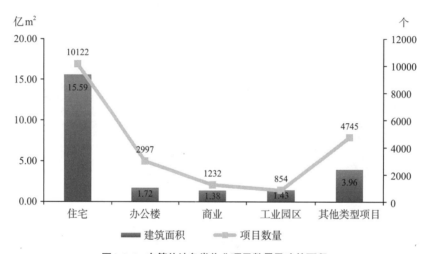

图3-1-6 在管外地各类物业项目数量及建筑面积

继续由该公司提供物业管理服务，项目续约率是衡量物业服务企业项目稳定性、服务质量及客户黏性的重要指标。纳入统计数据显示，2021年深圳市物业服务企业整体续约率约为95.14%，较2020年（96.21%）下降了1.07个百分点，续约率较2020年有小幅下降。一方面，表现为其本身服务没有得到业主认可，物业服务企业疲于防疫，在物业品质提升方面有所松懈；另一方面，或由于提供的物业服务缺少竞争优势，导致合作到期之后不再续约。当前物业管理行业市场竞争日趋激烈，项目续约率关系着企业长久发展，后续应进一步提升服务意识，打造企业品牌，增强客户黏性，稳固已有份额。

（4）外包服务项目情况

近年来，部分物业服务企业通过实施外包管理模式，寻求专业服务商承接其非核心、辅助性的业务，进而专注核心业务，以达到降本增效、提高企业核心竞争力和环境应变能力的目的，推动物业管理行业高质量发展。2021年深圳市物业服务企业外包项目数量较2020年有所增长，但外包项目总面积却较2020年有所减少，由于目前外包的服务仍存在一些劣势，如外包服务质量难以控制、外包工作难以体现物业服务企业的品牌形象及企业文化、外包工作在提供服务时间上存在滞后性，以及物业服务企业协调外包工作的局限性，促使外包服务的发展一定程度上受到制约。

从不同类型服务来看，保洁服务项目占比最大，项目数量达26820个，涉及项目面积为21.33亿m²，涉及人员数量为265523人；其次为设备维修养护服务项目，数量为7018个，涉及项目面积为17.20亿m²，涉及人员数量为135175人。不同类型外包服务项目情况详见图3-1-7。

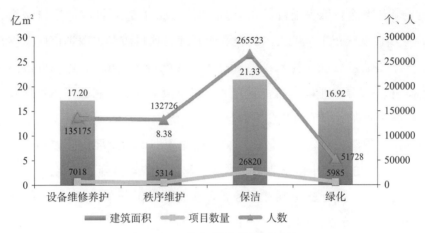

图3-1-7 不同类型外包服务项目情况

（5）本市保障性住房、城中村情况

根据统计数据显示，本市保障性住房项目为70个，项目面积为800.37万m²；本市城中村项目数量为1052个，项目面积为14636.83万m²。[①] 详见图3-1-8。

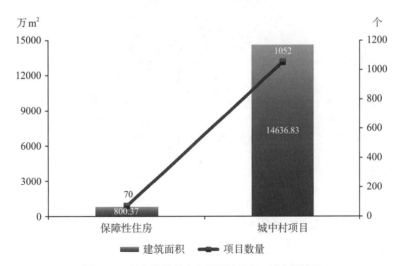

图3-1-8 纳入统计的本市保障性住房、城中村情况

（6）企业项目分布情况

就各物业服务企业项目分布情况来看，17.46%的物业服务企业管理项目在深圳市内与深圳市

---

① 本报告中保障性住房、城中村等相关数据仅统计了物业服务企业上报统计报表的数据，由于深圳市城中村存在非物业公司管理的情况，本数据与深圳市实际城中村的数据存在偏差，仅供参考。

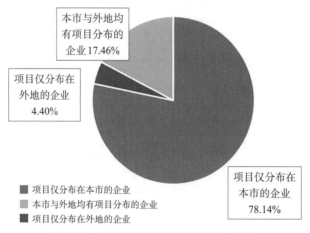

外区域均有分布，在管项目数量为18387个，占总体比重为71.39%，在管项目面积达19.23亿㎡，占总体比重达66.77%。数据显示，86.75%的大型企业和49.35%的中型企业在本市与外地均有项目，大型或中型企业规模远大于管理项目仅分布在深圳市内的各小微企业，其项目运作和业务拓展能力较强，已有市场份额相对稳固。

78.14%的物业服务企业管理项目仅分布于深圳区域，在管项目数量为3154个，占总体比重为12.25%，管理项目仅分布于深圳市内的企业所管理的项目数量占深圳市内总体在管项目数量的比重为54.32%，在管项目面积为2.42亿㎡，占总体比重达8.40%，占深圳市内在管项目面积比重为51.16%，这一部分企业以小微企业为主，其在管项目数量和面积体量均较小。此外，数据显示这部分小微企业在深圳市内的项目数量占比为深圳市内总体的54.32%。一方面，表明出当前深圳市内的市场份额相对较为分散，小微企业在深圳市的发展机会较多，有助于小微企业进一步拓展市场；另一方面，小微企业多为本地企业，其管理得到了业主认可，客户黏性较高，已有市场份额相对稳定。另有69家物业服务企业在管项目仅分布在深圳市外，占比4.40%。深圳市物业服务企业项目分布情况详见图3-1-9。

图3-1-9 深圳市物业服务企业项目分布情况

3.从业人员情况

近几年，物业管理行业从业人员数量不断攀升，究其原因，一方面，物业服务企业在并购热潮下快速扩张，规模不断发展壮大，随着项目拓展，对基层服务人员需求不断增加；另一方面，随着物业服务企业转型升级的深入推进，包含多种经营人员在内的其他服务类岗位数量得到迅速增加，扩充了从业人员的规模。

（1）从业人员数量

统计数据显示，2021年深圳市物业服务企业从业人员数量为73.44万人，较2020年新增5.32万个就业岗位，其增速为7.80个百分点，较2020年有小幅上升，整体从业人员数量增长仍属于稳定增长趋势。深圳市历年从业人员数量和增长率详见图3-1-10。

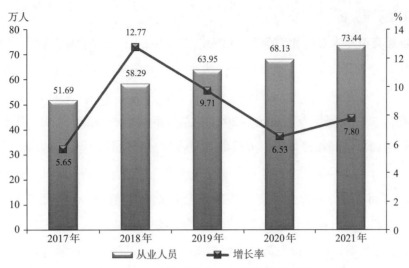

图3-1-10　深圳市历年从业人员数量和增长率

（2）从业人员薪资水平

统计数据显示，2021年深圳市物业服务企业从业人员月工资中位数为5773元[①]。从不同岗位来看，经营管理人员整体工资水平较高，月工资中位数为8667元，其中企业高层管理人员工资水平相对较高，月工资中位数为16666元，管理处主任及其他管理人员月工资中位数分别为10822元和7563元；基层工作人员工资水平相对较低，其中其他人员月工资中位数为6338元，为各类基层人员中最高；保洁人员工资水平较低，月工资中位数仅为3153元。从业人员薪资水平中位数与平均数详见图3-1-11。

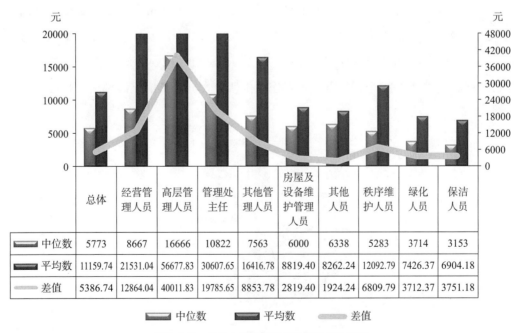

	总体	经营管理人员	高层管理人员	管理处主任	其他管理人员	房屋及设备维护管理人员	其他人员	秩序维护人员	绿化人员	保洁人员
中位数	5773	8667	16666	10822	7563	6000	6338	5283	3714	3153
平均数	11159.74	21531.04	56677.83	30607.65	16416.78	8819.40	8262.24	12092.79	7426.37	6904.18
差值	5386.74	12864.04	40011.83	19785.65	8853.78	2819.40	1924.24	6809.79	3712.37	3751.18

图3-1-11　从业人员薪资水平中位数与平均数

---

① 本部分数据为深圳市物业服务企业在全国范围内的人员薪资水平情况，特此说明。

（3）人员结构分布分析

在深工作且拥有深户人员占比约为32.33%。 统计数据显示，2021年深圳市物业服务企业从业人员中拥有深圳市户籍的人口为55218人，从业人员中在深圳市工作的人口为170808人，在深圳工作且有深圳户口的占比约为32.33%，相较于2020年（20.41%）上升了11.92个百分点，物业管理行业从业人员入籍深圳人口占比与2021年深圳市平均水平（31.47%）基本持平。从行业整体来看，拥有深圳户籍和在深圳工作人员的数量占比呈现上升趋势，一方面，人口结构变化，过去几年深圳市户籍人口不断增长，物业管理行业从业人员拥有深圳户籍的人数也在一定程度上得到提升；另一方面，物业从业人员多为外来务工人员，流动性相对较大，受疫情影响，部分非户籍人口离开深圳，退出物业管理行业，这也间接促使行业内户籍人员占比提升。

基层操作人员占比超八成，行业转型升级仍需持续发力。 随着物业管理行业转型升级，资本推动使得物业管理行业规模持续增长，行业集中度将进一步提高，智慧化水平将迈上新台阶，各物业服务企业对人才的需求进一步加大。目前来看，基层技术性人员的增长速度趋于平稳，而高端管理人才在绝对值上稳步增长。

统计数据显示，2021年深圳市物业服务企业从业人员中，经营管理人员98451人，较2020年（89176人）增加了9375人，占行业从业人员总数13.41%，相较2020年（13.09%）上升了0.32个百分点；房屋及设备维护管理人员90120人，较2020年（87091人）增加了3029人，占总人数12.27%，与2020年（12.78%）下降0.51个百分点；保洁人员102120人，较2020年（97818人）增加了4302人，占总人数13.90%，较2020年（14.36%）下降0.46个百分点；秩序维护人员239650人，较2020年（233766人）增加了5884人，占总人数32.63%，低于2020年（34.31%）；绿化人员12549人，较2020年（11284人）增加了1265人，占总人数1.71%，略高于2020年（1.66%）；其他人员191534人，较2020年（162128人）增加了29406人，占总人数26.08%，较2020年（23.8%）上升了2.28个百分点。各工作岗位从业人员分布情况详见图3-1-12。

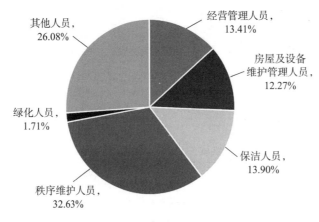

图3-1-12　各工作岗位从业人员分布

本科及以上学历占比提升，低学历人群仍占主体地位。 数据结果显示，2021年深圳市物业服务企业从业人员中，博士研究生总人数为52人，占比为0.01%，较2020年（26人）增加了26人；硕士研究生2439人，较2020年（2154人）增加了285人，占比为0.33%，与2020年（0.32%）基本持平；本科学历人数为70464人，较2020年（58187人）增加了12277人，占比为9.59%，较2020年（8.54%）上升1.05个百分点；大专学历人数为135888人，占比为18.50%，较2020年（18.27%）上升了0.23个百分点；中专学历人数为127841人，占比为17.41%，较2020年（16.64%）上升了0.77个百分点；高中及以下学历人数为397740人，占比54.16%，较2020年（56.22%）下降了2.06个百分点。

从统计数据总体来看，2021年深圳市物业服务企业从业人员中，本科及以上高学历人才占比虽较2020年（8.86%）上升了1.07个百分点，总体比重为9.93%。提高从业人员综合素质是行业加快转型升级、实现高质量发展的基础和必要性条件，物业服务企业应抓住行业发展机遇，适应物业管理行业转型升级带来的行业人才需求结构的变化，进一步优化人才结构，探索物业管理专业人才培养新模式，提升行业整体学历和专业化程度。从业人员学历分布详见图3-1-13。

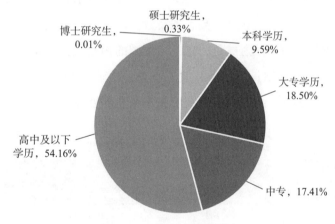

图3-1-13 从业人员学历分布

中级职称人员占比增长迅猛，人才结构进一步优化。 物业服务企业从业人员中具有中级及以上职称人数10273人，占企业从业人员总数1.40%，较2020年（8656人）增加1617人，同比增长18.68个百分点，在总人数中的占比相较2020年（1.27%）上升0.13个百分点；物业管理师为3652人，较2020年（3098人）增加554人，占总人数0.50%，较2020年（0.45%）上升0.05个百分点。总体来看，2021年深圳市物业服务企业从业人员中具有中级及以上职称人数和物业管理师人数在数量和占比上均有所增加，主要原因是物业管理行业中不同职位层级薪酬差异相对显著，通常是职位层级越高，薪酬上升幅度越大，这在一定程度上促使物业从业人员不断提升自身素质，积极考取相关职业技能证书。

积极落实国家政策，安置就业人数进一步增加。 统计数据显示，2021年深圳市物业服务企业安置就业、再就业人数为167585人，占比达22.82%，较2020年（20.41%）上升2.41个百分点。安置就业是国家为了进一步促进就业而颁布的政策，物业管理行业主动承担起社会责任，积极响应、落实国家政策要求，推进实施安置就业各项工作要求，在安置就业人数上取得较好成绩，在进一步促进企业发展的同时，也为推动国家经济稳步增长、缓和社会就业压力贡献"物业"力量。

4.各行政区物业服务企业发展情况

统计数据显示，2021年福田区各物业服务企业发展仍处于较高位水平，除企业数量外，项目数量、总建筑面积及从业人员数量等方面仍占据主导地位；其次是罗湖区、南山区、龙岗区、宝安区和龙华区，发展处于中等水平，这些区域处在深圳市中心城区或快速发展区域，具备良好的交通便利优势、区位优势和资源优势，其在塑造品牌形象、增进行业交流等方面也相对优越；光明区、盐田区、坪山区、大鹏新区和深汕特别合作区物业管理的规模和体量相对较小。究其原因，一方面，这些区域距离深圳市中心城区较远，交通相对不便利，对企业发展存在一定限制；另一方面，这些区域的经济因素活跃度不高，项目数量较少，对物业服务的需求较低，导致对物业服务企业的吸引力不足。值得注意的是，这几个区域的物业服务企业发展虽较其他区域活力明显较弱，但在企业数量、在管项目数量和从业人员等方面较2020年均呈现增长趋势，这些区域的发展潜力和势头仍较为乐观。各行政区域物业服务企业的发展情况详见表3-1-2。

各行政区域物业服务企业的发展情况　　　　表3-1-2

注册所在区	服务企业		在管项目		在管建筑面积		从业人员	
	数量（个）	排名	数量（个）	排名	面积（万㎡）	排名	总数（人）	排名
宝安区	386	1	1439	6	10139.35	6	43928	5
福田区	348	2	10593	1	125081.08	1	362470	1
罗湖区	336	3	2553	3	27542.80	5	112912	2
南山区	265	4	4834	2	47656.84	2	103011	3
龙岗区	247	5	1679	4	25659.99	3	47597	4
龙华区	221	6	472	7	5173.61	7	24001	6
光明区	64	7	1644	5	21748.39	4	12750	7
盐田区	41	8	119	10	571.4	8	2304	9
坪山区	34	9	189	8	416.43	9	2978	8
大鹏新区	20	10	187	9	209.46	10	768	10
深汕特别合作区	3	11	8	11	90.56	11	377	11

注：仅统计注册区为深圳区域的项目。

（1）各行政区物业服务企业数量

统计数据显示，2021年深圳市物业服务企业主要分布在宝安区、福田区、罗湖区、南山区、龙岗区和龙华区。其中，宝安区的物业服务企业数量最多，占19.65%；其次是福田区、罗湖区、南山区、龙岗区和龙华区，分别占17.71%、17.10%、13.49%、12.57%和11.25%；而光明区、盐田区、坪山区、大鹏新区和深汕特别合作区的物业服务企业数量相对较少，占比分别为3.26%、2.09%、1.73%、1.02%和0.15%。

近5年来各行政区物业服务企业数量存在略微的波动，其中宝安区增加数量较多，增加了122家企业，其次是龙华区，增加104家企业；罗湖区和南山区均增加55家企业；光明区、福田区、龙岗区各增加了31家、27家、25家；坪山区、盐田区、深汕特别合作区和大鹏新区增加数量较少，分别为8家、2家、2家和2家。近5年来各行政区内物业服务企业的数量变化情况详见图3-1-14。

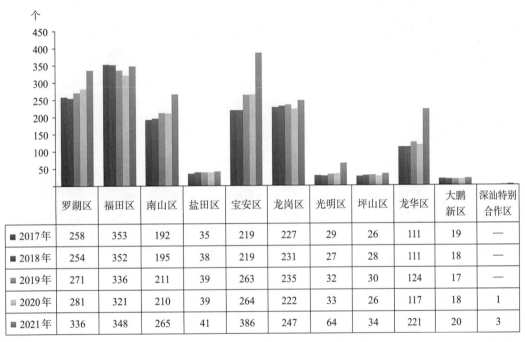

	罗湖区	福田区	南山区	盐田区	宝安区	龙岗区	光明区	坪山区	龙华区	大鹏新区	深汕特别合作区
■ 2017年	258	353	192	35	219	227	29	26	111	19	—
■ 2018年	254	352	195	38	219	231	27	28	111	18	—
■ 2019年	271	336	211	39	263	235	32	30	124	17	—
■ 2020年	281	321	210	39	264	222	33	26	117	18	1
■ 2021年	336	348	265	41	386	247	64	34	221	20	3

图3-1-14　近5年各行政区物业服务企业的数量变化情况

（2）各行政区物业服务企业在管物业项目的数量和建筑面积

2021年，福田区的物业服务企业在管物业项目数量最多，数量为10593个，占44.66%；其次是南山区、罗湖区、龙岗区、光明区、宝安区和龙华区，在管物业项目数量分别为4834个、2553个、1679个、1644个、1439个和472个，分别占20.38%、10.76%、7.08%、6.93%、6.07%和1.99%；而大鹏新区、坪山区、盐田区、和深汕特别合作区的在管物业项目数量相对较少，占比均不超过1%。

近5年来，各行政区中福田区物业服务企业在管物业项目数量均是各区最多，2021年福田区在管物业项目数量为10593个，较2020年减少了602个，南山区、罗湖区、大鹏新区、坪山区、龙华区和深汕特别合作区在管物业项目数量较2020年均有所增长，其中南山区增加项目数量最多，为1097个；龙岗区、宝安区、光明区和盐田区在管物业项目数量较2020年均有不同程度减少，其中，龙岗区减少数量最多，为1235个。近5年来各行政区企业在管物业项目的数量变化情况详见图3-1-15。

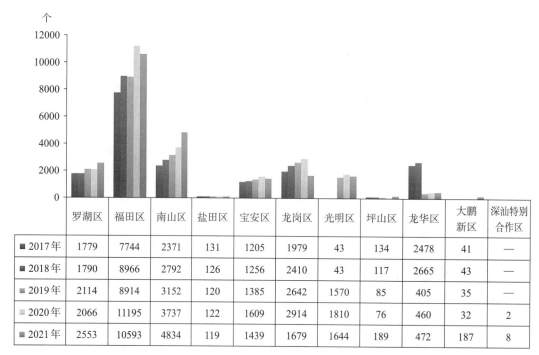

	罗湖区	福田区	南山区	盐田区	宝安区	龙岗区	光明区	坪山区	龙华区	大鹏新区	深汕特别合作区
2017年	1779	7744	2371	131	1205	1979	43	134	2478	41	—
2018年	1790	8966	2792	126	1256	2410	43	117	2665	43	—
2019年	2114	8914	3152	120	1385	2642	1570	85	405	35	—
2020年	2066	11195	3737	122	1609	2914	1810	76	460	32	2
2021年	2553	10593	4834	119	1439	1679	1644	189	472	187	8

图3-1-15 近5年来各行政区企业在管物业项目的数量变化情况

从项目建筑面积来看，2021年福田区在管物业项目建筑面积最大，占全市在管物业项目建筑总面积的47.33%；其次是南山区和罗湖区，占比分别为18.03%和10.42%；龙岗区、光明区和宝安区占比分别为9.71%、8.23%、6.90%和3.84%；而龙华区、盐田区、坪山区、大鹏新区和深汕特别合作区在管物业项目建筑面积所占比例相对较小，均不超过2%。

近5年来福田区在管物业项目建筑面积的数量均在深圳各区中位居榜首。数据显示，除深汕特别合作区在管项目建筑面积数量较2020年上升86.68万㎡外，其他各区较2020年均有所减少，其中福田区、龙岗区、南山区、罗湖区、光明区和宝安区较少面积均在5000万㎡以上，降幅幅度较大，早前发展迅猛态势有所减弱。各行政区在管物业项目建筑面积的变化情况详见图3-1-16。

（3）各行政区物业管理行业从业人员情况

在从业人员数量方面，福田区物业服务企业从业人员数量最多，超36万人，占总人数50.83%；其次是罗湖区和南山区，从业人员数量占比分别为15.83%和14.45%；龙岗区、宝安区、龙华区和光明区从业人员占比分别为6.67%、6.16%和3.37%和1.79%；坪山区、盐田区、

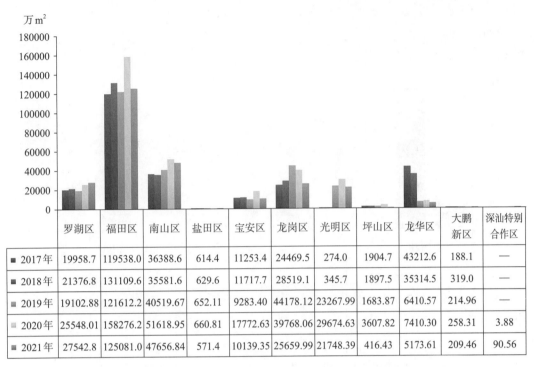

	罗湖区	福田区	南山区	盐田区	宝安区	龙岗区	光明区	坪山区	龙华区	大鹏新区	深汕特别合作区
■ 2017年	19958.7	119538.0	36388.6	614.4	11253.4	24469.5	274.0	1904.7	43212.6	188.1	—
■ 2018年	21376.8	131109.6	35581.6	629.6	11717.7	28519.1	345.7	1897.5	35314.5	319.0	—
■ 2019年	19102.88	121612.2	40519.67	652.11	9283.40	44178.12	23267.99	1683.87	6410.57	214.96	—
■ 2020年	25548.01	158276.2	51618.95	660.81	17772.63	39768.06	29674.63	3607.82	7410.30	258.31	3.88
■ 2021年	27542.8	125081.0	47656.84	571.4	10139.35	25659.99	21748.39	416.43	5173.61	209.46	90.56

图3-1-16　各行政区在管物业项目建筑面积的变化情况

大鹏新区和深汕特别合作区物业服务企业从业人员数量相对较少，占总人数的比例均不足1%。

与2020年相比，南山区、龙岗区、光明区、宝安区和盐田区从业人员数量均有所减少；其他各行政区从业人员数量均有所上升，其中罗湖区和福田区增加人数较多，分别增加了55916人和12466人。近5年来各行政区物业服务企业从业人员的数量变化情况详见图3-1-17。

就不同岗位来看，各行政区物业服务企业中经营管理人员占比相对较低。其中，光明区、大鹏新区、盐田区、龙岗区和宝安区物业服务企业的经营管理人员占企业从业人员总数的比例相对较高，分别为23.11%、19.40%、18.97%、18、40%和15.36%；而深汕特别合作区物业服务企业的经营管理人员占企业从业人员总数的比例最低，为9.02%。在经营管理人员中，除光明区、大鹏新区和盐田区外，管理处主任（经理）的占比均不超过4%。

此外，各区物业服务企业的基层工作人员的比例均相对较高，尤其是秩序维护人员，除罗湖区、龙岗区和光明区外，其他各区秩序维护人员占比均超过30%。各行政区物业服务企业从业人员的岗位分布情况详见表3-1-3。

就不同学历来看，仅宝安区、福田区、罗湖区、龙华区、南山区及龙岗区有博士研究生人才；各区均有硕士研究生人才，其中福田区、盐田区和南山区占比相对较大，福田区硕士研究生人数为1560人，为各区最多；除罗湖区、龙华区、宝安区和深汕特别合作区外，各区本科学历人才占比均在5%以上；各区从业人员学历分布在大专学历和中专学历较为集中。此外，各区大部分从业人员学历较低，除福田区和南山区外，均有超过五成的从业人员学历在高中及以下。各行政区物业服务企业从业人员的学历情况详见表3-1-4。

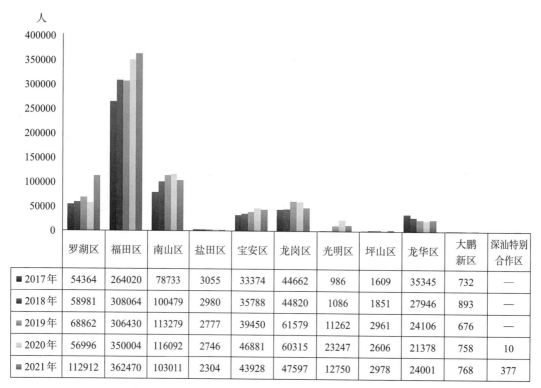

	罗湖区	福田区	南山区	盐田区	宝安区	龙岗区	光明区	坪山区	龙华区	大鹏新区	深汕特别合作区
■ 2017年	54364	264020	78733	3055	33374	44662	986	1609	35345	732	—
■ 2018年	58981	308064	100479	2980	35788	44820	1086	1851	27946	893	—
■ 2019年	68862	306430	113279	2777	39450	61579	11262	2961	24106	676	—
☐ 2020年	56996	350004	116092	2746	46881	60315	23247	2606	21378	758	10
■ 2021年	112912	362470	103011	2304	43928	47597	12750	2978	24001	768	377

图3-1-17　近5年来各行政区物业服务企业从业人员的数量变化情况

各行政区物业服务企业从业人员的岗位分布情况（%）　　　　表3-1-3

	福田区	罗湖区	南山区	龙岗区	龙华区	宝安区	坪山区	盐田区	大鹏新区	光明区	深汕特别合作区
1.经营管理人员	9.71	10.26	14.85	18.40	9.83	15.36	10.38	18.97	19.40	23.11	9.02
其中：管理处主任（经理）	1.72	2.26	3.56	3.61	2.31	3.33	2.62	5.08	5.47%	6.93	2.12
2.房屋及设备维护管理人员	13.91	9.69	12.81	15.41	5.05	7.56	7.66	12.41	8.59	15.15	8.75
3.保洁人员	10.90	24.92	9.27	11.62	12.48	29.51	23.67	6.94	16.93	10.24	31.83
4.秩序维护人员	32.76	29.36	35.24	29.65	61.38	31.66	36.74	47.44	33.59	27.53	49.07
5.绿化人员	1.26	1.81	1.75	2.83	3.67	2.94	3.53	2.08	5.60	1.68	1.33
6.其他人员	31.45	23.97	26.09	22.08	7.54	13.01	18.03	12.15	15.89	22.30	—

各行政区物业服务企业从业人员的学历情况（%）　　　　表3-1-4

	福田区	罗湖区	南山区	龙岗区	龙华区	宝安区	坪山区	盐田区	大鹏新区	光明区	深汕特别合作区
1.博士研究生	0.01	0.01	0.003	0.002	0.01	0.02	—	—	—	—	—
2.硕士研究生	0.43	0.17	0.33%	0.26	0.10	0.16	0.13	0.39	0.26	0.24	0.27
3.本科学历	12.29	4.77	9.25	10.72	3.46	4.51	5.84	7.20	8.46	6.42	2.39
4.大专学历	20.66	11.87	20.84	21.26	8.84	12.23	16.66	15.63	15.36	19.49	14.32
5.中专学历	17.26	9.32	25.08	14.49	9.43	13.71	20.69	21.09	14.06	22.80	16.18

	福田区	罗湖区	南山区	龙岗区	龙华区	宝安区	坪山区	盐田区	大鹏新区	光明区	深汕特别合作区
6.高中及以下学历	49.35	73.86	44.49	53.27	78.04	69.33	56.68	55.69	61.85	51.05	66.84

就物业服务从业人员所获技术职称来看，各行政区除大鹏新区外中级及以上职称的从业人员占从业人员总数的比例均不超过5%，福田区中级及以上职称人员数量为3671，为各区最高。除大鹏新区、盐田区和南山区外，其他各行政区物业管理师人数占比相对较低，均在1%以下，其中南山区物业管理师人数为1159，为各区最高。

大鹏新区企业中持物业管理员上岗证的比例相对较高，占比为13.93%；坪山区持物业部门经理和物业企业经理证书上岗人员占比较高，均在3%以上；深汕特别合作区无持物业部门经理上岗的人员。除龙华区、光明区和深汕特别合作区外，各行政区物业服务企业持有其他专业上岗证的从业人员也较多，均在10%以上。各行政区物业服务企业从业人员的技术职称情况详见表3-1-5。

各行政区物业服务企业从业人员的技术职称情况（%）　　　　　　表3-1-5

	福田区	罗湖区	南山区	龙岗区	龙华区	宝安区	坪山区	盐田区	大鹏新区	光明区	深汕特别合作区
一、中级及以上职称人数占比	1.01	1.37	2.14	1.26	2.23	2.53	1.85	4.21	14.58	0.75	—
二、物业管理师人数占比	0.27	0.37	1.13	0.78	0.32	0.68	0.77	1.48	12.76	0.81	—
三、持上岗证人数占比	16.19	17.1	18.91	23.87	14.11	26.6	51.31	33.63	41.27	5.24	2.93
1.持物业管理员上岗证人数占比	1.66	1.64	1.98	4.42	2.72	6.17	8.46	8.33	13.93	1.62	0.80
2.持物业部门经理上岗证人数占比	0.54	1.00	0.87	2.35	1.38	3.09	3.56	3.08	2.47	0.44%	—
3.持物业企业经理上岗证人数占比	0.64	1.23	1.01	1.89	1.13	2.05	4.23	1.91	2.21	1.71	0.27
4.持其他专业上岗证人数占比	13.35	13.23	15.05	15.21	8.88	15.29	35.06	20.31	22.66	1.91	1.86

（4）企业办公地点分布

统计数据显示，存在企业注册地与实际办公地点不一致的情况。就各物业服务企业办公地点分布来看，企业更倾向于将办公地点设置在宝安区、福田区、罗湖区、南山区、龙岗区和龙华区，主要有以下原因：一是考虑到优良的投资环境，地理位置优越、便利的交通条件及商务配套齐全，能够满足企业员工的通勤和商务等需求，因此大部分企业倾向于将办公地点设置在福田区、罗湖区、南山区等中心城区；二是宝安区、龙岗区和龙华区等非深圳中心城区，随着深圳的发展，这些区域公共配套设施不断完善，与中心城区的差距越来越小，同时具备租金优势，部分企业会倾向于把办公地点设置到宝安区、龙岗区和龙华区；少数企业选择将办公地点设置在光明区、盐田区、坪山区、大鹏新区及深汕特别合作区，这些区域的企业数量较2021年均有所增加，主要是因为地铁线路不断完善、交通便利程度逐渐提高、配套设施不断完善等，加之这几个区域的租金价格优势，促使更多企业把办公地点设置在这些区域。深圳市物业服务企业办公地点分布情况详见图3-1-18。

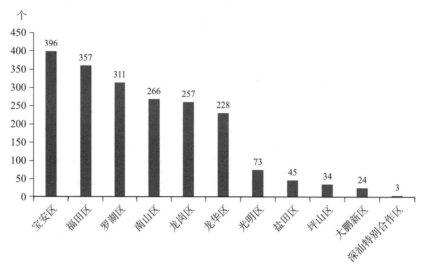

图3-1-18　深圳市物业服务企业办公地点分布情况

（资料来源：2021年度深圳市物业管理统计报表分析报告）

第二节　物业管理市场经营

1.物业服务企业基本经营现状

随着深圳市物业服务企业管理规模的不断扩大，随之而来的行业整体经济收入水平的持续增长，2021年深圳市物业服务企业总收入达到1554.37亿元，同比增加31.48个百分点；其中主营业务收入达1328.29亿元，突破1300亿元。数据显示，总营收在200亿以上的企业有1家，超100亿元但不足200亿元的企业有3家，超50亿元但不足100亿元的企业有6家。

此外，2021年各企业物业管理费稳步增长，达到989.09亿元，同比增长32.08个百分点，占主营业务收入的74.46%，占比虽较2021年上升0.37个百分点。从2016—2021年，管理费收入占主营业务收入的比重总体呈稳步上升趋势。深圳市物业服务企业历年管理费收入状况详见图3-2-1。

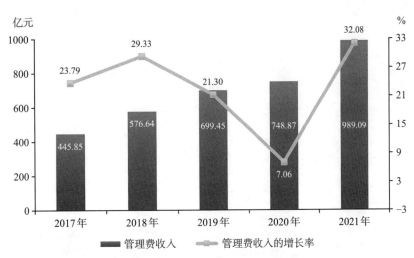

图3-2-1　深圳市物业服务企业历年管理费收入状况

从收入结构来看，深圳市物业服务企业营业收入情况仍维持以主营业务收入为主导、多种经营收入为辅的收入结构。主营业务收入的主要来源是管理费收入，其中住宅物业收入达

416.38亿元，占比较大，为42.10%。数据显示，办公物业管理费收入较2021年相比增长较多，增长93.16亿元，发展势头较好，发展潜力大。深圳市物业服务企业管理费收入分类统计情况详见图3-2-2。

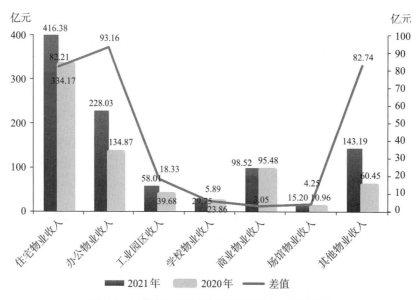

图3-2-2　深圳市物业服务企业管理费收入分类统计图

近年来，各物业服务企业积极拓宽服务边界，从住宅不断延伸至商办、医院、学校等非住宅业态及城市服务领域，在一定程度上推动了多种经营模式创收，规模进一步扩张，市场份额逐渐提升。2021年，各物业服务企业多种经营创收额达226.08亿元，占营业总收入的14.54%。从近两年数据对比来看，社区服务收入增长较大，与当前物业管理行业聚焦社区增值服务、参与基层治理的行业发展趋势相吻合。深圳市物业服务企业多种经营收入分类统计情况详见图3-2-3。

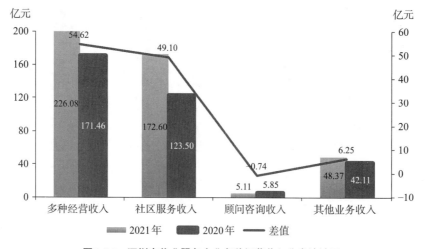

图3-2-3　深圳市物业服务企业多种经营收入分类统计图

统计数据显示，2021年社区服务收入中，增长值最大的为社区空间运营收入，达到29.72亿元；其次为工程服务收入、社区房屋经纪收入和案场服务收入，分别增加了8.79亿元、6.30亿元和3.33亿元；社区电商服务和社区金融收入有一定程度的降低，分别降低了2.36亿元和0.21亿元。一方面，政府不断推出社区便民服务，发展社区商业，解决物流配套支持，希望通过刺激消费带来经济增长，居民对社区增值服务的需求不断增强，社区增值服务正在成为大多数物业服务企业发展的新经济增长点；另一方面，受疫情及多种复杂因素影响，居民收入增速放缓，居民消费倾向下降，一定程度上影响社区电商等收入的增长。深圳市物业服务企业社区服务收入分类统计情况详见图3-2-4。

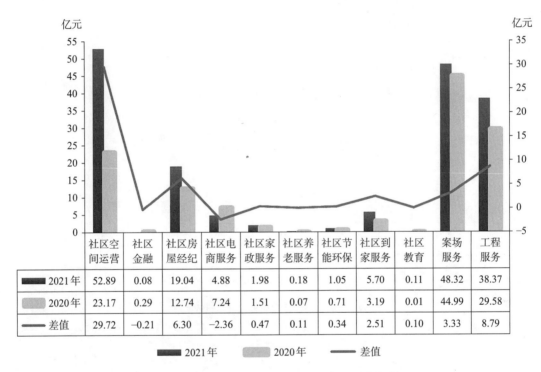

	社区空间运营	社区金融	社区房屋经纪	社区电商服务	社区家政服务	社区养老服务	社区节能环保	社区到家服务	社区教育	案场服务	工程服务
■ 2021年	52.89	0.08	19.04	4.88	1.98	0.18	1.05	5.70	0.11	48.32	38.37
▨ 2020年	23.17	0.29	12.74	7.24	1.51	0.07	0.71	3.19	0.01	44.99	29.58
—— 差值	29.72	−0.21	6.30	−2.36	0.47	0.11	0.34	2.51	0.10	3.33	8.79

■ 2021年　　▨ 2020年　　—— 差值

图3-2-4　深圳市物业服务企业社区服务收入分类统计图

2.物业服务企业经营能力

（1）盈利能力

统计数据显示，2021年深圳市物业服务企业主营业务利润率为8.51%，低于2020年（11.77%）。一方面，当前物业服务企业管理规模普遍较小，小微企业占比较高，规模效益仍未形成，人工成本等持续上涨使得企业主营业务利润率下降；另一方面，当前大部分物业服务企业仍聚焦在四保一服等基础物业服务，缺乏创新吸金业务，有限的物业管理费收入难以支撑整个物业项目的高盈利。

2021年成本费用利润率为8.93%，较2020年（11.61%）下降了2.68个百分点，表明每单位成本费用可获得的利润较2020年有所下降，成本费用率下降主要由于成本增加过快或者利润增幅过慢，成本的增加主要来自人工、材料、生产等方面，利润增幅的减少主要由于服务、产品等利润的下降。一方面，近年来最低人工成本不断上升，同时为配合社区防疫要求，社区封闭管理期间，客服、保安、保洁不仅需进行日常的管理服务，也需配合政府进行核酸检测、消杀、为居家隔离的业主送餐送菜等，进一步增加了人工成本；另一方面，物业管理行业作为劳动密集型行业，本身利润空间较小，物业管理费等基础服务收入缺乏弹性，进一步缩减了企业利润。深圳市物业服务企业盈利状况详见图3-2-5。

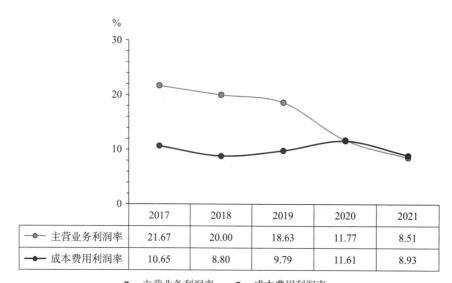

图3-2-5 深圳市物业服务企业盈利状况

注：主营业务利润率=主营业务利润÷主营业务收入×100%，反映企业主营业务的获利能力；成本费用利润率=利润总额÷成本费用总额×100%，体现了经营耗费所带来的经营成果。

（2）运营能力

劳动效率是反映每单位劳动产出的重要指标，对衡量企业可持续发展以及运营能力具有重要作用。2021年深圳市物业服务企业劳动效率指标为180861.27元/人，较2020年上升了32493.60元/人，主要归功于营业收入增幅与从业人员增幅实现同步增长，各物业服务企业进一步优化了人力成本与收入总额之间的平衡关系。同时，随着互联网信息技术的飞速发展，数字化、智能化正成为众多物业服务企业的共同选择，推动了各物业服务企业劳动效率的持续提升。

总资产周转率是综合评价企业全部资产经营质量和利用效率的重要指标，2021年达67.43%，较2020年（68.72%）下降了1.29个百分点。一方面，受整体宏观经济环境的影响，各物业服务企业资金利用效率和资产投资效益降低；另一方面，受疫情影响，部分企业营业收入增速放缓，影响了总资产周转率。深圳市物业服务企业的营运能力分析详见图3-2-6。

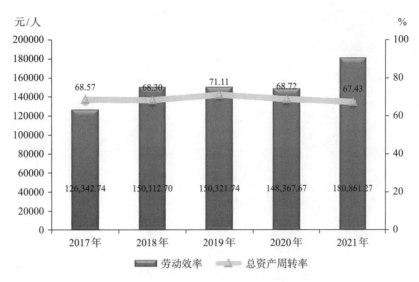

图 3-2-6 深圳市物业服务企业的营运能力分析

注：劳动效率＝主营业务收入÷职工人数，表示每单位劳动产出水平；总资产周转率＝主营业务收入÷资产总额×100%，是评价企业全部资产的经营质量和利用效率的重要指标。

（3）发展能力

2021年，深圳市各物业服务企业加速探索从劳动密集型向知识密集型、科技密集型发展转型，智慧化建设正在成为物业服务企业提高综合服务能力的发展方向。同时，各物业服务企业在疫情防控的严峻形势下，积极发掘市场机遇，深挖基层治理服务内容，积极开展各项社区增值服务，探索多种经营模式，借力政策性工作指引，持续发力拓展服务边界，为物业管理行业高质量发展夯实基础。住房和城乡建设部等部门联合印发《关于加强和改进住宅物业管理工作的通知》、商务部等12部门发布《关于推进城市一刻钟便民生活圈建设的意见》、国家发展改革委《关于推动生活性服务业补短板上水平提高人民生活品质若干意见》等重要指示性文件，为物业管理行业、物业服务企业的发展提供了政策层面的指导、指明了未来发展的方向。

统计数据显示，2021年深圳市物业服务企业的营业收入增长率为31.48%，较2020年增长速度大幅提升，深圳市物业管理行业顶住经济下行压力，成绩可观；2021年总资产增长率为33.93%（企业数量增加导致营业收入较2021年有大幅增长），虽然整体经济环境复杂，但深圳市各物业服务企业在2021年疫情影响之下，不断对外延伸服务边界和业务板块，积极拓展非住宅业务，实现营收与总资产的双轨增长。深圳市物业服务企业的经营情况分析详见图3-2-7。

（4）偿债能力

统计数据显示，2021年深圳市物业服务企业资产负债率为69.85%，资产负债率相对较高，与2020年（70.4%）相比降低0.55个百分点。从物业管理行业自身特点分析，物业服务企业的负债基本上为无息负债，多与账期（结算期）和年报统计时间不完全一致有关，其流动性风险和杠杆风险均较低，不影响物业服务企业正常运作。

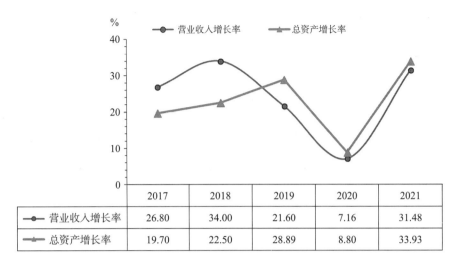

	2017	2018	2019	2020	2021
营业收入增长率	26.80	34.00	21.60	7.16	31.48
总资产增长率	19.70	22.50	28.89	8.80	33.93

图 3-2-7　深圳市物业服务企业的经营情况分析

注：营业收入增长率=本年营业增长额÷上年营业收入总额×100%，反映营业收入的增减变动情况；总资产增长率=（本年度总资产−上年度总资产）/上年度总资产×100%，反映企业本期资产规模的增长情况。

（5）社会贡献能力

社会贡献率是指企业对社会贡献总额（工资、福利费用、保险费、补贴、企业捐赠额等费用之和）与资产平均总额的比率，用以衡量企业运用全部资产为国家或社会创造或支付价值的能力，是评价企业经济效益的指标之一。社会积累率用于衡量企业社会贡献总额中多少用于上交国家财政和支持社会公益事业，从而直接或间接反映企业的社会责任。纳入统计数据显示，2021年深圳市物业服务企业社会贡献率为22.87%，社会积累率为17.51%，CR8企业的社会贡献总额占行业总体的13.41%，较2020年（40.04%）下降幅度较大。主要原因是受疫情影响，企业享受了较多的税收减免。

注释：资产负债率=负债总额÷资产总额×100%

社会贡献率=企业社会贡献总额÷平均资产总额×100%

企业社会贡献总额=工资+福利支出+各项税款+附加及福利等

社会积累率=上交国家财政总额÷企业社会贡献总额×100%

上缴国家财政总额=依法向财政缴纳的各项税款

在管项目总面积前8的企业为CR8。

3. 物业服务企业人力效能

（1）人均项目面积

人均项目面积是指平均每个从业人员管理运作的项目面积情况，可以作为衡量人均效能的观察指标。统计数据显示，2021年深圳市物业服务企业人均管理面积为3921.94m²，较2020

年（4911.97m²）下降了990.03m²/人，降幅为20.16个百分点；其中深圳市内人均管理面积为2661.17m²，较2020年（3014.2m²）下降了353.03m²/人，降幅为11.71个百分点；深圳市外为4324.49m²，较2020年（5842.49m²）下降了1517.80m²/人，降幅为25.98个百分点。从统计结果来看，深圳市外人均在管项目面积远大于深圳市内，较2020年相比，市内外人均管理面积均有一定幅度下降，但外地下降幅度明显快于深圳市内。究其原因，一方面是在管外地项目面积较2020年有所减少，但与此同时从业人员数却不断提升，导致外地人均管理面积下降；另一方面，因疫情因素进一步降低了物业服务企业在外地的物业管理面积的增速，对非住宅物业的拓展速度造成影响。

（2）人均成本

人均成本是指总成本与从业人员人数之比，是测算平均每个从业人员负担企业年度成本支出的情况，该指标有助于企业加强管理、节约成本开支、提高经济效益，是衡量企业经营管理水平的重要指标之一。统计数据显示，2021年深圳市物业服务企业每月人均成本为16629.78元，包含人员工资费用、福利费用、保险及公积金费用、项目运作费用、管理费用等，是企业年度总成本的均摊费用。

（3）人均产值情况

人均产值是指企业营业总收入与从业人员人数之比，是测算企业人均效能的重要指标。统计数据显示，2021年深圳市物业服务企业每月人均产值为17637.02元，较2021年每月人均成本高3175.72元/（人·月）。

（4）人均利润情况

人均利润是指企业净利润（利润总额−企业缴纳的所得税）与从业人员人数之比，是衡量企业盈利能力和人均效能的最直观指标。统计数据显示，2021年深圳市物业服务企业每月人均利润为1150.26元，较2020年（1144.38元）上升5.88元/（人·月）。

注释：人均项目面积＝在管物业项目总建筑面积÷从业人员总数

人均成本＝总成本÷从业人员总数

人均产值＝营业总收入÷从业人员总数

人均利润＝净利润总额÷从业人员总数

4.物业管理行业集中度

行业集中度又称为行业集中率或市场集中度，是指某行业的相关市场内前N家规模最大的企业所占市场份额（产值、产量、销售额、销售量、职工人数、资产总额等）的总和，是对整个行业的市场结构集中程度的测量指标，用来衡量企业的数目和相对规模的差异，是市场势力的重要量化指标。

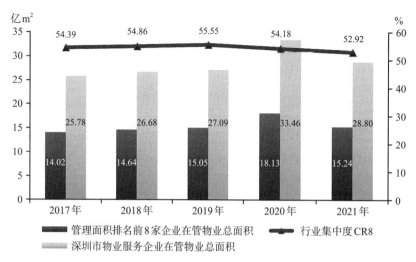

图 3-2-8　2017—2021 年深圳市物业管理行业集中度 CR8

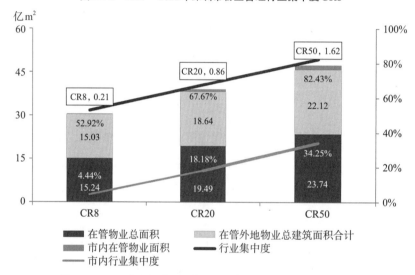

图 3-2-9　2021 年深圳市物业管理行业集中度 CR8、CR20、CR50

在这里，我们 n 分别取 8、20 和 50。"在管物业总建筑面积最大的前 8 家物业服务企业"即为 CR8；"在管物业总建筑面积最大的前 20 家物业服务企业"即为 CR20；"在管物业总建筑面积最大的前 50 家物业服务企业"即为 CR50。其中，总建筑面积包括在管深圳市内和外地物业项目的总建筑面积。

（1）在管项目面积

以深圳市物业管理统计报表 2017 年至 2021 年共 5 年的年报数据为基础，对深圳市物业管理行业的集中度进行分析，统计数据如图 3-2-8、图 3-2-9 所示。

如图 3-2-9 所示，2021 年深圳物业管理行业 CR8 企业集中度达到 52.92%，深圳市内的物业管理行业 CR8 集中度为 4.44%；CR20 企业的行业集中度与市内集中度分别为 67.67% 和 18.18%；CR50 企业的集中度分别为 82.43% 和 34.25%。从行业总体集中度来看，CR50 企业超 80%，可见行业整体超过 80% 的业务集中在 CR50 企业的管理之中，而进一步分析 CR8 企业和 CR20 企业，可以发现CR8企业占比超过50%，由此可见深圳市CR8企业的市场份额相对稳固且集中。从深圳市内集中度来看，CR8、CR20、CR50企业的占比均远低于行业总体，究其原因，一方面，深圳物业管理行业不断提高"走出去"的竞争力，由"一马当先"到"万马奔腾"，在全国一盘棋中充分发挥了经济特区的辐射带动作用，外地市场规模不断扩大；另一方面，受疫情影响，深圳市出台了一系列小微企业扶持政策及税收补贴政策，为小微企业发展营造了良好的市场环境，进一步提升了小微企业的经营规模，小微企业的行业集中度得到了一定程度提升。

（2）CR50企业营业收入

"CR50企业"是指物业项目管理总面积排名深圳市前50的企业，CR50企业的发展能够在很大程度上体现深圳市物业服务企业在行业前沿和尖端领域的竞争力状况和市场态势。

统计数据显示，CR8企业营业总收入456.44亿元，在CR50企业总收入（851.32亿元）中的占比为53.62%，占深圳市物业管理行业总收入的29.36%；CR20企业营业总收入为677.39亿元，占CR50企业总收入的79.56%，占深圳市物业管理行业总收入的43.58%；CR50企业营业总收入为851.32亿元，占深圳市物业管理行业总收入的54.77%。由此可见，CR50企业在深圳市物业管理行业中占有重要地位和绝对优势，尤其是CR8企业，其占据的市场竞争力和发展规模远超CR20企业和CR50企业。深圳市物业管理行业营业收入集中度情况详见表3-2-1。

深圳市物业管理行业营业收入集中度情况　　　　　　　　　表3-2-1

	营业总收入（亿元）	营业总收入占行业总体比重	主营业务收入（亿元）	主营业务收入占行业总体比重
CR8	456.44	29.36%	329.52	24.81%
CR20	677.39	43.58%	513.70	38.67%
CR50	851.32	54.77%	672.57	50.63%

（3）CR50企业人员优势

CR50企业在从业人员方面也拥有巨大优势。从从业人员总数来看，CR8企业从业人员总数占总体27.69%，CR20企业占48.39%，CR50企业占64.06%，超过六成的从业人员集中在前50家CR50企业中；从人员学历分布来看，CR8企业本科及以上人员占行业总体本科及以上人员41.14%，CR20企业占59.06%，CR50企业占69.44%，近七成的高学历人才集中分布在前50家CR50企业中；从中级以上职称人数情况来看，CR8企业、CR20企业和CR50企业的中级以上职称人数占行业总体持证上岗人数比重分别为5.41%、29.42%和37.33%。综上所述，深圳市CR50企业无论是在人员的数量、学历分布，还是中级以上职称人数方面，都拥有着行业优质资源，占据绝对人员优势，一方面，CR50在企业品牌知名度、福利待遇、人才培养等方面对专业人才吸引力度较大；另一方面，CR50对人才吸引也进一步促进了企业自身发展，提升了企业发展规模和行业集中度。深圳市物业管理行业人员总体状况对比详见表3-2-2。

深圳市物业管理行业人员总体状况对比   表3-2-2

	从业人员总数	本科及以上	中级以上职称人数
CR8	27.69%	41.14%	5.41%
CR20	48.39%	59.06%	29.42%
CR50	64.06%	69.44%	37.33%

5.上市物业服务企业发展状况

上市物业服务企业（简称"上市物企"）在运营规模、盈利能力、抗风险能力、成长潜力、创新能力与社会责任等方面均具有较强的行业代表性，通过了解研究这一企业集群能够在一定程度上反映出整个行业在市场拓展、业务模式、盈利水平、服务能力、成长潜能等方面的大致趋势。截至2022年9月，共有61家上市物企，包括沪深上市物企4家，在港上市物企57家。其中，碧桂园服务、恒大物业、绿城服务、雅生活服务、保利物业、招商积余、华润万象生活、世茂服务、融创服务、中海物业、金科服务、旭辉永升服务、新城悦服务、彩生活、建业新生活、时代邻里、远洋服务、荣万家、佳兆业美好、合景悠活、南都物业和新大正20家企业运营能力较强、综合实力突出，跻身2021物业服务企业上市公司20强企业（其中两家企业为并列）。

就深圳市各物业服务企业情况来看，共有9家物业服务企业相继上市，分别为彩生活服务集团有限公司、中海物业集团有限公司、佳兆业美好集团有限公司、招商局积余产业运营服务股份有限公司、卓越商企服务集团有限公司、华润万象生活有限公司、深圳市特发服务股份有限公司、星盛商业管理股份有限公司、万物云空间科技服务股份有限公司。深圳市各上市物企经营情况如下。

（1）深圳市上市物企经营状况

统计数据显示，深圳市上市物企2021年总收入达到373.24亿元，同比增长29.74%；总成本达到295.43亿元，同比上升87.44%；净利润达到37.43亿元，同比上升22.22%；总面积达到89.85亿m²，同比下降19.86%。2021年共有13家物业服务企业成功上市，上市热潮仍较为高涨。深圳市上市物企总体呈现平稳发展状态，营业收入和净利润增长率均超过20%，但总成本却较大幅度提升和在管总面积有所下降。究其原因，一方面，面对疫情影响，上市物业企业逐渐摆脱对基础服务的依赖，开始探索服务边界和服务范围延伸，发力商管物业、增值服务等高毛利率业务，以平衡整体毛利率，带动营业收入提升；另一方面，上市物业企业不断尝试加强推进数字化、科技化手段，以此对冲不断增长的人力等刚性成本。而2021年深圳市政府不断推出扶持中小微企业发展的政策，使得中小微企业发展得到一定保障，平分了市场的份额，但由此带来的是头部企业的行业集中度下降。深圳市上市物企近2年经营状况详见图3-2-10。

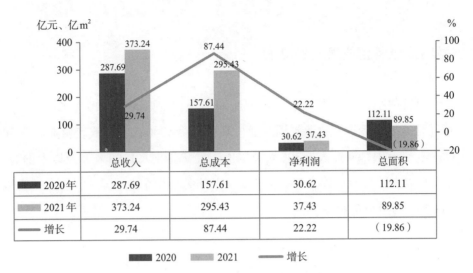

	总收入	总成本	净利润	总面积
2020年	287.69	157.61	30.62	112.11
2021年	373.24	295.43	37.43	89.85
增长	29.74	87.44	22.22	（19.86）

图3-2-10 深圳市上市物企近2年经营状况

（2）深圳市上市物企行业地位

统计数据显示，深圳市上市物企2021年总收入在全国上市物企中的占比为17.37%；净利润占比为14.26%；总面积占比为13.96%，数据显示全国上市物企的营业收入、在管项目面积、净利润中有超过1/8为深圳市上市物企贡献，但与2021年相比有所下降，深圳市上市物企综合实力和竞争力仍需进一步加强。究其原因，一方面，深圳市物业市场已趋于饱和，进入存量市场，而外地市场的拓展不断提升，促使本地上市企业的占比相对下降；另一方面，受疫情影响，深圳市小区处于封控状态，导致物业费的收缴暂时处于搁置状态，而物业管理行业本身也是属于微利行业，基础服务收入的减少降低了营业收入。深圳市上市物企数据及其占全国比例情况详见图3-2-11。

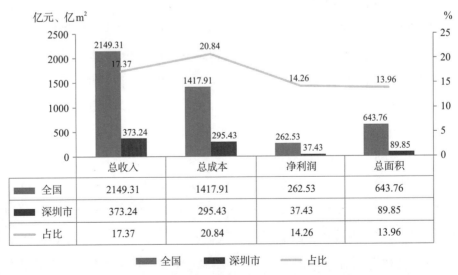

	总收入	总成本	净利润	总面积
全国	2149.31	1417.91	262.53	643.76
深圳市	373.24	295.43	37.43	89.85
占比	17.37	20.84	14.26	13.96

图3-2-11 深圳市上市物企数据及其占全国比例情况

6. 中小微物业服务企业发展状况

依据《关于印发中小企业划型标准规定的通知》(工信部联企业〔2011〕300号)中第十四条规定的物业管理行业划分标准,物业管理行业中从业人员1000人以下或者营业收入5000万元以下的为中小微企业。其中,从业人员300人及以上,且营业收入1000万元及以上的为中型企业;从业人员100人及以上,且营业收入500万元及以上的为小型企业;从业人员100人以下或营业收入500万元以下的为微型企业。

(1)中小微物业服务企业所处行业地位

在2021年深圳市物业管理行业中,中小微企业总数为1911个,占行业总体企业中的95.84%,较2020年(95.04%)上升了0.80个百分点;从业人员总数为131238人,占总从业人员的17.87%,较2020年(16.32%)上升了1.55个百分点;在管物业项目有6104个,占行业总体在管项目数的23.70%,较2020年(23.56%)上升了0.14个百分点;在管物业总建筑面积4.38亿m²,占行业总体在管物业总面积的15.21%,与2020年(15.56%)相比下降了0.35个百分点;主营业务收入达到404.97亿元,占行业总体的30.49%,较2020年(29.21%)上升了1.28个百分点。

另外,从经营情况来看,中小微物业服务企业成本费用利润率为5.80%,低于行业8.93%的成本费用利润率,且较2020年(11.85%)下降了6.05个百分点,说明中小微物业服务企业耗费同样的成本带来的经济效益有所下降且低于行业总体水平,中小微企业发展受到影响;总资产周转率为39.83%,远低于行业67.43%的总资产周转率,较2020年(47.71%)下降了7.88个百分点,说明在全部资产经营质量及利用效率方面,中小微企业远低于大型企业,且有下降趋势,中小微企业的营业收入渠道仍以基础物业服务为主。

总体来看,2021年中小微企业在企业数量、从业人员数、在管项目数量、主营业务收入等方面的占比和绝对值均有一定增长。在成本费用利润率方面有较大下降,表明中小微企业成本和利润之间的平衡关系仍未得到有效解决,单一的收入来源难以支撑不断提升的经营成本。

(2)中小微物业服务企业发展现状及经营情况

2021年深圳市物业管理行业中型企业有77家,企业从业人员有44158人,在管物业项目有1405个;小型企业有214家,从业人员有36336人,在管物业项目有1306个;微型企业有1620家,从业人员有50744人,在管物业项目有3393个。从统计数据中可以看出,深圳市物业管理行业微型企业数量众多,占总数的81.24%;在管物业项目数占行业总体的13.17%;从业人员总数占行业总体的6.91%。总体来看,在一系列中小微企业扶持政策下,中小微物业服务企业发展得到进一步突破,行业发展机会不断增加。深圳市中小微物业服务企业基本情况详见图3-2-12。

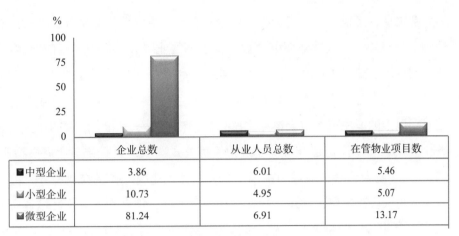

	企业总数	从业人员总数	在管物业项目数
■ 中型企业	3.86	6.01	5.46
▨ 小型企业	10.73	4.95	5.07
▨ 微型企业	81.24	6.91	13.17

图3-2-12　深圳市中小微物业服务企业基本情况

统计数据显示，2021年小型、微型企业共实现主营业务收入264.65亿元，占中小微总体的比重为65.35%，而中型企业实现主营业务收入140.32亿元，占比为34.65%。从成本费用利润率来看，小型企业最高，为8.75%；微型企业最低，为4.47%。在资产周转方面，小微型企业和中型企业之间存在明显的差距，中型企业资产周转率最高，达59.99%；其次是小型企业，为53.29%；微型企业最低，为28.79%。这说明综合评价企业全部资产经营质量和利用效率，三者之间中型企业营运能力最强，小型企业次之，微型企业最弱，但小型企业成本费用利润率高，发展潜力相对较强。深圳市中小微物业服务企业经营情况详见图3-2-13。

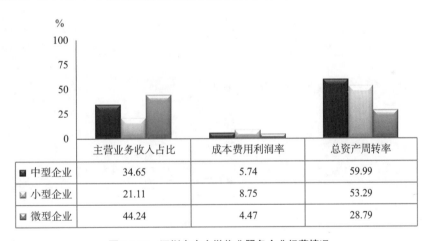

	主营业务收入占比	成本费用利润率	总资产周转率
■ 中型企业	34.65	5.74	59.99
▨ 小型企业	21.11	8.75	53.29
▨ 微型企业	44.24	4.47	28.79

图3-2-13　深圳市中小微物业服务企业经营情况

注：由于企业填报数据可能存在偏差，此数据仅供参考。

（资料来源：2021年度深圳市物业管理统计报表分析报告）

7.物业管理招标投标

《深圳经济特区物业管理条例》经深圳市第六届人民代表大会常务委员会第三十五次会议于2019年8月29日修订通过，自2020年3月1日起施行。该条例第四十九条规定，"物业管理区域依法成立业主大会之前，建设单位应当选聘物业服务企业提供前期物业服务，并按照有关规定拟定临时管理规约。建设单位选聘物业服务企业提供前期物业服务，应当签订前期物业服务合同，前期物业服务合同期限由建设单位和物业服务企业约定，最长期限不超过二年。前期物业服务合同期满，尚未成立业主大会，物业服务企业继续按照原合同提供服务的，经物业管理区域占业主总人数百分之五十以上的业主或者占全体业主所持投票权数百分之五十以上的业主联名书面提出更换物业服务企业的，可以由街道办事处通过招投标方式选取物业服务企业提供物业服务。"第五十六条规定，"一个物业管理区域应当由一个物业服务企业统一提供物业服务，但是业主自行管理的除外。除业主大会决定继续聘用原物业服务企业之外，住宅物业管理区域业主大会选聘物业服务企业应当公开招标。投标人少于三个的，应当依法重新招标；重新招标后投标人仍少于三个的，经业主大会决定可以协议选聘物业服务企业。鼓励业主大会通过住房和建设部门建立的招投标平台选聘物业服务企业。"

2021年，深圳各区前期招投标活动备案的项目16个，业主大会组织招投标活动备案的项目37个。2021年度各区开发建设单位、业主委员会组织的物业管理招投标活动情况详见表3-2-3。

2021年度各区开发建设单位、业主委员会组织的物业管理招标投标活动情况　　　表3-2-3

福田区			
序号	前期招标投标（0个）	序号	业主大会招标投标（0个）
	无		无
罗湖区			
序号	前期招标投标（0个）	序号	业主大会招标投标（0个）
	无		无
盐田区			
序号	前期招标投标（0个）	序号	业主大会招标投标（2个）
	无	1	绿色盐港家园（幸福海）
		2	海阔凌海公寓
南山区			
序号	前期招标投标（0个）	序号	业主大会招标投标（27个）
	无	1	假日湾华庭
		2	漾日湾畔（二次招标）
		3	景园大厦
		4	雷公岭小区
		5	香榭峰景苑
		6	美加广场
		7	中润大厦
		8	御林华府
		9	后海花半里雅居

序号	前期招标投标（0个）	序号	业主大会招标投标（27个）
		10	山水情家园
		11	御林华府（二次招标）
		12	心语雅园
		13	润城花园
		14	后海花半里雅居（二次招标）
		15	半山翠林花园、半山语林公寓
		16	万裕椰风海岸
		17	永乐新村
		18	润城花园（二次招标）
		19	西丽山庄
		20	春树里小区
		21	恒立听海
		22	香格名苑
		23	缘来居
		24	春树里小区（二次招标）
		25	南国丽城
		26	华府假日大厦
		27	恒立心海湾

备注：名单内重复项目为进行二次招标项目

宝安区			
序号	前期招标投标（12个）	序号	业主大会招标投标（3个）
1	四海时代大厦	1	深圳市宝安区金海华府业主大会
2	满京华云著华庭	2	深圳市宝安区棕榈堡花园第一届业主委员会
3	兴围华府	3	深圳市宝安区双龙花园第二届业主委员会
4	玖玖颂阁		
5	万科四季花园		
6	京基智农山海御园		
7	万科大都会		
8	榕江壹号院		
9	盛合天宸家园		
10	满京华云著雅庭		
11	塘尾城市花园		
12	玺玥麓坊		

龙岗区			
序号	前期招标投标（0个）	序号	业主大会招标投标（12个）
	无	1	万隆苑小区

续表

序号	前期招标投标（0个）	序号	业主大会招标投标（12个）
		2	绿色满庭芳小区
		3	怡龙枫景园小区
		4	正大时代华庭小区
		5	和通花园小区
		6	保利上城小区
		7	怡康家园小区
		8	叠翠新峰小区
		9	左庭右院小区
		10	信义假日名城逸翠园·山翠居小区
		11	坤祥花语岸小区
		12	中翠花园小区
	龙华区		
序号	前期招标投标（0个）	序号	业主大会招标投标（0个）
	无	1	无
	坪山区		
序号	前期招标投标（0个）	序号	业主大会招标投标（1个）
	无	1	京基御景印象家园
	光明区		
序号	前期招标投标（0个）	序号	业主大会招标投标（1个）
	无	1	正兆景嘉园
	大鹏新区		
序号	前期招标投标（4个）	序号	业主大会招标投标（0个）
1	东涌家园搬迁安置区		
2	青谷群青花园		
3	丰树苑		
4	满京华云曦花园		

（资料来源：深圳各区或新区住房和建设局提供）

附件：物业管理市场典型案例

【南山区海印长城二期业主委员会选举案例】

（1）基本情况

海印长城二期小区位于粤海街道海珠社区，由长城物业集团股份有限公司提供物业服务。2021年8月，粤海街道办根据《深圳经济特区物业管理条例》相关规定，开始组织海印长城二期小区业主委员会换届选举工作。在选举过程中，多名业主投诉报名参选业主委员会委员的一名业主因琐事与小区其他业主、物业管理处工作人员产生激烈冲突，应取消该名业主的参选资格。

（2）处理经过

在接到群众投诉、举报后，社区党委、物业管理指导委员会第一时间进行调查、核实并召开会议讨论。会议认为：该名业主确实存在群众所反映的不当行为情况，依据《深圳经济特区物业管理条例》第三十五条规定，相关行为属于不得担任业主委员会委员、候补委员的情形，应在确定正式候选人的过程中排除其参选资格。但换届小组中的部分业主代表认为，该业主在小区配套设施维修翻新过程中发挥了重要作用，当选后可以继续为广大业主维护合法权益，虽确实存在不当行为，但不能认定为《深圳经济特区物业管理条例》所指的严重违反社会公德的行为。

（3）处理结果

5月31日海印长城二期业主大会暨第五届业委会换届选举结束，海印长城二期顺利选出第五届业主委员会成员，新旧业主委员会顺利完成交接工作。

6月25日，海珠社区物业管理指导委员会对海印长城二期第五届业委会成员进行任前谈话，并要求各业委会委员在工作之中积极、及时、全面履行工作职责，发挥自身的桥梁纽带作用，与业主、物业服务企业、小区党支部、社区工作站、街道办事处搭建交流平台，密切沟通。

【龙岗区横岗街道正大时代华庭新旧物业交接案例】

（1）基本情况

正大时代华庭位于横岗街道六约社区，总占地面积约7万 m^2，总建筑面积28万 m^2，其中住宅约 18万 m^2，商业办公约4万 m^2，共2965户。小区由深圳市正大国利投资有限公司开发建设、深圳原创物业发展有限公司提供前期物业服务。

（2）事情起因

2021年8月16日至9月19日，正大时代华庭业委会组织召开小区业主大会，会议表决通过了解聘前期物业服务企业（原创物业）、选聘新的物业服务企业等六项议题。随后依招标程序，选聘了碧桂园生活服务集团。并于12月7日，与碧桂园签署《物业服务合同》，同时发函要求原创物业不晚于2022年1月6日完成交接手续、退出正大时代华庭小区。

（3）处理经过

2021年12月24日，正大时代华庭业委会与原创物业负责人进行接触并沟通，双方分歧很大，在设备设施、财务账务、场地等几个方面的移交清单、时间、流程等方面没有任何实质进展。原创物业提出小区办公楼、商品房楼与住宅楼分割管理，并在小区以张贴公告的形式宣布将地下停车场进行自行管理，不予移交新物业，进一步增加了对立矛盾。

12月25日，正大时代华庭业主与原创物业因停车场收费纠纷引发业主群体性聚集事件。因正大时代华庭停车场许可证的备注载明"业主大会依法选聘新的物业管理单位后该证自动失效"，小区业主认为该停车场许可证自新物业合同12月7日签订后已经失效，拒绝支付12月7日之后的停车费用。经交警部门研究后决定，停车场暂停收费，先行抬杆放行，等待调查结果。

2021年12月29日，龙岗区住房和建设局参加横岗街道办正大时代华庭新旧物业交接协调联席会议，明确要求新旧物业公司和业委会依法依规有序交接。12月31日晚，新旧物业开始对客服、保安、清洁、工程等现场管理事务进行交接，后逐步进行账务、物业资料等交接。由于对物业二楼办公用房是否当天移交，以及原物业人员当晚是否全部撤出小区的问题上产生较大争议，小区业主认为原物业应该当晚完全退出并交出相关场所的管理，现场聚集约100人且情绪激动。

（4）处理结果

2022年1月1日凌晨6点左右，经过区住房和建设局、街道值班领导及相关部门与业委会和原创物业多轮协商，物业办公用房、物业档案资料、文化活动中心、消防监控室、水电设施，以及客服、安保、清洁、工程维护等现场管理权完成移交，同时在六约派出所的介入下完成了停车场岗亭管理、二楼宿舍清场等，该小区新老物业交接问题得到圆满解决。

第三节 专业化服务

1.综述

2021年，深圳市物业管理专业化服务不断向纵深发展，服务范围更加广泛，涉及物业专项服务，包括保安、清洁、家政、园林绿化等；物业管理配套设施设备供应，包括电梯、暖通空调、给水排水、电气照明、能源、通信、智能化、消防、安全防范、停车设施、环境保护等；物业营销服务，包括二手房交易、物业租赁、物业资产管理等。专业化服务机构中，除了致力于专业化服务的企业外，部分物业服务企业在自身发展过程中，根据业务开展需要，逐渐成立专业化机构，这部分专业化机构的市场份额不断加大，成为专业化服务市场的重要力量。在抗击新冠肺炎疫情过程中，专业化服务企业发挥了重要作用。

2.部分专业化服务机构发展状况

【特种设备及企业概况】

截至2021年12月31日，深圳市共有特种设备271906台，其中，电梯180474台（数量稳居全国大中城市第四位，上海27.5万台，北京23万台，重庆21.5万台）、起重机械14990台、场（厂）内机动车辆22671台、大型游乐设施248台、客运索道4条，锅炉2115台、压力容器49169台，压力管道2235条，另有登记气瓶约308万只。全市共有特种设备使用单位51390家，特种设备生产单位459家，无损检测、气瓶定期检验及"两工地"检验机构34家，移动式压力容器、气瓶充装单位53家，累计核发且在有效期内特种设备作业人员证22.2万张。特种设备定检率99.5%，全年未发生特种设备安全事故，安全生产形势平稳可控。

【深圳市特种设备行业协会】 深圳市特种设备行业协会是由特种设备行业从事设计、生产、销售、维修保养、安装、营运（使用）、检测检验、培训的单位自愿组成的深圳市特种设备行业的非营利性社会组织。

2021年8月28日，由深圳市市场监督管理局主办，深圳市质量安全检验检测研究院、深圳市特种设备行业协会承办，江泰保险经纪股份有限公司深圳分公司协办的深圳市第六届电梯维修技能竞赛暨第三次维修技能测试在市交通运输培训中心拉开帷幕，全市220家维保企业的469名选手参加了初赛。本届电梯技能竞赛分为初赛和决赛两部分，初赛采用理论考试，决赛采用实操考核。其中初赛考试排名前50名的选手进入2021年9月18日的决赛。深圳市电梯技能竞赛已连续举办六届，过往5年，近1900人参加该项竞赛，近百人取得优异成绩和各项奖项。其中初赛考试排名前50名（共52人）的选手进入决赛（表3-3-1～表3-3-3）。

深圳市第六届电梯维修技能竞赛暨第三次维修技能测试入围决赛成绩　　　　表3-3-1

序号	姓名	单位名称	成绩
1	汤俊超	深圳市兴海机电工程有限公司	83.50
2	邵丰太	深圳市中航南光电梯工程有限公司	82.50
3	陈智航	深圳市华星电梯技术有限公司	81.00
4	蔡健德	日立电梯（中国）有限公司深圳分公司	80.50
5	谢沐颖	深圳市深日电梯工程有限公司	79.50
6	金卫民	深圳市利达旺电梯有限公司	77.50
7	严育超	深圳市华星电梯技术有限公司	77.50
8	张涛	深圳市龙城机电安装工程有限公司	77.00
9	徐家立	深圳市日立电梯工程有限公司	77.00
10	刘再平	深圳市天立机电设备有限公司	76.50
11	方石新	日立电梯（中国）有限公司深圳分公司	76.00
12	陈权	深圳市中航南光电梯工程有限公司	75.50
13	黎前鹏	深圳市新概念电梯有限公司	75.50
14	杨锦辉	深圳市深安电梯工程有限公司	75.00
15	张桂旺	日立电梯（中国）有限公司深圳分公司	74.50
16	曾兴宁	深圳市中航南光电梯工程有限公司	74.00
17	谢荣恒	深圳市中航南光电梯工程有限公司	74.00
18	朱俊	深圳市华星电梯技术有限公司	72.50
19	韩思霖	深圳市中航南光电梯工程有限公司	72.50
20	陈惠全	通力电梯有限公司深圳分公司	71.50
21	姚泽斌	深圳市励科机电科技工程有限公司	71.50
22	王霞辉	深圳市长城电梯工程有限公司	71.50
23	伍光强	深圳市利达深电梯有限公司	71.00
24	谢荣开	深圳市中航南光电梯工程有限公司	70.50
25	叶利江	深圳市日立电梯工程有限公司	70.00
26	何创辉	深圳市日立电梯工程有限公司	70.00
27	马起	深圳市龙城机电安装工程有限公司	69.50
28	吴卫化	深圳市汉莎电梯有限公司	69.50
29	伍尚平	深圳深中富电梯有限公司	69.50

序号	姓名	单位名称	成绩
30	钟水龙	深圳市荣华机电工程有限公司	69.00
31	曾凯	日立电梯（中国）有限公司深圳分公司	68.50
32	马新清	深圳市中航南光电梯工程有限公司	68.50
33	罗晨龙	深圳市荣智达电梯工程有限公司	68.50
34	陈毓斌	深圳市利达旺电梯有限公司	68.00
35	万大兵	深圳市华星电梯技术有限公司	68.00
36	闫建永	深圳市富利达电梯工程有限公司	68.00
37	于开武	深圳广达电梯工程有限公司	68.00
38	李行	深圳市龙城机电安装工程有限公司	67.00
39	麦章银	深圳市中航南光电梯工程有限公司	67.00
40	李伟粮	深圳市日立电梯工程有限公司	66.50
41	王冰	深圳市深安电梯工程有限公司	66.50
42	朱发	深圳市深日电梯工程有限公司	66.50
43	周思权	深圳市安承电梯有限公司	66.00
44	谢荣岳	深圳市中航南光电梯工程有限公司	66.00
45	何冉	深圳市荣华机电工程有限公司	66.00
46	钟振东	深圳市京都电梯有限公司	65.50
47	韩国庆	深圳市利达旺电梯有限公司	65.50
48	付杰	迅达（中国）电梯有限公司深圳分公司	65.50
49	林坚	深圳市大众珠江电梯有限公司	65.50
50	杨晋喜	日立电梯（中国）有限公司深圳分公司	65.50
51	周良杰	深圳市盛恒达电梯有限公司	65.50
52	王航	深圳市兴海机电工程有限公司	65.50

参赛人数前十单位统计   表3-3-2

序号	单位名称	人数	平均分
1	深圳市华星电梯技术有限公司	33	52.2
2	深圳市中航南光电梯工程有限公司	22	60.0
3	深圳市利达旺电梯有限公司	13	57.7
4	深圳市深日电梯工程有限公司	10	57.9
5	通力电梯有限公司深圳分公司	9	49.8
6	深圳市深安电梯工程有限公司	9	56.4
7	深圳市龙城机电安装工程有限公司	9	58.8
8	日立电梯（中国）有限公司深圳分公司	9	64.3
9	迅达（中国）电梯有限公司深圳分公司	8	59.3
10	深圳市日立电梯工程有限公司	8	63.6

入围决赛人数前十单位统计　　　　　表3-3-3

序号	单位名称	人数
1	深圳市中航南光电梯工程有限公司	9
2	日立电梯（中国）有限公司深圳分公司	5
3	深圳市华星电梯技术有限公司	4
4	深圳市利达旺电梯有限公司	4
5	深圳市日立电梯工程有限公司	4
6	深圳市龙城机电安装工程有限公司	3
7	深圳市荣华机电工程有限公司	2
8	深圳市深安电梯工程有限公司	2
9	深圳市深日电梯工程有限公司	2
10	深圳市兴海机电工程有限公司	2

（资料来源：深圳市特种设备行业协会官网）

【深圳市环卫清洁行业协会】 深圳市环卫清洁行业协会于1989年9月成立，是全国城市中最早成立的环卫协会之一。建会初期，只有会员单位10个，经过30年的发展，目前拥有会员单位逾800家，员工10余万人。协会会员覆盖了深圳市所有的环卫清洁服务门类，汇聚了行业内绝大多数规模、规范的环卫清洁企业，在行业中享有较高的影响力。多年来，协会秉承"服务企业、服务政府、服务社会"的宗旨，积极加强行业管理，倡导行业自律，主导建立的环卫清洁服务企业资格等级评定得到政府和社会的广泛认可；并在业内积极推广行业技术培训，举办学术讲座；做好上传下达与下情上达工作，较好担当了行业"管家"与政府"参谋"的角色，为推动深圳市环卫清洁行业健康发展和产业升级作出了应有贡献（表3-3-4）。

2021年度深圳市环卫清洁行业"先进单位"名单　　　　　表3-3-4

序号	单位名称
1	深圳市先达威环境产业有限公司
2	深圳市升阳升人居环境服务有限公司
3	深圳市洁亚环保产业有限公司
4	深圳世路源环境有限公司
5	广东恒宝环境科技有限公司
6	深圳市碧雅丽清洁服务有限公司
7	深圳市华富环境有限公司
8	深圳市白莲和环境产业有限公司
9	深圳市保洁恒环境产业有限公司
10	深圳市玉龙环保产业有限公司
11	深圳市宏利德环境产业有限公司
12	深圳市金阳盛城市服务集团有限公司

序号	单位名称
13	中鑫航（深圳）实业环境集团有限公司
14	深圳市日新清洁服务有限公司
15	深圳市川万环境科技有限公司
16	深圳佳尔优环境科技有限公司
17	深圳市杨阳环境管理有限公司
18	深圳市双陇环保科技有限公司
19	深圳市城洁亮环境科技有限公司
20	深圳市金州城乡环境发展有限公司
21	深圳市利万家环境管理有限公司
22	深圳市国民环境实业有限公司
23	深圳星玉城市管理集团有限公司
24	深圳市健爱美清洁服务有限责任公司
25	深圳市阳光三环生态环境股份有限公司
26	深圳市雄鹰清洁服务有限公司
27	深圳市德盈利环保科技有限公司
28	深圳市合隆智慧城市服务有限公司
29	深圳市晶采环境管理有限公司
30	深圳市宝政通环境有限公司
31	深圳玉禾田智慧城市运营集团有限公司
32	深圳市顺民实业发展有限公司
33	深圳市明浩达清洁服务有限公司
34	深圳市绿佳智慧环境发展有限公司
35	深圳顺意环境产业有限公司
36	深圳市安信美实业有限公司
37	深圳市双新环保科技有限公司
38	深圳市飞蜘蛛环境产业有限公司
39	深圳市福森环境科技有限公司
40	深圳市环亮环境工程有限公司
41	深圳市万洁清洁服务有限公司
42	东晟服务（深圳）有限公司
43	深圳市黄金周物业清洁管理有限公司
44	深圳市长城环境工程有限公司
45	深圳市良致环境工程有限公司
46	深圳市川渝环境科技有限公司
47	深圳市洁原物业管理有限公司
48	深圳市世安物业清洁管理有限公司

续表

序号	单位名称
49	深圳市金鑫园林环境工程有限公司
50	深圳市鑫梓润智慧城市管家股份有限公司
51	深圳市三禾田清洁服务有限公司
52	宏远达环境工程高科（深圳）集团有限公司
53	深圳市博宝源实业有限公司
54	深圳市人人物业环境工程有限公司
55	深圳市东恒环境科技有限公司
56	深圳市瑞洁清洁服务有限公司
57	深圳市绿景环境产业有限公司
58	深圳市贝雷德物业管理有限公司
59	深圳市凯盛物业管理有限公司
60	深圳市尚用来环保科技有限公司
61	深圳市开达园林实业有限公司
62	深圳市优洁雅环境管理有限公司
63	深圳市龙华环境有限公司
64	深圳市绿清集团有限公司
65	深圳市宝晨物业管理有限公司
66	深圳市豪风清洁洗涤服务有限公司
67	深圳市鸿飞物业管理有限公司
68	深圳市海清阳清洁服务有限公司
69	深圳市华士元环境产业有限公司
70	深圳市国艺园林建设有限公司
71	深圳市戴宏新清洁服务有限公司
72	深圳市特玛仕环境科技有限公司
73	深圳市冉冉环境技术有限公司
74	深圳市天运清洁服务有限公司
75	深圳市弘浩物业发展有限公司
76	深圳市金利环境工程有限公司
77	深圳市凯盛综合环境服务有限公司
78	深圳市捷美实业有限公司
79	深圳市南装清洁服务有限公司
80	深圳市方益城市服务发展有限公司
81	深圳市荣盛清洁服务有限公司
82	深圳市绿城环境科技建设有限公司
83	深圳市美景龙物业服务有限公司
84	深圳市隆越物业清洁服务有限责任公司

序号	单位名称
85	福田物业发展有限公司
86	深圳市正立达物业清洁服务有限公司
87	瀚蓝城市环境服务有限公司
88	深圳市创美安物业保安服务有限公司

（资料来源：深圳市环卫清洁行业协会官网）

【深圳市智慧安防行业协会】 深圳市智慧安防行业协会是2012年12月27日经深圳市公安局和政府相关职能部门的指导，在市民政局注册登记，具有法人资格的社会团体。2017年获得深圳市民政局授予的"深圳5A级社会组织"称号，也是第一批具有承接政府职能转移资格的行业协会。协会成立以来拥有会员千余家。本着"服务于企业，服务于政府，全面促进安防产业发展"的宗旨，在标准制定、产品检测、工程检测、职业技能培训、人才服务、金融服务、市场开拓等方面提供专业化、综合性的系列配套服务，努力发挥政府和企业间的桥梁、纽带作用，赢得了相关部门及广大会员企业的尊重和信任。

2021年，深圳市智慧安防行业协会成功入选2021年度深圳市社会组织交流服务展示点（党建引领领域），成立了深圳市智慧酒店行业专家委员会，主导和参与制定了《行人闯红灯智能取证系统技术要求》《人脸特征比对检索距离函数技术规范》《智慧停车智慧标志设置规范》《智慧停车大数据信息标准化处理与应用规范》4项地方标准，发布了《保安企业服务资质分级评定规范》《保安企业承接大型活动安保任务资质评定与管理规范》《算法仓管理系统通用技术要求》《多传感器数据融合的追踪系统技术要求》《基于端边云协同场景的算法模型部署技术要求》《轻型多维感知智能视频监控系统技术要求 第1部分：摄像机》《轻型多维感知智能视频监控系统技术要求 第2部分：数据传输协议》《轻型多维感知智能视频监控系统技术要求 第3部分：选点与施工》《低轨通信卫星等多模通信方式数据传输协议》共9项团体标准，涵盖了安防、停车、保安、物联网、人工智能等领域。组织各类标准宣贯、培训、研讨会等50余场。2021年，理事会审议通过74家会员企业，走访企业1174家，先后开展党委联建活动、交流座谈会、沙龙会、考察活动等30余场。先后组织召开"媒体交流会""'同力协契·互助共赢'走进企业系列交流活动""2021年福田区产业资金政策宣讲会""信福行动—争做诚信居民共筑信用社区""2021年福田企业人才主题文化活动——网球大赛"等活动。先后与广东省公共安全技术防范协会联合开展了7场"广东省安防从业人员继续教育培训"，参与学习培训人数达1000人。2021年4月，协会遴选成为深圳市第二批职业技能等级认定社会培训评价组织试点机构。2021年7月，协会组织近400人的队伍前往世界安防博览会现场参观，走进湛江雷州市交流考察，组织会员参加由深圳市应急管理局（深圳市地震局）联合深圳晚报在盐田区举行的2021年防震减灾科普宣导与应急救援装备技术展。2021年7月，协会作为协办单位，在深圳宝安湾区新技术新产品展示中心举办了为期3天的"AI赋能、智引安防"——智慧城市企业系列展示活动。活动吸引了40余家相关行业企业参展，涉及视频监控、网络信息安全、出入口控制、系统集成等领域。协会于2021年9月在深圳会展中心举办"2021第三届深圳国际智慧停车博览会"，活动得到了国家发展改革委、福田区人民政府、深圳市公安局交通警察局等政府单位及深信投、大华等行业龙头企业的大力支持，并吸引了百余家行业企业参展。专家智库现有信息化、智能化等相关专家近400名。专家委于2021年11月主办了"新基建　新挑战——安防创新技术应用研讨会暨第三届第二期深圳技防专家培训"。2021年，受业务指导单位委托，协会参与组织了市区智能化、信息化等项目的方案论证和验收服务近百场，为近50家会员企业提供咨询服务。深圳市智联安防创新研究院先后完成了《福田区"5G+车联网"应用研究课题报告》《福田区停车行情发展研究报告》《深圳市保安服务行业标准化体系建设纲要研究报告》。

（资料来源：深圳市智慧安防行业协会）

深圳物业管理年鉴
2022

SHENZHEN
PROPERTY MANAGEMENT
YEARBOOK 2022

152

第四章

业主自治

SHENZHEN
PROPERTY MANAGEMENT
YEARBOOK 2022

PROPERTY MANAGEMENT

第一节　业主大会、业主委员会发展概况

【综述】 截至2021年12月31日，根据深圳市物业管理信息平台统计，全市成立业主委员会的小区共有1395个。其中，福田区293个，罗湖区255个，盐田区61个，南山区311个，宝安区152个，龙华区79个，龙岗区189个，光明区13个，大鹏新区26个，坪山区16个。总体来看，深圳业主委员会成立率仍然偏低。部分住宅小区业主委员会成立难、运作难、生存难的问题依然存在。业主委员会成员素质有所提高，业主大会、业主委员会运作越来越规范。表4-1-1～表4-1-10为平台统计的业主委员会情况：

福田区　　　　　　　　　　　　　　　　　　　　　　　　　　　　　表4-1-1

序号	项目名称	业委会名称	业委会届数	任期开始时间	任期截止时间	所属街道
1	福保桂花苑	深圳市福田区福保街道福保桂花苑第二届业主委员会	二	2014-6-16	2017-6-15	福保
2	骏皇名居	深圳市福田区福保街道骏皇名居第四届业主委员会	四	2016-1-6	2021-1-5	福保
3	宝田苑	深圳市福田区福保街道宝田苑第三届业主委员会	三	2016-9-11	2019-9-10	福保
4	南光紫荆苑	深圳市福田区福保街道南光紫荆苑第三届业主委员会	三	2017-11-9	2020-11-8	福保
5	南光名仕苑	深圳市福田区福保街道南光名仕苑第二届业主委员会	二	2018-11-29	2021-11-28	福保
6	京隆苑	深圳市福田区福保街京隆苑第六届业主委员会	六	2018-12-13	2021-12-12	福保
7	朗庭豪园	深圳市福田区福保街道朗庭豪园第三届业主委员会	三	2019-5-6	2022-5-5	福保
8	益田豪园居	深圳市福田区福保街道益田豪园居第六届业主委员会	六	2019-7-14	2022-7-13	福保
9	福源花园	深圳市福田区福保街道福源花园第六届业主委员会	六	2019-8-5	2022-8-4	福保
10	城市3米6公寓	深圳市福田区福保街道城市3米6公寓第一届业主委员会	一	2020-10-28	2025-10-27	福保
11	英达利科技数码园	深圳市福田区福保街道英达利科技数码园第六届业主委员会	六	2021-11-9	2026-11-8	福保
12	中央花园	深圳市福田区福保街道中央花园第一届业主委员会	一	2013-11-11	2016-11-10	福保
13	益田合正佳园	深圳市福田区福保街道益田合正佳园第四届业主委员会	四	2014-7-8	2019-7-8	福保
14	阳光四季	深圳市福田区福保街道阳光四季第二届业主委员会	二	2017-6-20	2017-6-19	福保
15	泰美园	深圳市福田区福保街道泰美园第一届业主委员会	一	2017-7-31	2020-7-30	福保

续表

序号	项目名称	业委会名称	业委会届数	任期开始时间	任期截止时间	所属街道
16	南方国际广场	深圳市福田区福保街道南方国际广场第四届业主委员会	四	2018-3-23	2021-3-22	福保
17	恒冠豪园	深圳市福田区福保街道恒冠豪园第五届业主委员会	五	2018-11-14	2021-11-13	福保
18	高发住宅楼	深圳市福田区福保街道高发住宅楼第三届业主委员会	三	2019-9-18	2024-9-17	福保
19	雅云轩	深圳市福田区福保街道雅云轩第三届业主委员会	三	2019-10-24	2022-10-23	福保
20	东方欣悦居	深圳市福田区福保街道东方欣悦居第三届业主委员会	三	2019-11-5	2022-11-4	福保
21	绿洲丰和家园	深圳市福田区福保街道绿洲丰和家园第一届业主委员会	一	2019-12-22	2022-12-21	福保
22	信托花园	深圳市福田区福保街道信托花园第七届业主委员会	七	2019-12-28	2022-12-27	福保
23	阳光华苑	深圳市福田区福保街道阳光华苑第七届业主委员会	七	2021-1-16	2026-1-15	福保
24	祥韵苑	深圳市福田区福保街道祥韵苑第一届业主委员会	一	2021-7-16	2026-7-16	福保
25	明月花园	深圳市福田区福保街道明月花园第八届业主委员会	八	2021-8-18	2026-8-17	福保
26	瑞和园	深圳市福田区福保街道瑞和园第一届业主委员会	一	2021-8-27	2026-8-26	福保
27	蓝色海云居	深圳市福田区福保街道蓝色海云居第四届业主委员会	四	2021-12-6	2026-12-5	福保
28	裕康时尚名居	深圳市福田区福保街道裕康时尚名居第三届业主委员会	三	2016-12-10	2019-12-9	福保
29	福田花园	深圳市福田区福保街道福田花园第七届业主委员会	七	2021-6-25	2026-6-24	福保
30	物业时代新居	深圳市福田区福保街道物业时代新居第六届业主委员会	六	2021-10-14	2026-10-15	福保
31	益田村	深圳市福田区福保街道益田村第八届业主委员会	八	2021-11-20	2026-11-19	福保
32	中心商务大厦	深圳市福田区福田街道中心商务大厦第四届业主委员会	四	2017-3-10	2020-3-9	福田
33	星河国际花园	深圳市福田区福田街道星河国际花园第四届业主委员会	四	2017-6-1	2019-5-31	福田
34	卓越大厦	深圳市福田区福田街道卓越大厦第三届业主委员会	三	2018-8-21	2021-8-20	福田
35	城中雅苑	深圳市福田区福田街道城中雅苑第五届业主委员会	五	2019-4-1	2022-3-31	福田
36	华融大厦	深圳市福田区福田街道华融大厦第六届业主委员会	六	2021-11-7	2026-11-6	福田
37	深华运输住宅楼	深圳市福田区福田街道深华运输住宅楼第二届业主委员会	二	2017-10-25	2020-10-24	福田
38	福民新村35-39栋	深圳市福田区福田街道福民新村35-39栋第六届业主委员会	六	2018-5-9	2021-5-8	福田
39	爱地大厦	深圳市福田区福田街道爱地大厦第五届业主委员会	五	2021-7-26	2026-7-25	福田
40	阳光城市家园	深圳市福田区福田街道阳光城市家园第一届业主委员会	一	2021-8-17	2026-8-16	福田
41	南光捷佳大厦	深圳市福田区福田街道南光捷佳大厦第一届业主委员会	一	2018-8-2	2021-8-1	福田
42	岗厦变电住宅综合楼	深圳市福田区福田街道岗厦变电住宅综合楼第一届业主委员会	一	2017-9-4	2020-9-3	福田
43	福建大厦	深圳市福田区福田街道福建大厦第二届业主委员会	二	2018-1-27	2021-1-26	福田
44	万景花园	深圳市福田区福田街道万景花园第八届业主委员会	八	2019-5-24	2022-5-23	福田
45	东怡大厦	深圳市福田区福田街道东怡大厦第三届业主委员会	三	2019-5-27	2022-5-26	福田

序号	项目名称	业委会名称	业委会届数	任期开始时间	任期截止时间	所属街道
46	港丽豪园	深圳市福田区福田街道港丽豪园第六届业主委员会	六	2021-8-16	2026-8-15	福田
47	联合广场	深圳市福田区福田街道联合广场第七届业主委员会	七	2021-10-11	2026-10-10	福田
48	嘉麟豪庭	深圳市福田区福田街道嘉麟豪庭第五届业主委员会	五	2016-10-27	2019-10-26	福田
49	高科利花园大厦	深圳市福田区福田街道高科利花园大厦第五届业主委员会	五	2016-12-14	2019-12-13	福田
50	赛格绿茵阁小区	深圳市福田区福田街道赛格绿茵阁小区第一届业主委员会	一	2013-8-26	2016-8-25	福田
51	庆典大厦	深圳市福田区福田街道庆典大厦第一届业主委员会	一	2017-7-16	2020-7-15	福田
52	景源华庭	深圳市福田区福田街道景源华庭第一届业主委员会	一	2017-10-16	2020-10-15	福田
53	恒福花园	深圳市福田区福田街道恒福花园第三届业主委员会	三	2017-11-26	2020-11-25	福田
54	福泉花园	深圳市福田区福田街道福泉花园第三届业主委员会	三	2018-5-15	2021-5-14	福田
55	显锐大厦	深圳市福田区福田街道显锐大厦第二届业主委员会	二	2018-6-21	2021-6-20	福田
56	福涛东园	深圳市福田区福田街道福涛东园第五届业主委员会	五	2018-8-30	2021-8-29	福田
57	福业大厦	深圳市福田区福田街道福业大厦第一届业主委员会	一	2018-12-5	2021-12-4	福田
58	皇庭居	深圳市福田区福田街道皇庭居第六届业主委员会	六	2018-12-15	2021-12-14	福田
59	伟柏花园	深圳市福田区福田街道伟柏花园第四届业主委员会	四	2019-6-22	2021-6-21	福田
60	华明楼	深圳市福田区福田街道华明楼第二届业主委员会	二	2019-7-8	2022-7-7	福田
61	瑞昌大厦	深圳市福田区福田街道瑞昌大厦第一届业主委员会	一	2019-9-2	2022-9-1	福田
62	时代星居	深圳市福田区福田街道时代星居第二届业主委员会	二	2019-9-14	2022-9-13	福田
63	皇庭彩园	深圳市福田区福田街道皇庭彩园第五届业主委员会	五	2018-9-24	2021-9-23	福田
64	皇达东方雅苑	深圳市福田区福田街道皇达东方雅苑第六届业主委员会	六	2019-6-15	2022-6-14	福田
65	皇城广场	深圳市福田区福田街道皇城广场第七届业主委员会	七	2019-9-5	2022-9-4	福田
66	廊桥花园	深圳市福田区福田街道廊桥花园第一届业主委员会	一	2020-9-21	2025-9-20	福田
67	银庄大厦	深圳市福田区福田街道银庄大厦第七届业主委员会	七	2018-9-3	2021-9-2	福田
68	金港豪庭	深圳市福田区福田街道金港豪庭第二届业主委员会	二	2019-7-16	2022-7-15	福田
69	京海花园	深圳市福田区福田街道京海花园第五届业主委员会	五	2016-12-27	2019-12-26	福田
70	福盛大厦	深圳市福田区福田街道福盛大厦第二届业主委员会	二	2019-12-26	2022-12-25	福田
71	海悦华城	深圳市福田区福田街道海悦华城第一届业主委员会	一	2018-1-16	2021-1-15	福田
72	天泽花园	深圳市福田区福田街道天泽花园第二届业主委员会	二	2019-4-10	2022-4-9	福田
73	信苑花园	深圳市福田区华富街道信苑花园第四届业主委员会	四	2019-6-20	2022-6-19	华富
74	莲花二村	深圳市福田区华富街道莲花二村第九届业主委员会	九	2018-8-27	2021-8-26	华富
75	长福花园	深圳市福田区华富街道长福花园第五届业主委员会	五	2016-12-26	2019-12-25	华富
76	振业花园	深圳市福田区华富街道振业花园第六届业主委员会	六	2018-1-4	2021-1-3	华富

续表

序号	项目名称	业委会名称	业委会届数	任期开始时间	任期截止时间	所属街道
77	紫玉花园	深圳市福田区华富街道紫玉花园第六届业主委员会	六	2018-3-1	2021-2-28	华富
78	福莲花园	深圳市福田区华富街道福莲花园第五届业主委员会	五	2018-3-17	2021-3-16	华富
79	现代苑	深圳市福田区华富街道现代苑第六届业主委员会	六	2019-6-29	2022-6-28	华富
80	神彩苑	深圳市福田区华富街道神彩苑第二届业主委员会	二	2017-5-25	2020-5-24	华富
81	莲花一村	深圳市福田区华富街道莲花一村第五届业主委员会	五	2017-6-13	2020-6-12	华富
82	梅岗园林小区	深圳市福田区华富街道梅岗园林小区第一届业主委员会	一	2019-1-30	2022-1-29	华富
83	依山居	深圳市福田区华富街道依山居第五届业主委员会	五	2019-10-17	2022-10-16	华富
84	城市绿洲花园	深圳市福田区华富街道城市绿洲花园第三届业主委员会	三	2021-9-28	2021-9-27	华富
85	海连大厦	深圳市福田区华富街道海连大厦第六届业主委员会	六	2017-5-27	2020-5-26	华富
86	福景大厦	深圳市福田区华富街道福景大厦第七届业主委员会	七	2019-9-20	2022-9-19	华富
87	皇家翠苑	深圳市福田区华富街道皇家翠苑第六届业主委员会	六	2021-11-3	2026-11-2	华富
88	中泰燕南名庭	深圳市福田区华强北街道中泰燕南名庭第三届业主委员会	三	2015-12-15	2018-12-14	华强北
89	航天立业华庭	深圳市福田区华强北街道航天立业华庭第二届业主委员会	二	2018-1-14	2021-1-13	华强北
90	建艺大厦	深圳市福田区华强北街道建艺大厦第四届业主委员会	四	2021-1-26	2026-1-25	华强北
91	阁林网苑	深圳市福田区华强北街道阁林网苑第一届业主委员会	一	2021-3-9	2026-3-8	华强北
92	玮鹏花园5、6、7栋	深圳市福田区华强北街道玮鹏花园5、6、7栋第五届业主委员会	五	2021-7-5	2026-7-4	华强北
93	玮鹏花园1、2、3栋	深圳市福田区华强北街道玮鹏花园1、2、3栋第三届业主委员会	三	2021-9-7	2026-9-6	华强北
94	佳和华强大厦	深圳市福田区华强北街道佳和华强大厦第一届业主委员会	一	2017-10-16	2019-10-15	华强北
95	都会100大厦	深圳市福田区华强北街道都会100大厦第五届业主委员会	五	2019-12-28	2022-12-27	华强北
96	航苑大厦	深圳市福田区华强北街道航苑大厦第三届业主委员会	三	2021-6-1	2026-5-31	华强北
97	海馨苑	深圳市福田区华强北街道海馨苑第四届业主委员会	四	2021-12-28	2026-12-27	华强北
98	桑达雅苑	深圳市福田区华强北街道桑达雅苑第二届业主委员会	二	2019-1-25	2022-1-24	华强北
99	金茂礼都	深圳市福田区华强北街道金茂礼都第六届业主委员会	六	2019-9-2	2022-9-1	华强北
100	赛格科技园	深圳市福田区华强北街道赛格科技园第七届业主委员会	七	2019-10-31	2022-10-30	华强北
101	群星广场	深圳市福田区华强北街道群星广场第六届业主委员会	六	2020-1-5	2023-1-4	华强北
102	翡翠名园	深圳市福田区莲花街道翡翠名园第六届业主委员会	六	2020-3-30	2025-3-29	莲花
103	长城盛世家园一期	深圳市福田区莲花街道长城盛世家园一期第二届业主委员会	二	2021-5-11	2026-5-10	莲花

序号	项目名称	业委会名称	业委会届数	任期开始时间	任期截止时间	所属街道
104	茂恒园	深圳市福田区莲花街道茂恒园第七届业主委员会	七	2021-7-23	2026-7-22	莲花
105	长城盛世家园二期	深圳市福田区莲花街道长城盛世家园二期第六届业主委员会	六	2021-9-26	2026-9-25	莲花
106	天威花园	深圳市福田区莲花街道天威花园第五届业主委员会	五	2021-12-28	2026-12-27	莲花
107	彩田村	深圳市福田区莲花街道彩田村第六届业主委员会	六	2021-5-8	2026-5-7	莲花
108	深业岭秀名苑	深圳市福田区莲花街道深业岭秀名苑第四届业主委员会	四	2021-9-29	2026-9-28	莲花
109	江苏大厦	深圳市福田区莲花街道江苏大厦第七届业主委员会	七	2020-8-14	2025-8-13	莲花
110	雅颂居	深圳市福田区莲花街道雅颂居第二届业主委员会	二	2019-5-13	2022-5-12	莲花
111	深业花园	深圳市福田区莲花街道深业花园第三届业主委员会	三	2019-12-20	2022-12-19	莲花
112	世纪花园	深圳市福田区莲花街道世纪花园第五届业主委员会	五	2021-3-29	2026-3-28	莲花
113	中银花园	深圳市福田区莲花街道中银花园第四届业主委员会	四	2021-12-27	2026-12-26	莲花
114	香荔新村	深圳市福田区莲花街道香荔新村第一届业主委员会	一	2015-7-20	2018-7-19	莲花
115	富霖花园	深圳市福田区莲花街道富霖花园第一届业主委员会	一	2016-11-7	2019-11-6	莲花
116	安通花园	深圳市福田区莲花街道安通花园第一届业主委员会	一	2018-6-4	2021-6-3	莲花
117	怡枫园小区	深圳市福田区莲花街道怡枫园小区第六届业主委员会	六	2018-9-28	2021-9-27	莲花
118	振业景洲大厦	深圳市福田区莲花街道振业景洲大厦第七届业主委员会	七	2019-12-9	2022-12-8	莲花
119	润丰园	深圳市福田区莲花街道润丰园第一届业主委员会	一	2021-11-26	2026-11-25	莲花
120	紫薇阁	深圳市福田区莲花街道紫薇阁第四届业主委员会	四	2017-5-14	2020-5-13	莲花
121	景新花园	深圳市福田区莲花街道景新花园第二届业主委员会	二	2019-11-1	2022-10-31	莲花
122	景龙大厦	深圳市福田区莲花街道景龙大厦第二届业主委员会	二	2021-6-17	2026-6-16	莲花
123	景茗苑住宅小区	深圳市福田区莲花街道景茗苑住宅小区第二届业主委员会	二	2021-8-11	2026-8-10	莲花
124	景鹏大厦	深圳市福田区莲花街道景鹏大厦第二届业主委员会	二	2021-9-30	2026-9-29	莲花
125	景田南小区	深圳市福田区莲花街道景田南小区第二届业主委员会	二	2021-12-30	2026-12-29	莲花
126	城市花园	深圳市福田区莲花街道城市花园第六届业主委员会	六	2016-8-14	2019-8-13	莲花
127	馨庭苑	深圳市福田区莲花街道馨庭苑第一届业主委员会	一	2016-12-23	2021-12-22	莲花
128	康欣园	深圳市福田区莲花街道康欣园第四届业主委员会	四	2017-1-24	2020-1-23	莲花
129	赛格景苑	深圳市福田区莲花街道赛格景苑第一届业主委员会	一	2018-11-3	2021-11-2	莲花
130	天然居	深圳市福田区莲花街道天然居第六届业主委员会	六	2019-1-8	2022-1-7	莲花
131	青海大厦	深圳市福田区莲花街道青海大厦第三届业主委员会	三	2019-6-20	2022-6-19	莲花
132	景蜜村	深圳市福田区莲花街道景蜜村第二届业主委员会	二	2019-6-28	2022-6-27	莲花
133	翔名苑	深圳市福田区莲花街道翔名苑第五届业主委员会	五	2019-7-25	2022-7-24	莲花
134	宏浩花园	深圳市福田区莲花街道宏浩花园第六届业主委员会	六	2020-6-8	2025-6-7	莲花

序号	项目名称	业委会名称	业委会届数	任期开始时间	任期截止时间	所属街道
135	时尚新天地名苑主.附楼	深圳市福田区莲花街道时尚新天地名苑主.附楼第二届业主委员会	二	2021-6-30	2026-6-29	莲花
136	天明居	深圳市福田区莲花街道天明居第六届业主委员会	六	2021-11-30	2026-11-29	莲花
137	莲花北住宅区	深圳市福田区莲花街道莲花北住宅区第七届业主委员会	七	2021-12-21	2026-12-20	莲花
138	景梅新村	深圳市福田区莲花街道景梅新村第六届业主委员会	六	2021-9-13	2026-9-12	莲花
139	合正名园	深圳市福田区莲花街道合正名园第四届业主委员会	四	2014-7-9	2019-7-8	莲花
140	华泰香逸名园	深圳市福田区莲花街道华泰香逸名园第四届业主委员会	四	2015-12-5	2020-12-4	莲花
141	东方玫瑰花园	深圳市福田区莲花街道东方玫瑰花园第二届业主委员会	二	2017-12-15	2020-12-14	莲花
142	香蜜二村（1-16栋）	深圳市福田区莲花街道香蜜二村（1-16栋）第五届业主委员会	五	2018-1-27	2021-1-26	莲花
143	安柏丽晶园	深圳市福田区莲花街道安柏丽晶园第一届业主委员会	一	2018-9-13	2021-9-12	莲花
144	侨福大厦	深圳市福田区莲花街道侨福大厦第五届业主委员会	五	2019-11-6	2022-11-5	莲花
145	缇香名苑一期	深圳市福田区莲花街道缇香名苑一期第五届业主委员会	五	2019-12-23	2022-12-22	莲花
146	深茂商业中心	深圳市福田区莲花街道深茂商业中心第六届业主委员会	六	2020-12-4	2025-12-3	莲花
147	翠景园	深圳市福田区莲花街道翠景园第三届业主委员会	三	2017-7-10	2020-7-9	莲花
148	鲁班大厦	深圳市福田区莲花街道鲁班大厦第六届业主委员会	六	2019-3-12	2022-3-11	莲花
149	擎天华庭	深圳市福田区莲花街道擎天华庭第二届业主委员会	二	2019-12-10	2022-12-9	莲花
150	香丽大厦	深圳市福田区莲花街道香丽大厦第一届业主委员会	一	2019-12-30	2022-12-29	莲花
151	市政生活区	深圳市福田区莲花街道市政生活区第七届业主委员会	七	2021-1-25	2026-1-24	莲花
152	景苑大厦	深圳市福田区莲花街道景苑大厦第三届业主委员会	三	2019-10-31	2022-10-30	莲花
153	紫荆苑一、二期	深圳市福田区莲花街道紫荆苑一、二期第一届业主委员会	一	2020-8-3	2025-8-2	莲花
154	时代华庭	深圳市福田区莲花街道时代华庭第五届业主委员会	五	2020-10-27	2025-10-26	莲花
155	瑞达苑	深圳市福田区莲花街道瑞达苑第一届业主委员会	一	2020-11-23	2025-11-22	莲花
156	香蜜三村	深圳市福田区莲花街道香蜜三村第六届业主委员会	六	2020-12-1	2025-11-30	莲花
157	华茂欣园小区	深圳市福田区莲花街道华茂欣园小区第五届业主委员会	五	2020-12-3	2025-12-2	莲花
158	特区报社住宅大厦大院	深圳市福田区莲花街道特区报社住宅大厦大院第八届业主委员会	八	2021-5-19	2026-5-18	莲花
159	业城阁	深圳市福田区莲花街道业城阁第六届业主委员会	六	2021-6-8	2026-6-7	莲花
160	业城大厦长景阁	深圳市福田区莲花街道业城大厦长景阁第六届业主委员会	六	2021-6-29	2026-6-28	莲花
161	合正逸园	深圳市福田区梅林街道合正逸园第四届业主委员会	四	2019-2-2	2022-2-1	梅林
162	艺丰花园B区	深圳市福田区梅林街道艺丰花园B区第二届业主委员会	二	2021-1-19	2026-1-18	梅林

序号	项目名称	业委会名称	业委会届数	任期开始时间	任期截止时间	所属街道
163	天居水木澜山居	深圳市福田区梅林街道天居水木澜山居第二届业主委员会	二	2021-3-14	2026-3-13	梅林
164	花里林居	深圳市福田区梅林街道花里林居第一届业主委员会	一	2021-5-10	2026-5-9	梅林
165	翰岭花园	深圳市福田区梅林街道翰岭花园第一届业主委员会	一	2021-6-21	2026-6-20	梅林
166	艺丰花园C区	深圳市福田区梅林街道艺丰花园C区第三届业主委员会	三	2021-9-7	2026-9-6	梅林
167	润华苑	深圳市福田区梅林街道润华苑第四届业主委员会	四	2014-1-14	2019-1-15	梅林
168	鸿浩阁	深圳市福田区梅林街道鸿浩阁第五届业主委员会	五	2017-11-7	2020-11-6	梅林
169	润裕苑	深圳市福田区梅林街道润裕苑第三届业主委员会	三	2017-12-18	2020-12-17	梅林
170	四季山水花园一期	深圳市福田区梅林街道四季山水花园一期第一届业主委员会	一	2021-9-15	2026-9-14	梅林
171	华茂苑	深圳市福田区梅林街道华茂苑第四届业主委员会	四	2019-9-12	2022-9-11	梅林
172	碧华庭居	深圳市福田区梅林街道碧华庭居第六届业主委员会	六	2019-10-29	2022-10-28	梅林
173	合正园（合正花园）	深圳市福田区梅林街道合正园（合正花园）第四届业主委员会	四	2021-6-22	2026-6-21	梅林
174	梅林二村	深圳市福田区梅林街道梅林二村第七届业主委员会	七	2017-11-7	2020-11-6	梅林
175	碧云天	深圳市福田区梅林街道碧云天第六届业主委员会	六	2019-1-22	2022-1-21	梅林
176	兰江山第花园	深圳市福田区梅林街道兰江山第花园第一届业主委员会	一	2020-12-24	2025-12-23	梅林
177	栖棠映山花园	深圳市福田区梅林街道栖棠映山花园第一届业主委员会	一	2020-12-24	2025-12-23	梅林
178	通业大厦	深圳市福田区梅林街道通业大厦第五届业主委员会	五	2021-1-18	2026-1-17	梅林
179	梅林苑	深圳市福田区梅林街道梅林苑第一届业主委员会	一	2021-8-17	2026-8-16	梅林
180	梅林一村	深圳市福田区梅林街道梅林一村第四届业主委员会	四	2016-10-31	2019-12-30	梅林
181	梅林住宅楼	深圳市福田区梅林街道梅林住宅楼第一届业主委员会	一	2017-6-21	2020-6-20	梅林
182	雕塑家园、雕塑院	深圳市福田区梅林街道雕塑家园、雕塑院第二届业主委员会	二	2016-7-1	2019-6-30	梅林
183	蓝宝石名庭	深圳市福田区梅林街道蓝宝石名庭第一届业主委员会	一	2018-2-2	2021-2-1	梅林
184	绅宝花园	深圳市福田区梅林街道绅宝花园第五届业主委员会	五	2018-11-29	2021-11-28	梅林
185	金燕园	深圳市福田区梅林街道金燕园第五届业主委员会	五	2019-7-15	2022-7-14	梅林
186	深圳市蓝宝石家园	深圳市福田区梅林街道深圳市蓝宝石家园第三届业主委员会	三	2019-8-25	2022-8-24	梅林
187	先科花园一、二栋	深圳市福田区梅林街道先科花园一、二栋第一届业主委员会	一	2021-6-2	2026-6-1	梅林
188	百兴苑	深圳市福田区梅林街道百兴苑第一届业主委员会	一	2019-11-4	2022-11-3	梅林
189	东方富苑	深圳市福田区梅林街道东方富苑第二届业主委员会	二	2021-6-20	2026-6-19	梅林
190	锦林新居	深圳市福田区梅林街道锦林新居第一届业主委员会	一	2019-4-29	2022-4-28	梅林

续表

序号	项目名称	业委会名称	业委会届数	任期开始时间	任期截止时间	所属街道
191	碧荔花园	深圳市福田区梅林街道碧荔花园第二届业主委员会	二	2019-8-30	2020-8-29	梅林
192	汇龙花园	深圳市福田区梅林街道汇龙花园第四届业主委员会	四	2018-7-29	2021-7-28	梅林
193	艺丰花园A区	深圳市福田区梅林街道艺丰花园A区第一届业主委员会	一	2021-4-14	2026-4-13	梅林
194	东园新村	深圳市福田区南园街道东园新村第三届业主委员会	三	2019-1-15	2022-1-14	南园
195	红岭大厦	深圳市福田区南园街道红岭大厦第八届业主委员会	八	2019-9-5	2022-9-4	南园
196	万德居	深圳市福田区南园街道万德居第五届业主委员会	五	2019-9-12	2022-9-11	南园
197	汇港名苑	深圳市福田区南园街道汇港名苑第四届业主委员会	四	2017-3-10	2020-3-9	南园
198	锦峰大厦	深圳市福田区南园街道锦峰大厦第三届业主委员会	三	2018-8-15	2021-8-14	南园
199	玉福楼	深圳市福田区南园街道玉福楼第二届业主委员会	二	2021-6-8	2026-6-7	南园
200	鹏丽大厦	深圳市福田区南园街道鹏丽大厦第四届业主委员会	四	2019-1-14	2022-1-13	南园
201	光华园	深圳市福田区南园街道光华园第四届业主委员会	四	2019-1-14	2022-1-13	南园
202	统建办公楼	深圳市福田区南园街道统建办公楼第六届业主委员会	六	2016-12-29	2019-12-28	南园
203	赛格苑	深圳市福田区南园街道赛格苑第七届业主委员会	七	2017-5-16	2020-5-15	南园
204	飞扬时代大厦	深圳市福田区南园街道飞扬时代大厦第二届业主委员会	二	2018-5-28	2021-5-27	南园
204	上步大厦	深圳市福田区南园街道上步大厦第五届业主委员会	五	2019-2-4	2022-2-3	南园
206	中电小区	深圳市福田区南园街道中电小区第五届业主委员会	五	2019-9-12	2022-9-11	南园
207	统建商住楼	深圳市福田区南园街道统建商住楼第五届业主委员会	五	2019-9-28	2022-9-27	南园
208	南园新村	深圳市福田区南园街道南园新村第三届业主委员会	三	2020-6-11	2023-6-10	南园
209	爱华住宅小区	深圳市福田区南园街道爱华住宅小区第三届业主委员会	三	2020-7-29	2025-7-28	南园
210	全海花园	深圳市福田区沙头街道全海花园第五届业主委员会	五	2018-9-1	2021-8-31	沙头
211	金海丽名居	深圳市福田区沙头街道金海丽名居第一届业主委员会	一	2021-11-4	2026-11-3	沙头
212	鸿景湾名苑	深圳市福田区沙头街道鸿景湾名苑第五届业主委员会	五	2017-10-26	2020-10-25	沙头
213	万科金域蓝湾	深圳市福田区沙头街道万科金域蓝湾第一届业主委员会	一	2021-12-13	2026-12-12	沙头
214	碧海云天	深圳市福田区沙头街道碧海云天第四届业主委员会	四	2015-11-6	2018-11-5	沙头
215	新浩城	深圳市福田区沙头街道新浩城第五届业主委员会	五	2019-12-8	2022-12-7	沙头
216	金地花园	深圳市福田区沙头街道金地花园第四届业主委员会	四	2012-11-30	2015-11-29	沙头
217	椰树花园	深圳市福田区沙头街道椰树花园第五届业主委员会	五	2014-7-25	2017-7-24	沙头
218	荔树人家	深圳市福田区沙头街道荔树人家第四届业主委员会	四	2020-1-22	2025-1-21	沙头
219	元盛兴苑	深圳市福田区沙头街道元盛兴苑第三届业主委员会	三	2016-12-6	2019-12-5	沙头
220	蓝湾半岛社区一期	深圳市福田区沙头街道蓝湾半岛社区一期第五届业主委员会	五	2018-7-1	2021-6-30	沙头
221	好景豪园	深圳市福田区沙头街道好景豪园第三届业主委员会	三	2018-10-19	2020-10-18	沙头

序号	项目名称	业委会名称	业委会届数	任期开始时间	任期截止时间	所属街道
222	杭钢富春商务大厦	深圳市福田区沙头街道杭钢富春商务大厦第三届业主委员会	三	2015-7-5	2018-7-4	沙头
223	都市阳光名苑	深圳市福田区沙头街道都市阳光名苑第五届业主委员会	五	2019-12-11	2022-12-10	沙头
224	新中苑	深圳市福田区沙头街道新中苑第二届业主委员会	二	2017-12-15	2020-12-14	沙头
225	福昌苑	深圳市福田区沙头街道福昌苑第六届业主委员会	六	2018-1-10	2021-1-9	沙头
226	蜜园	深圳市福田区沙头街道蜜园第三届业主委员会	三	2018-7-28	2021-7-27	沙头
227	宝鸿苑	深圳市福田区沙头街道宝鸿苑第四届业主委员会	四	2019-3-26	2022-3-25	沙头
228	万基商务大厦	深圳市福田区沙头街道万基商务大厦第三届业主委员会	三	2019-8-20	2022-8-19	沙头
229	国都高尔夫花园（二期）	深圳市福田区沙头街道国都高尔夫花园(二期)第三届业主委员会	三	2019-12-30	2022-12-29	沙头
230	金福苑	深圳市福田区沙头街道金福苑第四届业主委员会	四	2017-3-31	2020-3-30	沙头
231	南溪新苑	深圳市福田区沙头街道南溪新苑第二届业主委员会	二	2019-6-13	2022-6-12	沙头
232	中城天邑花园	深圳市福田区沙头街道中城天邑花园第四届业主委员会	四	2020-6-15	2023-6-14	沙头
233	新洲骏皇嘉园	深圳市福田区沙头街道新洲骏皇嘉园第一届业主委员会	一	2020-7-21	2025-7-20	沙头
234	香江东苑	深圳市福田区沙头街道香江东苑第一届业主委员会	一	2021-7-13	2026-7-12	沙头
235	星河雅居	深圳市福田区沙头街道星河雅居第一届业主委员会	一	2021-10-22	2026-10-21	沙头
236	东海花园一期	深圳市福田区香蜜湖街道东海花园一期第六届业主委员会	六	2020-4-18	2025-4-17	香蜜湖
237	东海十八居	深圳市福田区香蜜湖街道东海十八居第一届业主委员会	一	2020-12-10	2025-12-9	香蜜湖
238	雍祥居	深圳市福田区香蜜湖街道雍祥居第五届业主委员会	五	2020-12-15	2025-12-14	香蜜湖
239	香珠花园	深圳市福田区香蜜湖街道香珠花园第一届业主委员会	一	2020-12-28	2025-12-27	香蜜湖
240	浩铭财富广场	深圳市福田区香蜜湖街道浩铭财富广场第一届业主委员会	一	2020-12-30	2025-12-29	香蜜湖
241	东海花园福禄居	深圳市福田区香蜜湖街道东海花园福禄居第五届业主委员会	五	2021-9-2	2026-9-1	香蜜湖
242	香蜜天宝物华家园	深圳市福田区香蜜湖街道香蜜天宝物华家园第二届业主委员会	二	2018-6-10	2020-6-9	香蜜湖
243	俊安苑	深圳市福田区香蜜湖街道俊安苑第四届业主委员会	四	2019-3-5	2021-3-4	香蜜湖
244	香榭茗园	深圳市福田区香蜜湖街道香榭茗园第四届业主委员会	四	2021-4-1	2026-3-31	香蜜湖
245	荔林苑	深圳市福田区香蜜湖街道荔林苑第七届业主委员会	七	2021-5-19	2026-5-18	香蜜湖
246	振业翠海花园	深圳市福田区香蜜湖街道振业翠海花园第六届业主委员会	六	2021-6-17	2026-6-16	香蜜湖
247	侨香村	深圳市福田区香蜜湖街道侨香村第三届业主委员会	三	2018-2-9	2022-2-8	香蜜湖
248	温馨家园	深圳市福田区香蜜湖街道温馨家园第七届业主委员会	七	2021-6-5	2026-6-4	香蜜湖

续表

序号	项目名称	业委会名称	业委会届数	任期开始时间	任期截止时间	所属街道
249	安托山花园	深圳市福田区香蜜湖街道安托山花园第一届业主委员会	一	2021-4-2	2026-4-1	香蜜湖
250	锦庐花园	深圳市福田区香蜜湖街道锦庐花园第一届业主委员会	一	2021-4-12	2026-4-11	香蜜湖
251	天健公馆	深圳市福田区香蜜湖街道天健公馆第一届业主委员会	一	2021-6-4	2026-6-3	香蜜湖
252	香格丽苑	深圳市福田区香蜜湖街道香格丽苑第四届业主委员会	四	2021-6-21	2026-6-20	香蜜湖
253	蝴蝶谷名苑	深圳市福田区香蜜湖街道蝴蝶谷名苑第四届业主委员会	四	2018-12-23	2021-12-22	香蜜湖
254	越众越海家园	深圳市福田区香蜜湖街道越众越海家园第一届业主委员会	一	2021-7-7	2026-7-6	香蜜湖
255	竹盛花园	深圳市福田区香蜜湖街道竹盛花园第二届业主委员会	二	2021-12-22	2026-12-21	香蜜湖
256	香雅园	深圳市福田区香蜜湖街道香雅园第二届业主委员会	二	2017-7-4	2020-7-3	香蜜湖
257	豪峰园	深圳市福田区香蜜湖街道豪峰园第二届业主委员会	二	2018-11-5	2021-11-4	香蜜湖
258	瀚盛花园（原香蜜奕翠园）	深圳市福田区香蜜湖街道瀚盛花园（原香蜜奕翠园）第四届业主委员会	四	2020-2-17	2025-2-16	香蜜湖
259	星逸居	深圳市福田区香蜜湖街道星逸居第一届业主委员会	一	2021-6-2	2026-6-1	香蜜湖
260	恒星园	深圳市福田区香蜜湖街道恒星园第五届业主委员会	五	2021-9-27	2026-9-26	香蜜湖
261	香蜜湖商住楼	深圳市福田区香蜜湖街道香蜜湖商住楼第二届业主委员会	二	2018-10-15	2021-10-14	香蜜湖
262	香荟雅苑	深圳市福田区香蜜湖街道香荟雅苑第一届业主委员会	一	2019-1-20	2022-1-19	香蜜湖
263	香蜜湖第一生态苑	深圳市福田区香蜜湖街道香蜜湖第一生态苑第五届业主委员会	五	2019-7-24	2022-7-23	香蜜湖
264	新天国际名苑	深圳市福田区香蜜湖街道新天国际名苑第四届业主委员会	四	2019-11-2	2022-11-1	香蜜湖
265	水榭花都	深圳市福田区香蜜湖街道水榭花都第三届业主委员会	三	2020-2-28	2025-2-27	香蜜湖
266	熙园	深圳市福田区香蜜湖街道熙园第六届业主委员会	六	2021-8-27	2026-8-26	香蜜湖
267	香诗美林	深圳市福田区香蜜湖街道香诗美林第四届业主委员会	四	2018-7-28	2021-7-27	香蜜湖
268	金竹花园	深圳市福田区香蜜湖街道金竹花园第五届业主委员会	五	2019-7-4	2022-7-3	香蜜湖
269	香山美树苑	深圳市福田区香蜜湖街道香山美树苑第三届业主委员会	三	2019-10-22	2022-10-21	香蜜湖
270	建业小区（南区）	深圳市福田区香蜜湖街道建业小区（南区）第一届业主委员会	一	2021-5-26	2026-5-25	香蜜湖
271	风临左岸名苑	深圳市福田区香蜜湖街道风临左岸名苑第一届业主委员会	一	2021-6-1	2026-5-31	香蜜湖
272	建业小区（北区）	深圳市福田区香蜜湖街道建业小区（北区）第一届业主委员会	一	2021-10-25	2026-10-24	香蜜湖
273	建业大厦	深圳市福田区香蜜湖街道建业大厦第一届业主委员会	一	2021-11-3	2026-11-2	香蜜湖
274	八卦岭五区工业区	深圳市福田区园岭街道八卦岭五区工业区第七届业主委员会	七	2020-11-16	2025-11-15	园岭

序号	项目名称	业委会名称	业委会届数	任期开始时间	任期截止时间	所属街道
275	庆安航空大厦	深圳市福田区园岭街道庆安航空大厦第七届业主委员会	七	2021-9-27	2026-9-26	园岭
276	南天二花园	深圳市福田区园岭街道南天二花园第七届业主委员会	七	2019-4-17	2022-4-16	园岭
277	国城花园	深圳市福田区园岭街道国城花园第七届业主委员会	七	2019-4-21	2022-4-20	园岭
278	百花园	深圳市福田区园岭街道百花园第六届业主委员会	六	2021-8-23	2026-8-22	园岭
279	城市主场公寓	深圳市福田区园岭街道城市主场公寓第二届业主委员会	二	2019-10-24	2022-10-23	园岭
280	八卦岭宿舍区	深圳市福田区园岭街道八卦岭宿舍区第七届业主委员会	七	2018-8-9	2021-8-8	园岭
281	中浩大厦	深圳市福田区园岭街道中浩大厦第四届业主委员会	四	2018-12-14	2021-12-13	园岭
282	意馨居	深圳市福田区园岭街道意馨居第一届业主委员会	一	2019-9-27	2022-9-26	园岭
283	园东花园	深圳市福田区园岭街道园东花园第八届业主委员会	八	2021-7-29	2026-7-28	园岭
284	长城一花园	深圳市福田区园岭街道长城一花园第三届业主委员会	三	2017-9-4	2020-9-3	园岭
285	长乐花园	深圳市福田区园岭街道长乐花园第六届业主委员会	六	2018-11-24	2021-11-23	园岭
286	核电花园	深圳市福田区园岭街道核电花园第七届业主委员会	七	2019-6-3	2022-6-2	园岭
287	长城七号楼	深圳市福田区园岭街道长城七号楼第六届业主委员会	六	2019-6-10	2022-6-9	园岭
288	百花公寓1、2号楼	深圳市福田区园岭街道百花公寓1、2号楼第六届业主委员会	六	2019-7-18	2022-7-17	园岭
289	长泰花园	深圳市福田区园岭街道长泰花园第六届业主委员会	六	2019-8-11	2022-8-10	园岭
290	长城二花园	深圳市福田区园岭街道长城二花园第六届业主委员会	六	2020-12-21	2025-12-20	园岭
291	长怡花园	深圳市福田区园岭街道长怡花园第七届业主委员会	七	2021-4-8	2026-4-7	园岭
292	长安花园	深圳市福田区园岭街道长安花园第六届业主委员会	六	2021-6-4	2026-6-3	园岭
293	百花公寓4栋、5栋	深圳市福田区园岭街道百花公寓4栋、5栋第七届业主委员会	七	2021-6-21	2026-6-20	园岭

罗湖区   表4-1-2

序号	项目名称	业主委员会名称	业委会届数	任期时间	到期时间	所属街道
1	鸿园居	深圳市罗湖区翠竹街道鸿园居第五届业主委员会	五	2015-6-28	2018-6-27	翠竹
2	供电局水贝大院	深圳市罗湖区翠竹街道供电局水贝大院第三届业主委员会	三	2019-11-28	2022-11-27	翠竹
3	百仕达花园一期	深圳市罗湖区翠竹街道百仕达花园一期第七届业主委员会	七	2020-8-22	2023-8-21	翠竹
4	泊林花园	深圳市罗湖区翠竹街道泊林花园第一届业主委员会	一	2019-6-6	2022-6-5	翠竹
5	深华丽园商住综合楼、单身宿舍	深圳市罗湖区翠竹街道深华丽园商住综合楼、单身宿舍第四届业主委员会	四	2020-12-1	2023-11-30	翠竹
6	金贝苑	深圳市罗湖区翠竹街道金贝苑第二届业主委员会	二	2020-12-30	2023-12-29	翠竹
7	化工大院	深圳市罗湖区翠竹街道化工大院第一届业主委员会	一	2021-12-16	2026-12-15	翠竹
8	美思苑大厦	深圳市罗湖区翠竹街道美思苑大厦第三届业主委员会	三	2017-10-30	2020-10-29	翠竹

序号	项目名称	业主委员会名称	业委会届数	任期时间	到期时间	所属街道
9	环卫大院	深圳市罗湖区翠竹街道环卫大院第二届业主委员会	二	2017-11-7	2020-11-6	翠竹
10	逸翠园	深圳市罗湖区翠竹街道逸翠园第六届业主委员会	六	2020-8-31	2023-8-30	翠竹
11	翠苑小区	深圳市罗湖区翠竹街道翠苑小区第二届业主委员会	二	2014-7-1	2017-6-30	翠竹
12	马古岭住宅区	深圳市罗湖区翠竹街道马古岭住宅区第二届业主委员会	二	2014-10-24	2017-10-23	翠竹
13	文锦广场	深圳市罗湖区翠竹街道文锦广场第五届业主委员会	五	2015-9-20	2018-9-19	翠竹
14	市人民医院住宅楼	深圳市罗湖区翠竹街道市人民医院住宅楼第一届业主委员会	一	2017-12-8	2020-12-7	翠竹
15	华丽园	深圳市罗湖区翠竹街道华丽园第六届业主委员会	六	2021-6-29	2026-6-28	翠竹
16	鸿业苑	深圳市罗湖区翠竹街道鸿业苑第二届业主委员会	二	2015-4-8	2018-4-7	翠竹
17	东湖丽苑	深圳市罗湖区翠竹街道东湖丽苑第五届业主委员会	五	2021-12-31	2026-12-30	翠竹
18	嘉多利花园（南、北）	深圳市罗湖区翠竹街道嘉多利花园（南、北）第五届业主委员会	五	2016-4-13	2019-4-12	翠竹
19	田贝东3号大院	深圳市罗湖区翠竹街道田贝东3号大院第三届业主委员会	三	2018-8-31	2021-8-30	翠竹
20	深宝小区	深圳市罗湖区翠竹街道深宝小区第一届业主委员会	一	2019-1-27	2022-1-26	翠竹
21	龙屋小区	深圳市罗湖区翠竹街道龙屋小区第五届业主委员会	五	2019-8-28	2022-8-27	翠竹
22	柏丽花园	深圳市罗湖区翠竹街道柏丽花园第六届业主委员会	六	2020-3-15	2023-3-14	翠竹
23	怡泰大厦	深圳市罗湖区翠竹街道怡泰大厦第一届业主委员会	一	2020-1-21	2023-1-20	翠竹
24	洪湖东岸家园	深圳市罗湖区翠竹街道洪湖东岸家园第三届业主委员会	三	2019-12-29	2022-12-28	翠竹
25	新丰大厦	深圳市罗湖区翠竹街道新丰大厦第五届业主委员会	五	2017-6-1	2022-5-31	翠竹
26	田贝四路83号大院（米面厂）	深圳市罗湖区翠竹街道田贝四路83号大院（米面厂）第三届业主委员会	三	2015-7-13	2018-7-12	翠竹
27	翠珠小区	深圳市罗湖区翠竹街道翠珠小区第三届业主委员会	三	2015-7-20	2020-7-19	翠竹
28	鹏城合正星园	深圳市罗湖区翠竹街道鹏城合正星园第四届业主委员会	四	2016-10-15	2021-10-14	翠竹
29	愉天小区	深圳市罗湖区翠竹街道愉天小区第一届业主委员会	一	2018-12-4	2021-12-4	翠竹
30	田苑小区	深圳市罗湖区翠竹街道田苑小区第一届业主委员会	一	2019-5-21	2022-5-20	翠竹
31	金丽豪苑	深圳市罗湖区翠竹街道金丽豪苑第六届业主委员会	六	2020-8-7	2023-8-6	翠竹
32	布心花园四区	深圳市罗湖区东湖街道布心花园四区第四届业主委员会	四	2018-10-16	2021-10-15	东湖
33	心怡花园（布心G小区）	深圳市罗湖区东湖街道心怡花园（布心G小区）第三届业主委员会	三	2018-6-25	2021-6-24	东湖
34	宝湖名园	深圳市罗湖区东湖街道宝湖名园第三届业主委员会	三	2019-12-23	2022-12-22	东湖
35	鹏城花园二期	深圳市罗湖区东湖街道鹏城花园二期第二届业主委员会	二	2021-8-26	2026-8-25	东湖
36	东安花园	深圳市罗湖区东湖街道东安花园第二届业主委员会	二	2014-12-9	2017-12-8	东湖
37	百仕达东郡广场	深圳市罗湖区东湖街道百仕达东郡广场第三届业主委员会	三	2016-9-12	2019-9-11	东湖

序号	项目名称	业主委员会名称	业委会届数	任期时间	到期时间	所属街道
38	金泰名苑	深圳市罗湖区东湖街道金泰名苑第三届业主委员会	三	2021-3-9	2026-3-8	东湖
39	绿映居	深圳市罗湖区东湖街道绿映居第四届业主委员会	四	2018-6-22	2021-6-21	东湖
40	淘金山湖景花园	深圳市罗湖区东湖街道淘金山湖景花园第四届业主委员会	四	2019-9-18	2022-9-17	东湖
41	翡翠园	深圳市罗湖区东湖街道翡翠园第二届业主委员会	二	2020-11-30	2023-11-29	东湖
42	翡翠园山湖居	深圳市罗湖区东湖街道翡翠园山湖居第四届业主委员会	四	2020-11-30	2023-11-29	东湖
43	金洲花园	深圳市罗湖区东湖街道金洲花园第二届业主委员会	二	2014-10-16	2017-10-15	东湖
44	谱心苑	深圳市罗湖区东湖街道谱心苑第五届业主委员会	五	2021-6-16	2026-6-15	东湖
45	东门广场大厦	深圳市罗湖区东门街道东门广场大厦第三届业主委员会	三	2017-5-21	2022-5-20	东门
46	外贸集团大厦	深圳市罗湖区东门街道外贸集团大厦第六届业主委员会	六	2020-9-17	2023-9-16	东门
47	金泰地铁商场	深圳市罗湖区东门街道金泰地铁商场第一届业主委员会	一	2014-1-8	2017-1-7	东门
48	新风花园	深圳市罗湖区东门街道新风花园第三届业主委员会	三	2014-5-20	2017-5-19	东门
49	方海商苑	深圳市罗湖区东门街道方海商苑第六届业主委员会	六	2019-8-27	2022-8-26	东门
50	八达商城	深圳市罗湖区东门街道八达商城第五届业主委员会	五	2019-10-26	2022-10-25	东门
51	深圳戏院中海商城	深圳市罗湖区东门街道深圳戏院中海商城第五届业主委员会	五	2021-4-1	2026-3-31	东门
52	越港商业中心	深圳市罗湖区东门街道越港商业中心第三届业主委员会	三	2021-6-18	2026-6-17	东门
53	世濠大厦	深圳市罗湖区东门街道世濠大厦第一届业主委员会	一	2021-11-10	2026-11-9	东门
54	嘉年华名苑	深圳市罗湖区东门街道嘉年华名苑第五届业主委员会	五	2017-4-15	2022-4-14	东门
55	旺业豪苑	深圳市罗湖区东门街道旺业豪苑第一届业主委员会	一	2019-3-5	2022-3-4	东门
56	公园上苑	深圳市罗湖区东门街道公园上苑第一届业主委员会	一	2019-6-17	2022-6-17	东门
57	同乐大厦	深圳市罗湖区东门街道同乐大厦第五届业主委员会	五	2019-8-24	2022-8-23	东门
58	彩园	深圳市罗湖区东门街道彩园第六届业主委员会	六	2021-5-26	2026-5-25	东门
59	中信星光名庭	深圳市罗湖区东门街道中信星光名庭第四届业主委员会	四	2021-8-6	2026-8-5	东门
60	凉果街多层住宅小区	深圳市罗湖区东门街道凉果街多层住宅小区第三届业主委员会	三	2014-3-31	2017-3-30	东门
61	培森大厦	深圳市罗湖区东门街道培森大厦第四届业主委员会	四	2021-8-31	2026-8-30	东门
62	东方华都大厦	深圳市罗湖区东门街道东方华都大厦第三届业主委员会	三	2018-6-22	2021-6-21	东门
63	缤纷时代家园	深圳市罗湖区东门街道缤纷时代家园第四届业主委员会	四	2019-7-6	2022-7-5	东门
64	万达丰大厦	深圳市罗湖区东门街道万达丰大厦第六届业主委员会	六	2020-9-30	2023-9-29	东门
65	一品东门雅园	深圳市罗湖区东门街道一品东门雅园第一届业主委员会	一	2021-4-23	2026-4-22	东门
66	聚龙大厦	深圳市罗湖区东门街道聚龙大厦第五届业主委员会	五	2021-4-27	2026-4-26	东门
67	紫荆花园	深圳市罗湖区东晓街道紫荆花园第五届业主委员会	五	2019-9-23	2022-9-22	东晓
68	东晓花园	深圳市罗湖区东晓街道东晓花园第一届业主委员会	一	2013-11-22	2016-11-21	东晓

续表

序号	项目名称	业主委员会名称	业委会届数	任期时间	到期时间	所属街道
69	东兴大院	深圳市罗湖区东晓街道东兴大院第二届业主委员会	二	2014-7-12	2017-7-11	东晓
70	泰和花园	深圳市罗湖区东晓街道泰和花园第二届业主委员会	二	2014-10-19	2017-10-18	东晓
71	布心阳光明居	深圳市罗湖区东晓街道布心阳光明居第三届业主委员会	三	2018-3-12	2021-3-11	东晓
72	百仕达花园三期	深圳市罗湖区东晓街道百仕达花园三期第五届业主委员会	五	2019-4-18	2022-4-17	东晓
73	太阳新城	深圳市罗湖区东晓街道太阳新城第四届业主委员会	四	2015-1-8	2018-1-7	东晓
74	大地花园	深圳市罗湖区东晓街道大地花园第五届业主委员会	五	2015-5-12	2018-5-11	东晓
75	英达花园	深圳市罗湖区东晓街道英达花园第四届业主委员会	四	2015-8-28	2018-8-27	东晓
76	碧岭华庭	深圳市罗湖区东晓街道碧岭华庭第四届业主委员会	四	2019-8-20	2022-8-19	东晓
77	松泉阁	深圳市罗湖区东晓街道松泉阁第二届业主委员会	二	2019-12-23	2022-12-22	东晓
78	丰湖大厦	深圳市罗湖区东晓街道丰湖大厦第三届业主委员会	三	2020-11-19	2023-11-18	东晓
79	鸿翠苑	深圳市罗湖区东晓街道鸿翠苑第一届业主委员会	一	2015-9-20	2018-9-19	东晓
80	比华利山庄	深圳市罗湖区东晓街道比华利山庄第一届业主委员会	一	2021-3-22	2024-3-21	东晓
81	翠山花半里雅筑	深圳市罗湖区东晓街道翠山花半里雅筑第一届业主委员会	一	2021-11-1	2026-10-31	东晓
82	松泉公寓	深圳市罗湖区东晓街道松泉公寓第一届业主委员会	一	2016-8-24	2022-4-25	东晓
83	长富花园	深圳市罗湖区东晓街道长富花园第三届业主委员会	三	2018-8-19	2021-8-18	东晓
84	鹿鸣园	深圳市罗湖区东晓街道鹿鸣园第一届业主委员会	一	2021-2-1	2024-1-31	东晓
85	天地大厦	深圳市罗湖区桂园街道天地大厦第七届业主委员会	七	2016-9-19	2021-8-18	桂园
86	万科桂苑	深圳市罗湖区桂园街道万科桂苑第七届业主委员会	七	2019-5-15	2022-5-14	桂园
87	宝泉庄	深圳市罗湖区桂园街道宝泉庄第六届业主委员会	六	2019-6-19	2024-6-18	桂园
88	岭南小区	深圳市罗湖区桂园街道岭南小区第二届业主委员会	二	2019-6-27	2024-6-26	桂园
89	金园	深圳市罗湖区桂园街道金园第一届业主委员会	一	2020-1-13	2023-1-12	桂园
90	外运小区	深圳市罗湖区桂园街道外运小区第六届业主委员会	六	2021-11-5	2026-11-4	桂园
91	国都花园	深圳市罗湖区桂园街道国都花园第五届业主委员会	五	2014-4-21	2017-4-20	桂园
92	桂花大厦	深圳市罗湖区桂园街道桂花大厦第六届业主委员会	六	2017-8-29	2022-8-28	桂园
93	天元大厦	深圳市罗湖区桂园街道天元大厦第五届业主委员会	五	2018-6-20	2021-6-19	桂园
94	雅馨居	深圳市罗湖区桂园街道雅馨居第一届业主委员会	一	2018-11-16	2023-11-15	桂园
95	电影大厦	深圳市罗湖区桂园街道电影大厦第五届业主委员会	五	2019-6-7	2024-6-6	桂园
96	大信大厦	深圳市罗湖区桂园街道大信大厦第二届业主委员会	二	2019-7-11	2024-7-10	桂园
97	宝丽大厦	深圳市罗湖区桂园街道宝丽大厦第六届业主委员会	六	2021-10-15	2026-10-14	桂园
98	广场北街小区	深圳市罗湖区桂园街道广场北街小区第五届业主委员会	五	2015-11-26	2020-11-25	桂园
99	荔景大厦	深圳市罗湖区桂园街道荔景大厦第二届业主委员会	二	2017-12-21	2020-12-20	桂园
100	红岭集团小区	深圳市罗湖区桂园街道红岭集团小区第一届业主委员会	一	2019-5-6	2024-5-5	桂园

序号	项目名称	业主委员会名称	业委会届数	任期时间	到期时间	所属街道
101	骏庭名园	深圳市罗湖区桂园街道骏庭名园第五届业主委员会	五	2019-7-26	2024-7-25	桂园
102	美荔园大厦	深圳市罗湖区桂园街道美荔园大厦第五届业主委员会	五	2019-8-22	2022-8-21	桂园
103	威登别墅	深圳市罗湖区桂园街道威登别墅第七届业主委员会	七	2019-9-22	2022-9-21	桂园
104	海关生活区鹿丹村生活区	深圳市罗湖区桂园街道海关生活区鹿丹村生活区第一届业主委员会	一	2017-12-21	2020-12-20	桂园
105	鹿丹铁路新村	深圳市罗湖区桂园街道鹿丹铁路新村第一届业主委员会	一	2018-1-24	2021-1-22	桂园
106	河南外贸大院小区	深圳市罗湖区桂园街道河南外贸大院小区第一届业主委员会	一	2015-9-15	2018-9-14	桂园
107	龙园创展	深圳市罗湖区桂园街道龙园创展第一届业主委员会	一	2019-7-8	2022-7-7	桂园
108	嘉宾花园	深圳市罗湖区桂园街道嘉宾花园第六届业主委员会	六	2019-7-16	2022-7-15	桂园
109	供电南苑	深圳市罗湖区桂园街道供电南苑第三届业主委员会	三	2021-3-30	2026-3-29	桂园
110	深南东路沿河西2号院1、2、3栋	深圳市罗湖区桂园街道深南东路沿河西2号院1、2、3栋第三届业主委员会	三	2021-3-30	2026-3-29	桂园
111	中航凯特公寓	深圳市罗湖区桂园街道中航凯特公寓第二届业主委员会	二	2015-3-25	2020-3-24	桂园
112	金众经典家园	深圳市罗湖区桂园街道金众经典家园第六届业主委员会	六	2019-12-12	2022-12-11	桂园
113	鸿翔花园	深圳市罗湖区桂园街道鸿翔花园第四届业主委员会	四	2021-12-7	2026-12-6	桂园
114	都市名园	深圳市罗湖区桂园街道都市名园第三届业主委员会	三	2014-8-26	2017-8-25	桂园
115	华瑞大厦	深圳市罗湖区桂园街道华瑞大厦第二届业主委员会	二	2018-3-9	2021-3-8	桂园
116	金丰城大厦	深圳市罗湖区桂园街道金丰城大厦第七届业主委员会	七	2019-8-28	2024-8-27	桂园
117	天景花园	深圳市罗湖区黄贝街道天景花园第八届业主委员会	八	2013-12-27	2016-12-26	黄贝
118	景贝北	深圳市罗湖区黄贝街道景贝北第二届业主委员会	二	2013-12-30	2016-12-29	黄贝
119	东湖大厦	深圳市罗湖区黄贝街道东湖大厦第五届业主委员会	五	2015-5-15	2018-5-14	黄贝
120	外贸大院	深圳市罗湖区黄贝街道外贸大院第六届业主委员会	六	2018-9-9	2021-9-8	黄贝
121	电视台宿舍小区	深圳市罗湖区黄贝街道电视台宿舍小区第一届业主委员会	一	2019-6-21	2022-6-20	黄贝
122	罗湖区委统建楼	深圳市罗湖区黄贝街道罗湖区委统建楼第六届业主委员会	六	2020-11-26	2025-11-25	黄贝
123	中山花园	深圳市罗湖区黄贝街道中山花园第二届业主委员会	二	2014-11-17	2017-11-16	黄贝
124	华裕花园	深圳市罗湖区黄贝街道华裕花园第一届业主委员会	一	2018-8-31	2021-8-30	黄贝
125	庐峰翠苑	深圳市罗湖区黄贝街道庐峰翠苑第六届业主委员会	六	2019-7-3	2022-7-2	黄贝
126	海珑华苑	深圳市罗湖区黄贝街道海珑华苑第四届业主委员会	四	2020-4-30	2022-4-29	黄贝
127	安业馨园	深圳市罗湖区黄贝街道安业馨园第四届业主委员会	四	2021-5-15	2026-5-14	黄贝
128	曦龙山庄	深圳市罗湖区黄贝街道曦龙山庄第一届业主委员会	一	2021-9-18	2026-9-17	黄贝
129	宁水花园	深圳市罗湖区黄贝街道宁水花园第三届业主委员会	三	2015-9-29	2018-9-28	黄贝

续表

序号	项目名称	业主委员会名称	业委会届数	任期时间	到期时间	所属街道
130	文华花园（多层、文华文富楼）	深圳市罗湖区黄贝街道文华花园（多层、文华文富楼）第三届业主委员会	三	2014-10-10	2017-10-9	黄贝
131	朗钜御风庭	深圳市罗湖区黄贝街道朗钜御风庭第三届业主委员会	三	2015-4-1	2018-3-31	黄贝
132	文锦渡海关三院生活区	深圳市罗湖区黄贝街道文锦渡海关三院生活区第一届业主委员会	一	2017-10-16	2020-10-15	黄贝
133	丹枫白露苑	深圳市罗湖区黄贝街道丹枫白露苑第一届业主委员会	一	2019-7-2	2022-7-1	黄贝
134	文华大厦	深圳市罗湖区黄贝街道文华大厦第五届业主委员会	五	2020-3-28	2022-3-27	黄贝
135	通发花园	深圳市罗湖区黄贝街道通发花园第一届业主委员会	一	2015-11-9	2018-11-8	黄贝
136	名泰轩	深圳市罗湖区黄贝街道名泰轩第五届业主委员会	五	2021-1-10	2023-1-9	黄贝
137	新秀村	深圳市罗湖区黄贝街道新秀村第三届业主委员会	三	2017-7-12	2022-7-11	黄贝
138	九洲公司住宅楼	深圳市罗湖区黄贝街道九洲公司住宅楼第一届业主委员会	一	2020-11-26	2025-11-25	黄贝
139	锦缘里嘉园	深圳市罗湖区黄贝街道锦缘里嘉园第一届业主委员会	一	2020-12-21	2025-12-20	黄贝
140	东方都会大厦	深圳市罗湖区黄贝街道东方都会大厦第四届业主委员会	四	2021-12-20	2026-12-19	黄贝
141	食品公司宿舍	深圳市罗湖区黄贝街道食品公司宿舍第一届业主委员会	一	2014-12-22	2017-12-21	黄贝
142	海丽大厦	深圳市罗湖区黄贝街道海丽大厦第五届业主委员会	五	2015-12-8	2018-12-7	黄贝
143	华丽西村	深圳市罗湖区黄贝街道华丽西村第二届业主委员会	二	2017-10-16	2020-10-15	黄贝
144	环岛丽园	深圳市罗湖区黄贝街道环岛丽园第五届业主委员会	五	2020-9-20	2022-9-20	黄贝
145	金城华庭	深圳市罗湖区黄贝街道金城华庭第四届业主委员会	四	2020-12-24	2025-12-23	黄贝
146	罗湖区怡景花园	深圳市罗湖区黄贝街道罗湖区怡景花园第三届业主委员会	三	2019-8-5	2022-8-4	黄贝
147	仙湖枫景家园	深圳市罗湖区莲塘街道仙湖枫景家园第二届业主委员会	二	2015-12-28	2020-12-27	莲塘
148	鹏莲花园	深圳市罗湖区莲塘街道鹏莲花园第三届业主委员会	三	2015-12-22	2018-12-21	莲塘
149	桐景花园	深圳市罗湖区莲塘街道桐景花园第五届业主委员会	五	2017-3-28	2020-3-27	莲塘
150	莲泉阁	深圳市罗湖区莲塘街道莲泉阁第二届业主委员会	二	2017-3-30	2020-3-29	莲塘
151	名骏豪庭	深圳市罗湖区莲塘街道名骏豪庭第五届业主委员会	五	2019-9-8	2022-9-7	莲塘
152	鹏兴花园五期	深圳市罗湖区莲塘街道鹏兴花园五期第六届业主委员会	六	2019-11-20	2024-11-19	莲塘
153	港莲村	深圳市罗湖区莲塘街道港莲村第四届业主委员会	四	2021-9-14	2026-9-13	莲塘
154	聚福花园	深圳市罗湖区莲塘街道聚福花园第五届业主委员会	五	2019-8-6	2022-8-5	莲塘
155	聚宝花园	深圳市罗湖区莲塘街道聚宝花园第七届业主委员会	七	2019-8-10	2022-8-9	莲塘
156	合正锦园	深圳市罗湖区莲塘街道合正锦园第五届业主委员会	五	2019-11-9	2022-11-8	莲塘
157	畔山花园	深圳市罗湖区莲塘街道畔山花园第五届业主委员会	五	2020-9-13	2023-9-12	莲塘
158	鹏兴花园二期	深圳市罗湖区莲塘街道鹏兴花园二期第五届业主委员会	五	2014-6-8	2017-6-7	莲塘
159	祥和花园一期	深圳市罗湖区莲塘街道祥和花园一期第五届业主委员会	五	2015-5-13	2018-5-12	莲塘
160	仙湖明居	深圳市罗湖区莲塘街道仙湖明居第三届业主委员会	三	2018-2-2	2021-2-1	莲塘

序号	项目名称	业主委员会名称	业委会届数	任期时间	到期时间	所属街道
161	莲塘供水住宅楼	深圳市罗湖区莲塘街道莲塘供水住宅楼第二届业主委员会	二	2018-7-24	2021-7-23	莲塘
162	莲塘工业区	深圳市罗湖区莲塘街道莲塘工业区第六届业主委员会	六	2018-8-20	2021-8-19	莲塘
163	鹏兴花园三期	深圳市罗湖区莲塘街道鹏兴花园三期第五届业主委员会	五	2018-8-28	2021-8-27	莲塘
164	仙泉山庄	深圳市罗湖区莲塘街道仙泉山庄第二届业主委员会	二	2018-11-26	2021-12-25	莲塘
165	鹏兴花园一期	深圳市罗湖区莲塘街道鹏兴花园一期第六届业主委员会	六	2019-10-15	2022-10-14	莲塘
166	仙桐雅轩	深圳市罗湖区莲塘街道仙桐雅轩第四届业主委员会	四	2020-6-29	2025-6-28	莲塘
167	鹏兴花园六期	深圳市罗湖区莲塘街道鹏兴花园六期第六届业主委员会	六	2021-4-9	2026-4-8	莲塘
168	雅翠轩	深圳市罗湖区莲塘街道雅翠轩第一届业主委员会	一	2021-5-10	2026-5-9	莲塘
169	鹿茵翠地	深圳市罗湖区莲塘街道鹿茵翠地第二届业主委员会	二	2016-1-30	2021-1-29	莲塘
170	萃峰阁花园	深圳市罗湖区莲塘街道萃峰阁花园第五届业主委员会	五	2020-7-6	2023-7-5	莲塘
171	富达花园	深圳市罗湖区莲塘街道富达花园第二届业主委员会	二	2014-12-6	2017-12-5	莲塘
172	翠榕花园	深圳市罗湖区莲塘街道翠榕花园第三届业主委员会	三	2015-7-31	2018-7-30	莲塘
173	雍翠豪园	深圳市罗湖区莲塘街道雍翠豪园第五届业主委员会	五	2015-11-15	2018-11-14	莲塘
174	华景园	深圳市罗湖区莲塘街道华景园第一届业主委员会	一	2017-6-17	2020-6-16	莲塘
175	仙桐御景家园	深圳市罗湖区莲塘街道仙桐御景家园第三届业主委员会	三	2017-7-28	2020-7-27	莲塘
176	仙湖山庄	深圳市罗湖区莲塘街道仙湖山庄第三届业主委员会	三	2018-5-25	2021-5-24	莲塘
177	梧桐山新居	深圳市罗湖区莲塘街道梧桐山新居第二届业主委员会	二	2019-9-18	2022-9-17	莲塘
178	云景梧桐花园	深圳市罗湖区莲塘街道云景梧桐花园第一届业主委员会	一	2019-11-30	2022-11-29	莲塘
179	蕙兰雅居	深圳市罗湖区莲塘街道蕙兰雅居第三届业主委员会	三	2015-9-21	2018-9-20	莲塘
180	航天晴山月名园	深圳市罗湖区莲塘街道航天晴山月名园第二届业主委员会	二	2017-9-26	2020-9-25	莲塘
181	玉雅居	深圳市罗湖区莲塘街道玉雅居第五届业主委员会	五	2017-11-8	2022-11-7	莲塘
182	惠名花园	深圳市罗湖区莲塘街道惠名花园第三届业主委员会	三	2018-6-20	2023-6-19	莲塘
183	鸿景翠峰花园	深圳市罗湖区莲塘街道鸿景翠峰花园第四届业主委员会	四	2021-1-22	2026-1-21	莲塘
184	东方尊峪花园	深圳市罗湖区莲塘街道东方尊峪花园第三届业主委员会	三	2021-6-8	2026-6-7	莲塘
185	金田大厦	深圳市罗湖区南湖街道金田大厦第五届业主委员会	五	2017-3-27	2022-3-26	南湖
186	中怡大厦	深圳市罗湖区南湖街道中怡大厦第一届业主委员会	一	2017-5-14	2020-5-13	南湖
187	罗湖区沿河路外运小区	深圳市罗湖区南湖街道罗湖区沿河路外运小区第三届业主委员会	三	2018-5-28	2021-5-27	南湖
188	粤华小区	深圳市罗湖区南湖街道粤华小区第一届业主委员会	一	2018-12-15	2021-12-14	南湖
189	宝平街住宅楼	深圳市罗湖区南湖街道宝平街住宅楼第五届业主委员会	五	2019-12-30	2022-12-29	南湖
190	国际贸易中心大厦	深圳市罗湖区南湖街道国际贸易中心大厦第五届业主委员会	五	2014-6-24	2017-6-23	南湖
191	国贸商住大厦	深圳市罗湖区南湖街道国贸商住大厦第三届业主委员会	三	2014-11-16	2017-11-15	南湖

续表

序号	项目名称	业主委员会名称	业委会届数	任期时间	到期时间	所属街道
192	深圳市天安国际大厦	深圳市罗湖区南湖街道深圳市天安国际大厦第二届业主委员会	二	2015-8-12	2020-8-11	南湖
193	寸金大厦	深圳市罗湖区南湖街道寸金大厦第一届业主委员会	一	2016-2-26	2019-2-25	南湖
194	金龙大厦	深圳市罗湖区南湖街道金龙大厦第二届业主委员会	二	2016-3-7	2019-3-6	南湖
195	天俊大厦	深圳市罗湖区南湖街道天俊大厦第一届业主委员会	一	2019-8-1	2022-7-31	南湖
196	粤海花园	深圳市罗湖区南湖街道粤海花园第一届业主委员会	一	2020-12-2	2023-12-1	南湖
197	国贸商业大厦	深圳市罗湖区南湖街道国贸商业大厦第五届业主委员会	五	2021-8-20	2026-8-19	南湖
198	金源大厦	深圳市罗湖区南湖街道金源大厦第三届业主委员会	三	2021-8-20	2021-8-19	南湖
199	广西外贸一号楼	深圳市罗湖区南湖街道广西外贸一号楼第一届业主委员会	一	2017-8-31	2020-8-30	南湖
200	钻石购物中心	深圳市罗湖区南湖街道钻石购物中心第三届业主委员会	三	2018-2-5	2021-2-4	南湖
201	宏丰大厦	深圳市罗湖区南湖街道宏丰大厦第一届业主委员会	一	2020-1-20	2021-12-30	南湖
202	云峰花园	深圳市罗湖区南湖街道云峰花园第一届业主委员会	一	2020-1-20	2023-1-19	南湖
203	东方广场	深圳市罗湖区南湖街道东方广场第四届业主委员会	四	2014-12-9	2017-12-8	南湖
204	罗湖商业城	深圳市罗湖区南湖街道罗湖商业城第四届业主委员会	四	2016-11-11	2021-11-10	南湖
205	佳宁娜友谊广场	深圳市罗湖区南湖街道佳宁娜友谊广场第四届业主委员会	四	2016-12-17	2021-12-16	南湖
206	深圳嘉里中心（原名鹏源广场）	深圳市罗湖区南湖街道深圳嘉里中心（原名鹏源广场）第六届业主委员会	六	2018-11-4	2023-11-3	南湖
207	置地逸轩	深圳市罗湖区南湖街道置地逸轩第四届业主委员会	四	2018-12-29	2021-12-28	南湖
208	罗湖金岸	深圳市罗湖区南湖街道罗湖金岸第二届业主委员会	二	2021-4-13	2026-4-12	南湖
209	凯悦华庭	深圳市罗湖区南湖街道凯悦华庭第六届业主委员会	六	2015-6-8	2018-6-7	南湖
210	长丰苑	深圳市罗湖区南湖街道长丰苑第三届业主委员会	三	2018-6-11	2021-6-10	南湖
211	向西花园	深圳市罗湖区南湖街道向西花园第二届业主委员会	二	2013-12-31	2016-12-30	南湖
212	向西大厦	深圳市罗湖区南湖街道向西大厦第四届业主委员会	四	2019-12-28	2022-12-29	南湖
213	金鼎大厦	深圳市罗湖区南湖街道金鼎大厦第二届业主委员会	二	2021-3-22	2024-3-21	南湖
214	联城美园	深圳市罗湖区南湖街道联城美园第二届业主委员会	二	2015-6-9	2018-6-8	南湖
215	高嘉花园	深圳市罗湖区南湖街道高嘉花园第五届业主委员会	五	2016-12-16	2021-12-15	南湖
216	东乐宿舍	深圳市罗湖区南湖街道东乐宿舍第一届业主委员会	一	2016-12-22	2021-12-21	南湖
217	南华大厦	深圳市罗湖区南湖街道南华大厦第一届业主委员会	一	2017-1-5	2020-1-4	南湖
218	太阳岛大厦	深圳市罗湖区南湖街道太阳岛大厦第五届业主委员会	五	2021-6-16	2026-6-15	南湖
219	南华大厦附楼	深圳市罗湖区南湖街道南华大厦附楼第三届业主委员会	三	2021-12-9	2026-12-8	南湖
220	口岸公安大院	深圳市罗湖区南湖街道口岸公安大院第一届业主委员会	一	2014-7-4	2017-7-3	南湖
221	渔民村	深圳市罗湖区南湖街道渔民村第二届业主委员会	二	2018-8-22	2021-8-21	南湖
222	金银园	深圳市罗湖区清水河街道金银园第七届业主委员会	七	2014-7-20	2017-7-19	清水河

序号	项目名称	业主委员会名称	业委会届数	任期时间	到期时间	所属街道
223	碧清园	深圳市罗湖区清水河街道碧清园第四届业主委员会	四	2019-7-8	2022-7-7	清水河
224	大地苑	深圳市罗湖区清水河街道大地苑第一届业主委员会	一	2021-8-16	2026-8-15	清水河
225	星湖花园	深圳市罗湖区清水河街道星湖花园第一届业主委员会	一	2021-12-7	2026-12-6	清水河
226	红岗东村	深圳市罗湖区清水河街道红岗东村第四届业主委员会	四	2015-1-15	2018-1-14	清水河
227	路桥大厦	深圳市罗湖区清水河街道路桥大厦第四届业主委员会	四	2015-6-29	2018-6-28	清水河
228	雅仕居	深圳市罗湖区清水河街道雅仕居第六届业主委员会	六	2017-11-13	2022-11-12	清水河
229	金碧苑	深圳市罗湖区清水河街道金碧苑第四届业主委员会	四	2014-6-13	2017-6-12	清水河
230	齐明别墅	深圳市罗湖区清水河街道齐明别墅第四届业主委员会	四	2014-7-8	2017-7-7	清水河
231	银田花园	深圳市罗湖区清水河街道银田花园第一届业主委员会	一	2014-8-19	2017-8-18	清水河
232	银湖国际会议中心（银谷别墅）	深圳市罗湖区清水河街道银湖国际会议中心（银谷别墅）第一届业主委员会	一	2016-3-1	2019-2-28	清水河
233	颐园别墅	深圳市罗湖区清水河街道颐园别墅第三届业主委员会	三	2017-3-11	2020-3-10	清水河
234	润唐山庄	深圳市罗湖区清水河街道润唐山庄第三届业主委员会	三	2018-1-28	2021-1-27	清水河
235	银湖旅游中心宿舍区	深圳市罗湖区清水河街道银湖旅游中心宿舍区第二届业主委员会	二	2018-4-21	2020-4-20	清水河
236	金湖山庄	深圳市罗湖区清水河街道金湖山庄第六届业主委员会	六	2019-7-13	2022-7-12	清水河
237	田园居	深圳市罗湖区清水河街道田园居第六届业主委员会	六	2021-10-21	2026-10-20	清水河
238	银湖蓝山润园	深圳市罗湖区清水河街道银湖蓝山润园第一届业主委员会	一	2021-12-9	2026-12-8	清水河
239	东翠花园	深圳市罗湖区清水河街道东翠花园第二届业主委员会	二	2021-11-16	2026-11-15	清水河
240	中贸大厦	深圳市罗湖区笋岗街道中贸大厦第三届业主委员会	三	2019-4-4	2022-4-3	笋岗
241	翠盈嘉园	深圳市罗湖区笋岗街道翠盈嘉园第五届业主委员会	五	2016-5-31	2021-5-30	笋岗
242	碧湖花园	深圳市罗湖区笋岗街道碧湖花园第一届业主委员会	一	2017-8-21	2020-8-20	笋岗
243	邮电大院	深圳市罗湖区笋岗街道邮电大院第二届业主委员会	二	2018-4-19	2021-4-18	笋岗
244	宝安广场	深圳市罗湖区笋岗街道宝安广场第四届业主委员会	四	2019-12-13	2022-12-12	笋岗
245	洪湖花园	深圳市罗湖区笋岗街道洪湖花园第五届业主委员会	五	2020-4-7	2022-4-6	笋岗
246	湖景花园	深圳市罗湖区笋岗街道湖景花园第五届业主委员会	五	2021-9-15	2026-9-14	笋岗
247	嘉宝田花园	深圳市罗湖区笋岗街道嘉宝田花园第五届业主委员会	五	2020-7-3	2023-7-2	笋岗
248	源兴居	深圳市罗湖区笋岗街道源兴居第五届业主委员会	五	2019-7-27	2022-7-27	笋岗
249	洪湖二街二、四号大院	深圳市罗湖区笋岗街道洪湖二街二、四号大院第三届业主委员会	三	2020-6-6	2022-6-6	笋岗
250	碧水园	深圳市罗湖区笋岗街道碧水园第三届业主委员会	三	2020-7-11	2023-7-10	笋岗
251	嘉景苑	深圳市罗湖区笋岗街道嘉景苑第五届业主委员会	五	2016-9-30	2021-11-25	笋岗
252	祥福雅居	深圳市罗湖区笋岗街道祥福雅居第四届业主委员会	四	2017-1-17	2020-1-16	笋岗

续表

序号	项目名称	业主委员会名称	业委会届数	任期时间	到期时间	所属街道
253	虹桥星座大厦	深圳市罗湖区笋岗街道虹桥星座大厦第四届业主委员会	四	2019-11-29	2022-11-28	笋岗
254	兴华花园	深圳市罗湖区笋岗街道兴华花园第一届业主委员会	一	2021-2-7	2026-2-6	笋岗
255	田心庆云花园	深圳市罗湖区笋岗街道田心庆云花园第六届业主委员会	六	2021-3-22	2026-3-21	笋岗

盐田区 表4-1-3

序号	项目名称	业委会名称	业委会届数	任期开始时间	任期截止时间	所属街道
1	蓝郡广场	深圳市盐田区海山街道蓝郡广场第二届业主委员会	二	2017-7-23	2020-7-22	海山
2	翠堤雅居	深圳市盐田区海山街道翠堤雅居第四届业主委员会	四	2019-1-27	2022-1-26	海山
3	棕榈湾	深圳市盐田区海山街道棕榈湾第六届业主委员会	六	2019-7-9	2022-7-8	海山
4	进出口公司宿舍	深圳市盐田区海山街道进出口公司宿舍第三届业主委员会	三	2019-9-4	2022-9-3	海山
5	鹏湾花园一村	深圳市盐田区海山街道鹏湾花园一村第五届业主委员会	五	2015-10-26	2018-10-25	海山
6	海天一色雅居	深圳市盐田区海山街道海天一色雅居第五届业主委员会	五	2017-4-25	2020-4-24	海山
7	沙头角保税区	深圳市盐田区海山街道沙头角保税区第四届业主委员会	四	2021-3-4	2026-3-3	海山
8	东部翠海轩	深圳市盐田区海山街道东部翠海轩第二届业主委员会	二	2015-12-18	2018-12-17	海山
9	东部山海家园	深圳市盐田区海山街道东部山海家园第三届业主委员会	三	2016-4-21	2019-4-20	海山
10	碧桐海苑	深圳市盐田区海山街道碧桐海苑第二届业主委员会	二	2017-8-10	2020-8-9	海山
11	海荣居	深圳市盐田区海山街道海荣居第三届业主委员会	三	2018-5-11	2021-5-10	海山
12	新世界倚山花园	深圳市盐田区海山街道新世界倚山花园第三届业主委员会	三	2018-12-16	2021-12-15	海山
13	海鹏苑	深圳市盐田区海山街道海鹏苑第三届业主委员会	三	2019-11-1	2021-10-31	海山
14	海山居	深圳市盐田区海山街道海山居第三届业主委员会	三	2019-11-27	2021-11-26	海山
15	瑞林苑、翠景花园	深圳市盐田区海山街道瑞林苑、翠景花园第四届业主委员会	四	2021-6-29	2026-6-28	海山
16	桐林花园	深圳市盐田区海山街道桐林花园第二届业主委员会	二	2021-8-27	2026-8-26	海山
17	保税区工人第二生活区	深圳市盐田区海山街道保税区工人第二生活区第四届业主委员会	四	2021-5-27	2026-5-26	海山
18	沙头角保税区第一生活区	深圳市盐田区海山街道沙头角保税区第一生活区第四届业主委员会	四	2021-5-27	2026-5-26	海山
19	心海伽蓝雅居	深圳市盐田区梅沙街道心海伽蓝雅居第一届业主委员会	一	2019-3-8	2022-3-7	梅沙
20	海阔·凌海公寓	深圳市盐田区梅沙街道海阔·凌海公寓第五届业主委员会	五	2021-4-18	2026-4-17	梅沙
21	倚天阁	深圳市盐田区梅沙街道倚天阁第一届业主委员会	一	2019-3-15	2022-3-14	梅沙
22	海语东园	深圳市盐田区梅沙街道海语东园第一届业主委员会	一	2020-9-8	2023-9-7	梅沙
23	优品艺墅雅居	深圳市盐田区梅沙街道优品艺墅雅居第一届业主委员会	一	2021-1-13	2027-1-12	梅沙
24	瀚海东岸	深圳市盐田区沙头角街道瀚海东岸第四届业主委员会	四	2020-7-1	2023-6-30	沙头角

序号	项目名称	业委会名称	业委会届数	任期开始时间	任期截止时间	所属街道
25	中信海滨花园	深圳市盐田区沙头角街道中信海滨花园第七届业主委员会	七	2016-12-13	2019-12-12	沙头角
26	天富花园	深圳市盐田区沙头角街道天富花园第六届业主委员会	六	2018-8-16	2021-8-15	沙头角
27	嘉信蓝海华府	深圳市盐田区沙头角街道嘉信蓝海华府第一届业主委员会	一	2018-11-5	2021-11-4	沙头角
28	瀚海翠庭	深圳市盐田区沙头角街道瀚海翠庭第四届业主委员会	四	2019-7-20	2022-7-19	沙头角
29	桐辉居	深圳市盐田区沙头角街道桐辉居第一届业主委员会	一	2012-11-22	2015-11-21	沙头角
30	山泉小区	深圳市盐田区沙头角街道山泉小区第四届业主委员会	四	2019-12-31	2022-12-30	沙头角
31	蓝田壹站华苑	深圳市盐田区沙头角街道蓝田壹站华苑第二届业主委员会	二	2020-1-18	2023-1-17	沙头角
32	梧桐山花园	深圳市盐田区沙头角街道梧桐山花园第五届业主委员会	五	2021-4-9	2026-4-8	沙头角
33	东埔福苑	深圳市盐田区沙头角街道东埔福苑第三届业主委员会	三	2017-12-18	2019-12-17	沙头角
34	碧桐湾	深圳市盐田区沙头角街道碧桐湾第四届业主委员会	四	2021-7-29	2026-7-28	沙头角
35	南方明珠花园	深圳市盐田区盐田街道南方明珠花园第五届业主委员会	五	2013-8-1	2016-7-31	盐田
36	天利明园	深圳市盐田区盐田街道天利明园第一届业主委员会	一	2015-4-28	2018-4-27	盐田
37	中铁大厦	深圳市盐田区盐田街道中铁大厦第二届业主委员会	二	2018-8-7	2021-8-6	盐田
38	倚山时代雅居	深圳市盐田区盐田街道倚山时代雅居第三届业主委员会	三	2019-1-31	2022-1-30	盐田
39	东海丽景花园	深圳市盐田区盐田街道东海丽景花园第五届业主委员会	五	2019-4-23	2022-4-22	盐田
40	九号小区	深圳市盐田区盐田街道九号小区第七届业主委员会	七	2019-5-14	2022-5-13	盐田
41	四季水岸雅居	深圳市盐田区盐田街道四季水岸雅居第一届业主委员会	一	2021-5-11	2026-5-10	盐田
42	中海半山溪谷	深圳市盐田区盐田街道中海半山溪谷第二届业主委员会	二	2018-10-26	2021-10-25	盐田
43	金山碧海花园	深圳市盐田区盐田街道金山碧海花园第二届业主委员会	二	2019-4-11	2022-4-10	盐田
44	御景台雅园	深圳市盐田区盐田街道御景台雅园第一届业主委员会	一	2019-5-13	2022-5-12	盐田
45	港城蓝山雅园	深圳市盐田区盐田街道港城蓝山雅园第一届业主委员会	一	2019-12-13	2022-12-12	盐田
46	金水湾御园	深圳市盐田区盐田街道金水湾御园第二届业主委员会	二	2017-9-30	2020-9-29	盐田
47	裕达华庭	深圳市盐田区盐田街道裕达华庭第二届业主委员会	二	2017-11-7	2020-11-6	盐田
48	和亨家家园	深圳市盐田区盐田街道和亨家家园第一届业主委员会	一	2018-4-25	2021-4-24	盐田
49	裕鹏阁	深圳市盐田区盐田街道裕鹏阁第二届业主委员会	二	2018-6-14	2021-6-13	盐田
50	八佰麓居	深圳市盐田区盐田街道八佰麓居第一届业主委员会	一	2018-11-29	2021-11-28	盐田
51	绿色盐港家园	深圳市盐田区盐田街道绿色盐港家园第一届业主委员会	一	2019-7-5	2022-7-4	盐田
52	裕宏花园	深圳市盐田区盐田街道裕宏花园第三届业主委员会	三	2019-8-23	2022-8-22	盐田
53	金港盛世华庭	深圳市盐田区盐田街道金港盛世华庭第四届业主委员会	四	2019-9-12	2022-9-11	盐田
54	东港印象家园	深圳市盐田区盐田街道东港印象家园第二届业主委员会	二	2020-8-5	2023-8-4	盐田
55	和亨中心广场	深圳市盐田区盐田街道和亨中心广场第一届业主委员会	一	2021-2-9	2026-2-8	盐田
56	盐田黄必围住宅楼	深圳市盐田区盐田街道盐田黄必围住宅楼第二届业主委员会	二	2013-7-29	2016-7-28	盐田

续表

序号	项目名称	业委会名称	业委会届数	任期开始时间	任期截止时间	所属街道
57	星港名苑	深圳市盐田区盐田街道星港名苑第三届业主委员会	三	2016-1-9	2019-1-8	盐田
58	盐田区海港大厦	深圳市盐田区盐田街道盐田区海港大厦第七届业主委员会	七	2019-3-27	2022-3-26	盐田
59	深大书香文苑	深圳市盐田区盐田街道深大书香文苑第三届业主委员会	三	2019-3-12	2022-3-11	盐田
60	蔚蓝假日雅苑	深圳市盐田区盐田街道蔚蓝假日雅苑第二届业主委员会	二	2021-8-9	2026-8-8	盐田
61	沙头角创意大厦	深圳市盐田区中英街管理局沙头角创意大厦第四届业主委员会	四	2019-11-9	2022-11-8	中英街管理局

南山区

表4-1-4

序号	项目名称	业委会名称	业委会届数	任期时间	到期时间	所属街道
1	华联花园	深圳市南山区南山街道华联花园第六届业主委员会	六	2020-1-17	2023-1-16	南山
2	汉京大厦	深圳市南山区南山街道汉京大厦第一届业主委员会	一	2016-3-1	2019-2-28	南山
3	百富大厦	深圳市南山区南山街道百富大厦第四届业主委员会	四	2017-7-20	2020-7-19	南山
4	中海丽苑	深圳市南山区南山街道中海丽苑第三届业主委员会	三	2017-8-30	2019-8-29	南山
5	荔雅居	深圳市南山区南山街道荔雅居第五届业主委员会	五	2018-9-2	2021-9-1	南山
6	登良花园	深圳市南山区南山街道登良花园第七届业主委员会	七	2019-6-17	2022-6-16	南山
7	南油天安工业村	深圳市南山区南山街道南油天安工业村第六届业主委员会	六	2019-7-2	2022-7-1	南山
8	龙坤居天安工业村宿舍	深圳市南山区南山街道龙坤居天安工业村宿舍第一届业主委员会	一	2019-7-9	2022-7-8	南山
9	新保辉大厦	深圳市南山区南山街道新保辉大厦第七届业主委员会	七	2019-9-20	2021-9-19	南山
10	新街口大楼	深圳市南山区南山街道新街口大楼第二届业主委员会	二	2019-10-16	2022-10-15	南山
11	世纪广场	深圳市南山区南山街道世纪广场第七届业主委员会	七	2020-2-27	2023-2-26	南山
12	中泰艺术名庭	深圳市南山区南山街道中泰艺术名庭第一届业主委员会	一	2020-12-29	2025-12-28	南山
13	南园枫叶公寓	深圳市南山区南山街道南园枫叶公寓第二届业主委员会	二	2021-8-30	2026-8-29	南山
14	鼎太风华	深圳市南山区南山街道鼎太风华第六届业主委员会	六	2018-4-17	2021-4-16	南山
15	仓前锦福苑	深圳市南山区南山街道仓前锦福苑第四届业主委员会	四	2017-9-2	2019-9-1	南山
16	荔芳村A栋	深圳市南山区南山街道荔芳村A栋第一届业主委员会	一	2017-10-30	2019-10-29	南山
17	南油福临苑	深圳市南山区南山街道南油福临苑第二届业主委员会	二	2018-4-17	2021-4-16	南山
18	常桂苑	深圳市南山区南山街道常桂苑第三届业主委员会	三	2019-10-11	2022-10-10	南山
19	富嘉名阁	深圳市南山区南山街道富嘉名阁第一届业主委员会	一	2021-10-8	2026-10-7	南山
20	汇宾广场	深圳市南山区南山街道汇宾广场第四届业主委员会	四	2018-8-9	2020-8-8	南山
21	铭筑荔苑	深圳市南山区南山街道铭筑荔苑第二届业主委员会	二	2018-9-7	2021-9-6	南山
22	中熙香山美林苑	深圳市南山区南山街道中熙香山美林苑第一届业主委员会	一	2018-12-25	2021-12-24	南山

序号	项目名称	业委会名称	业委会届数	任期时间	到期时间	所属街道
23	荔庭园	深圳市南山区南山街道荔庭园第七届业主委员会	七	2019-7-2	2022-7-1	南山
24	华联城市山林花园	深圳市南山区南山街道华联城市山林花园第四届业主委员会	四	2019-10-12	2022-10-11	南山
25	银兴苑	深圳市南山区南山街道银兴苑第二届业委员会	二	2021-11-29	2026-11-28	南山
26	南粤山庄	深圳市南山区南山街道南粤山庄第七届业主委员会	七	2021-12-28	2026-12-27	南山
27	青青山庄	深圳市南山区南山街道青青山庄第五届业主委员会	五	2017-6-11	2020-6-10	南山
28	汉京湾雅居	深圳市南山区南山街道汉京湾雅居第一届业主委员会	一	2018-5-3	2021-5-2	南山
29	南山花园	深圳市南山区南山街道南山花园第六届业主委员会	六	2018-5-9	2021-5-8	南山
30	雷圳碧榕湾名苑	深圳市南山区南山街道雷圳碧榕湾名苑第二届业主委员会	二	2019-4-25	2022-4-24	南山
31	丰泽园	深圳市南山区南山街道丰泽园第一届业主委员会	一	2019-12-1	2021-11-30	南山
32	诺德假日花园	深圳市南山区南山街道诺德假日花园第二届业主委员会	二	2020-1-14	2023-1-13	南山
33	恒立心海湾花园	深圳市南山区南山街道恒立心海湾花园第二届业主委员会	二	2020-2-23	2023-2-22	南山
34	山水情家园	深圳市南山区南山街道山水情家园第五届业主委员会	五	2020-8-6	2025-8-5	南山
35	龙泰轩	深圳市南山区南山街道龙泰轩第五届业主委员会	五	2015-12-4	2018-12-3	南山
36	龙城新苑	深圳市南山区南山街道龙城新苑第四届业主委员会	四	2016-9-2	2019-9-1	南山
37	南光城市花园	深圳市南山区南山街道南光城市花园第一届业主委员会	一	2016-9-24	2018-9-23	南山
38	南海大厦	深圳市南山区南山街道南海大厦第三届业主委员会	三	2019-6-27	2022-6-26	南山
39	中润大厦	深圳市南山区南山街道中润大厦第二届业主委员会	二	2019-12-30	2022-12-29	南山
40	现代城华庭	深圳市南山区南山街道现代城华庭第二届业主委员会	二	2020-1-7	2023-1-6	南山
41	海典居	深圳市南山区南山街道海典居第三届业主委员会	三	2020-4-21	2023-4-20	南山
42	光彩新世纪家园	深圳市南山区南山街道光彩新世纪家园第二届业主委员会	二	2020-4-22	2023-4-21	南山
43	惠中名苑	深圳市南山区南山街道惠中名苑第四届业主委员会	四	2019-1-17	2022-1-16	南山
44	南荔苑	深圳市南山区南山街道南荔苑第三届业主委员会	三	2020-1-4	2023-1-3	南山
45	瑞景华庭	深圳市南山区南山街道瑞景华庭第四届业主委员会	四	2020-4-26	2022-4-26	南山
46	心语家园	深圳市南山区南山街道心语家园第二届业主委员会	二	2021-7-5	2026-7-4	南山
47	深华园	深圳市南山区南山街道深华园第四届业主委员会	四	2014-10-26	2017-10-25	南山
48	新绿岛大厦	深圳市南山区南山街道新绿岛大厦第三届业主委员会	三	2012-3-19	2015-3-18	南山
49	康乐村	深圳市南山区南山街道康乐村第四届业主委员会	四	2017-4-28	2020-4-27	南山
50	天源大厦	深圳市南山区南山街道天源大厦第三届业主委员会	三	2017-11-8	2020-11-7	南山
51	前海明珠	深圳市南山区南山街道前海明珠第四届业主委员会	四	2019-4-29	2021-4-28	南山
52	大陆庄园	深圳市南山区南山街道大陆庄园第四届业主委员会	四	2019-11-29	2022-11-28	南山
53	学府花园	深圳市南山区南山街道学府花园第五届业主委员会	五	2018-5-10	2021-5-9	南山
54	南海明珠	深圳市南山区南山街道南海明珠第四届业主委员会	四	2019-8-4	2022-8-3	南山

序号	项目名称	业委会名称	业委会届数	任期时间	到期时间	所属街道
55	万象新园	深圳市南山区南山街道万象新园第四届业主委员会	四	2021-12-28	2026-12-27	南山
56	康乐大厦	深圳市南山区南山街道康乐大厦第四届业主委员会	四	2021-12-29	2026-12-28	南山
57	中海阳光棕榈园	深圳市南山区南山街道中海阳光棕榈园第四届业主委员会	四	2019-7-24	2022-7-23	南山
58	香格名苑	深圳市南山区南山街道香格名苑第一届业主委员会	一	2017-7-6	2020-7-5	南山
59	月亮湾花园	深圳市南山区南山街道月亮湾花园第四届业主委员会	四	2019-12-13	2022-12-12	南山
60	汉京半山公馆	深圳市南山区南山街道汉京半山公馆第一届业主委员会	一	2020-12-31	2025-12-30	南山
61	万豪御景苑	深圳市南山区南山街道万豪御景苑第二届业主委员会	二	2021-12-21	2026-12-20	南山
62	愉康花园	深圳市南山区南头街道愉康花园第六届业主委员会	六	2014-6-15	2017-6-14	南头
63	愉康大厦	深圳市南山区南头街道愉康大厦第七届业主委员会	七	2016-12-28	2019-12-27	南头
64	豪园	深圳市南山区南头街道豪园第一届业主委员会	一	2017-11-12	2020-11-12	南头
65	西海明珠花园	深圳市南山区南头街道西海明珠花园第五届业主委员会	五	2018-7-15	2021-7-14	南头
66	时代骄子大厦	深圳市南山区南头街道时代骄子大厦第二届业主委员会	二	2018-9-20	2021-9-19	南头
67	馨荔苑	深圳市南山区南头街道馨荔苑第五届业主委员会	五	2018-10-26	2020-10-25	南头
68	秀林新居	深圳市南山区南头街道秀林新居第三届业主委员会	三	2018-10-26	2020-10-25	南头
69	田厦金牛广场	深圳市南山区南头街道田厦金牛广场第一届业主委员会	一	2019-7-29	2022-7-28	南头
70	友邻公寓	深圳市南山区南头街道友邻公寓第二届业主委员会	二	2019-12-5	2022-12-4	南头
71	荟芳园	深圳市南山区南头街道荟芳园第四届业主委员会	四	2020-1-8	2023-1-7	南头
72	前海金岸大厦	深圳市南山区南头街道前海金岸大厦第二届业主委员会	二	2013-9-15	2016-9-14	南头
73	丽乐美居	深圳市南山区南头街道丽乐美居第二届业主委员会	二	2021-12-15	2026-12-14	南头
74	荔林春晓	深圳市南山区南头街道荔林春晓第二届业主委员会	二	2017-8-12	2019-8-11	南头
75	鸿洲新都	深圳市南山区南头街道鸿洲新都第五届业主委员会	五	2018-2-9	2021-2-8	南头
76	新海大厦	深圳市南山区南头街道新海大厦第四届业主委员会	四	2018-4-3	2021-4-2	南头
77	明舍御园	深圳市南山区南头街道明舍御园第四届业主委员会	四	2018-5-17	2021-5-16	南头
78	旺海怡苑	深圳市南山区南头街道旺海怡苑第四届业主委员会	四	2018-7-23	2021-7-22	南头
79	御林华府	深圳市南山区南头街道御林华府第一届业主委员会	一	2019-3-13	2022-3-12	南头
80	海岸时代公寓	深圳市南山区南头街道海岸时代公寓第一届业主委员会	一	2019-12-31	2022-12-31	南头
81	英达·钰龙园	深圳市南山区南头街道英达·钰龙园第二届业主委员会	二	2021-1-18	2026-1-17	南头
82	阳光荔景	深圳市南山区南头街道阳光荔景第六届业主委员会	六	2021-1-26	2026-1-25	南头
83	新豪方大厦	深圳市南山区南头街道新豪方大厦第一届业主委员会	一	2019-4-25	2021-4-24	南头
84	麒麟花园	深圳市南山区南头街道麒麟花园第六届业主委员会	六	2020-12-31	2025-12-30	南头
85	嘉庭苑	深圳市南山区南头街道嘉庭苑第二届业主委员会	二	2021-6-22	2026-6-21	南头
86	缤纷年华家园	深圳市南山区南头街道缤纷年华家园第二届业主委员会	二	2021-8-12	2026-8-11	南头

序号	项目名称	业委会名称	业委会届数	任期时间	到期时间	所属街道
87	艺华花园	深圳市南山区南头街道艺华花园第二届业主委员会	二	2016-9-19	2019-9-18	南头
88	汇金家园	深圳市南山区南头街道汇金家园第六届业主委员会	六	2018-5-29	2021-5-28	南头
89	方鼎华庭	深圳市南山区南头街道方鼎华庭第四届业主委员会	四	2019-10-25	2022-10-24	南头
90	物资大院	深圳市南山区南头街道物资大院第二届业主委员会	二	2020-11-27	2025-11-26	南头
91	马家龙小区	深圳市南山区南头街道马家龙小区第三届业主委员会	三	2021-6-1	2026-5-31	南头
92	中山颐景花园	深圳市南山区南头街道中山颐景花园第五届业主委员会	五	2021-11-16	2021-11-15	南头
93	兰丽花园	深圳市南山区南头街道兰丽花园第七届业主委员会	七	2021-8-10	2026-8-9	南头
94	前海天朗风清家园	深圳市南山区南头街道前海天朗风清家园第四届业主委员会	四	2018-12-15	2021-12-14	南头
95	云栖西岸阁	深圳市南山区南头街道云栖西岸阁第二届业主委员会	二	2019-3-31	2022-3-30	南头
96	港湾丽都花园	深圳市南山区南头街道港湾丽都花园第五届业主委员会	五	2019-5-26	2022-5-25	南头
97	前海花园	深圳市南山区南头街道前海花园第七届业主委员会	七	2019-10-19	2022-10-18	南头
98	万裕椰风海岸家园	深圳市南山区南头街道万裕椰风海岸家园第六届业主委员会	六	2020-12-10	2025-12-9	南头
99	绿海名都	深圳市南山区南头街道绿海名都第六届业主委员会	六	2021-6-17	2026-6-16	南头
100	荔苑小区	深圳市南山区南头街道荔苑小区第四届业主委员会	四	2014-4-21	2017-4-20	南头
101	常兴广场	深圳市南山区南头街道常兴广场第五届业主委员会	五	2018-1-1	2020-12-31	南头
102	苏豪名厦	深圳市南山区南头街道苏豪名厦第四届业主委员会	四	2018-1-19	2021-1-18	南头
103	南景苑	深圳市南山区南头街道南景苑第二届业主委员会	二	2018-9-15	2021-9-14	南头
104	桃花园	深圳市南山区南头街道桃花园第三届业主委员会	三	2019-10-17	2022-10-16	南头
105	四季丽晶公寓	深圳市南山区南头街道四季丽晶公寓第一届业主委员会	一	2021-4-27	2026-4-26	南头
106	常丰花园	深圳市南山区南头街道常丰花园第一届业主委员会	一	2021-7-27	2026-7-26	南头
107	星海名城	深圳市南山区南头街道星海名城第七届业主委员会	七	2021-11-17	2026-11-16	南头
108	桂苑小区	深圳市南山区沙河街道桂苑小区第六届业主委员会	六	2018-1-22	2021-1-21	沙河
109	中信红树湾花城	深圳市南山区沙河街道中信红树湾花城第一届业主委员会	一	2018-5-21	2021-5-20	沙河
110	汇雅苑	深圳市南山区沙河街道汇雅苑第六届业主委员会	六	2018-11-23	2021-11-22	沙河
111	美庐锦园	深圳市南山区沙河街道美庐锦园第三届业主委员会	三	2019-1-2	2022-1-1	沙河
112	国际市长交流中心	深圳市南山区沙河街道国际市长交流中心第一届业主委员会	一	2020-12-19	2025-12-18	沙河
113	世纪村	深圳市南山区沙河街道世纪村第五届业主委员会	五	2020-12-19	2025-12-18	沙河
114	红树西岸花园	深圳市南山区沙河街道红树西岸花园第四届业主委员会	四	2020-12-30	2025-12-29	沙河
115	深云村	深圳市南山区沙河街道深云村第一届业主委员会	一	2018-9-22	2021-9-21	沙河
116	华侨城锦绣花园一、二、三期	深圳市南山区沙河街道华侨城锦绣花园一、二、三期第二届业主委员会	二	2014-8-5	2017-8-4	沙河
117	华侨城锦绣花园四期	深圳市南山区沙河街道华侨城锦绣花园四期第二届业主委员会	二	2020-1-12	2023-1-11	沙河

续表

序号	项目名称	业委会名称	业委会届数	任期时间	到期时间	所属街道
118	湖滨花园	深圳市南山区沙河街道湖滨花园第三届业主委员会	三	2020-10-20	2025-10-19	沙河
119	光华街	深圳市南山区沙河街道光华街第一届业主委员会	一	2021-8-9	2026-8-8	沙河
120	光侨街	深圳市南山区沙河街道光侨街第一届业主委员会	一	2021-8-17	2026-8-16	沙河
121	世界花园·聚龙居	深圳市南山区沙河街道世界花园·聚龙居第三届业主委员会	三	2019-5-30	2022-5-29	沙河
122	美加广场	深圳市南山区沙河街道美加广场第六届业主委员会	六	2019-11-28	2021-11-27	沙河
123	假日湾华庭	深圳市南山区沙河街道假日湾华庭第三届业主委员会	三	2020-2-21	2023-2-20	沙河
124	侨苑	深圳市南山区沙河街道侨苑第二届业主委员会	二	2018-8-12	2021-8-11	沙河
125	侨洲花园	深圳市南山区沙河街道侨洲花园第五届业主委员会	五	2019-4-10	2022-4-9	沙河
126	祥祺苑	深圳市南山区沙河街道祥祺苑第四届业主委员会	四	2019-7-24	2022-7-23	沙河
127	侨城豪苑二期	深圳市南山区沙河街道侨城豪苑二期第二届业主委员会	二	2019-10-31	2022-10-30	沙河
128	深圳湾花园	深圳市南山区沙河街道深圳湾花园第一届业主委员会	一	2021-11-16	2026-11-15	沙河
129	侨香诺园	深圳市南山区沙河街道侨香诺园第一届业主委员会	一	2019-1-23	2022-1-22	沙河
130	香山里花园	深圳市南山区沙河街道香山里花园第二届业主委员会	二	2019-12-2	2022-12-1	沙河
131	香山里花园五期	深圳市南山区沙河街道香山里花园五期第一届业主委员会	一	2021-1-13	2026-1-12	沙河
132	侨城馨苑	深圳市南山区沙河街道侨城馨苑第一届业主委员会	一	2019-11-29	2022-11-28	沙河
133	世界花园米兰居	深圳市南山区沙河街道世界花园米兰居第二届业主委员会	二	2021-1-8	2026-1-7	沙河
134	中旅广场	深圳市南山区沙河街道中旅广场第四届业主委员会	四	2019-10-28	2022-10-27	沙河
135	石云村	深圳市南山区蛇口街道石云村第一届业主委员会	一	2020-10-22	2025-10-21	蛇口
136	映月湾	深圳市南山区蛇口街道映月湾第二届业主委员会	二	2017-6-30	2019-6-29	蛇口
137	海境界家园一期（1-5栋）	深圳市南山区蛇口街道海境界家园一期（1-5栋）第一届业主委员会	一	2017-8-5	2020-8-4	蛇口
138	金色海琴苑小区	深圳市南山区蛇口街道金色海琴苑小区第三届业主委员会	三	2017-10-25	2020-10-24	蛇口
139	澳城花园（北区）	深圳市南山区蛇口街道澳城花园（北区）第二届业主委员会	二	2018-8-18	2020-8-17	蛇口
140	东帝海景家园	深圳市南山区蛇口街道东帝海景家园第三届业主委员会	三	2018-10-9	2021-10-8	蛇口
141	广物花园	深圳市南山区蛇口街道广物花园第五届业主委员会	五	2019-8-14	2021-8-13	蛇口
142	永乐新村	深圳市南山区蛇口街道永乐新村第四届业主委员会	四	2020-11-11	2025-11-10	蛇口
143	广博星海华庭	深圳市南山区蛇口街道广博星海华庭第四届业主委员会	四	2021-6-2	2021-6-1	蛇口
144	澳城花园（南区）	深圳市南山区蛇口街道澳城花园（南区）第三届业主委员会	三	2021-6-16	2026-6-15	蛇口
145	海韵嘉园	深圳市南山区蛇口街道海韵嘉园第一届业主委员会	一	2019-10-31	2022-10-30	蛇口
146	蓝漪花园	深圳市南山区蛇口街道蓝漪花园第五届业主委员会	五	2020-12-15	2025-12-14	蛇口
147	望海汇景苑	深圳市南山区蛇口街道望海汇景苑第三届业主委员会	三	2018-4-26	2021-4-25	蛇口
148	海湾广场	深圳市南山区蛇口街道海湾广场第四届业主委员会	四	2019-5-22	2022-5-21	蛇口

序号	项目名称	业委会名称	业委会届数	任期时间	到期时间	所属街道
149	海伴雅居	深圳市南山区蛇口街道海伴雅居第三届业主委员会	三	2019-6-24	2022-6-23	蛇口
150	海昌大厦	深圳市南山区蛇口街道海昌大厦第一届业主委员会	一	2021-1-22	2026-1-21	蛇口
151	南水小区	深圳市南山区蛇口街道南水小区第一届业主委员会	一	2021-8-25	2026-8-24	蛇口
152	湾厦花园	深圳市南山区蛇口街道湾厦花园第二届业主委员会	二	2018-1-29	2021-1-28	蛇口
153	四海公寓	深圳市南山区蛇口街道四海公寓第二届业主委员会	二	2020-3-16	2023-3-15	蛇口
154	湾厦福园	深圳市南山区蛇口街道湾厦福园第一届业主委员会	一	2015-8-15	2018-8-14	蛇口
155	宏宝花园	深圳市南山区蛇口街道宏宝花园第一届业主委员会	一	2017-8-11	2020-8-10	蛇口
156	雷公岭医院机关楼	深圳市南山区蛇口街道雷公岭医院机关楼第二届业主委员会	二	2017-12-8	2020-12-7	蛇口
157	米兰公寓	深圳市南山区蛇口街道米兰公寓第二届业主委员会	二	2017-12-26	2020-12-25	蛇口
158	千叶苑商住楼	深圳市南山区蛇口街道千叶苑商住楼第六届业主委员会	六	2018-3-28	2021-3-27	蛇口
159	倚园大厦	深圳市南山区蛇口街道倚园大厦第一届业主委员会	一	2018-12-24	2021-12-23	蛇口
160	蛇口雷公岭	深圳市南山区蛇口街道蛇口雷公岭第四届业主委员会	四	2019-4-16	2022-4-15	蛇口
161	雍景轩	深圳市南山区蛇口街道雍景轩第二届业主委员会	二	2019-5-15	2022-5-14	蛇口
162	园景园名苑	深圳市南山区蛇口街道园景园名苑第二届业主委员会	二	2019-8-7	2022-8-6	蛇口
163	招南小区	深圳市南山区蛇口街道招南小区第一届业主委员会	一	2014-1-17	2017-1-16	蛇口
164	绿海湾花园	深圳市南山区蛇口街道绿海湾花园第二届业主委员会	二	2017-11-14	2020-11-13	蛇口
165	紫藤苑(致远大厦)	深圳市南山区蛇口街道紫藤苑(致远大厦)第一届业主委员会	一	2018-1-31	2021-1-30	蛇口
166	颐安阅海台	深圳市南山区蛇口街道颐安阅海台第二届业主委员会	二	2020-11-30	2025-11-29	蛇口
167	皇庭港湾花园	深圳市南山区蛇口街道皇庭港湾花园第一届业主委员会	一	2020-12-29	2025-12-28	蛇口
168	卓越维港名苑	深圳市南山区蛇口街道卓越维港名苑第一届业主委员会	一	2020-12-31	2025-12-30	蛇口
169	湾厦泰福苑	深圳市南山区蛇口街道湾厦泰福苑第一届业主委员会	一	2019-8-30	2022-8-29	蛇口
170	南海玫瑰花园三期	深圳市南山区蛇口街道南海玫瑰花园三期第一届业主委员会	一	2017-9-20	2020-9-19	蛇口
171	蓝天苑	深圳市南山区蛇口街道蓝天苑第一届业主委员会	一	2021-1-26	2026-1-25	蛇口
172	栖游家园	深圳市南山区蛇口街道栖游家园第一届业主委员会	一	2018-1-23	2021-1-22	蛇口
173	春树里小区	深圳市南山区蛇口街道春树里小区第三届业主委员会	三	2021-4-25	2025-4-24	蛇口
174	东角头港湾花园	深圳市南山区蛇口街道东角头港湾花园第一届业主委员会	一	2021-8-4	2026-8-3	蛇口
175	西湖林语名苑	深圳市南山区桃源街道西湖林语名苑第二届业主委员会	二	2019-10-24	2022-10-23	桃源
176	德意名居	深圳市南山区桃源街道德意名居第三届业主委员会	三	2019-12-19	2022-12-18	桃源
177	桑泰丹华园一期	深圳市南山区桃源街道桑泰丹华园一期第三届业主委员会	三	2020-3-5	2023-3-4	桃源
178	郁金香家园	深圳市南山区桃源街道郁金香家园第三届业主委员会	三	2016-3-21	2019-3-20	桃源
179	俊峰丽舍	深圳市南山区桃源街道俊峰丽舍第四届业主委员会	四	2018-5-21	2021-5-20	桃源

续表

序号	项目名称	业委会名称	业委会届数	任期时间	到期时间	所属街道
180	中爱花园	深圳市南山区桃源街道中爱花园第五届业主委员会	五	2018-5-21	2021-5-20	桃源
181	水木华庭	深圳市南山区桃源街道水木华庭第五届业主委员会	五	2018-7-30	2021-7-29	桃源
182	香榭峰景苑	深圳市南山区桃源街道香榭峰景苑第一届业主委员会	一	2019-11-19	2022-11-18	桃源
183	城市假日花园	深圳市南山区桃源街道城市假日花园第二届业主委员会	二	2019-11-29	2022-11-28	桃源
184	科大雅苑	深圳市南山区桃源街道科大雅苑第一届业主委员会	一	2019-4-30	2022-4-29	桃源
185	龙辉花园	深圳市南山区桃源街道龙辉花园第四届业主委员会	四	2018-10-27	2021-10-26	桃源
186	怡然天地居	深圳市南山区桃源街道怡然天地居第四届业主委员会	四	2018-11-5	2021-11-4	桃源
187	龙联花园·朗苑	深圳市南山区桃源街道龙联花园·朗苑第四届业主委员会	四	2013-4-8	2016-4-7	桃源
188	润城花园	深圳市南山区桃源街道润城花园第五届业主委员会	五	2018-3-26	2021-3-25	桃源
189	龙都名园	深圳市南山区桃源街道龙都名园第六届业主委员会	六	2019-10-18	2022-10-17	桃源
190	龙都花园	深圳市南山区桃源街道龙都花园第三届业主委员会	三	2020-11-16	2025-11-15	桃源
191	鼎胜山邻居	深圳市南山区桃源街道鼎胜山邻居第二届业主委员会	二	2020-12-11	2025-12-10	桃源
192	鼎胜林栖园	深圳市南山区桃源街道鼎胜林栖园第一届业主委员会	一	2013-2-23	2016-2-22	桃源
193	桃源村一二期	深圳市南山区桃源街道桃源村一二期第六届业主委员会	六	2018-5-21	2021-5-20	桃源
194	海龙苑	深圳市南山区桃源街道海龙苑第三届业主委员会	三	2018-10-26	2020-10-25	桃源
195	京基御领公馆	深圳市南山区桃源街道京基御领公馆第一届业主委员会	一	2021-4-30	2026-4-29	桃源
196	半山翠林花园、半山语林公寓	深圳市南山区桃源街道半山翠林花园、半山语林公寓第一届业主委员会	一	2020-11-12	2025-11-11	桃源
197	众冠花园	深圳市南山区西丽街道众冠花园第四届业主委员会	四	2017-7-4	2020-7-3	西丽
198	南国丽城花园	深圳市南山区西丽街道南国丽城花园第六届业主委员会	六	2018-9-22	2021-9-21	西丽
199	西丽山庄	深圳市南山区西丽街道西丽山庄第一届业主委员会	一	2021-2-21	2026-2-20	西丽
200	鼎胜金域世家豪园	深圳市南山区西丽街道鼎胜金域世家豪园第二届业主委员会	二	2020-12-29	2025-12-28	西丽
201	丽雅苑	深圳市南山区西丽街道丽雅苑第二届业主委员会	二	2021-12-24	2026-12-23	西丽
202	学子荔园	深圳市南山区西丽街道学子荔园第一届业主委员会	一	2021-10-18	2026-10-17	西丽
203	创世纪滨海花园	深圳市南山区粤海街道创世纪滨海花园第二届业主委员会	二	2018-7-25	2021-7-24	粤海
204	海文花园	深圳市南山区粤海街道海文花园第六届业主委员会	六	2018-10-21	2021-10-20	粤海
205	海阔天空雅居	深圳市南山区粤海街道海阔天空雅居第六届业主委员会	六	2018-11-19	2021-11-18	粤海
206	锦隆花园	深圳市南山区粤海街道锦隆花园第四届业主委员会	四	2020-10-16	2025-10-15	粤海
207	学林雅院	深圳市南山区粤海街道学林雅院第六届业主委员会	六	2020-11-2	2025-11-1	粤海
208	粤海小区	深圳市南山区粤海街道粤海小区第四届业主委员会	四	2017-8-22	2020-8-21	粤海
209	西海湾花园	深圳市南山区粤海街道西海湾花园第四届业主委员会	四	2019-12-2	2022-12-1	粤海
210	云海天城世家	深圳市南山区粤海街道云海天城世家第四届业主委员会	四	2021-7-5	2026-7-4	粤海

序号	项目名称	业委会名称	业委会届数	任期时间	到期时间	所属街道
211	浅水湾花园	深圳市南山区粤海街道浅水湾花园第一届业主委员会	一	2017-2-28	2020-2-27	粤海
212	博海名苑	深圳市南山区粤海街道博海名苑第二届业主委员会	二	2017-3-21	2020-3-20	粤海
213	珑御府	深圳市南山区粤海街道珑御府第一届业主委员会	一	2018-1-22	2021-1-21	粤海
214	岸芷汀兰花园	深圳市南山区粤海街道岸芷汀兰花园第二届业主委员会	二	2019-4-11	2022-4-10	粤海
215	深圳湾彩虹之岸	深圳市南山区粤海街道深圳湾彩虹之岸第三届业主委员会	三	2019-4-22	2022-4-21	粤海
216	纯海岸雅居	深圳市南山区粤海街道纯海岸雅居第二届业主委员会	二	2019-7-22	2022-7-21	粤海
217	海怡东方花园	深圳市南山区粤海街道海怡东方花园第五届业主委员会	五	2019-12-23	2022-12-22	粤海
218	恒立听海花园	深圳市南山区粤海街道恒立听海花园第一届业主委员会	一	2020-9-14	2025-9-13	粤海
219	深圳湾锦缎之滨	深圳市南山区粤海街道深圳湾锦缎之滨第六届业主委员会	六	2020-12-24	2025-12-23	粤海
220	高新技术工业村	深圳市南山区粤海街道高新技术工业村第八届业主委员会	八	2021-12-20	2026-12-19	粤海
221	海岸明珠	深圳市南山区粤海街道海岸明珠第五届业主委员会	五	2018-7-12	2021-7-11	粤海
222	城市印象家园	深圳市南山区粤海街道城市印象家园第五届业主委员会	五	2018-10-13	2021-10-12	粤海
223	美墅蓝山家园	深圳市南山区粤海街道美墅蓝山家园第五届业主委员会	五	2019-6-13	2022-6-12	粤海
224	华彩天成居	深圳市南山区粤海街道华彩天成居第一届业主委员会	一	2019-7-24	2022-7-23	粤海
225	漾日湾畔	深圳市南山区粤海街道漾日湾畔第五届业主委员会	五	2019-7-24	2022-7-23	粤海
226	金钟大厦	深圳市南山区粤海街道金钟大厦第一届业主委员会	一	2019-9-11	2022-9-10	粤海
227	佳嘉豪苑	深圳市南山区粤海街道佳嘉豪苑第六届业主委员会	六	2020-11-13	2025-11-12	粤海
228	天悦园	深圳市南山区粤海街道天悦园第五届业主委员会	五	2020-11-13	2025-11-12	粤海
229	观海台花园	深圳市南山区粤海街道观海台花园第三届业主委员会	三	2021-3-19	2026-3-18	粤海
230	海珠城	深圳市南山区粤海街道海珠城第四届业主委员会	四	2021-4-30	2026-4-29	粤海
231	海印长城二期	深圳市南山区粤海街道海印长城二期第五届业主委员会	五	2021-6-1	2026-5-31	粤海
232	海印长城一期	深圳市南山区粤海街道海印长城一期第五届业主委员会	五	2021-8-31	2026-8-30	粤海
233	后海名苑居	深圳市南山区粤海街道后海名苑居第二届业主委员会	二	2019-5-21	2022-5-20	粤海
234	京光海景花园	深圳市南山区粤海街道京光海景花园第二届业主委员会	二	2020-3-12	2023-3-11	粤海
235	海映山庄	深圳市南山区粤海街道海映山庄第一届业主委员会	一	2020-9-29	2025-9-28	粤海
236	怡海花园	深圳市南山区粤海街道怡海花园第二届业主委员会	二	2020-10-19	2025-10-18	粤海
237	科技园48区	深圳市南山区粤海街道科技园48区第二届业主委员会	二	2019-4-18	2022-4-17	粤海
238	汇景花园	深圳市南山区粤海街道汇景花园第一届业主委员会	一	2020-11-19	2025-11-18	粤海
239	科苑西	深圳市南山区粤海街道科苑西第一届业主委员会	一	2020-12-31	2025-12-30	粤海
240	深南花园	深圳市南山区粤海街道深南花园第五届业主委员会	五	2020-12-31	2025-12-30	粤海
241	科苑花园（南区）	深圳市南山区粤海街道科苑花园（南区）第三届业主委员会	三	2021-5-20	2026-5-19	粤海
242	科技园58区	深圳市南山区粤海街道科技园58区第一届业主委员会	一	2021-7-6	2026-7-5	粤海

续表

序号	项目名称	业委会名称	业委会届数	任期时间	到期时间	所属街道
243	桑达苑	深圳市南山区粤海街道桑达苑第一届业主委员会	一	2021-7-14	2026-7-13	粤海
244	科苑学里揽翠居	深圳市南山区粤海街道科苑学里揽翠居第一届业主委员会	一	2021-8-10	2026-8-9	粤海
245	龙城花园大厦	深圳市南山区粤海街道龙城花园大厦第四届业主委员会	四	2018-7-21	2021-7-20	粤海
246	雅仕.荔景苑	深圳市南山区粤海街道雅仕.荔景苑第五届业主委员会	五	2019-9-6	2022-9-5	粤海
247	龙城花园	深圳市南山区粤海街道龙城花园第六届业主委员会	六	2021-7-8	2026-7-7	粤海
248	汇园雅居	深圳市南山区粤海街道汇园雅居第五届业主委员会	五	2015-1-11	2018-1-10	粤海
249	帝景园	深圳市南山区粤海街道帝景园第五届业主委员会	五	2017-6-27	2020-6-26	粤海
250	阳光海景豪苑	深圳市南山区粤海街道阳光海景豪苑第二届业主委员会	二	2018-4-21	2021-4-20	粤海
251	豪方花园	深圳市南山区粤海街道豪方花园第四届业主委员会	四	2019-4-24	2022-4-23	粤海
252	缘来居	深圳市南山区粤海街道缘来居第二届业主委员会	二	2020-12-7	2025-12-6	粤海
253	招商名仕花园	深圳市南山区粤海街道招商名仕花园第六届业主委员会	六	2014-10-28	2017-10-27	粤海
254	天海花园	深圳市南山区粤海街道天海花园第四届业主委员会	四	2015-12-22	2018-12-21	粤海
255	育德佳园	深圳市南山区粤海街道育德佳园第五届业主委员会	五	2019-10-24	2022-10-23	粤海
256	瑞铧苑	深圳市南山区粤海街道瑞铧苑第五届业主委员会	五	2019-12-4	2022-12-3	粤海
257	文德福花园	深圳市南山区粤海街道文德福花园第六届业主委员会	六	2020-9-23	2025-9-22	粤海
258	南粤明珠	深圳市南山区粤海街道南粤明珠第五届业主委员会	五	2021-11-4	2026-11-3	粤海
259	信和自由广场	深圳市南山区粤海街道信和自由广场第四届业主委员会	四	2018-2-6	2021-2-5	粤海
260	莱英花园	深圳市南山区粤海街道莱英花园第五届业主委员会	五	2016-10-15	2019-10-14	粤海
261	蔚蓝海岸一、二、四期	深圳市南山区粤海街道蔚蓝海岸一、二、四期第三届业主委员会	三	2019-1-20	2022-1-19	粤海
262	浪琴屿花园	深圳市南山区粤海街道浪琴屿花园第六届业主委员会	六	2019-8-2	2022-8-1	粤海
263	蔚蓝海岸社区三期	深圳市南山区粤海街道蔚蓝海岸社区三期第五届业主委员会	五	2019-12-30	2022-12-29	粤海
264	厚德品园	深圳市南山区粤海街道厚德品园第一届业主委员会	一	2021-4-3	2026-4-2	粤海
265	海天楼	深圳市南山区招商街道海天楼第二届业主委员会	二	2020-12-16	2025-12-15	招商
266	港湾小区	深圳市南山区招商街道港湾小区第六届业主委员会	六	2020-12-27	2025-12-26	招商
267	山语海苑	深圳市南山区招商街道山语海苑第一届业主委员会	一	2021-8-25	2026-8-24	招商
268	桂园（含榆园、地税楼）	深圳市南山区招商街道桂园（含榆园、地税楼）第二届业主委员会	二	2018-12-11	2021-12-10	招商
269	爱榕园一期	深圳市南山区招商街道爱榕园一期第二届业主委员会	二	2019-6-27	2022-6-26	招商
270	爱榕园二期	深圳市南山区招商街道爱榕园二期第四届业主委员会	四	2019-8-21	2022-8-20	招商
271	蓬莱花园	深圳市南山区招商街道蓬莱花园第四届业主委员会	四	2017-5-11	2020-5-10	招商
272	招商海琴花园	深圳市南山区招商街道招商海琴花园第四届业主委员会	四	2017-7-4	2020-7-3	招商
273	海月花园三期	深圳市南山区招商街道海月花园三期第三届业主委员会	三	2017-7-27	2020-7-26	招商

序号	项目名称	业委会名称	业委会届数	任期时间	到期时间	所属街道
274	海月华庭	深圳市南山区招商街道海月华庭第二届业主委员会	二	2017-12-9	2020-12-8	招商
275	海月花园一期	深圳市南山区招商街道海月花园一期第七届业主委员会	七	2019-11-24	2022-11-23	招商
276	海洋星苑	深圳市南山区招商街道海洋星苑第六届业主委员会	六	2019-12-25	2022-12-24	招商
277	后海花半里雅居	深圳市南山区招商街道后海花半里雅居第五届业主委员会	五	2020-11-23	2025-11-22	招商
278	海月花园二期	深圳市南山区招商街道海月花园二期第六届业主委员会	六	2020-12-25	2025-12-24	招商
279	蓝月湾畔	深圳市南山区招商街道蓝月湾畔第四届业主委员会	四	2021-6-8	2026-6-7	招商
280	天骄华庭	深圳市南山区招商街道天骄华庭第五届业主委员会	五	2021-9-3	2026-9-2	招商
281	花果山住宅小区	深圳市南山区招商街道花果山住宅小区第四届业主委员会	四	2016-11-19	2019-11-18	招商
282	蛇口花园城三期	深圳市南山区招商街道蛇口花园城三期第四届业主委员会	四	2018-1-27	2021-1-26	招商
283	花果山大厦	深圳市南山区招商街道花果山大厦第六届业主委员会	六	2019-4-12	2022-4-11	招商
284	招北小区	深圳市南山区招商街道招北小区第三届业主委员会	三	2021-1-10	2026-1-9	招商
285	翠竹园	深圳市南山区招商街道翠竹园第五届业主委员会	五	2021-3-22	2026-3-21	招商
286	兰园商住楼	深圳市南山区招商街道兰园商住楼第三届业主委员会	三	2019-5-14	2022-5-13	招商
287	雍华府	深圳市南山区招商街道雍华府第六届业主委员会	六	2021-9-13	2026-9-12	招商
288	华府假日大厦	深圳市南山区招商街道华府假日大厦第一届业主委员会	一	2018-1-6	2021-1-5	招商
289	海景广场	深圳市南山区招商街道海景广场第五届业主委员会	五	2019-10-11	2021-10-10	招商
290	伍兹公寓	深圳市南山区招商街道伍兹公寓第二届业主委员会	二	2019-10-24	2022-10-23	招商
291	荔园小区	深圳市南山区招商街道荔园小区第四届业主委员会	四	2021-1-15	2026-1-14	招商
292	紫竹园	深圳市南山区招商街道紫竹园第二届业主委员会	二	2016-11-19	2019-11-18	招商
293	招商桃花园A、B区	深圳市南山区招商街道招商桃花园A、B区第四届业主委员会	四	2015-11-21	2018-11-20	招商
294	怡庭园大厦	深圳市南山区招商街道怡庭园大厦第三届业主委员会	三	2011-11-3	2014-11-2	招商
295	文竹园二期	深圳市南山区招商街道文竹园二期第三届业主委员会	三	2012-3-16	2015-3-15	招商
296	半岛花园B区	深圳市南山区招商街道半岛花园B区第二届业主委员会	二	2018-5-27	2021-5-26	招商
297	天海豪景苑	深圳市南山区招商街道天海豪景苑第五届业主委员会	五	2018-8-17	2021-8-16	招商
298	文竹园一期	深圳市南山区招商街道文竹园一期第二届业主委员会	二	2018-9-24	2020-9-23	招商
299	雍景湾花园	深圳市南山区招商街道雍景湾花园第一届业主委员会	一	2019-12-2	2022-12-1	招商
300	玫瑰园	深圳市南山区招商街道玫瑰园第五届业主委员会	五	2020-12-28	2025-12-27	招商
301	景园大厦	深圳市南山区招商街道景园大厦第八届业主委员会	八	2021-10-28	2026-10-27	招商
302	鲸山花园九期	深圳市南山区招商街道鲸山花园九期第一届业主委员会	一	2021-9-16	2026-9-15	招商
303	半山海景·兰溪谷二期南区、北区	深圳市南山区招商街道半山海景·兰溪谷二期南区、北区第1届业主委员会	一	2017-3-31	2020-3-30	招商
304	龟山别墅	深圳市南山区招商街道龟山别墅第五届业主委员会	五	2017-9-6	2020-9-5	招商

续表

序号	项目名称	业委会名称	业委会届数	任期时间	到期时间	所属街道
305	蛇口花园城五期	深圳市南山区招商街道蛇口花园城五期第二届业主委员会	二	2017-12-13	2020-12-12	招商
306	招商桃花园（三期）	深圳市南山区招商街道招商桃花园(三期)第四届业主委员会	四	2018-8-1	2021-7-31	招商
307	华采花园	深圳市南山区招商街道华采花园第七届业主委员会	七	2019-8-14	2022-8-13	招商
308	半山海景别墅	深圳市南山区招商街道半山海景别墅第五届业主委员会	五	2019-9-15	2022-9-14	招商
309	蛇口高山花园	深圳市南山区招商街道蛇口高山花园第四届业主委员会	四	2020-12-25	2025-12-24	招商
310	悠然居	深圳市南山区招商街道悠然居第四届业主委员会	四	2020-12-27	2025-12-26	招商
311	翠谷居	深圳市南山区招商街道翠谷居第二届业主委员会	二	2021-12-18	2025-12-17	招商

宝安区

表4-1-5

序号	项目名称	业委会名称	业委会届数	任期开始时间	任期截止时间	所属街道
1	深航幸福花园	深圳市宝安区福海街道深航幸福花园第一届业主委员会	一	2019-8-25	2022-8-24	福海
2	立新湖花园	深圳市宝安区福永街道立新湖花园第二届业主委员会	二	2017-9-10	2020-9-9	福永
3	凤凰花苑	深圳市宝安区福永街道凤凰花苑第二届业主委员会	二	2018-5-20	2021-5-19	福永
4	同和凤凰花苑	深圳市宝安区福永街道同和凤凰花苑第一届业主委员会	一	2018-5-30	2021-5-29	福永
5	龙翔山庄	深圳市宝安区福永街道龙翔山庄第三届业主委员会	三	2018-6-3	2021-6-2	福永
6	金石雅苑	深圳市宝安区福永街道金石雅苑第四届业主委员会	四	2018-10-26	2021-10-25	福永
7	兴益工业城C1宿舍	深圳市宝安区福永街道兴益工业城C1宿舍第二届业主委员会	二	2018-12-24	2021-12-23	福永
8	金域豪庭（福侨花园）	深圳市宝安区福永街道金域豪庭（福侨花园）第五届业主委员会	五	2021-7-24	2024-7-23	福永
9	永福苑	深圳市宝安区福永街道永福苑第二届业主委员会	二	2017-9-3	2020-9-2	福永
10	万科金色领域	深圳市宝安区福永街道万科金色领域第一届业主委员会	一	2018-11-4	2021-11-3	福永
11	永利大厦	深圳市宝安区福永街道永利大厦第一届业主委员会	一	2020-9-9	2023-9-8	福永
12	永恒楼	深圳市宝安区福永街道永恒楼第二届业主委员会	二	2018-6-8	2021-6-7	福永
13	龙腾阁	深圳市宝安区福永街道龙腾阁第一届业主委员会	一	2018-6-19	2021-6-18	福永
14	福华大厦	深圳市宝安区福永街道福华大厦第一届业主委员会	一	2020-7-28	2023-7-27	福永
15	深圳市宝安区金达花园	深圳市宝安区航城街道深圳市宝安区金达花园第一届业主委员会	一	2018-1-12	2021-1-11	航城
16	西乡安居家园	深圳市宝安区航城街道西乡安居家园第一届业主委员会	一	2018-1-30	2021-1-29	航城
17	如意豪庭	深圳市宝安区石岩街道如意豪庭第一届业主委员会	一	2018-10-31	2021-10-30	石岩
18	宝安山庄	深圳市宝安区松岗街道宝安山庄第三届业主委员会	三	2020-2-20	2023-2-19	松岗
19	中海西岸华府	深圳市宝安区松岗街道中海西岸华府第一届业主委员会	一	2019-1-30	2022-1-29	松岗
20	松岗麒麟新村	深圳市宝安区松岗街道松岗麒麟新村第二届业主委员会	二	2021-5-25	2026-5-24	松岗

序号	项目名称	业委会名称	业委会届数	任期开始时间	任期截止时间	所属街道
21	宝利豪庭	深圳市宝安区松岗街道宝利豪庭第二届业主委员会	二	2021-3-9	2026-3-8	松岗
22	宏发君域花园	深圳市宝安区松岗街道宏发君域花园第二届业主委员会	二	2020-10-13	2023-10-12	松岗
23	宝兴花园	深圳市宝安区西乡街道宝兴花园第一届业委员会	一	2018-1-9	2021-1-8	西乡
24	凤凰雅居	深圳市宝安区西乡街道凤凰雅居第二届业主委员会	二	2018-4-3	2021-4-2	西乡
25	翠景居	深圳市宝安区西乡街道翠景居第二届业主委员会	二	2019-11-18	2022-11-17	西乡
26	天骄世家	深圳市宝安区西乡街道天骄世家第四届业主委员会	四	2018-5-4	2021-5-3	西乡
27	御龙居	深圳市宝安区西乡街道御龙居第四届业主委员会	四	2018-9-11	2021-9-10	西乡
28	丽景城	深圳市宝安区西乡街道丽景城第五届业主委员会	五	2019-1-29	2022-1-28	西乡
29	大益广场	深圳市宝安区西乡街道大益广场第二届业主委员会	二	2019-12-30	2022-12-29	西乡
30	瑞尚居	深圳市宝安区西乡街道瑞尚居第一届业主委员会	一	2019-12-23	2022-12-22	西乡
31	豪业华庭	深圳市宝安区西乡街道豪业华庭第三届业主委员会	三	2017-11-21	2020-11-20	西乡
32	泰华豪园	深圳市宝安区西乡街道泰华豪园第五届业主委员会	五	2020-9-14	2023-9-13	西乡
33	福中福花园	深圳市宝安区西乡街道福中福花园第三届业委员会	三	2019-11-18	2022-11-17	西乡
34	湾上六座花园	深圳市宝安区西乡街道湾上六座花园第一届业主委员会	一	2018-5-28	2021-5-27	西乡
35	颐合花园	深圳市宝安区西乡街道颐合花园第一届业主委员会	一	2020-1-14	2023-1-13	西乡
36	名城花园	深圳市宝安区西乡街道名城花园第一届业主委员会	一	2021-12-10	2026-12-9	西乡
37	75区商住楼	深圳市宝安区西乡街道75区商住楼第四届业主委员会	四	2018-11-19	2021-11-18	西乡
38	嘉华花园东区	深圳市宝安区西乡街道嘉华花园东区第二届业主委员会	二	2019-7-15	2022-7-14	西乡
39	双龙花园	深圳市宝安区西乡街道双龙花园第二届业主委员会	二	2020-1-31	2023-1-30	西乡
40	华侨新村	深圳市宝安区西乡街道华侨新村第一届业主委员会	一	2008-12-26	2001-1-12	西乡
41	金港华庭	深圳市宝安区西乡街道金港华庭第一届业主委员会	一	2018-7-23	2021-7-22	西乡
42	锦欣花园	深圳市宝安区西乡街道锦欣花园第一届业主委员会	一	2016-5-12	2019-5-12	西乡
43	富通蟠龙居	深圳市宝安区西乡街道富通蟠龙居第四届业主委员会	四	2017-9-24	2020-9-23	西乡
44	碧海湾花园	深圳市宝安区西乡街道碧海湾花园第一届业主委员会	一	2019-9-11	2022-9-10	西乡
45	永丰社区A、B区	深圳市宝安区西乡街道永丰社区A、B区第一届业主委员会	一	2021-12-16	2026-12-15	西乡
46	白金假日公寓	深圳市宝安区西乡街道白金假日公寓第一届业主委员会	一	2018-5-26	2021-5-25	西乡
47	宝城花园	深圳市宝安区西乡街道宝城花园第一届业主委员会	一	2019-8-30	2022-8-29	西乡
48	中粮锦云花园	深圳市宝安区西乡街道中粮锦云花园第一届业主委员会	一	2017-7-11	2020-7-10	西乡
49	石鸿花园	深圳市宝安区新安街道石鸿花园第三届业主委员会	三	2015-12-2	2018-12-1	新安
50	富源商贸大厦	深圳市宝安区新安街道富源商贸大厦第一届业主委员会	一	2017-5-14	2020-5-13	新安
51	中怡名苑	深圳市宝安区新安街道中怡名苑第三届业主委员会	三	2017-11-5	2020-11-4	新安

续表

序号	项目名称	业委会名称	业委会届数	任期开始时间	任期截止时间	所属街道
52	宝新花园	深圳市宝安区新安街道宝新花园第一届业主委员会	一	2018-5-27	2021-5-26	新安
53	豪城馨庭居	深圳市宝安区新安街道豪城馨庭居第一届业主委员会	一	2018-11-3	2020-11-2	新安
54	泰华苑	深圳市宝安区新安街道泰华苑第五届业主委员会	五	2019-6-13	2022-6-12	新安
55	德邻雅筑	深圳市宝安区新安街道德邻雅筑第四届业主委员会	四	2019-8-20	2022-8-19	新安
56	海云轩	深圳市宝安区新安街道海云轩第一届业主委员会	一	2019-9-5	2021-9-4	新安
57	新厦苑	深圳市宝安区新安街道新厦苑第一届业主委员会	一	2020-8-4	2025-8-3	新安
58	庆华花园	深圳市宝安区新安街道庆华花园第一届业主委员会	一	2020-8-5	2025-8-4	新安
59	汉宝大厦	深圳市宝安区新安街道汉宝大厦第一届业主委员会	一	2016-9-25	2019-9-24	新安
60	冠城世家	深圳市宝安区新安街道冠城世家第四届业主委员会	四	2018-7-11	2021-7-10	新安
61	宝豪华庭	深圳市宝安区新安街道宝豪华庭第二届业主委员会	二	2018-11-2	2021-11-1	新安
62	泰华商业城	深圳市宝安区新安街道泰华商业城第五届业主委员会	五	2020-4-18	2022-4-17	新安
63	招商华侨城曦城	深圳市宝安区新安街道招商华侨城曦城第二届业主委员会	二	2018-11-29	2021-11-28	新安
64	宝安新村	深圳市宝安区新安街道宝安新村第六届业主委员会	六	2019-12-21	2022-12-20	新安
65	金海华府	深圳市宝安区新安街道金海华府第三届业主委员会	三	2019-12-23	2022-12-22	新安
66	新世界誉名别苑B区	深圳市宝安区新安街道新世界誉名别苑B区第一届业主委员会	一	2020-9-25	2023-9-24	新安
67	山语华庭	深圳市宝安区新安街道山语华庭第二届业主委员会	二	2020-12-28	2023-12-27	新安
68	丰华苑	深圳市宝安区新安街道丰华苑第五届业主委员会	五	2017-12-3	2020-12-2	新安
69	TATA公寓	深圳市宝安区新安街道TATA公寓第一届业主委员会	一	2018-6-26	2021-6-25	新安
70	中洲华府二期	深圳市宝安区新安街道中洲华府二期第二届业主委员会	二	2019-3-29	2022-3-28	新安
71	怡合花园	深圳市宝安区新安街道怡合花园第二届业主委员会	二	2019-9-18	2022-9-17	新安
72	欣荣苑	深圳市宝安区新安街道欣荣苑第二届业主委员会	二	2018-8-28	2021-8-27	新安
73	宝佳苑	深圳市宝安区新安街道宝佳苑第一届业主委员会	一	2018-10-23	2021-10-22	新安
74	华翔居	深圳市宝安区新安街道华翔居第一届业主委员会	一	2018-12-19	2021-12-18	新安
75	华滨大厦	深圳市宝安区新安街道华滨大厦第一届业主委员会	一	2019-1-8	2022-1-7	新安
76	裕华花园	深圳市宝安区新安街道裕华花园第一届业主委员会	一	2019-10-25	2022-10-24	新安
77	泰华锦绣城	深圳市宝安区新安街道泰华锦绣城第五届业主委员会	五	2019-11-7	2022-11-6	新安
78	深圳市宝安区45区新城花园	深圳市宝安区新安街道深圳市宝安区45区新城花园第一届业主委员会	一	2016-5-24	2019-5-24	新安
79	海天花园	深圳市宝安区新安街道海天花园第一届业主委员会	一	2016-8-3	2019-8-2	新安
80	泰华俊庭	深圳市宝安区新安街道泰华俊庭第三届业主委员会	三	2017-9-27	2020-9-26	新安
81	45区综合市场	深圳市宝安区新安街道45区综合市场第二届业主委员会	二	2019-8-5	2022-8-4	新安

序号	项目名称	业委会名称	业委会届数	任期开始时间	任期截止时间	所属街道
82	宝安海滨城广场	深圳市宝安区新安街道宝安海滨城广场第四届业主委员会	四	2019-10-15	2021-10-14	新安
83	洪福雅苑	深圳市宝安区新安街道洪福雅苑第四届业主委员会	四	2019-12-23	2021-12-22	新安
84	深圳市宝安区45区富盛苑	深圳市宝安区新安街道深圳市宝安区45区富盛苑第二届业主委员会	二	2020-9-23	2023-9-22	新安
85	金叶名苑	深圳市宝安区新安街道金叶名苑第三届业主委员会	三	2012-10-15	2015-10-14	新安
86	新安园	深圳市宝安区新安街道新安园第二届业主委员会	二	2016-6-14	2019-6-14	新安
87	宝华花园	深圳市宝安区新安街道宝华花园第二届业主委员会	二	2016-7-30	2019-7-29	新安
88	碧涛阁	深圳市宝安区新安街道碧涛阁第二届业主委员会	二	2017-9-13	2020-9-12	新安
89	广信花园	深圳市宝安区新安街道广信花园第一届业主委员会	一	2018-4-26	2021-4-25	新安
90	泰安花园	深圳市宝安区新安街道泰安花园第六届业主委员会	六	2018-7-31	2021-7-30	新安
91	景富苑	深圳市宝安区新安街道景富苑第一届业主委员会	一	2018-10-16	2021-10-15	新安
92	融景园	深圳市宝安区新安街道融景园第四届业主委员会	四	2019-3-28	2022-3-27	新安
93	富华花园	深圳市宝安区新安街道富华花园第二届业主委员会	二	2019-10-31	2022-10-30	新安
94	理想居花园	深圳市宝安区新安街道理想居花园第四届业主委员会	四	2020-2-23	2022-2-22	新安
95	登科花园	深圳市宝安区新安街道登科花园第五届业主委员会	五	2020-8-2	2025-8-1	新安
96	西海岸花园	深圳市宝安区新安街道西海岸花园第六届业主委员会	六	2021-12-10	2026-12-9	新安
97	群贤花园	深圳市宝安区新安街道群贤花园第三届业主委员会	三	2021-12-30	2026-12-29	新安
98	宝海花园	深圳市宝安区新安街道宝海花园第一届业主委员会	一	2016-8-9	2019-8-8	新安
99	金汇名园	深圳市宝安区新安街道金汇名园第二届业主委员会	二	2018-2-5	2021-2-4	新安
100	41区华安苑小区	深圳市宝安区新安街道41区华安苑小区第一届业主委员会	一	2018-7-13	2021-7-12	新安
101	富怡花园	深圳市宝安区新安街道富怡花园第一届业主委员会	一	2018-8-1	2021-7-31	新安
102	金鼎花园	深圳市宝安区新安街道金鼎花园第二届业主委员会	二	2020-1-9	2023-1-8	新安
103	天健时尚空间名苑	深圳市宝安区新安街道天健时尚空间名苑第一届业主委员会	一	2019-12-16	2022-12-15	新安
104	风临洲苑	深圳市宝安区新安街道风临洲苑第四届业主委员会	四	2019-12-27	2022-12-26	新安
105	德业新城	深圳市宝安区新安街道德业新城第五届业主委员会	五	2021-12-8	2026-12-7	新安
106	金成时代家园	深圳市宝安区新安街道金成时代家园第二届业主委员会	二	2017-10-20	2020-10-19	新安
107	达海花园	深圳市宝安区新安街道达海花园第二届业主委员会	二	2018-1-8	2021-1-7	新安
108	御景湾	深圳市宝安区新安街道御景湾第二届业主委员会	二	2018-7-14	2021-7-13	新安
109	君逸世家花园	深圳市宝安区新安街道君逸世家花园第二届业主委员会	二	2019-4-13	2022-4-12	新安
110	高发西岸花园	深圳市宝安区新安街道高发西岸花园第三届业主委员会	三	2021-9-14	2026-9-13	新安

续表

序号	项目名称	业委会名称	业委会届数	任期开始时间	任期截止时间	所属街道
111	碧涛居	深圳市宝安区新安街道碧涛居第一届业主委员会	一	2016-8-30	2019-8-29	新安
112	宝雅花园	深圳市宝安区新安街道宝雅花园第五届业主委员会	五	2019-6-26	2022-6-25	新安
113	洪浪一村	深圳市宝安区新安街道洪浪一村第三届业主委员会	三	2019-12-2	2022-12-1	新安
114	白金酒店公寓1栋	深圳市宝安区新安街道白金酒店公寓1栋第一届业主委员会	一	2017-7-21	2020-7-20	新安
115	泛华苑	深圳市宝安区新安街道泛华苑第二届业主委员会	二	2020-9-29	2023-9-28	新安
116	洪浪二村	深圳市宝安区新安街道洪浪二村第一届业主委员会	一	2017-11-10	2020-11-9	新安
117	灵芝新村	深圳市宝安区新安街道灵芝新村第一届业主委员会	一	2017-12-13	2020-12-12	新安
118	勤诚达和园	深圳市宝安区新安街道勤诚达和园第一届业主委员会	一	2018-12-28	2021-12-27	新安
119	中粮紫云花园	深圳市宝安区新安街道中粮紫云花园第一届业主委员会	一	2020-1-13	2023-1-12	新安
120	宝安湖滨花园	深圳市宝安区新安街道宝安湖滨花园第一届业主委员会	一	2018-7-23	2021-7-22	新安
121	35区海滨花园	深圳市宝安区新安街道35区海滨花园第一届业主委员会	一	2019-1-30	2022-1-29	新安
122	滨城新村	深圳市宝安区新安街道滨城新村第二届业主委员会	二	2020-8-11	2023-8-10	新安
123	旭仕达名苑	深圳市宝安区新安街道旭仕达名苑第三届业主委员会	三	2017-5-17	2020-5-16	新安
124	建安新村	深圳市宝安区新安街道建安新村第五届业主委员会	五	2018-1-11	2021-1-10	新安
125	碧涛苑	深圳市宝安区新安街道碧涛苑第二届业主委员会	二	2018-1-12	2021-1-11	新安
126	腾阁	深圳市宝安区新安街道腾阁第一届业主委员会	一	2018-8-2	2021-8-1	新安
127	西城品阁	深圳市宝安区新安街道西城品阁第一届业主委员会	一	2018-8-30	2021-8-29	新安
128	30区雅仕阁	深圳市宝安区新安街道30区雅仕阁第二届业主委员会	二	2018-10-16	2021-10-15	新安
129	百合苑	深圳市宝安区新安街道百合苑第一届业主委员会	一	2018-11-29	2021-11-28	新安
130	风尚时代小区	深圳市宝安区新安街道风尚时代小区第一届业主委员会	一	2019-4-18	2022-4-17	新安
131	弘雅花园雅豪轩	深圳市宝安区新安街道弘雅花园雅豪轩第六届业主委员会	六	2019-4-19	2022-4-18	新安
132	泰华大厦	深圳市宝安区新安街道泰华大厦第四届业主委员会	四	2019-9-6	2022-9-5	新安
133	雅然居花园	深圳市宝安区新安街道雅然居花园第三届业主委员会	三	2020-3-11	2023-3-10	新安
134	黄金台管理处	深圳市宝安区新安街道黄金台管理处第二届业主委员会	二	2020-9-28	2023-9-27	新安
135	泰华花园	深圳市宝安区新安街道泰华花园第五届业主委员会	五	2021-11-30	2026-11-29	新安
136	弘雅花园	深圳市宝安区新安街道弘雅花园第七届业主委员会	七	2021-12-27	2026-12-26	新安
137	雅景居	深圳市宝安区新安街道雅景居第一届业主委员会	一	2016-12-23	2019-12-22	新安
138	29区富安楼	深圳市宝安区新安街道29区富安楼第一届业主委员会	一	2018-10-31	2020-10-30	新安
139	湖景居大厦	深圳市宝安区新安街道湖景居大厦第五届业主委员会	五	2017-7-31	2020-7-30	新安
140	宝河大厦商住楼	深圳市宝安区新安街道宝河大厦商住楼第三届业主委员会	三	2017-9-26	2020-9-25	新安

序号	项目名称	业委会名称	业委会届数	任期开始时间	任期截止时间	所属街道
141	裕宝大厦	深圳市宝安区新安街道裕宝大厦第三届业主委员会	三	2017-9-26	2020-9-25	新安
142	宝安五区市场住宅楼	深圳市宝安区新安街道宝安五区市场住宅楼第一届业主委员会	一	2018-11-5	2021-11-4	新安
143	新安湖花园多层区	深圳市宝安区新安街道新安湖花园多层区第一届业主委员会	一	2019-7-11	2021-7-10	新安
144	新安湖花园高层住宅区	深圳市宝安区新安街道新安湖花园高层住宅区第二届业主委员会	二	2020-9-29	2023-9-28	新安
145	海信花园（宝农一巷）	深圳市宝安区新安街道海信花园（宝农一巷）第二届业主委员会	二	2021-12-25	2026-12-24	新安
146	中南花园	深圳市宝安区新安街道中南花园第五届业主委员会	五	2017-5-31	2020-5-30	新安
147	金泓凯旋城	深圳市宝安区新安街道金泓凯旋城第四届业主委员会	四	2020-5-23	2023-5-22	新安
148	创业二村	深圳市宝安区新安街道创业二村第五届业主委员会	五	2018-1-23	2021-1-22	新安
149	创业一村	深圳市宝安区新安街道创业一村第六届业主委员会	六	2019-11-10	2022-11-9	新安
150	棕榈堡花园	深圳市宝安区新桥街道棕榈堡花园第一届业主委员会	一	2020-9-14	2023-9-13	新桥
151	富通丽沙花都	深圳市宝安区新桥街道富通丽沙花都第三届业主委员会	三	2021-11-1	2026-10-31	新桥
152	集信名城	深圳市宝安区燕罗街道集信名城第一届业主委员会	一	2019-8-31	2022-8-30	燕罗

龙岗区　　　　　　　　　　　　　　　　　　　　　　　　　表4-1-6

序号	项目名称	业委会名称	业委会届数	任期开始时间	任期截止时间	所属街道
1	泓瀚苑	深圳市龙岗区坂田街道泓瀚苑第一届业主委员会	一	2004-7-6	2004-7-5	坂田
2	中海月朗苑	深圳市龙岗区坂田街道中海月朗苑第二届业主委员会	二	2017-6-7	2020-6-6	坂田
3	万科第五园一、二、三期	深圳市龙岗区坂田街道万科第五园一、二、三期第二届业主委员会	二	2021-1-1	2023-12-31	坂田
4	富豪花园	深圳市龙岗区坂田街道富豪花园第三届业主委员会	三	2017-1-20	2020-1-19	坂田
5	骏雅居	深圳市龙岗区坂田街道骏雅居第一届业主委员会	一	2019-12-10	2022-12-9	坂田
6	富豪山庄	深圳市龙岗区坂田街道富豪山庄第三届业主委员会	三	2019-12-25	2022-12-24	坂田
7	家和花园	深圳市龙岗区坂田街道家和花园第六届业主委员会	六	2018-7-16	2021-7-15	坂田
8	星光之约花园	深圳市龙岗区坂田街道星光之约花园第六届业主委员会	六	2019-6-21	2022-6-20	坂田
9	天景山庄小区	深圳市龙岗区坂田街道天景山庄小区第五届业主委员会	五	2021-9-24	2026-9-23	坂田
10	四季花城	深圳市龙岗区坂田街道四季花城第五届业主委员会	五	2019-9-11	2022-9-10	坂田
11	万科城	深圳市龙岗区坂田街道万科城第三届业主委员会	三	2018-11-28	2021-11-27	坂田
12	中海坂田日辉台花园	深圳市龙岗区坂田街道中海坂田日辉台花园第四届业主委员会	四	2020-4-22	2023-4-21	坂田
13	十二橡树庄园	深圳市龙岗区坂田街道十二橡树庄园第一届业主委员会	一	2016-9-23	2019-10-7	坂田

序号	项目名称	业委会名称	业委会届数	任期开始时间	任期截止时间	所属街道
14	石化新村	深圳市龙岗区坂田街道石化新村第一届业主委员会	一	2020-12-24	2025-12-23	坂田
15	旭景佳园（一期）	深圳市龙岗区坂田街道旭景佳园（一期）第二届业主委员会	二	2021-10-11	2026-10-10	坂田
16	金洲嘉丽园	深圳市龙岗区坂田街道金洲嘉丽园第六届业主委员会	六	2019-2-12	2022-2-11	坂田
17	万科金色半山花园	深圳市龙岗区坂田街道万科金色半山花园第二届业主委员会	二	2021-12-13	2026-12-12	坂田
18	东鸿雅居	深圳市龙岗区宝龙街道东鸿雅居第二届业主委员会	二	2017-7-14	2020-7-13	宝龙
19	金沙府	深圳市龙岗区宝龙街道金沙府第一届业主委员会	一	2019-8-26	2022-8-25	宝龙
20	中信龙盛广场	深圳市龙岗区宝龙街道中信龙盛广场第一届业主委员会	一	2021-10-20	2024-10-19	宝龙
21	鸿景春天花园	深圳市龙岗区宝龙街道鸿景春天花园第四届业主委员会	四	2021-11-3	2024-11-2	宝龙
22	风临四季花园	深圳市龙岗区宝龙街道风临四季花园第二届业主委员会	二	2021-12-23	2026-12-22	宝龙
23	中信果岭假日别墅	深圳市龙岗区宝龙街道中信果岭假日别墅第二届业主委员会	二	2020-7-2	2025-7-1	宝龙
24	中信绿色高尔夫天籁山庄	深圳市龙岗区宝龙街道中信绿色高尔夫天籁山庄第一届业主委员会	一	2020-10-9	2025-10-8	宝龙
25	仁恒峦山美地花园	深圳市龙岗区宝龙街道仁恒峦山美地花园第一届业主委员会	一	2020-12-15	2025-12-14	宝龙
26	绿色满庭芳	深圳市龙岗区宝龙街道绿色满庭芳第一届业主委员会	一	2021-6-29	2024-6-28	宝龙
27	长兴楼	深圳市龙岗区布吉街道长兴楼第一届业主委员会	一	2014-10-22	2019-10-21	布吉
28	吉信大厦	深圳市龙岗区布吉街道吉信大厦第六届业主委员会	六	2016-12-12	2019-12-11	布吉
29	莲花山庄	深圳市龙岗区布吉街道莲花山庄第四届业主委员会	四	2019-4-25	2022-4-24	布吉
30	中房怡芬花园	深圳市龙岗区布吉街道中房怡芬花园第三届业主委员会	三	2016-4-22	2019-4-21	布吉
31	中翠花园	深圳市龙岗区布吉街道中翠花园第一届业主委员会	一	2017-6-29	2022-6-28	布吉
32	盈翠家园	深圳市龙岗区布吉街道盈翠家园第三届业主委员会	三	2018-6-4	2021-6-3	布吉
33	德兴花园	深圳市龙岗区布吉街道德兴花园第三届业主委员会	三	2018-11-28	2021-11-27	布吉
34	倚山别苑	深圳市龙岗区布吉街道倚山别苑第三届业主委员会	三	2018-6-10	2021-6-9	布吉
35	华浩源	深圳市龙岗区布吉街道华浩源第二届业主委员会	二	2018-12-27	2021-12-26	布吉
36	龙园意境华府	深圳市龙岗区布吉街道龙园意境华府第一届业主委员会	一	2019-5-16	2024-5-15	布吉
37	慢城四期	深圳市龙岗区布吉街道慢城四期第二届业主委员会	二	2019-9-12	2022-9-11	布吉
38	万隆苑	深圳市龙岗区布吉街道万隆苑第三届业主委员会	三	2019-11-20	2022-11-19	布吉
39	半岛苑	深圳市龙岗区布吉街道半岛苑第四届业主委员会	四	2021-6-18	2026-6-17	布吉
40	紫瑞花园	深圳市龙岗区布吉街道紫瑞花园第一届业主委员会	一	2018-9-12	2021-9-11	布吉
41	国展苑	深圳市龙岗区布吉街道国展苑第五届业主委员会	五	2017-8-6	2020-8-5	布吉
42	中加名园	深圳市龙岗区布吉街道中加名园第四届业主委员会	四	2021-8-2	2026-8-1	布吉

序号	项目名称	业委会名称	业委会届数	任期开始时间	任期截止时间	所属街道
43	吉星花园	深圳市龙岗区布吉街道吉星花园第一届业主委员会	一	2021-9-15	2026-9-14	布吉
44	可园	深圳市龙岗区布吉街道可园第二届业主委员会	二	2021-4-13	2026-4-12	布吉
45	翡翠星光园	深圳市龙岗区布吉街道翡翠星光园第一届业主委员会	一	2018-4-9	2021-4-8	布吉
46	京南华庭	深圳市龙岗区布吉街道京南华庭第一届业主委员会	一	2018-11-2	2021-11-1	布吉
47	加洲花园	深圳市龙岗区布吉街道加洲花园第三届业主委员会	三	2019-3-25	2022-3-24	布吉
48	信义假日名城逸翠园·山翠居	深圳市龙岗区布吉街道信义假日名城逸翠园·山翠居第一届业主委员会	一	2020-3-19	2023-3-18	布吉
49	信和爱琴居	深圳市龙岗区布吉街道信和爱琴居第四届业主委员会	四	2017-9-28	2020-9-27	布吉
50	万山汇福花园	深圳市龙岗区布吉街道万山汇福花园第二届业主委员会	二	2018-9-5	2021-9-4	布吉
51	汇福花园	深圳市龙岗区布吉街道汇福花园第三届业主委员会	三	2018-11-11	2021-11-10	布吉
52	康达尔花园	深圳市龙岗区布吉街道康达尔花园第四届业主委员会	四	2019-5-7	2022-5-6	布吉
53	怡康家园	深圳市龙岗区布吉街道怡康家园第一届业主委员会	一	2020-10-25	2025-10-24	布吉
54	布吉中心花园	深圳市龙岗区布吉街道布吉中心花园第一届业主委员会	一	2015-7-27	2020-7-26	布吉
55	金运家园	深圳市龙岗区布吉街道金运家园第一届业主委员会	一	2015-8-13	2020-8-12	布吉
56	大世纪花园	深圳市龙岗区布吉街道大世纪花园第五届业主委员会	五	2017-6-21	2020-6-20	布吉
57	吉祥别墅	深圳市龙岗区布吉街道吉祥别墅第四届业主委员会	四	2017-12-17	2020-12-16	布吉
58	文雅豪庭	深圳市龙岗区布吉街道文雅豪庭第二届业主委员会	二	2018-8-2	2021-8-1	布吉
59	灏景明苑	深圳市龙岗区布吉街道灏景明苑第一届业主委员会	一	2019-4-12	2021-4-11	布吉
60	华昱花园1-8号楼	深圳市龙岗区布吉街道华昱花园1-8号楼第一届业主委员会	一	2021-8-11	2026-8-10	布吉
61	布吉国都花园	深圳市龙岗区布吉街道布吉国都花园第八届业主委员会	八	2019-7-5	2022-7-4	布吉
62	锦冠华城	深圳市龙岗区横岗街道锦冠华城第三届业主委员会	三	2014-10-29	2017-10-28	横岗
63	城市中心花园	深圳市龙岗区横岗街道城市中心花园第五届业主委员会	五	2019-12-10	2022-12-9	横岗
64	翠湖山庄	深圳市龙岗区横岗街道翠湖山庄第八届业主委员会	八	2021-3-18	2026-3-17	横岗
65	横岗街道办	深圳市龙岗区横岗街道横岗街道办第八届业主委员会	八	2021-3-18	2026-3-17	横岗
66	梧桐花园	深圳市龙岗区横岗街道梧桐花园第二届业主委员会	二	2015-6-24	2018-6-23	横岗
67	大山地花园	深圳市龙岗区横岗街道大山地花园第二届业主委员会	二	2020-4-17	2025-4-16	横岗
68	深圳怡和山庄	深圳市龙岗区横岗街道深圳怡和山庄第二届业主委员会	二	2020-4-26	2023-4-25	横岗
69	正大时代华庭	深圳市龙岗区横岗街道正大时代华庭第一届业主委员会	一	2021-4-27	2026-4-26	横岗
70	瑞泽佳园	深圳市龙岗区横岗街道瑞泽佳园第一届业主委员会	一	2021-8-27	2026-8-26	横岗
71	腾昌花园	深圳市龙岗区横岗街道腾昌花园第一届业主委员会	一	2018-7-3	2021-7-2	横岗
72	信义锦绣花园	深圳市龙岗区横岗街道信义锦绣花园第二届业主委员会	二	2017-12-5	2020-12-4	横岗
73	恒地悦山湖花园	深圳市龙岗区横岗街道恒地悦山湖花园第一届业主委员会	一	2021-7-23	2026-7-22	横岗

续表

序号	项目名称	业委会名称	业委会届数	任期开始时间	任期截止时间	所属街道
74	翠枫豪园	深圳市龙岗区吉华街道翠枫豪园第三届业主委员会	三	2020-6-11	2025-6-9	吉华
75	景华苑	深圳市龙岗区吉华街道景华苑第二届业主委员会	二	2020-6-17	2023-6-17	吉华
76	丽湖花园	深圳市龙岗区吉华街道丽湖花园第四届业主委员会	四	2020-10-19	2025-10-18	吉华
77	尚水天成花园	深圳市龙岗区吉华街道尚水天成花园第一届业主委员会	一	2019-4-8	2022-4-7	吉华
78	中海怡翠山庄	深圳市龙岗区吉华街道中海怡翠山庄第七届业主委员会	七	2019-10-10	2024-10-9	吉华
79	茵悦之生花园	深圳市龙岗区吉华街道茵悦之生花园第六届业主委员会	六	2019-11-19	2022-11-18	吉华
80	龙城华府	深圳市龙岗区龙城街道龙城华府第三届业主委员会	三	2015-3-2	2018-3-1	龙城
81	顺景花园	深圳市龙岗区龙城街道顺景花园第一届业主委员会	一	2017-10-13	2020-10-12	龙城
82	中森双子座公馆	深圳市龙岗区龙城街道中森双子座公馆第三届业主委员会	三	2018-10-14	2021-10-13	龙城
83	阳光天健城	深圳市龙岗区龙城街道阳光天健城第一届业主委员会	一	2019-3-18	2021-3-17	龙城
84	雅庭名苑	深圳市龙岗区龙城街道雅庭名苑第二届业主委员会	二	2019-8-20	2022-8-19	龙城
85	缤纷世纪公寓	深圳市龙岗区龙城街道缤纷世纪公寓第一届业主委员会	一	2019-10-3	2022-10-2	龙城
86	翡翠明珠花园	深圳市龙岗区龙城街道翡翠明珠花园第一届业主委员会	一	2019-12-31	2022-12-30	龙城
87	琳珠华庭	深圳市龙岗区龙城街道琳珠华庭第一届业主委员会	一	2021-9-1	2026-8-31	龙城
88	水蓝湾	深圳市龙岗区龙城街道水蓝湾第二届业主委员会	二	2017-1-17	2020-1-16	龙城
89	君悦龙庭	深圳市龙岗区龙城街道君悦龙庭第二届业主委员会	二	2017-11-11	2020-11-10	龙城
90	睿智华庭	深圳市龙岗区龙城街道睿智华庭第一届业主委员会	一	2018-11-29	2021-11-28	龙城
91	天昊华庭	深圳市龙岗区龙城街道天昊华庭第三届业主委员会	三	2018-12-17	2021-12-16	龙城
92	龙岗天安数码城	深圳市龙岗区龙城街道龙岗天安数码城第四届业主委员会	四	2021-8-18	2026-8-17	龙城
93	中海康城花园二期	深圳市龙岗区龙城街道中海康城花园二期第二届业主委员会	二	2021-11-25	2026-11-24	龙城
94	华业玫瑰郡	深圳市龙岗区龙城街道华业玫瑰郡第一届业主委员会	一	2018-1-30	2021-1-29	龙城
95	龙翔花园	深圳市龙岗区龙城街道龙翔花园第三届业主委员会	三	2019-2-18	2022-2-17	龙城
96	吉祥来花园	深圳市龙岗区龙城街道吉祥来花园第二届业主委员会	二	2019-10-26	2021-10-25	龙城
97	保利上城花园	深圳市龙岗区龙城街道保利上城花园第二届业主委员会	二	2019-11-7	2022-11-6	龙城
98	鸿进花园	深圳市龙岗区龙城街道鸿进花园第一届业主委员会	一	2020-9-30	2025-9-29	龙城
99	东都花园一期	深圳市龙岗区龙城街道东都花园一期第三届业主委员会	三	2021-7-22	2026-7-21	龙城
100	黄阁翠苑	深圳市龙岗区龙城街道黄阁翠苑第二届业主委员会	二	2021-10-8	2026-10-7	龙城
101	尚景华园	深圳市龙岗区龙城街道尚景华园第二届业主委员会	二	2016-11-17	2019-11-16	龙城
102	尚景欣园	深圳市龙岗区龙城街道尚景欣园第二届业主委员会	二	2018-1-13	2021-1-12	龙城
103	天健花园	深圳市龙岗区龙城街道天健花园第六届业主委员会	六	2018-8-30	2021-8-29	龙城
104	城龙花园	深圳市龙岗区龙城街道城龙花园第二届业主委员会	二	2019-1-12	2021-1-11	龙城

序号	项目名称	业委会名称	业委会届数	任期开始时间	任期截止时间	所属街道
105	御府名筑花园	深圳市龙岗区龙城街道御府名筑花园第二届业主委员会	二	2019-6-28	2022-6-27	龙城
106	城市花园二期	深圳市龙岗区龙城街道城市花园二期第三届业主委员会	三	2020-1-17	2025-1-16	龙城
107	尚景花园	深圳市龙岗区龙城街道尚景花园第二届业主委员会	二	2021-12-17	2026-12-16	龙城
108	劲嘉·龙园印象	深圳市龙岗区龙城街道劲嘉·龙园印象第二届业主委员会	二	2019-4-28	2022-4-27	龙城
109	盛龙花园	深圳市龙岗区龙城街道盛龙花园第一届业主委员会	一	2019-6-18	2022-6-17	龙城
110	新龙岗花园	深圳市龙岗区龙城街道新龙岗花园第三届业主委员会	三	2019-12-17	2022-12-16	龙城
111	佳馨园	深圳市龙岗区龙城街道佳馨园第一届业主委员会	一	2019-12-30	2022-12-29	龙城
112	欧意轩花园	深圳市龙岗区龙城街道欧意轩花园第二届业主委员会	二	2020-5-7	2025-5-6	龙城
113	阳光广场	深圳市龙岗区龙城街道阳光广场第一届业主委员会	一	2020-12-11	2025-12-10	龙城
114	泽洋园	深圳市龙岗区龙城街道泽洋园第二届业主委员会	二	2021-4-7	2026-4-6	龙城
115	富康苑	深圳市龙岗区龙城街道富康苑第一届业主委员会	一	2021-5-31	2026-5-30	龙城
116	悦澜山花园	深圳市龙岗区龙城街道悦澜山花园第一届业主委员会	一	2021-12-3	2026-12-2	龙城
117	龙岗佳盛园	深圳市龙岗区龙城街道龙岗佳盛园第一届业主委员会	一	2021-12-8	2026-12-7	龙城
118	满园1—5栋	深圳市龙岗区龙城街道满园1-5栋第一届业主委员会	一	2015-1-5	2020-1-4	龙城
119	东方沁园	深圳市龙岗区龙城街道东方沁园第一届业主委员会	一	2016-1-6	2021-1-4	龙城
120	锦绣东方花园	深圳市龙岗区龙城街道锦绣东方花园第一届业主委员会	一	2016-10-17	2019-10-16	龙城
121	和兴花园 四期	深圳市龙岗区龙城街道和兴花园 四期第二届业主委员会	二	2017-6-8	2020-6-7	龙城
122	福园小区	深圳市龙岗区龙城街道福园小区第五届业主委员会	五	2018-3-18	2021-3-17	龙城
123	愉园新村1-13栋及综合楼	深圳市龙岗区龙城街道愉园新村1-13栋及综合楼第六届业主委员会	六	2018-3-26	2021-3-25	龙城
124	东方御花园	深圳市龙岗区龙城街道东方御花园第二届业主委员会	二	2018-8-12	2021-8-11	龙城
125	香林玫瑰花园	深圳市龙岗区龙城街道香林玫瑰花园第三届业主委员会	三	2019-6-11	2022-6-10	龙城
126	欧景城华庭	深圳市龙岗区龙城街道欧景城华庭第三届业主委员会	三	2019-10-14	2022-10-13	龙城
127	瑞华园	深圳市龙岗区龙城街道瑞华园第二届业主委员会	二	2019-11-29	2021-11-28	龙城
128	花半里花园	深圳市龙岗区龙城街道花半里花园第五届业主委员会	五	2021-2-2	2026-2-1	龙城
129	美利达新村	深圳市龙岗区龙城街道美利达新村第二届业主委员会	二	2021-2-4	2026-2-3	龙城
130	家和盛世花园一期	深圳市龙岗区龙城街道家和盛世花园一期第二届业主委员会	二	2021-5-10	2026-5-9	龙城
131	龙城国际花园	深圳市龙岗区龙城街道龙城国际花园第二届业主委员会	二	2021-7-2	2026-7-1	龙城
132	爱地花园一期	深圳市龙岗区龙城街道爱地花园一期第三届业主委员会	三	2021-12-10	2026-12-9	龙城
133	紫薇花园（紫薇苑）	深圳市龙岗区龙城街道紫薇花园（紫薇苑）第四届业主委员会	四	2019-1-25	2022-1-24	龙城
134	碧湖玫瑰园	深圳市龙岗区龙城街道碧湖玫瑰园第二届业主委员会	二	2020-3-20	2025-3-19	龙城

序号	项目名称	业委会名称	业委会届数	任期开始时间	任期截止时间	所属街道
135	公园大地花园	深圳市龙岗区龙城街道公园大地花园第二届业主委员会	二	2020-7-27	2023-7-26	龙城
136	新亚洲花园	深圳市龙岗区龙城街道新亚洲花园第三届业主委员会	三	2021-5-9	2026-5-8	龙城
137	新鸿进花园	深圳市龙岗区龙城街道新鸿进花园第二届业主委员会	二	2021-7-30	2026-7-29	龙城
138	碧湖花园	深圳市龙岗区龙城街道碧湖花园第二届业主委员会	二	2021-11-30	2026-11-29	龙城
139	龙禧雅苑	深圳市龙岗区龙岗街道龙禧雅苑第一届业主委员会	一	2018-1-8	2021-1-7	龙岗
140	旭源瑞景轩	深圳市龙岗区龙岗街道旭源瑞景轩第一届业主委员会	一	2019-5-28	2022-5-27	龙岗
141	满京华喜悦里	深圳市龙岗区龙岗街道满京华喜悦里第一届业主委员会	一	2019-10-10	2022-10-9	龙岗
142	城南雅筑	深圳市龙岗区龙岗街道城南雅筑第二届业主委员会	二	2020-8-20	2025-8-19	龙岗
143	颐景峰苑	深圳市龙岗区龙岗街道颐景峰苑第二届业主委员会	二	2020-9-28	2025-9-27	龙岗
144	怡龙枫景园	深圳市龙岗区龙岗街道怡龙枫景园第一届业主委员会	一	2020-11-22	2025-11-21	龙岗
145	特丰综合楼	深圳市龙岗区龙岗街道特丰综合楼第二届业主委员会	二	2021-1-19	2026-1-18	龙岗
146	仙岭居	深圳市龙岗区龙岗街道仙岭居第一届业主委员会	一	2021-3-17	2024-3-16	龙岗
147	八仙岭华庭	深圳市龙岗区龙岗街道八仙岭华庭第一届业主委员会	一	2021-6-19	2026-6-18	龙岗
148	德沁苑	深圳市龙岗区龙岗街道德沁苑第一届业主委员会	一	2016-2-21	2019-2-20	龙岗
149	龙富花园	深圳市龙岗区龙岗街道龙富花园第二届业主委员会	二	2018-5-24	2021-5-23	龙岗
150	雅豪祥苑	深圳市龙岗区龙岗街道雅豪祥苑第四届业主委员会	四	2020-7-18	2025-7-17	龙岗
151	运河蓝湾家园	深圳市龙岗区龙岗街道运河蓝湾家园第二届业主委员会	二	2020-12-25	2025-12-24	龙岗
152	聚龙苑	深圳市龙岗区龙岗街道聚龙苑第二届业主委员会	二	2021-8-20	2026-8-19	龙岗
153	鸿威鸿景华庭	深圳市龙岗区龙岗街道鸿威鸿景华庭第一届业主委员会	一	2018-10-31	2021-10-30	龙岗
154	千林山居	深圳市龙岗区龙岗街道千林山居第一届业主委员会	一	2020-12-26	2025-12-25	龙岗
155	锦城星苑	深圳市龙岗区龙岗街道锦城星苑第一届业主委员会	一	2019-8-8	2022-8-7	龙岗
156	深房尚林花园	深圳市龙岗区龙岗街道深房尚林花园第二届业主委员会	二	2019-12-24	2022-12-23	龙岗
157	和通花园	深圳市龙岗区南湾街道和通花园第一届业主委员会	一	2020-3-13	2025-3-12	南湾
158	中兆花园	深圳市龙岗区南湾街道中兆花园第一届业主委员会	一	2020-4-10	2025-4-9	南湾
160	祥云苑	深圳市龙岗区南湾街道祥云苑第一届业主委员会	一	2021-5-7	2026-5-6	南湾
161	阳基新天地家园	深圳市龙岗区南湾街道阳基新天地家园第一届业主委员会	一	2021-1-29	2026-1-28	南湾
162	阅景花园	深圳市龙岗区南湾街道阅景花园第一届业主委员会	一	2018-6-15	2021-6-14	南湾
163	左庭右院	深圳市龙岗区南湾街道左庭右院第二届业主委员会	二	2020-12-28	2025-12-27	南湾
164	和谐家园	深圳市龙岗区南湾街道和谐家园第二届业主委员会	二	2021-2-23	2026-2-22	南湾
165	银领公馆	深圳市龙岗区南湾街道银领公馆第一届业主委员会	一	2021-9-11	2026-9-10	南湾
166	英郡年华花园	深圳市龙岗区南湾街道英郡年华花园第二届业主委员会	二	2021-12-9	2026-12-8	南湾
167	大世纪水山缘	深圳市龙岗区南湾街道大世纪水山缘第六届业主委员会	六	2018-4-18	2021-4-17	南湾

序号	项目名称	业委会名称	业委会届数	任期开始时间	任期截止时间	所属街道
168	阳光翠园	深圳市龙岗区南湾街道阳光翠园第三届业主委员会	三	2021-4-19	2026-4-18	南湾
169	南和花园	深圳市龙岗区南湾街道南和花园第一届业主委员会	一	2016-9-27	2019-9-26	南湾
170	泰阳金桔苑	深圳市龙岗区南湾街道泰阳金桔苑第四届业主委员会	四	2019-7-1	2022-6-30	南湾
171	鸿润豪苑	深圳市龙岗区南湾街道鸿润豪苑第二届业主委员会	二	2021-12-29	2026-12-28	南湾
172	安鸿峰景苑	深圳市龙岗区南湾街道安鸿峰景苑第一届业主委员会	一	2017-6-19	2020-6-18	南湾
173	国香山花园	深圳市龙岗区南湾街道国香山花园第一届业主委员会	一	2021-2-23	2026-2-22	南湾
174	国香山翡翠华庭	深圳市龙岗区南湾街道国香山翡翠华庭第一届业主委员会	一	2021-7-6	2026-7-5	南湾
175	融湖世纪花园（一期）	深圳市龙岗区平湖街道融湖世纪花园（一期）第一届业主委员会	一	2021-2-24	2026-2-23	平湖
176	水门逸欣园	深圳市龙岗区平湖街道水门逸欣园第一届业主委员会	一	2021-11-13	2026-11-12	平湖
177	东都雅苑	深圳市龙岗区平湖街道东都雅苑第一届业主委员会	一	2017-10-30	2020-10-29	平湖
178	茗萃园二期	深圳市龙岗区平湖街道茗萃园二期第一届业主委员会	一	2021-11-3	2026-11-2	平湖
179	平湖翠峰丽景花园	深圳市龙岗区平湖街道平湖翠峰丽景花园第四届业主委员会	四	2020-5-19	2025-5-18	平湖
180	凤冠华庭一期	深圳市龙岗区平湖街道凤冠华庭一期第二届业主委员会	二	2021-3-10	2026-3-9	平湖
181	威凤山庄	深圳市龙岗区平湖街道威凤山庄第三届业主委员会	三	2021-11-22	2026-11-21	平湖
182	南油花园	深圳市龙岗区平湖街道南油花园第三届业主委员会	三	2019-4-29	2022-4-28	平湖
183	融悦山居B区	深圳市龙岗区平湖街道融悦山居B区第一届业主委员会	一	2021-12-31	2026-12-30	平湖
184	富民阁	深圳市龙岗区坪地街道富民阁第三届业主委员会	三	2021-11-20	2026-11-19	坪地
185	香林世纪华府	深圳市龙岗区坪地街道香林世纪华府第二届业主委员会	二	2020-4-4	2025-4-3	坪地
186	西湖苑	深圳市龙岗区坪地街道西湖苑第二届业主委员会	二	2020-7-25	2025-7-24	坪地
187	西湖苑二期	深圳市龙岗区坪地街道西湖苑二期第二届业主委员会	二	2020-11-19	2025-11-18	坪地
188	金色盛晖华庭	深圳市龙岗区园山街道金色盛晖华庭第一届业主委员会	一	2017-3-7	2020-3-6	园山
189	水晶之城	深圳市龙岗区园山街道水晶之城第四届业主委员会	四	2019-11-10	2022-11-9	园山

龙华区 表4-1-7

序号	项目名称	业委会名称	业委会届数	任期开始时间	任期截止时间	所属街道
1	和平里花园一期	深圳市龙华区大浪街道和平里花园一期第一届业主委员会	一	2019-12-14	2022-12-13	大浪
2	荟港尊邸	深圳市龙华区大浪街道荟港尊邸第一届业主委员会	一	2021-10-10	2026-10-9	大浪
3	琼珠花园	深圳市龙华区大浪街道琼珠花园第四届业主委员会	四	2020-8-1	2025-7-31	大浪
4	桂冠华庭	深圳市龙华区大浪街道桂冠华庭第三届业主委员会	三	2020-10-23	2025-10-22	大浪
5	可乐园小区	深圳市龙华区大浪街道可乐园小区第三届业主委员会	三	2021-6-29	2026-6-28	大浪

续表

序号	项目名称	业委会名称	业委会届数	任期开始时间	任期截止时间	所属街道
6	华盛峰荟名庭	深圳市龙华区福城街道华盛峰荟名庭第一届业主委员会	一	2020-10-24	2023-10-23	福城
7	华盛观荟名庭	深圳市龙华区福城街道华盛观荟名庭第一届业主委员会	一	2021-1-25	2026-1-24	福城
8	金泽花园	深圳市龙华区福城街道金泽花园第一届业主委员会	一	2021-5-6	2026-5-5	福城
9	芷峪澜湾花园	深圳市龙华区福城街道芷峪澜湾花园第二届业主委员会	二	2021-3-24	2026-3-23	福城
10	迎侨花园	深圳市龙华区福城街道迎侨花园第二届业主委员会	二	2021-11-6	2026-11-5	福城
11	金地塞拉维花园	深圳市龙华区观湖街道金地塞拉维花园第一届业主委员会	一	2016-12-9	2019-12-8	观湖
12	招商观园	深圳市龙华区观湖街道招商观园第二届业主委员会	二	2018-8-31	2021-8-30	观湖
13	中航格澜阳光花园	深圳市龙华区观湖街道中航格澜阳光花园第三届业主委员会	三	2018-7-6	2021-7-5	观湖
14	招商澜园	深圳市龙华区观湖街道招商澜园第三届业主委员会	三	2019-1-18	2022-1-17	观湖
15	银江春晓家园	深圳市龙华区观湖街道银江春晓家园第一届业主委员会	一	2019-5-28	2022-5-27	观湖
16	奥宸观壹城	深圳市龙华区观湖街道奥宸观壹城第一届业主委员会	一	2021-10-26	2026-10-25	观湖
17	森之润爱心家园	深圳市龙华区观澜街道森之润爱心家园第一届业主委员会	一	2017-1-21	2020-1-20	观澜
18	桂花园别墅	深圳市龙华区观澜街道桂花园别墅第二届业主委员会	二	2017-9-9	2020-9-8	观澜
19	新城市花园及海荣豪苑	深圳市龙华区龙华街道新城市花园及海荣豪苑第三届业主委员会	三	2019-11-11	2022-11-10	龙华
20	城市阳光花园	深圳市龙华区龙华街道城市阳光花园第二届业主委员会	二	2020-1-6	2023-1-5	龙华
21	嘉逸花园	深圳市龙华区龙华街道嘉逸花园第二届业主委员会	二	2015-4-20	2018-4-19	龙华
22	大信花园	深圳市龙华区龙华街道大信花园第二届业主委员会	二	2016-9-12	2019-9-11	龙华
23	华昱苑	深圳市龙华区龙华街道华昱苑第一届业主委员会	一	2019-1-11	2022-1-10	龙华
24	乐景花园	深圳市龙华区龙华街道乐景花园第一届业主委员会	一	2019-5-16	2022-5-15	龙华
25	桦润馨居	深圳市龙华区龙华街道桦润馨居第三届业主委员会	三	2019-8-12	2022-8-11	龙华
26	锦绣花园一期	深圳市龙华区龙华街道锦绣花园一期第一届业主委员会	一	2019-12-11	2022-12-10	龙华
27	锦绣花园二期	深圳市龙华区龙华街道锦绣花园二期第一届业主委员会	一	2019-12-19	2022-12-18	龙华
28	金玲花园	深圳市龙华区龙华街道金玲花园第一届业主委员会	一	2019-12-31	2022-12-30	龙华
29	金侨花园	深圳市龙华区龙华街道金侨花园第一届业主委员会	一	2020-2-29	2023-2-28	龙华
30	龙泉花园	深圳市龙华区龙华街道龙泉花园第二届业主委员会	二	2020-9-12	2023-9-11	龙华
31	东华明珠园	深圳市龙华区龙华街道东华明珠园第二届业主委员会	二	2020-9-28	2023-9-27	龙华
32	南国丽园	深圳市龙华区龙华街道南国丽园第二届业主委员会	二	2020-11-13	2025-11-12	龙华
33	福景花园	深圳市龙华区龙华街道福景花园第四届业主委员会	四	2021-4-30	2026-4-29	龙华
34	金碧世家	深圳市龙华区龙华街道金碧世家第四届业主委员会	四	2021-7-7	2026-7-6	龙华
35	丹枫雅苑	深圳市龙华区龙华街道丹枫雅苑第二届业主委员会	二	2021-7-8	2026-7-7	龙华
36	康华苑	深圳市龙华区龙华街道康华苑第二届业主委员会	二	2021-7-26	2026-7-25	龙华

序号	项目名称	业委会名称	业委会届数	任期开始时间	任期截止时间	所属街道
37	新华苑	深圳市龙华区龙华街道新华苑第三届业主委员会	三	2021-8-20	2026-8-19	龙华
38	中环花园	深圳市龙华区龙华街道中环花园第五届业主委员会	五	2021-9-17	2026-9-16	龙华
39	御筑轩	深圳市龙华区龙华街道御筑轩第二届业主委员会	二	2019-4-19	2022-4-18	龙华
40	花半里清湖花园	深圳市龙华区龙华街道花半里清湖花园第二届业主委员会	二	2018-1-9	2021-1-8	龙华
41	幸福城润园	深圳市龙华区龙华街道幸福城润园第一届业主委员会	一	2021-10-9	2026-10-8	龙华
42	美丽家园	深圳市龙华区龙华街道美丽家园第四届业主委员会	四	2018-11-2	2021-11-1	龙华
43	绿茵华庭	深圳市龙华区龙华街道绿茵华庭第二届业主委员会	二	2021-6-15	2026-6-14	龙华
44	新阳丽舍小区	深圳市龙华区龙华街道新阳丽舍小区第一届业主委员会	一	2019-7-10	2022-7-9	龙华
45	香缇雅苑和泰华新村	深圳市龙华区龙华街道香缇雅苑和泰华新村第二届业主委员会	二	2021-7-9	2026-7-8	龙华
46	汇龙苑	深圳市龙华区民治街道汇龙苑第二届业主委员会	二	2021-11-26	2026-11-25	民治
47	圣莫丽斯花园	深圳市龙华区民治街道圣莫丽斯花园第一届业主委员会	一	2016-3-6	2019-3-5	民治
48	莱蒙水榭山花园	深圳市龙华区民治街道莱蒙水榭山花园第三届业主委员会	三	2019-10-9	2022-10-8	民治
49	日出印象花园	深圳市龙华区民治街道日出印象花园第二届业主委员会	二	2016-9-17	2021-9-16	民治
50	七里香榭花园	深圳市龙华区民治街道七里香榭花园第一届业主委员会	一	2017-9-23	2020-7-22	民治
51	华业玫瑰四季馨园一期	深圳市龙华区民治街道华业玫瑰四季馨园一期第一届业主委员会	一	2018-1-29	2021-1-28	民治
52	汇龙湾花园	深圳市龙华区民治街道汇龙湾花园第二届业主委员会	二	2019-11-6	2022-11-5	民治
53	中央原著	深圳市龙华区民治街道中央原著第二届业主委员会	二	2019-11-9	2022-11-8	民治
54	莱蒙春天花园	深圳市龙华区民治街道莱蒙春天花园第二届业主委员会	二	2021-6-22	2026-6-21	民治
55	长城里程家园	深圳市龙华区民治街道长城里程家园第二届业主委员会	二	2018-5-2	2021-5-1	民治
56	星河丹堤花园	深圳市龙华区民治街道星河丹堤花园第二届业主委员会	二	2016-4-12	2019-4-11	民治
57	丰泽湖山庄	深圳市龙华区民治街道丰泽湖山庄第二届业主委员会	二	2016-8-18	2021-8-17	民治
58	溪山美地园	深圳市龙华区民治街道溪山美地园第二届业主委员会	二	2017-12-25	2020-12-25	民治
59	万家灯火	深圳市龙华区民治街道万家灯火第五届业主委员会	五	2021-7-27	2026-7-26	民治
60	滢水山庄	深圳市龙华区民治街道滢水山庄第三届业主委员会	三	2021-9-24	2026-9-23	民治
61	世纪春城（四）期	深圳市龙华区民治街道世纪春城（四）期第三届业主委员会	三	2017-8-19	2020-8-18	民治
62	万科金域华府	深圳市龙华区民治街道万科金域华府第二届业主委员会	二	2019-7-18	2022-7-17	民治
63	潜龙花园	深圳市龙华区民治街道潜龙花园第三届业主委员会	三	2017-7-23	2020-7-22	民治
64	榕苑	深圳市龙华区民治街道榕苑第二届业主委员会	二	2018-2-13	2021-2-12	民治
65	龙岸花园	深圳市龙华区民治街道龙岸花园第二届业主委员会	二	2019-10-25	2022-10-24	民治
66	潜龙鑫茂花园	深圳市龙华区民治街道潜龙鑫茂花园第三届业主委员会	三	2020-9-27	2023-9-26	民治
67	碧水龙庭	深圳市龙华区民治街道碧水龙庭第一届业主委员会	一	2021-9-23	2026-9-22	民治

续表

序号	项目名称	业委会名称	业委会届数	任期开始时间	任期截止时间	所属街道
68	阳光新境园	深圳市龙华区民治街道阳光新境园第一届业主委员会	一	2018-5-8	2021-5-7	民治
69	梅花新园小区	深圳市龙华区民治街道梅花新园小区第二届业主委员会	二	2019-1-9	2022-1-8	民治
70	皓月花园	深圳市龙华区民治街道皓月花园第五届业主委员会	五	2019-9-23	2022-9-22	民治
71	馨园小区	深圳市龙华区民治街道馨园小区第四届业主委员会	四	2021-8-17	2026-8-16	民治
72	银泉花园	深圳市龙华区民治街道银泉花园第二届业主委员会	二	2019-12-13	2022-12-12	民治
73	玉华花园	深圳市龙华区民治街道玉华花园第四届业主委员会	四	2021-7-22	2026-7-21	民治
74	绿景香颂花园	深圳市龙华区民治街道绿景香颂花园第一届业主委员会	一	2016-4-29	2019-4-28	民治
75	风和日丽花园	深圳市龙华区民治街道风和日丽花园第六届业主委员会	六	2016-11-21	2019-11-20	民治
76	锦绣江南	深圳市龙华区民治街道锦绣江南第四届业主委员会	四	2016-12-6	2021-12-5	民治
77	绿景香颂美庐园	深圳市龙华区民治街道绿景香颂美庐园第一届业主委员会	一	2017-11-27	2020-11-26	民治
78	苹果园	深圳市龙华区民治街道苹果园第五届业主委员会	五	2019-5-30	2022-5-29	民治
79	华美丽苑	深圳市龙华区民治街道华美丽苑第二届业主委员会	二	2021-7-21	2026-7-20	民治

坪山区   表4-1-8

序号	项目名称	业委会名称	业委会届数	任期开始时间	任期截止时间	所属街道
1	新城东方丽园	深圳市坪山区碧岭街道新城东方丽园第一届业主委员会	一	2021-12-31	2026-12-30	碧岭
2	深业御园	深圳市坪山区坑梓街道深业御园第一届业主委员会	一	2020-1-6	2023-1-5	坑梓
3	丹梓龙庭	深圳市坪山区坑梓街道丹梓龙庭第一届业主委员会	一	2020-1-15	2023-1-14	坑梓
4	亚迪三村	深圳市坪山区坑梓街道亚迪三村第一届业主委员会	一	2021-8-28	2026-8-27	坑梓
5	金田风华苑	深圳市坪山区坑梓街道金田风华苑第三届业主委员会	三	2017-5-26	2020-5-25	坑梓
6	中粮一品澜山花园	深圳市坪山区龙田街道中粮一品澜山花园第一届业主委员会	一	2018-10-19	2021-10-18	龙田
7	豪方菁园	深圳市坪山区龙田街道豪方菁园第三届业主委员会	三	2021-10-26	2026-10-25	龙田
8	奥园·翡翠东湾花园	深圳市坪山区龙田街道奥园·翡翠东湾花园第一届业主委员会	一	2021-5-27	2026-5-26	龙田
9	金地朗悦花园	深圳市坪山区马峦街道金地朗悦花园第一届业主委员会	一	2019-11-30	2022-11-29	马峦
10	万科金域东郡	深圳市坪山区坪山街道万科金域东郡第三届业主委员会	三	2017-4-7	2020-4-6	坪山
11	嘉宏湾花园二期	深圳市坪山区坪山街道嘉宏湾花园二期第一届业主委员会	一	2018-3-27	2021-3-26	坪山
12	嘉宏湾花园	深圳市坪山区坪山街道嘉宏湾花园第二届业主委员会	二	2019-1-12	2022-1-11	坪山
13	万科金域缇香二期	深圳市坪山区坪山街道万科金域缇香二期第二届业主委员会	二	2021-4-2	2026-4-1	坪山
14	金域缇香一期	深圳市坪山区坪山街道金域缇香一期第一届业主委员会	一	2021-6-15	2026-6-14	坪山
15	六和商业广场一期	深圳市坪山区坪山街道六和商业广场一期第一届业主委员会	一	2021-5-16	2026-5-15	坪山
16	水岸明珠	深圳市坪山区坪山街道水岸明珠第五届业主委员会	五	2021-7-3	2026-7-2	坪山

序号	项目名称	业委会名称	业委会届数	任期开始时间	任期截止时间	所属街道
1	盛迪嘉光明壹号花园	深圳市光明区凤凰街道盛迪嘉光明壹号花园第一届业主委员会	一	2021-12-24	2026-12-23	凤凰
2	南星大厦	深圳市光明区公明街道南星大厦第一届业主委员会	一	2019-12-11	2022-12-11	公明
3	宏发上域花园	深圳市光明区公明街道宏发上域花园第三届业主委员会	三	2019-12-29	2022-12-29	公明
4	雍景城	深圳市光明区公明街道雍景城第二届业主委员会	二	2019-12-29	2022-12-29	公明
5	正兆景嘉园	深圳市光明区光明街道正兆景嘉园第一届业主委员会	一	2019-10-29	2022-10-28	光明
6	深房传麒山	深圳市光明区光明街道深房传麒山第一届业主委员会	一	2018-6-28	2021-6-27	光明
7	金城大第花园	深圳市光明区光明街道金城大第花园第一届业主委员会	一	2021-7-30	2026-7-29	光明
8	中粮云景花园北区	深圳市光明区马田街道中粮云景花园北区第一届业主委员会	一	2020-10-29	2025-10-28	马田
9	中粮云景花园南区	深圳市光明区马田街道中粮云景花园南区第一届业主委员会	一	2020-12-23	2025-12-22	马田
10	锦鸿花园	深圳市光明区马田街道锦鸿花园第一届业主委员会	一	2018-10-24	2021-10-24	马田
11	峰荟花园	深圳市光明区马田街道峰荟花园第一届业主委员会	一	2020-11-16	2023-11-15	马田
12	大围小区	深圳市光明区马田街道大围小区第四届业主委员会	四	2018-4-25	2021-4-24	马田
13	宏发美域花园	深圳市光明区马田街道宏发美域花园第一届业主委员会	一	2021-1-25	2021-1-24	马田

序号	项目名称	业委会名称	业委会届数	任期开始时间	任期截止时间	所属街道
1	莲花村	深圳市大鹏新区大鹏街道莲花村第四届业主委员会	四	2017-6-15	2020-6-15	大鹏
2	鹏海苑	深圳市大鹏新区大鹏街道鹏海苑第二届业主委员会	二	2017-8-28	2020-8-28	大鹏
3	东部明珠雅苑	深圳市大鹏新区大鹏街道东部明珠雅苑第一届业主委员会	一	2021-7-9	2026-7-8	大鹏
4	沙埔小区	深圳市大鹏新区大鹏街道沙埔小区第四届业主委员会	四	2018-4-25	2021-4-24	大鹏
5	水头小区	深圳市大鹏新区大鹏街道水头小区第四届业主委员会	四	2018-4-25	2021-4-24	大鹏
6	王母围小区	深圳市大鹏新区大鹏街道王母围小区第四届业主委员会	四	2018-6-15	2021-6-14	大鹏
7	叠福小区	深圳市大鹏新区大鹏街道叠福小区第五届业主委员会	五	2020-6-1	2025-5-31	大鹏
8	旱塘仔小区	深圳市大鹏新区大鹏街道旱塘仔小区第五届业主委员会	五	2020-6-1	2025-5-31	大鹏
9	黄岐塘小区	深圳市大鹏新区大鹏街道黄岐塘小区第五届业主委员会	五	2020-6-1	2025-5-31	大鹏
10	岭吓花园小区	深圳市大鹏新区大鹏街道岭吓花园小区第五届业主委员会	五	2020-6-1	2025-5-31	大鹏
11	上下圩门小区	深圳市大鹏新区大鹏街道上下圩门小区第五届业主委员会	五	2020-6-1	2025-5-31	大鹏
12	王母新村东区	深圳市大鹏新区大鹏街道王母新村东区第五届业主委员会	五	2020-6-1	2025-5-31	大鹏
13	王母新村西区	深圳市大鹏新区大鹏街道王母新村西区第五届业主委员会	五	2020-6-1	2025-5-31	大鹏
14	王桐山小区	深圳市大鹏新区大鹏街道王桐山小区第五届业主委员会	五	2020-6-1	2025-5-31	大鹏

续表

序号	项目名称	业委会名称	业委会届数	任期开始时间	任期截止时间	所属街道
15	王屋巷小区	深圳市大鹏新区大鹏街道王屋巷小区第五届业主委员会	五	2020-6-1	2025-5-31	大鹏
16	中山里小区	深圳市大鹏新区大鹏街道中山里小区第四届业主委员会	四	2020-6-1	2025-5-31	大鹏
17	璞岸花园	深圳市大鹏新区大鹏街道璞岸花园第一届业主委员会	一	2021-10-25	2026-10-24	大鹏
18	鑫园广场	深圳市大鹏新区葵涌街道鑫园广场第三届业主委员会	三	2018-12-15	2021-12-14	葵涌
19	金众金域半山花园	深圳市大鹏新区葵涌街道金众金域半山花园第一届业主委员会	一	2020-12-31	2025-12-30	葵涌
20	亚迪村	深圳市大鹏新区葵涌街道亚迪村第二届业主委员会	二	2021-9-11	2026-9-10	葵涌
21	华侨海景山庄	深圳市大鹏新区葵涌街道华侨海景山庄第七届业主委员会	七	2018-6-16	2021-6-15	葵涌
22	半山海花园	深圳市大鹏新区葵涌街道半山海花园第一届业主委员会	一	2020-5-27	2025-5-26	葵涌
23	17英里花园	深圳市大鹏新区葵涌街道17英里花园第一届业主委员会	一	2021-8-29	2026-8-28	葵涌
24	山海名苑	深圳市大鹏新区南澳街道山海名苑第一届业主委员会	一	2020-7-16	2025-7-15	南澳
25	凯旋湾花园	深圳市大鹏新区南澳街道凯旋湾花园第一届业主委员会	一	2019-11-21	2022-11-20	南澳
26	南沙兴苑	深圳市大鹏新区南澳街道南沙兴苑第一届业主委员会	一	2020-7-16	2025-7-15	南澳

（数据来源：深圳市物业管理信息平台）

第二节　业主满意度总体情况

1.综述

物业管理业主满意度深圳指数是衡量业主满意程度的指标，2021年度物业管理业主满意度深圳指数测评工作，由深圳市物业管理行业协会、深圳中深南方物业管理研究院以及深圳市维度数据科技股份有限公司联合成立课题组完成。

本次测评以物业管理业主满意度模型（PMCSI模型）为理论基础，主要包含业主满意度、品牌形象、价值感知、抱怨度、忠诚度及6项物业基础服务（环境管理、设备设施管理、秩序维护服务、客户服务、社区文化和人员服务）等评价指标，并引进重要度、关注度及净推荐值等指标，以透视业主对物业管理的重视程度、关注内容以及深圳市物业管理行业的市场价值。另外，本次测评还对智慧物业、垃圾分类和疫情防控相关工作进行调研，以了解业主的满意度及意见建议。

根据项目需要，课题组通过PPS抽样方法（按物业管理项目规模大小比例进行的概率抽样）在全市抽取了222家物业服务企业管理的332个物业管理项目作为样本容量，并于2022年1月5日开始进行正式调查工作，于2022年2月23日结束调查工作。最终，本项目在90%的置信度水平、绝对误差小于1%的前提下，发放问卷7322份，形成有效问卷7000份，问卷回收率为95.5%。调查显示，2021年度物业管理业主满意度深圳指数为82.2，同比下降0.3。

总体来看，深圳市物业管理行业工作成效可圈可点。2021年以来，一方面，深圳市各物业服务企业及时响应国家、省、市相关号召，坚守抗疫一线，坚持"设好卡""守好口"，牢筑防疫城墙；另一方面，深圳市物业服务企业积极契合国家及省市关于城市服务、居家养老、社区治理各项政策，精准定位发力，深耕小区社区便民服务，探索打造便利生活圈，不断提升业主体验感和认同感。2021年，部分龙头物企加大研发投入力度，深入探索智慧物业服务，并运用到疫情防控、居民服务、小区管理等各个方面，一改传统物业管理的劳动密集型刻板印象，顺应疫情之下的"无接触管理"同时，大大提升管理与服务的便捷性、及时性、精准性。

2. 业主满意度指数分析

2021年度物业管理业主满意度深圳指数（以下简称"深圳指数"）为82.2，较2020年下降了0.3。整体来看，深圳指数呈现相对平稳态势，自2019年突破81.0后，一直保持在相对高位水平。2021年满意度较2020年有所回落，主要是2020年在疫情防控方面，物业服务企业的作为超出了业主的预期，当时业主们对疫情防控方面的关注度更高，掩盖掉了基本物业服务方面的部分不足；2021年，疫情回归常态化管理，业主们的关注点也从疫情防控回归到了基本物业服务上，因此出现了指数回落的情况。

在疫情常态化管理下，物业服务企业作为扎根社区的服务提供者，具备为居民生活提供多样化社区服务的先天优势。各物业服务企业积极响应党和国家的号召，深入推进社区治理、城市服务、居家养老、智慧物业等多项增值服务，打造全方位、宽领域、强服务的便民生活圈，着力打通传统物业与城市管理"大物业"的历史遗留壁垒，推动物业管理专业化、市场化、多元化发展，提升物业管理参与社区治理、国家治理的深度和广度，认清并担当好"党和政府联系、服务人民群众'最后一公里'"的重要角色，2021年的深圳指数较2020年出现了略微下降，但是较2019年呈上升趋势（图4-2-1）。

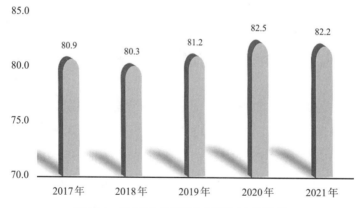

图4-2-1 近5年物业管理业主满意度深圳指数

不同物业类型满意度。调查显示，从物业类型来看，写字楼物业的满意度最高，为90.4，比行业总体水平高8.2；其次为商业物业，满意度为87.5，比行业总体水平高5.3；住宅物业的满意度较低，为79.5，比行业总体水平低2.7（图4-2-2）。

业主期望。业主期望主要表现在两个方面：一是基于目前物业服务企业的物业管理费标准，物业服务达到业主期望水平的程度；二是与业主理想的物业服务企业相比，物业服务企业的服务水平与其接近程度。

就总体而言，深圳物业管理行业提供的服务达到业主期望程度值为82.3，服务水平与理想物

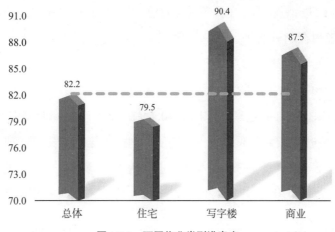

图4-2-2 不同物业类型满意度

业服务的接近度为79.8。根据业主期望的评价结果，深圳市物业服务水平仍有提升空间。

从不同物业类型来看，写字楼和商业物业服务企业提供的服务达到业主期望的程度均较高，达到期望程度值分别为90.2和87.9，服务水平也与业主理想的物业服务更接近，接近度分别为88.6和86.5；业主对住宅物业服务企业评价较低，达到期望程度和与理想物业接近程度均低于行业总体水平（图4-2-3）。

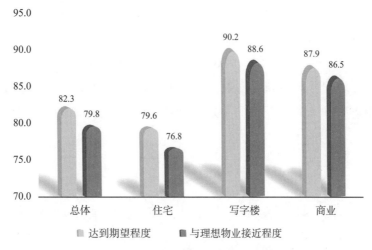

图例：■ 达到期望程度　■ 与理想物业接近程度

图4-2-3 不同物业类型服务的业主期望

物业服务改进情况。调查显示，36.2%的业主认为"与2020年相比，物业服务水平没有变化"；认为"进步较大"或"有一些进步"的业主占比分别为31.0%和30.7%；2.0%的业主认为物业服务水平"有一些退步"或"退步较大"。

从物业类型来看，写字楼物业在服务改进方面表现较好。71.4%的业主认为"进步较大"或"有一些进步"，主要体现在服务态度好、管理团队水平提升、环境卫生管理、设备设施维护等方面；仅1.1%的业主认为"有一些退步"或"退步较大"，主要体现为公共卫生间卫生管理有待加强。

商业物业的服务改进情况也较好。63.5%的业主认为服务水平"进步较大"或"有一些进步"，服务改进主要表现在门禁管理、问题解决速度、疫情防控到位、上下班高峰期电梯运行秩序维护等方面；1.3%的业主认为服务水平"有一些退步"，主要存在公共卫生间卫生清洁不到位、公共设备设施维护不及时等问题。

住宅物业的服务水平还有一定提升空间。40.1%的业主认为物业服务"没有变化"；57.4%的业主表示服务水平"进步较大"或"有一些进步"，主要表现在安保管理、安全管理、人员服务管理、办事效率提升等方面；还有2.5%的业主认为物业服务"有一些退步"或"退步较大"，主要表现在外来人员管理、小区停车位管理、老旧设备维修不及时不到位等方面（图4-2-4）。

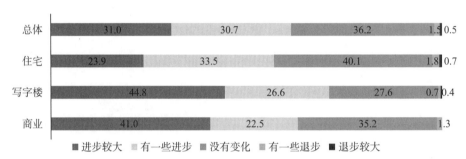

图4-2-4 不同物业类型服务改进情况（%）

【各分项指标评价情况】

调查显示，2021年度物业管理业主满意度深圳指数各项测评指标中，人员服务的满意度最高，为84.1；其次是客户服务，满意度为83.7；再次是价值感知、环境管理、秩序维护服务、社区文化和设备设施管理，满意度分别为82.5、82.3、81.7、81.7和80.0；品牌形象和业主忠诚度相对较低，分别为79.2和77.7（图4-2-5）。

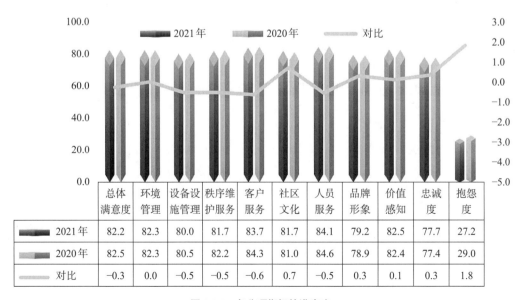

	总体满意度	环境管理	设备设施管理	秩序维护服务	客户服务	社区文化	人员服务	品牌形象	价值感知	忠诚度	抱怨度
2021年	82.2	82.3	80.0	81.7	83.7	81.7	84.1	79.2	82.5	77.7	27.2
2020年	82.5	82.3	80.5	82.2	84.3	81.0	84.6	78.9	82.4	77.4	29.0
对比	−0.3	0.0	−0.5	−0.5	−0.6	0.7	−0.5	0.3	0.1	0.3	1.8

图4-2-5 各分项指标的满意度

环境管理。环境管理是物业管理公共服务中最基础的服务，满意度水平总体保持稳步上升趋势，在2020年达到近5年来的最大值82.3，2021年与之持平。在疫情防控的严峻形势之下，业主对于小区环境卫生管理、消杀管理、垃圾清运管理等工作也有了更高要求，一方面物业服务企业严格遵循疫情防控要求，做好小区的环境卫生管理工作，另一方面也正是疫情不容小觑、防控责任具体到各小区和物业服务企业，倒逼物业服务企业加大环境管理工作力度，投入更多人力、物力提升环境整洁度（图4-2-6）。

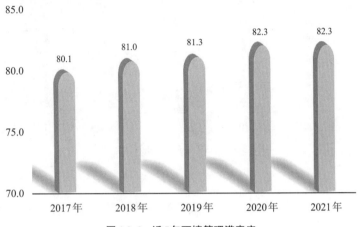

图4-2-6　近5年环境管理满意度

设备设施管理。物业设备设施是实现物业服务各项功能正常运作的保证，为业主的工作和生活营造特定的物业环境，具有种类多、系统复杂、专业技术性强及经济性要求高等特点。从近5年调查数据来看，设备设施管理整体满意度仍处于较低水平，2021年较2020年小幅下降0.5，主要是疫情之下物业服务企业投入大量人力、资金到疫情防控当中，设备设施维护、保养、更新属于大额支出，受到一定影响（图4-2-7）。

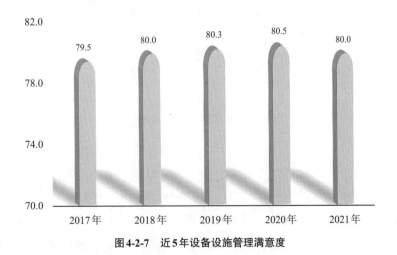

图4-2-7　近5年设备设施管理满意度

秩序维护服务。秩序维护服务的本质是维持物业服务企业管理项目的运行秩序，为业主提供安全、宁静、有序的居住与工作环境。从近5年调查数据来看，物业服务企业秩序维护服务的满意度呈波动上升趋势，2017年至2018年呈现上升趋势，2019年有小幅下降，此后逐年回升，至2020年达82.2，2021年小幅回落了0.5，为81.7（图4-2-8）。

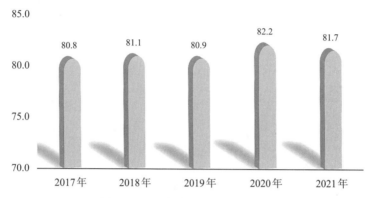

图4-2-8　近5年秩序维护服务满意度

客户服务。客户服务是物业服务中非常重要的环节，是业主与物业服务企业沟通的重要渠道，做好客户沟通是物业服务的重中之重。调查数据显示，2017—2020年客户服务满意度连续4年持续平稳上升，2021年的满意度为83.7，较2020年小幅下降了0.6（图4-2-9）。

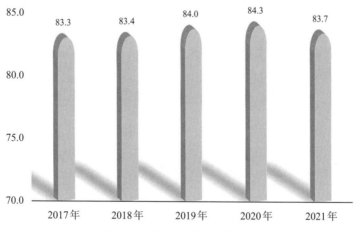

图4-2-9　近5年客户服务满意度

社区文化。社区文化是一种整体性、深层次的社区氛围。社区文化建设作为物业管理的重要工作之一，是创造良好的人文环境和提高居民生活品质的重要手段，有利于加强业主与物业服务企业之间的沟通，增强业主的归属感，提高业主忠诚度。调查数据显示，社区文化满意度连续5年持续上升，2021年上升至81.7，达到近5年来的最大值，且较2020年上升了0.7（图4-2-10）。

人员服务。物业服务人员直接与业主接触，其服务质量的好坏直接影响业主对物业服务企业

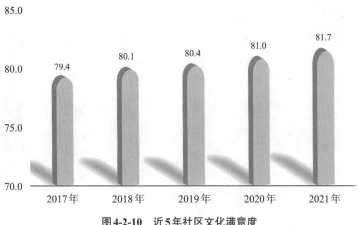

图4-2-10　近5年社区文化满意度

的印象和评价。调查数据显示，2017年人员服务满意度为85.1，2018年同比下降1.1，2019年起有所回升，至2020年回升至84.6，2021年小幅下降0.5，为84.1（图4-2-11）。

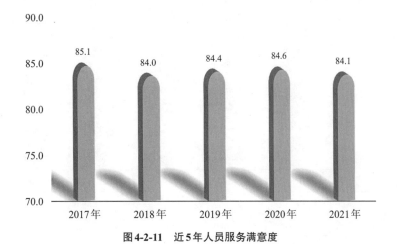

图4-2-11　近5年人员服务满意度

价值感知与品牌形象。 价值感知与品牌形象是物业管理公共服务中相关度比较高的感知指标。调查显示，近5年价值感知满意度均明显高于品牌形象满意度，二者均呈波动增长趋势，价值感知满意度在2018年和2019年连续下降，2020年后有所回升，至2021年达近年来的最高值，为82.5；品牌形象满意度在2017年后保持连续上升趋势，2021年上升至79.2（图4-2-12）。

忠诚度与抱怨度。 调查显示，近5年业主对物业服务企业的忠诚度有明显波动，2017年至2018年业主忠诚度上升至77.2，2019年回落至75.9，2020年有所回升，至2021年达77.7，为近5年来最大值。业主对物业服务企业的抱怨度也不稳定，2017年至2018年间，业主抱怨度波动上升至28.8，2019年业主抱怨度下降至25.3，但2020年业主抱怨度上升至29.0，2021年则下降至27.2（图4-2-13）。

	2017年	2018年	2019年	2020年	2021年
价值感知	81.3	81.0	80.8	82.4	82.5
品牌形象	74.7	78.7	78.8	78.9	79.2

图4-2-12 近5年价值感知与品牌形象满意度

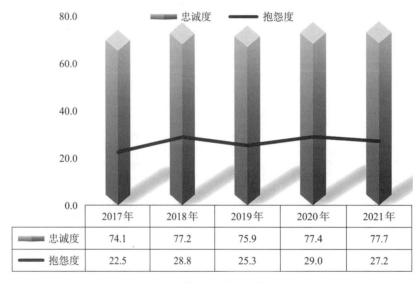

	2017年	2018年	2019年	2020年	2021年
忠诚度	74.1	77.2	75.9	77.4	77.7
抱怨度	22.5	28.8	25.3	29.0	27.2

图4-2-13 近5年忠诚度与抱怨度

【不同物业类型满意度情况】

调查结果显示，2021年住宅物业的满意度为79.5，写字楼物业为90.4，商业物业为87.5。从各项指标来看，住宅物业各项指标的满意度均低于写字楼物业与商业物业，且差距较大；写字楼和商业物业各项指标的满意度差距相对较小（图4-2-14）。

住宅物业总体满意度。调查结果显示，2021年住宅物业的满意度为79.5，同比下降0.6。从近5年数据来看，住宅物业的满意度呈波动趋势，满意度基本维持在79.5左右，近两年来有所波动（图4-2-15）。

住宅物业各分项指标满意度。调查结果显示，2021年住宅物业各项指标的满意度均在74.0～82.0，其中，人员服务获得评价最高，满意度为81.5；而忠诚度相对较低，为74.2。

从近5年数据来看，各分项指标满意度均呈波动变化趋势。其中，人员服务的满意度虽在各

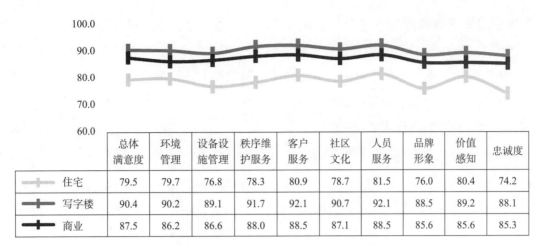

	总体满意度	环境管理	设备设施管理	秩序维护服务	客户服务	社区文化	人员服务	品牌形象	价值感知	忠诚度
住宅	79.5	79.7	76.8	78.3	80.9	78.7	81.5	76.0	80.4	74.2
写字楼	90.4	90.2	89.1	91.7	92.1	90.7	92.1	88.5	89.2	88.1
商业	87.5	86.2	86.6	88.0	88.5	87.1	88.5	85.6	85.6	85.3

图 4-2-14　2021年不同物业类型各项指标的满意度

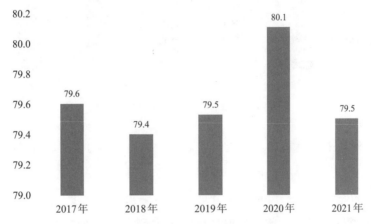

图 4-2-15　近 5 年住宅物业总体满意度

分项指标中始终保持第一，但自 2019 年起呈现下降趋势；社区文化、品牌形象、价值感知和忠诚度较 2020 年均有小幅提升，其他各项占比均有不同程度下降，其中秩序维护服务和客户服务下降较多，均下降了 1.1（图 4-2-16）。

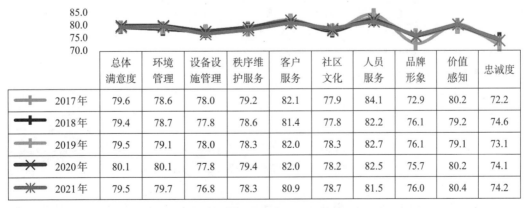

	总体满意度	环境管理	设备设施管理	秩序维护服务	客户服务	社区文化	人员服务	品牌形象	价值感知	忠诚度
2017年	79.6	78.6	78.0	79.2	82.1	77.9	84.1	72.9	80.2	72.2
2018年	79.4	78.7	77.8	78.6	81.4	77.8	82.2	76.1	79.2	74.6
2019年	79.5	79.1	78.0	78.3	82.0	78.3	82.7	76.1	79.1	73.1
2020年	80.1	80.1	77.8	79.4	82.0	78.2	82.5	75.7	80.2	74.1
2021年	79.5	79.7	76.8	78.3	80.9	78.7	81.5	76.0	80.4	74.2

图 4-2-16　近 5 年住宅物业各分项指标的满意度

写字楼物业总体满意度。调查结果显示，2021年写字楼物业的满意度为90.4，同比下降0.3，但与住宅物业、商业物业相比优势明显。

从近5年数据来看，写字楼物业满意度整体呈现波动上升趋势，但2021年有小幅回落；整体而言，业主对写字楼物业服务的满意度较高，自2017年起一直保持在89.0以上，2020—2021年均保持在90.0以上的高位水平（图4-2-17）。

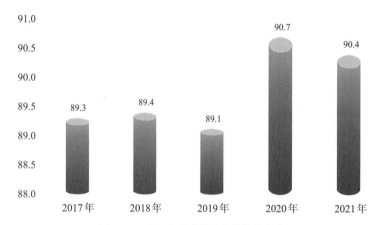

图4-2-17　近5年写字楼物业总体满意度

写字楼物业各分项指标满意度。调查结果显示，2021年写字楼物业各分项指标的满意度均较高，均在88.0以上，其中环境管理、秩序维护服务、客户服务、社区文化和人员服务的满意度均在90.0以上，满意度较高；设备设施管理和价值感知的满意度均在89.0以上；忠诚度相对较低，为88.1。与2020年相比，环境管理、社区文化和人员服务的满意度均有所上升，其中社区文化上升幅度较大，上升了0.4，而环境管理则首次突破90.0；其余各项指标均有不同程度下降，其中价值感知下降较多，下降了1.0（图4-2-18）。

	总体满意度	环境管理	设备设施管理	秩序维护服务	客户服务	社区文化	人员服务	品牌形象	价值感知	忠诚度
2017年	89.3	89.2	88.3	90.3	91.0	89.0	91.7	86.1	88.3	86.3
2018年	89.4	90.1	88.2	90.5	90.7	88.1	90.7	88.0	88.1	86.6
2019年	89.1	89.0	88.5	90.6	91.3	88.1	90.9	88.3	87.6	86.0
2020年	90.7	89.9	89.6	91.9	92.3	90.3	91.8	89.1	90.2	88.4
2021年	90.4	90.2	89.1	91.7	92.1	90.7	92.1	88.5	89.2	88.1

图4-2-18　近5年写字楼物业各分项指标满意度

商业物业总体满意度。调查结果显示，2021年商业物业的满意度为87.5，同比下降1.0，满意度有所回落。从不同业态来看，商业物业的业主满意度较高，仅次于写字楼物业，高于住宅物业，但自2019年起呈现下降趋势。

从近5年数据来看，商业物业的满意度自2017年突破88.0后，一直保持小幅波动，2021年较前几年有明显下降（图4-2-19）。

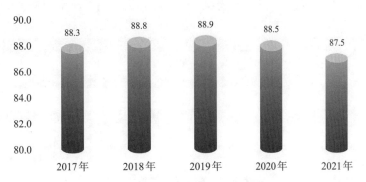

图4-2-19　近5年商业物业总体满意度

商业物业各分项指标满意度。调查结果显示，2021年商业物业各分项指标的满意度均在85.0～89.0之间，其中客户服务和人员服务获得评价较高，满意度均为88.5；而业主对忠诚度的评价相对较低，为85.3。

从近5年数据来看，2021年各项指标满意度较2020年均有所下降，其中人员服务下降最多，下降了2.1（图4-2-20）。

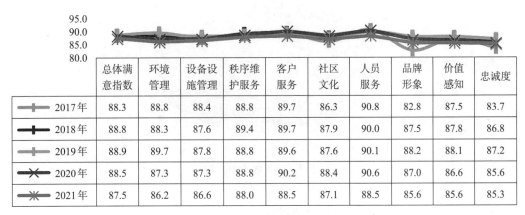

	总体满意指数	环境管理	设备设施管理	秩序维护服务	客户服务	社区文化	人员服务	品牌形象	价值感知	忠诚度
2017年	88.3	88.8	88.4	88.8	89.7	86.3	90.8	82.8	87.5	83.7
2018年	88.8	88.3	87.6	89.4	89.7	87.9	90.0	87.5	87.8	86.8
2019年	88.9	89.7	87.8	88.8	89.6	87.6	90.1	88.2	88.1	87.2
2020年	88.5	87.3	87.3	88.8	90.2	88.4	90.6	87.0	86.6	85.6
2021年	87.5	86.2	86.6	88.0	88.5	87.1	88.5	85.6	85.6	85.3

图4-2-20　近5年商业物业各分项指标的满意度

【**智慧物业平台使用及评价情况**】

智慧物业是物业管理行业转型升级的重要抓手，是物业管理行业规模化、专业化、标准化发展的必由之路。

智慧物业平台供给情况。从智慧物业服务平台的供给情况看，调查的7000个样本中，有效回答样本为5571个，其中64.3%的受访业主表示所在小区/大厦有提供智慧物业服务平台，对比

2020年（61.6%）上升2.7个百分点，21.8%的受访业主表示所在小区/大厦未提供智慧物业服务平台，智慧物业服务平台的普及率有所提升，但总体仍有较大普及、宣传空间。

从物业类型来看，写字楼物业智慧物业服务平台的供给率最高，为71.2%，同比2020年上升了10.2个百分点；其次是住宅物业，供给率为62.7%；商业物业的供给率为55.6%（图4-2-21）。

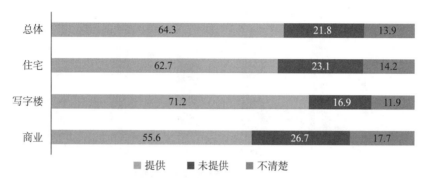

图4-2-21　不同类型物业智慧物业服务平台供给情况对比（%）

从物业管理项目负责人的反馈看，测评的332个物业管理项目中，对智慧物业服务平台的供给情况进行回答的有效样本为278个，其中80.6%的负责人表示所在管理处有提供智慧物业服务平台，17.6%的负责人表示没有提供智慧物业服务平台，还有0.4%的负责人表示不清楚是否提供智慧物业服务平台，另有1.4%的负责人表示准备提供智慧物业服务平台（图4-2-22）。

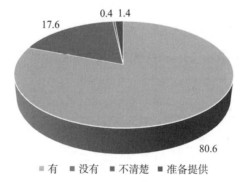

图4-2-22　物业管理项目提供智慧物业服务平台情况（%）

综合物业管理项目负责人和受访业主的反馈看，2021年深圳市各物业服务小区/大厦智慧物业服务平台的供给率除商业业态外均在62.0%以上，为深圳市智慧城市、物管城市的建设奠定了良好基础。

智慧物业服务平台业主使用情况。从智慧物业服务平台的使用情况看，调查的7000个样本中，有效回答样本为3579个，其中94.3%的受访业主表示使用过所在小区/大厦提供的智慧物业服务平台，可见智慧物业服务平台的使用率较高。

从物业类型来看，住宅物业业主对智慧物业服务平台的使用率最高，为95.9%；其次是写字楼物业，使用率为92.2%；商业物业业主的使用率最低，为89.6%（图4-2-23）。

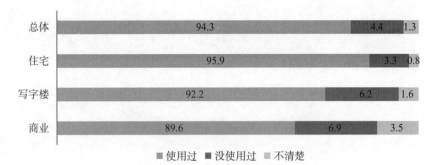

图4-2-23　不同类型物业业主使用智慧物业服务平台情况对比（%）

从智慧物业服务平台各功能的使用情况来看，门禁系统的提及率最高，为75.0%；其次是智能停车，提及率为62.6%；再次是线上缴费，提及率均为46.8%；其余各功能的使用率均不高（图4-2-24）。

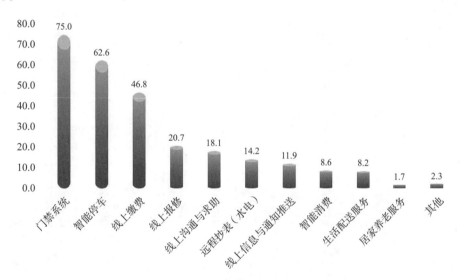

图4-2-24　业主使用智慧物业服务平台相关产品情况（%）

物业服务平台使用情况。共调查了332个物业管理项目，对智慧物业服务平台的使用情况进行回答的有效样本为277个，其中使用智慧物业服务平台的比例为74.0%，使用率还有待提升。从物业管理项目负责人的反馈来看，智慧物业平台服务的使用，让物业管理更专业，也在一定程度上降低了物业管理成本，节约了人力成本，但智慧物业服务平台的开发建设及运营维护费用始终都是各物业服务企业面临的一道难题，而其资金回笼周期相对漫长，因此对于部分经济实力不强、管理项目较少、智慧物业服务平台运用场景相对单一的物业服务企业而言，智慧物业服务平台的"性价比"不佳，未来需结合公司实际发展规划和方向持续推进物业管理智慧化建设（图4-2-25）。

从智慧物业服务平台各功能的使用情况来看，使用停车场管理、闭路监控管理和门禁系统功能的提及率较高，分别为78.8%、66.8%和72.1%；其次为保安巡逻功能，提及率为52.4%；再次为电梯管理和自动喷淋功能，提及率分别为37.0%和29.3%；使用远程抄表功能的提及率较

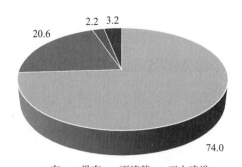

图4-2-25　2021年物业管理项目使用智慧物业
服务平台情况（%）

低，为22.6%；使用其他功能的提及率为7.2%（图4-2-26）。

　　综合近3年智慧物业服务平台及各功能的使用情况可知，深圳市智慧物业服务平台的使用率
总体趋于平稳，2021年除远程抄表外，其他各项均有不同程度下降。

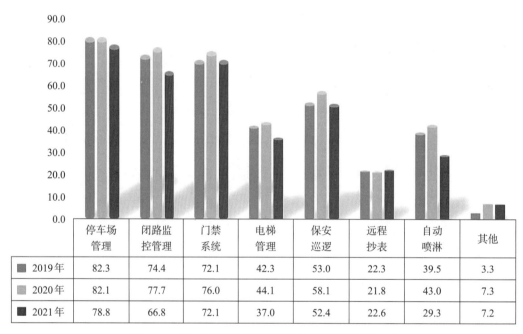

	停车场 管理	闭路监 控管理	门禁 系统	电梯 管理	保安 巡逻	远程 抄表	自动 喷淋	其他
2019年	82.3	74.4	72.1	42.3	53.0	22.3	39.5	3.3
2020年	82.1	77.7	76.0	44.1	58.1	21.8	43.0	7.3
2021年	78.8	66.8	72.1	37.0	52.4	22.6	29.3	7.2

图4-2-26　近3年智慧物业服务平台各功能使用情况（%）

【智慧物业服务平台满意情况】

　　调查主要了解业主或物业管理项目对智慧物业服务平台使用的评价情况，结果显示，业主对
该平台使用情况的满意度为85.5，与2020年相比下降了0.6。

　　从物业类型来看，商业物业业主对智慧物业服务平台的满意度最高，为91.3；其次为写字
楼物业，满意度为91.1；住宅物业业主的满意度最低，为83.4。从近3年数据看，住宅物业和写
字楼物业业主对智慧物业服务平台的满意度存在一定的不稳定因素，数据呈现一定的上下波动，
2021年住宅、写字楼、商业3个业态项目业主对智慧物业服务平台的满意度均有小幅下降，其中
写字楼下降较多，下降了2.7（图4-2-27）。

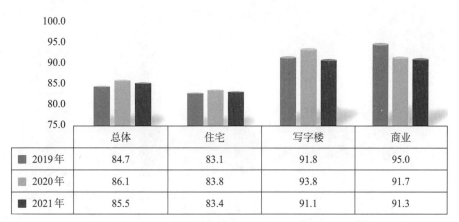

	总体	住宅	写字楼	商业
■ 2019年	84.7	83.1	91.8	95.0
■ 2020年	86.1	83.8	93.8	91.7
■ 2021年	85.5	83.4	91.1	91.3

图4-2-27 近3年不同物业类型业主对智慧物业服务平台的满意度

2021年深圳市各物业管理项目对智慧物业服务平台使用情况的总体满意度为84.0，同比下降了0.8。调查数据显示，物业管理项目对智慧物业服务平台"提升物业管理的工作效率"的满意度为84.6，同比下降了2.4；对"业主使用后的反馈情况"的满意度为83.9，同比上升了0.6；对"员工使用后的反馈情况"的满意度为83.5，略低于"业主使用后的反馈情况"的满意度，且同比下降了1.5。2021年在新基建背景下，智慧社区、智慧城市呈现爆发式发展态势，物业管理行业和物业服务企业作为整个大链条下的重要节点，加之近些年来智慧物业服务平台的开发和实践，为物业管理行业进一步涉足智慧服务、智慧城市领域夯实基础，物业管理行业将迎来前所未有的发展机遇。

【疫情防控工作开展情况及其满意度评价】

疫情防控满意度情况。调查主要了解业主对物业企业开展疫情防控工作的满意度评价情况。通过调研，业主对疫情防控的总体满意度评价为88.8，超过2021年度深圳指数总体水平（82.2）。

从物业类型来看，业主对写字楼物业开展疫情防控工作的满意度评价相对较高，为94.0；其次是商业物业，满意度为92.3；评价相对较低的是住宅物业，满意度为87.0。与2020年相比，各业态项目业主对疫情防控工作的满意度均有小幅下降（图4-2-28）。

疫情防控工作业主反馈。调研数据显示，98.5%的业主反馈所在小区/大厦有开展疫情防控工作，但也有少数业主反馈没有开展或不清楚是否开展疫情防控工作，分别占0.8%和0.7%。

从物业类型来看，各物业类型业主反馈的疫情防控工作开展情况差异不大，其中写字楼物业开展疫情防控工作的比例最高，为99.1%；其次是商业，为98.5%，最后是住宅物业，为98.2%（表4-2-1）。

疫情防控工作物业项目反馈。调研数据显示，99.3%的物业管理项目负责人表示所在小区/大厦/商业有开展疫情防控工作，有0.7%的物业管理项目负责人表示所在小区/大厦/商业未开展疫情防控工作（图4-2-29）。

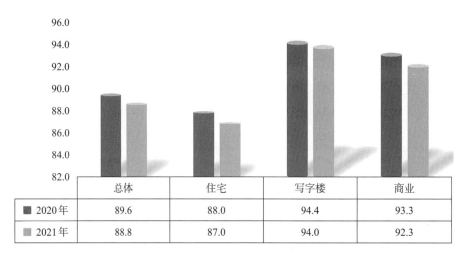

图 4-2-28　业主对疫情防控工作开展情况的满意度评价

业主反馈的疫情防控开展情况（%）　　　　　　　　　表 4-2-1

年份	有		没有		不清楚	
	2020	2021	2020	2021	2020	2021
总体	97.4	98.5	1.2	0.8	1.4	0.7
住宅	97.2	98.2	1.4	1.0	1.4	0.8
写字楼	98.2	99.1	0.6	0.4	1.1	0.5
商业	97.0	98.5	1.2	0.5	1.9	1.0

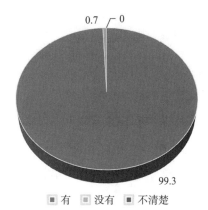

图 4-2-29　物业项目疫情防控工作开展情况（%）

【疫情防控措施】

疫情防控措施业主反馈。在疫情防控措施方面，调研数据显示，业主提及率最高的是体温监测，为 94.8%；其次是监督佩戴口罩、公共区域消毒和张贴防疫宣传广告，提及率分别为88.0%、86.1% 和 71.9%；再次是小区封闭管理和入户宣传防疫知识，提及率分别为 52.6% 和48.7%。2021 年深圳市各物业服务企业持续开展常态化疫情防控工作，增设卡口管理、常备测温装备、升级验码程序、储备防疫人员等，积极响应上级单位对疫情防控常态化的号召，坚持储备人力、物资，面对变幻莫测的疫情形势，随时做好"战疫"准备。自疫情反复以来，部分疫情风险较大的小区/大厦，物业服务企业始终坚持在"抗疫一线"，采取封闭式管理、实行人员增派轮岗、提供居家隔离上门服务、常态化开展消杀消毒工作，减少疫情传播和蔓延，是各行业复工复产的坚实后盾（图4-2-30）。

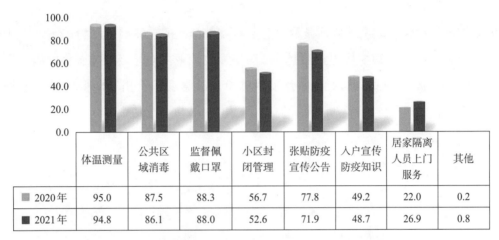

	体温测量	公共区域消毒	监督佩戴口罩	小区封闭管理	张贴防疫宣传公告	入户宣传防疫知识	居家隔离人员上门服务	其他
■ 2020年	95.0	87.5	88.3	56.7	77.8	49.2	22.0	0.2
■ 2021年	94.8	86.1	88.0	52.6	71.9	48.7	26.9	0.8

图4-2-30　疫情防控措施业主反馈情况（提及率，单位：%）

疫情防控措施物业项目反馈。调研数据显示，在疫情防控措施方面，物业管理项目负责人提及率最高的三项内容是公共区域消毒、体温测量和监督佩戴口罩，提及率分别为99.6%、99.3%和98.9%；其次是张贴防疫宣传广告，提及率为97.1%；提及率相对较低的是小区封闭管理、入户宣传防疫知识和居家隔离人员上门服务，提及率均低于80.0%。物业项目反馈的疫情防控措施的提及水平均高于业主反馈的水平，主要原因在于物业服务企业和业主之间存在一定的信息差，部分工作主要由物业统筹开展而较少涉及业主，这也与业主自身对物业工作的关注度有一定关系（图4-2-31）。

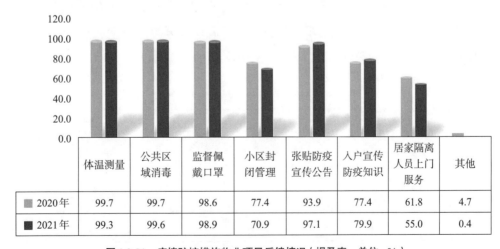

	体温测量	公共区域消毒	监督佩戴口罩	小区封闭管理	张贴防疫宣传公告	入户宣传防疫知识	居家隔离人员上门服务	其他
■ 2020年	99.7	99.7	98.6	77.4	93.9	77.4	61.8	4.7
■ 2021年	99.3	99.6	98.9	70.9	97.1	79.9	55.0	0.4

图4-2-31　疫情防控措施物业项目反馈情况（提及率，单位：%）

【垃圾分类工作开展情况及其满意度评价】

自2020年《深圳市生活垃圾分类管理条例》(以下简称"《条例》")开始施行以来,深圳正式跨入"垃圾强制分类"新时代。物业服务企业作为社区小区的直接管理者、基层社区治理的重要抓手,是推进垃圾分类工作进小区、进大厦、进校园、进商圈的重要力量。

垃圾分类满意度情况。调查数据显示,业主对垃圾分类的总体满意度为87.6,超过2021年度深圳指数总体水平(82.2)。从物业类型看,写字楼物业业主对垃圾分类工作的满意度评价相对较高,为92.5;其次是商业物业,满意度为90.0;满意度评价相对较低的是住宅物业,为86.0(图4-2-32)。

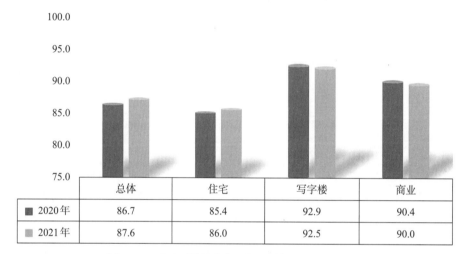

	总体	住宅	写字楼	商业
2020年	86.7	85.4	92.9	90.4
2021年	87.6	86.0	92.5	90.0

图4-2-32 业主对垃圾分类工作开展情况的满意度评价

垃圾分类开展情况业主反馈。调研数据显示,大部分业主反馈所在小区/办公场所开展垃圾分类工作,占比86.3%,反馈没有开展垃圾分类的业主占比8.8%,另有4.9%的业主表示不清楚是否有开展垃圾分类。从物业类型来看,住宅物业业主普遍反映所在小区有开展垃圾分类,占比95.5%;其次是商业物业,反馈所在小区/办公场所开展垃圾分类的业主占比77.7%;写字楼物业业主反馈所在小区/办公场所开展垃圾分类的比例为66.6%(表4-2-2)。

所在小区/办公场所开展垃圾分类情况(%)   表4-2-2

年份	有		没有		不清楚	
	2020	2021	2020	2021	2020	2021
总体	87.5	86.3	7.6	8.8	4.9	4.9
住宅	93.3	95.5	4.6	3.3	2.1	1.2
写字楼	67.4	66.6	18.3	20.0	14.3	13.4
商业	77.2	77.7	12.8	15.8	10.0	6.5

垃圾分类开展情况物业项目反馈。调研数据显示,绝大部分物业管理项目负责人反映所服务的小区/大厦开展了垃圾分类工作,占比94.6%;5.0%的物业管理项目负责人表示所在物业项目

并未开展垃圾分类工作；0.4%的物业管理项目负责人表示不清楚所在物业项目是否开展了垃圾分类工作。物业项目反馈的垃圾分类工作开展情况比业主反馈稍高（图4-2-33）。

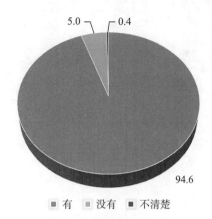

图4-2-33 所在小区／办公场所是否开展垃圾分类（%）

垃圾分类开展情况业主反馈。调研数据显示，在开展的各项垃圾分类工作中，开展相对较多的是配备分类垃圾桶，业主提及率为89.8%；其次是张贴宣传单，业主提及率为79.8%；再次是入户宣传和专人指导，业主提及率分别为65.2%和63.4%；提及率相对较低的是组建志愿者服务组织，业主提及率为36.3%（图4-2-34）。

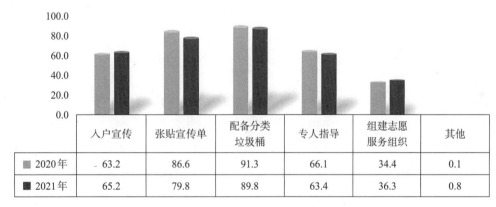

	入户宣传	张贴宣传单	配备分类垃圾桶	专人指导	组建志愿服务组织	其他
■ 2020年	63.2	86.6	91.3	66.1	34.4	0.1
■ 2021年	65.2	79.8	89.8	63.4	36.3	0.8

图4-2-34 业主对小区／办公场所垃圾分类开展情况的认知（%）

垃圾分类开展情况物业项目反馈。调研数据显示，在开展垃圾分类工作方面，各物业项目采用了多种措施。其中张贴垃圾分类宣传单的提及率最高，为97.7%；其次是配备分类垃圾桶，提及率为95.8%；再次是入户宣传垃圾分类知识和专人指导垃圾分类，提及率分别为82.5%和70.0%；提及率相对较低的是组建垃圾分类志愿服务组织，提及率为41.8%（图4-2-35）。

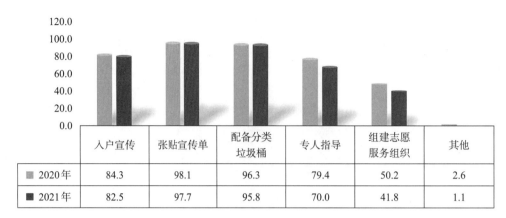

	入户宣传	张贴宣传单	配备分类垃圾桶	专人指导	组建志愿服务组织	其他
2020年	84.3	98.1	96.3	79.4	50.2	2.6
2021年	82.5	97.7	95.8	70.0	41.8	1.1

图4-2-35　物业项目垃圾分类项目开展情况

（资料来源:《2021年度物业管理业主满意度深圳指数》）

第五章

物业管理研究、教育、培训、出版与抗疫行动

S H E N Z H E N
PROPERTY MANAGEMENT
YEARBOOK 2022

PROPERTY MANAGEMENT

第一节　物业管理理论研究

1.深圳市住房和建设局组织开展的研究工作

2021年，深圳市住房和建设局深入行业一线调查研究，切实解决行业发展与民生关注的重大问题，加大行业标准研究与制定，并在调查研究基础上，推动部门之间的联动，推动绿色物业管理、智慧物业管理、物业管理信息化平台的建设。依据《民法典》《深圳经济特区物业管理条例》的规定，对深圳市房屋和物业管理委员会的职责进行梳理总结，在深圳市展开全面书面调研，完成了《物业管理参与社区治理的市场化机制和制度设计研究报告》《2021年深圳市物业服务质量分数指数测评报告》《深圳市物业管理行业2020年度及2021年上半年统计数据与分析报告》（表5-1-1）。

2021年深圳市住房和建设局部分课题成果一览表

表5-1-1

序号	课题名称	年份	课题目录
1	2021年深圳市物业服务质量分数指数测评报告	2021	前言 第一章　基本情况介绍 一、质量指数指标体系介绍 二、质量指数测评结果 第二章　观测指标数据采集 一、数据采集方法 二、指标计算方法 第三章　各层级指标数据处理 一、指标数据的无量纲化 二、根据权重计算综合指标得分 第四章　测评结果及分析 一、2010—2020年深圳物业管理质量指数测评结果 二、驱动要素分析 三、核心指标测评结果分析 四、质量指数结果优秀指标分析 五、质量指数结果反映出的问题及分析 六、促进我市物业管理行业质量提升的对策及建议 附件一　原始数据表 附件二　调查问卷

续表

序号	课题名称	年份	课题目录
2	深圳市物业管理行业2020年度及2021年上半年统计数据与分析报告	2021	前言 第一章　深圳市物业管理行业的总体发展情况概述 第二章　2020年及2021年上半年深圳市物业管理行业发展情况具体分析 一、在管项目情况 （一）在管项目数量与面积总体情况 （二）外包服务项目情况 （三）本市保障性住房、城中村情况 （四）企业拓展项目情况 二、从业人员状况 （一）从业人员总体情况 （二）从业人员薪资水平 （三）人员结构分布分析 （四）人力效能情况 三、经营情况 （一）物业管理行业基本经营现状 （二）物业管理行业经营能力 四、物业管理行业集中度分析 （一）在管项目面积分析 （二）CR50企业营业收入分析 （三）CR50企业人员优势分析 五、行业其他发展情况 （一）积极完善物业管理行业收费标准 （二）积极参与脱贫攻坚 （三）团结一心，共同抗疫 （四）继续推进"两个覆盖"，全面加强党建工作 （五）ESG指标 第三章　深圳市物业管理行业不同分类情况分析 一、上市物企情况 （一）深圳市上市物企经营状况 （二）深圳市上市物企行业地位 二、中小微物业服务企业发展状况 （一）中小微物业服务企业所处行业地位 （二）中小微物业服务企业发展现状及经营情况 三、各行政区域内注册物业服务企业发展情况分析 （一）各行政区物业服务企业数量 （二）各行政区企业在管物业项目的数量 （三）各行政区企业在管物业项目的建筑面积 （四）各行政区物业管理行业从业人员情况 （五）各行政区物业服务企业经营财务总体状况 （六）企业办公地点分布 第四章　深圳市物业管理行业发展的特点及相关建议 一、行业发展的总体特征 （一）发展质效稳步提升，主营业务收入突破千亿元大关 （二）外地市场拓展提速，市内物业管理覆盖面进一步提升 （三）行业集中度有所降低，与次大型企业的拓展势头较好有关 （四）人才占比趋于上升，行业人员管理现状仍待明朗 （五）惠企政策深入推进，疫情之下中小微企业发展放缓 （六）大力推动数字转型，行业发展速度加快

序号	课题名称	年份	课题目录
2	深圳市物业管理行业2020年度及2021年上半年统计数据与分析报告	2021	（七）物业服务企业上市已成趋势，提升服务质量是关键 二、行业发展的相关建议 （一）资本助力，发挥行业发展"新效益" （二）人才引进，推动专业化物业管理发展 （三）智慧助力，开启"数字化物业"新时代 （四）提质增效，打造"深圳物业"品牌效应 （五）兼并重组，稳定存量发展增量 （六）多方创收，纵深推进物管城市等多领域建设 （七）物业城市，创新多方主体协同治理新模式 （八）节能降耗，大力发展绿色物业
3	物业管理参与社区治理的市场化机制和制度设计研究报告	2021	前言 第一章　社区治理的基本问题 一、社区治理的沿革 （一）社区治理的起始——社区服务阶段 （二）社区治理基本雏形形成-社区建设阶段 （三）社区治理基本思想的确立阶段 （四）社区治理基本思想的发展阶段 二、社区治理的概念 （一）社区治理的定义 （二）社区治理的内容和特点 第二章　物业管理的基本问题 一、物业管理的概念 （一）物业管理的定义 （二）物业管理的内容 二、物业管理行业的特点 （一）服务对象的长期性和稳定性 （二）需求管理多样性 （三）经营收益的稳定性和安全性 （四）物业服务产品的准公共性 第三章　物业管理在社区治理中的作用和存在的问题 一、物业管理与社区治理的关系 （一）物业管理与社区治理的区别 （二）物业管理与社区治理的联系 二、物业管理在社区治理中的作用 （一）优化社区治理的结构 （二）改善社区居住环境 （三）加强社区治安防范 （四）智能化助力社区网格化管理 三、物业管理融入社区治理过程中存在的问题 （一）物业服务企业职责定位不清 （二）业主自治结构不合理 （三）政府公共服务资源与公共管理向小区延伸不够 （四）居民委员会"行政化"倾向严重 第四章　境外物业管理融入社区治理的实践 一、中国香港物业管理与社区治理 （一）中国香港业主立案法团 （二）中国香港的社区治理

续表

序号	课题名称	年份	课题目录
3	物业管理参与社区治理的市场化机制和制度设计研究报告	2021	二、美国物业管理与社区治理 （一）美国业主协会 （二）美国的社区治理 第五章　物业管理融入社区治理市场化机制对策和建议 一、必须明确的两个基本问题 （一）始终坚持中国共产党领导一切 （二）明确物业服务企业是市场主体 二、物业管理融入社区治理的对策和建议 （一）强化"红色物业管理"机制 （二）推动居民委员会下设环境和物业管理委员会 （三）推动符合条件的社区居民委员会成员通过法定程序兼任业主委员会成员 （四）理顺物业服务企业利益诉求与社区治理目标的关系 （五）建立物业管理融入社区治理的共同体

2.深圳市福田区住房和建设局组织开展的研究工作

2021年8月12日—18日，开展深圳市福田区老旧住宅物业服务费调研工作。采用"线下深入访谈＋线上调研"方式，制定"福田区老旧住宅物业服务费评估调查表"，对30个有代表性的物业项目及项目负责人进行了调研，其中18个项目为线下抽样调研，12个项目为线上访谈，调研对象占比34%，调研对象分布10个街道。本次调研对深圳市福田区87家物业收费低于1元的老旧住宅小区进行了抽样走访及深入访谈，了解其现行物业收费标准及企业管理服务中遇到的痛点与难点，获悉物业企业的需求，从而探索制定促进物业企业服务质量提升的收费标准，切实提高老旧小区业主幸福感、获得感，促进物业服务行业健康发展（表5-1-2）。

深圳市福田区住房和建设局2021年度课题成果一览表　　　　　表5-1-2

课题名称	内容摘要
深圳市福田区老旧住宅物业服务费调研	第一部分：福田区老旧小区物业企业现状 老旧小区物业服务费基本处于0.5～1.0元之间，甚至有些小区物业服务费为0元，且没有地下车库，基本上只有地上有限车位。停车费本来是补贴老旧小区物业服务费的主要收入来源，由于物业服务费低且车位少，各小区普遍存在较严重的财务亏损情况。其中亏损最为严重的是福保街道的石厦南综合市场，月亏损10万元。项目的亏损直接拉低企业的利润，企业长期亏损不利于老旧小区的正常运营管理，更不利于物业服务行业健康持续发展。在调研发现，有4个物业服务费收费为0的小区，这些小区在管物业企业虽没有直接向业主收取物业服务费，但产权单位在收取的住户租金中包含了物业服务费，产权单位再向物业服务企业支付人员工资及其他费用，让其维持物业管理服务。 第二部分：福田区老旧小区物业管理存在的主要问题 在调研的项目中，普遍存在以下问题：房屋老旧，防水层损坏，渗漏严重；收费难、收费标准低，收不抵支，亏损运营；消防通道设计不达标，停车位数量少，消防通道经常被车辆占停，存在消防隐患；小区乔木茂盛，无资金修剪；设施设备老化，坏损严重；小区消防设备设施瘫痪，无资金维保；小区基础设施差，缺乏专项维修资金。此外，老旧住宅小区大都实行开放式物业服务，小区内道路四通八达，人员来往较复杂，车辆乱停乱放的现象比较严重，导致安全、环境卫生工作的难度加大。导致以上问题的原因：一是业主委员会成立难、履职不到位的问题；二是物业专项维修资金使用率低、流程复杂问题；三是小区消防设施无维保存在安全隐患问题；四是绿化养护不到位，乔木超高问题；五是小区外墙脱落、渗漏严重问题；六是停车难问题

3. 深圳市普华博睿公共管理和行业标准化研究中心开展的研究工作（表5-1-3）

深圳市普华博睿公共管理和行业标准化研究中心2021年度课题一览表　　　　表5-1-3

课题名称	内容摘要
盐田区棚户区改造工作技术服务	盐田区棚改工作是作为改善盐田区群众居住条件、以提升城区功能品质的重要民心工程，以高标准、高质量推动项目进程；将助力盐田建设成为宜居宜业宜游的现代化国际化创新型滨海城区。 通过协助开展棚户区改造工作，棚改工程项目设计方案施工图等保健资料的收集、整理、初步审核、提出完善建议；开展棚户区改造前期项目调查统计、质量检测、可行性研究、编制概念规划、专项规划等工作，并协助甲方相关科室对棚户区改造项目的审核、报建、施工、竣工、移交等建设全过程进行监管；协助实施项目施工现场安全及工程质量监督管理等工作；定期巡查建设现场，加强工程建设的协调、检查指导、监督管理，确保建设项目按质按量按进度要求完成；协助开展棚户区改造建设规划、绿色建筑、装配式设计方案审查及工程资料整理归档工作。有序推进住房保障工作，助力住房保障事业快速发展
龙岗区城中村示范标杆物业服务项目打造	通过标杆项目顾问实施方案的制定和实施，打造5个具有标杆示范效应物业管理公司或物业管理项目。通过"以点促面、深入推进"的方式，助力龙岗创建与城市定位相匹配的社区发展环境；以创新社区股份合作公司的物业管理水平及服务，不断提升社区物业服务企业的管理能力和服务水平，提高社区管理综合品质，从而改善龙岗区社区物业管理公司的经营情况与物业管理现状，助力龙岗创建与城市定位相匹配的社区发展环境
深业物业下辖大型屋村运营机制改革部分研究	通过对深业物业下辖某大型屋村全面的调研，提交了《某屋村组织架构优化项目调研报告》《某屋村组织架构调整优化方案》《某屋村激励方案调整建议书》《某屋村工作能力提升方案》等成果文件

4. 深圳市物业管理行业协会开展的研究工作（表5-1-4）

深圳市物业管理行业协会2021年度课题一览表　　　　表5-1-4

课题名称	内容摘要
2021年市本级公租房物业服务企业履约评价报告	第一部分：履约评价总体情况。对15个市本级公租房履约情况进行整体评价，并分别对各项目履约情况进行汇总对比。 第二部分：履约评价分项情况。具体包括：(1)现场考核总体得分情况及排名，现场管理亮点，以及对管理不足所采取的整改措施。(2)甲方、租户评价与信用信息记录认定
龙岗保障房投资公司委托的龙岗区公共住房履约考评	第一部分：履约考评总体情况。对54个项目开展履约考评工作，其中集中型项目9个，独栋及分散型项目45个，并分别对各项履约考评情况进行对比研究。 第二部分：履约考评现场情况，针对所有考评项目分别给出相关考评结果，扣分项及整改建议
市住房和建设局委托的深圳质量指数物业管理分指数体系修正研究和测评工作报告	第一部分：基本情况介绍。具体包括：(1)质量指数指标体系介绍。(2)质量指数测评结果。 第二部分：观测指标数据采集及处理。具体包括：(1)数据采集方法和指标计算方法。(2)计算综合指标得分。 第三部分：评测结果及分析
2020年度与2021年上半年物业管理统计及数据研究报告	第一部分：深圳市物业管理行业的总体发展情况概述。 第二部分：2020年深圳市物业管理行业发展情况具体分析。具体包括：(1)在管项目情况及分析。(2)从业人员状况及分析。(3)经营情况及分析。(4)物业管理行业集中度分析。(5)行业其他发展情况分析。 第三部分：深圳市物业管理行业发展的特点及相关建议

续表

课题名称	内容摘要
物业管理推进城市更新行动效用研究	第一部分：文献综述。具体包括：(1)新型城镇化。(2)城市更新。(3)城市更新中的物业管理。 第二部分：案例及分析。分别选取了愿景明德（北京）控股集团有限公司、碧桂园生活服务集团股份有限公司、中海物业集团有限公司、佳兆业美好集团4家企业进行案例分析。 第三部分：物业管理在城市更新中发挥作用的模型分析。具体包括：(1)模型的形成与特点。(2)模型与效用发挥的关系

5.深圳部分物业服务企业开展的研究工作

金地智慧服务公司开展的研究工作

在2021年"金地物业"开发"荟系列"服务产品体系。"荟系列"服务产品体系以满足不同住宅项目服务需求差异出发，通过开展各类形式的客户研究，开发"荣尚荟""智想荟""若邻荟"三档服务子品牌，设计了差异化的项目运营要求、品质呈现标准、对客服务服务、旗帜性服务动作，更精准响应客户需求、社区需求、社会需求，降本提效，实现企业精细化运营。

2021年，金地智慧服务鹰眼系统创新性建立基于地理信息可视化的线索资源库——"FBI模块"，同时系统性迭代"线索—资源—项目"闭环运转机制，将市拓业务转被动搜索为主动推送，转手工搜集为关键维护，转"撒网捞鱼"为线索串联精准狙击。打通信息管理流程，有效沉淀分析数据，流程驱动与系统赋能并举，科学化助力商机挖掘、拓展跟进、客户管理、评审决策、复盘提升等业务开展，有效实现物业市场拓展人效值和提升转化率。

莲花物业集团开展的研究工作

2021年，"莲花物业集团企业发展研讨会"在昆明隆重召开。会议安排《行业变化与趋势分析》和《新形势下财务管理策略》主旨演讲；与会人员以"法规、客户"为聚焦点进行充分讨论和交流，认为要做有温度、有活力、有亲和力且依法、依规经营的服务者；要关注客户需求，建立和谐、融洽的客户关系，汇集所有"和"的元素，以和共存、以和相生。会议一致赞同将"阳光·聚和"确定为2021主题年主题词。

2021年，莲花物业开展"优秀管家炼成记"专项培训、建立优秀客服管家工作交流群，制定《客服管理手册》，明确客户服务的工作流程和服务标准，规范客服管理。客户服务提出三项要求："全方位"，即服务内容涵盖公共服务和个性化服务；"点对点"，即服务需求一站式响应直到满足需求；"个性化"，即根据客户不同特点提供不同服务体验。莲花物业申请并获得软件著作权证书8份，使集团软件著作权证书合计达到20余件。

机电设备和智能化管理是物业管理行业技术含量相对突出的服务项目，经过多年发展，集团下属专业公司凭借技术优势，已经成为项目设备管理和智能化管理坚强有力的后盾。2021年，通菱机电获得"江苏省2021年度科技型中小企业"称号；劳特思机电继续保持深圳市"特种行业标准化建设一级达标单位"称号，制冷维修"二级资质"升级为"一级资质"，并完成四级安防资复审和消防资质网上备案。旗下富菱科技成功通过"国高新技术企业"认证。

第二节　物业管理教育、培训

1.概述

深圳素来注重物业管理教育和培训工作。1990年，深圳房地产和物业管理进修学院（其前身为"深圳市房产管理培训中心"）正式成立，1992年经建设部房地产业司批准，被命名为"全国房地产业深圳培训中心"，作为原建设部的培训基地，担负全国房地产和物业管理从业人员的培训任务。1998年，深圳开始出现物业管理的学历教育，这一年，深圳职业技术学院开始成立物业管理专业并对外招生，3年后，广东新安职业技术学院的物业管理专业开始招生，并于2003年成立物业管理系。它们为我国物业管理行业发展尤其是人才培育作出了重大贡献。而深圳物业管理主管部门为物业行业从业人员整体素质的提高，多年来更是不遗余力地组织各类培训。2021年，在生产安全培训的基础上，更是加强了《深圳经济特区物业管理条例》、垃圾分类、宜居社区建设、物业监管能力综合提升等的培训学习。

2.物业管理教育

深圳职业技术学院开展的学历教育

深圳职业技术学院于1998年开始成立物业管理专业并招生，首任系主任是刘少文，后历任主任为周中元、欧国良，现任专业主任为周志刚。面向全国生源招生，规模为每届2个班级约80人，在校生约240人。随着深圳房地产及物业管理市场的蓬勃发展，物业管理人才需求量进一步扩大，学校为了适应市场需求，曾扩大招生规模为4个班约160人。自本专业成立以来，就定位为深圳物业管理行业输送"理论够用，技术娴熟"的物业管理专业人才，做行业的能工巧匠。学生毕业后能在物业管理公司、房地产公司、社区工作站、政府相关部门等胜任物业管理员、物业咨询策划人员、智慧社区运营管理员及部门经理等岗位。专业在教学过程中注重结合深圳市场实际，切合岗位需求，并且根据市场变化对教学内容做适当修正和调整。专业组建了由星河物业、明喆物业、中海物业、世邦魏理仕等业界资深专家组成的专业教学指导委员会，对专业教学计划和课程内容进行指导，根据产业数字化和数字产业化的发展趋势，加开了大数据分析、房地产测量、房地产统计等相关课程，确保了课程设置紧贴产业发展方向。

在20多年办学历程中，物业管理专业立足深圳，服务行业，为社会输送了近2000名物业管理专门人才，就职于万科物业、招商物业、华侨城物业、城建物业、星河物业等多家物业管理企业，为深圳物业管理行业的发展贡献了深职力量。专业现拥有广东省大学生校外物业管理实训示范基地，分别与世邦魏理仕、碧桂园、易居、明喆、星河、卓越等多家企业签订了校企合作协议，联合培养复合型技术技能人才。办学过程中本专业也注重社会服务，分别为万科物业、广晟集团、石岩街道办、大磡社区等多家单位提供物业管理培训课程，与深圳明喆物业管理有限公司探索订单班人才培养模式，实现校企深度融合。通过扎实办学，本专业历届毕业生就业率达98%以上，毕业生专业性强，适应性好，发展后劲足，广受用人单位的好评。教师中，研究生占比100%，其中博士6名，85%为"双师型"教师，具有海归背景和万科、碧桂园等一线企业工作经验。开设的专业课程有物业管理概论、物业管理实务、物业管理法规、物业公关礼仪、楼宇智能化管理、建筑识图、客户心理与沟通、楼盘调研、房地产经营管理、物业管理方案编制实训、职业素质综合实训等。

广东新安职业技术学院开展的学历教育
广东新安职业技术学院简介

广东新安职业技术学院成立于1998年，是由杰出的人民教育家王屏山同志创办，并经广东省人民政府批准设立的一所全日制民办普通高等院校，集高等职业教育、国际合作、继续教育、社会培训为一体，系深圳三所高职院校之一。学校把立德树人作为培养人才之根本，始终坚持以"学会做人、打好基础、培养专长、加强实践、报效祖国"为校训，实现全员育人、全程育人、全方位育人。目前开设有8个系（部）、36个专业，在校生规模6700余人。

学校秉承教育家一心一意办学的初心，经过20余年的调整、更新与积累，业已发展成为一所治学严谨、教风优良、学风日盛的民办高职院校，社会知名度和美誉度不断提升。历获"全国民办百强学校""广东省首届十佳民办高等院校""广东省民办高校就业竞争力十强""广东当代民办学校突出贡献奖"等荣誉。2021年在广东省"创新强校工程"考核中位列25所民办高职院校第4名；连续多年上榜"广州日报高职高专排行榜——民办院校TOP100"，且所在榜单排名连年上升。

学校坚持"工学结合、产教融合"发展，重视加强与企业深度合作。目前与包括华大基因、华为、腾讯、万科、金蝶软件、香格里拉酒店、深圳市中建南方建设等著名企业在内的近百家企业建立了校企合作关系，并与招商、宏发、中海等龙头物业公司及海王集团等知名企业开展现代学徒制试点项目，与中兴教育成立"广东新安职业技术院——中兴ICT产业学院"，与猛犸基金会、华大智造共建了国内首个真实场景基因测序教学实训室，为学生实习、实训和就业搭建了良好的平台。学生掌握实践技能的能力得以提高，近年来，学校先后在国家级、省级和市级各类技能竞赛中获得300余个奖项。

物业管理专业介绍

管理系目前开设有工商企业管理、人力资源管理、物业管理、旅游管理、酒店管理、社会工作、社区管理与服务共7个专业。管理系拥有一批优秀的专兼职教师队伍，专职教师有教授、副教授、高级工程师、讲师、工程师等，研究生以上学历12名，兼职教师来源于业界的技术专家和中高层管理者，老师们责任心强，教学水平高，受到历届师生好评。物业管理专业旨在培养掌握现代城市智能物业管理方法、服务标准、实操能力，能够在现代化场馆、商厦、办公楼、高端居住区从事物业管理的高素质技能型专业人才。

开设的专业课程有物业管理概论、物业文函写作、楼宇智能化管理、建筑识图、物业修缮管理、物业环境管理、物业管理法规、物业客户服务管理、物业管理实务、物业经营管理、物业管理信息系统等。

物业管理专业历史情况

物业管理专业于2001年开始招生，2003年成立物业管理系，并于当年与深圳招商物业、莲花物业、中信物业等十余家一级资质物业管理企业成立了首个物业管理专业建设委员会，请企业专家来校参与制订物业管理专业人才培养方案，保证人才培养符合行业、企业岗位需求。2007年与观澜湖集团骏高物业、居佳物业等多家企业开展"2+1"校企合作、工学结合的人才培养模式，让学生在岗位上培养实操技能、契合岗位需求，与观澜湖集团骏高物业共建的物业管理专业省级大学生校外实践基地项目于2019年通过验收。2013年，深圳新闻以《破解就业难，深企推荐新安学院2+1模式》报道了物业管理专业人才培养的创新模式。

2019年物业管理系与管理系合并为管理系。

2019年物业管理专业与万科物业、招商物业、中海物业开展"订单班"人才培养模式，为企业培养高技能人才。2020年春，物业管理专业与招商物业、宏发物业、中海物业开展面向企业员工开展"现代学徒制试点"学历教育，为企业在职员工提升学历开辟新途径。

截至2021年6月，物业管理专业向社会培养专业人才共700余人。

2021年新安学院物业管理专业招生情况及获得奖项

2021年物业管理专业招收学生人数为21人。

2021年无获奖项。

3.住房和建设系统开展的培训（表5-2-1～表5-2-12）

深圳市住房和建设局组织开展的培训工作　　　　　　　　　　表5-2-1

序号	培训名称	培训内容	培训对象	培训效果
1	2021年宜居社区建设线上培训	解读《宜居社区建设评价标准》《广东省绿色社区创建行动实施方案》，对深圳市宜居社区创建工作进行总结，对绿色社区创建内容和方式进行宣讲；分享了宜居社区建设经验、介绍专家考核要点等	各区、各街道办事处、各社区工作站"宜居社区"创建工作相关负责人及2021年列入宜居社区创建计划的社区工作人员	通过培训，提高了市、区工作人员及社区业务人员对宜居社区、绿色社区创建工作的认识
2	2021年物业管理监管能力综合提升培训班	解析《民法典》物权编及相关案例；解读《深圳经济特区物业管理条例》及配套文件；讲解业主委员会的组建及运作管理；讲解业主共有资金管理（包括《业主共有资金和共有物业管理使用办法》解读及实操分析）；讲解党建引领物业小区打造共建共治共享新格局；介绍物业管理信息平台；讲解各行政部门物业小区安全监管职责与物业管理行业安全生产管理职责边界；讲解平安建设、宜居社区等考核实务	市、区、街道、社区负责物业监管工作的相关工作人员	各级物业管理工作人员及时掌握了新形势下小区治理、物业管理方面的政策和要求，进一步提升了理论水平和实践能力
3	2021年度《深圳经济特区物业管理条例》宣贯培训	围绕新条例的亮点和重点解决的问题、条例的全面解读、物业监管实务、物业安全管理与使用维护、前期物业管理及物业服务等方面进行深入讲解	各物业服务企业及从业人员	进一步提升了深圳市物业服务企业及从业人员对《深圳经济特区物业管理条例》的理解
4	2021年物业服务行业安全管理培训	解读《安全生产法》《高层民用建筑消防安全管理规定》《电动自行车停放充电场所消防安全规范》《住宅小区电动汽车充电设施安全管理规范》《物业服务行业安全管理检查评价规范》	各区住房和建设部门、各街道办事处负责物业管理监管的相关工作人员，市物业管理行业协会、各物业服务企业（含各服务项目）安全生产工作负责人	进一步提高了物业行业各方主体的安全意识，增强了物业从业人员对物业服务行业安全管理相关规范的理解
5	2021年物业专项维修资金法规政策培训	对2020年11月1日修订的《深圳市物业专项维修资金管理规定》进行深入讲解。通过选取经典的司法判例，以"以案说法"的形式，对深圳市维修资金法律政策予以解读	市、区维修资金管理机构工作人员	提高了维修资金管理工作人员对《深圳市物业专项维修资金管理规定》的理解，进一步提升了业务水平和实践能力

深圳市福田区住房和建设局开展的培训　　　　　　　　　　表5-2-2

序号	培训名称	培训内容	培训时间	培训对象	培训效果
1	物业安全培训	临时用电、有限空间培训	2021年5月10—14日	各物业服务项目安全责任人及街道办有关人员	良好
2	物业安全培训	临时用电、有限空间培训	2021年7月13—17日	各物业服务项目安全责任人及街道办有关人员	良好

深圳市罗湖区住房和建设局开展的培训 表5-2-3

序号	培训名称	培训内容	培训时间	培训对象	培训效果
1	罗湖区2021年"窗户安全日"线上培训	（1）高空坠物常见隐患及危害； （2）高空坠、抛物典型案例及相关法规； （3）高空坠物、抛物应如何处置？（物业、个人） （4）物业服务企业防高空坠物安全措施有哪些	2021年7月22日	各街道辖区内所有物业项目负责人及安全主管	有效减少和遏制了因强风、暴雨等恶劣天气致坠物伤人事件和违法高空抛物等情况发生
2	罗湖区2021年物业行业线上生产培训会议	（1）如何做好物业管理区域内的三防安全及各项安全管理； （2）如何加强住宅小区化粪池作业和粪渣管理安全； （3）如何监管住宅小区新能源充电桩设备设施安全； （4）学习《深圳经济特区物业管理条例》等法规规定	2021年5月14日	各街道辖区内所有物业项目负责人及安全主管	更加有序地推进物业服务行业的安全管理工作
3	2021年罗湖区物业行业防灾减灾专题培训	（1）如何做好物业管理区域内的三防安全及各项安全管理； （2）如何加强住宅小区化粪池作业和粪渣管理安全； （3）如何监管住宅小区新能源充电桩设备设施安全； （4）学习《深圳经济特区物业管理条例》等法规规定 （5）《广东省消防工作若干规定》	2021年5月15日	各街道辖区内所有物业项目负责人及安全主管	使各物业企业深入贯彻习近平总书记关于安全生产重要指示精神，更好地落实深圳市、罗湖区安全生产专项整治三年行动的有关要求
4	罗湖区物业服务行业创文等工作线上培训	（1）如何做好垃圾分类及环境卫生管理工作，相关法律法规； （2）如何做好消防管理工作，落实企业主体责任，相关法律法规； （3）其他安全管理相关要求	2021年8月31日	各街道辖区内所有物业项目负责人及安全主管	切实压实企业主体责任和推动企业社会责任的落实履行，同时为强化辖区物业服务企业做好安全管理工作

深圳市盐田区住房和建设局开展的培训 表5-2-4

序号	培训名称	培训内容	培训时间	培训对象	培训效果
1	物业行业安全生产培训	（1）习近平总书记关于安全生产的重要论述； （2）安全生产责任制； （3）"一线三排"工作机制； （4）开展"八个一次"措施	2021年3月26日	小区项目经理或管理处主任及物业人员	本次培训共109人参加，贯彻总书记关于安全生产的重要论述，强调不可逾越的生命红线；指导物业企业理顺安全管理机构和实行安全生产责任制，开展隐患、排查、排除
2	物业行业安全生产培训	（1）新能源充电设施安全检查培训； （2）电动自行车安全管理培训	2021年5月28日	小区项目经理或管理处主任及物业人员	汲取近期事故教训，预防和减少新能源汽车和电动自行车类事故的发生，提高各方安全责任意识
3	物业行业安全生产培训	（1）新能源充电设施安全检查培训； （2）电动自行车安全管理培训	2021年7月7日	小区项目经理或管理处主任及物业人员	本次培训共122人参会，通过学习消防法律法规和电动汽车充电设施地方标准，对小区的电动自行车安全管理和电动汽车充电设施安全自查起到了良好的作用

序号	培训名称	培训内容	培训时间	培训对象	培训效果
4	盐田区2021年宜居社区创建及回访工作培训	(1)宜居社区回访预检查结果；(2)宜居社区回访标准解读；(3)宜居社区回访（空间环境安全）；(4)宜居社区回访（文化服务管理）	2021年7月29日	各街道办事处及社区工作站宜居社区创建相关工作人员	2021年，盐田区被抽查到的梧桐社区及盐田社区均顺利通过市宜居社区专家回访，同时海涛社区也顺利获评五星级宜居社区，取得了较好的成绩
5	物业行业安全生产培训	(1)火灾防范、"打通生命通道"；(2)有限空间作业安全管理；(3)新能源充电桩和电动自行车安全管理；(4)防范高空坠物；(5)防汛备汛	2021年9月	小区项目经理或管理处主任及物业人员	指导物业服务企业做好火灾、有限空间、高空坠物、电动自行车和新能源充电设施的安全防范，做好专项排查工作，减少潜在隐患
6	新《安全生产法》及全员安全生产责任制解读	(1)新安全生产法修改背景；(2)新安全生产法总体要求；(3)新安全生产法修改内容；(4)全员安全生产责任制	2021年11月26日	小区项目经理或管理处主任及物业人员	本次培训共122人参会，指导物业企业建立、健全全员安全生产责任制的企业，排查安全隐患，减少事故发生

深圳市南山区住房和建设局开展的培训　　　　　表5-2-5

序号	培训名称	培训内容	培训时间	培训对象	培训效果
1	物业管理安全生产法律法规培训	物业行业安全生产相关法律法规讲解	2021年7月28日—8月5日	各物业服务企业负责人、项目负责人及安全生产岗位工作人员	通过解析涉及物业行业的相关安全法规，剖析相关安全生产案例，强化了企业的安全意识、防范能力及法律意识
2	"小区共同体"物业管理指导委员会法规实务培训	《深圳经济特区物业管理条例》及相关配套文件、政策及法规解读，案例实务讲解	2021年9月13日—10月27日	各街道相关负责人、各社区书记、物业管理指导委员会成员	让辖区内各街道办事处、社区工作站、业主委员会、物业服务企业等对新条例及相关配套文件有更深层的了解、尽快掌握，以便熟练运用到日常工作当中，同时结合南山区党建引领社区治理改革等配套文件，推进南山区城市治理体系和治理能力现代化
3	物业管理法律法规培训	《深圳经济特区物业管理条例》及相关配套文件、政策及法规解读，案例实务讲解	2021年12月2日—12月14日	各物业服务企业负责人、项目负责人及相关岗位从业人员；小区业委会成员	各方主体能更加深入理解新《条例》精神，保障政府能更好履行监管职责、企业能更好规范物业服务经营行为、业主能更好规范业主大会和业主委员会运作

深圳市宝安区住房和建设局开展的培训　　　　　表5-2-6

序号	培训名称	培训内容	培训时间	培训对象	培训效果
1	宝安区业主委员会成员履职培训	宝安区业委会成员履职讲解	2021年5月13日	各街道物业管理部门有关负责同志；全区商住小区业主委员会主任及副主任	指导物业服务企业了解业委会的基本职责如何履行职责、业委会日常实践要点和法律责任等
2	宝安区宜居社区创建及回访工作培训会	(1)《宜居社区建设评价》DBJ/T 15200—2020指标解读；(2)广东省五星级宜居社区重点指标解读及案例；(3)宜居社区回访复查重点内容介绍	2021年7月29日	各街道物业办主要负责同志，全区商住小区项目经理或管理处主任	指导物业服务企业了解五星社区申报要求、重点指标解读、宜居社区建设案例，讲解宜居社区回访复查重点内容

续表

序号	培训名称	培训内容	培训时间	培训对象	培训效果
3	宝安区学习宣贯《深圳经济特区物业管理条例》暨垃圾分类工作及人防工程培训会	（1）解读《深圳经济特区物业管理条例》物业服务企业重点工作与责任；（2）讲解业主共有资金管理、共管账户开设、操作及物业管理公众服务平台信息公开工作要点；（3）解读生活垃圾分类工作季度评估细则要求；（4）讲解人防工程安全隐患排查和日常维护保养要点	2021年10月29日	各街道物业办主要负责同志，全区商住小区项目经理或管理处主任	指导物业服务企业做好信息公开、账户开设、垃圾分类、人防工程、安全管理等各项工作

深圳市龙岗区住房和建设局开展的培训   表5-2-7

序号	培训名称	培训内容	培训时间	培训对象	培训效果
1	商品房住宅小区物业安全管理培训	防风防汛、电动自行车安全管理等内容	2021年3月26日	各街道、各社区相关工作人员及物业服务企业工作人员	良好
2	商品房住宅小区物业安全管理培训	安全相关法律讲解、燃气安全讲解、电动自行车安全管理、消防安全管理等内容	2021年5月21日	各街道、各社区相关工作人员及物业服务企业工作人员	良好
3	商品房住宅小区物业安全管理培训	安全相关法律讲解、安全事故案例分析等内容	2021年9月15日	各街道、各社区相关工作人员及物业服务企业工作人员	良好
4	商品房住宅小区物业安全管理培训	消防安全、电动自行车安全、新能源汽车充电设施安全、房屋安全、燃气安全等内容	2021年10月15日	各街道、各社区相关工作人员及物业服务企业工作人员	良好
5	商品房住宅小区物业安全管理培训	物业安全事故案例分析、消防安全、电气安全、有限空间安全管理等内容	2021年12月29日	各街道、各社区相关工作人员及物业服务企业工作人员	良好

深圳市龙华区住房和建设局开展的培训   表5-2-8

序号	培训名称	培训内容	培训时间	培训对象	培训效果
1	业主共有资金解读和《广东省消防工作若干规定》专题培训	业主共有资金的相关法律知识以及消防工作	2021年5月28日	各街道办城建科（物业办）物业管理业务负责人；各社区工作站负责物业管理的主要工作人员；各物业项目负责人或主管人员；各小区业主委员会成员	采用"腾讯会议"云直播方式开展线上培训，各参会人员超过200人，取得了良好的普法宣传效果
2	物业安全管理知识培训	对"一线三排"工作机制、消防安全管理要点、住宅小区装饰装修管理和有限空间管理等内容进行解析和讲解	2021年6月22日	各物业项目负责人、社区工作人员和街道办工作人员约170人	通过对"一线三排"工作机制、消防安全管理要点、住宅小区装饰装修管理和有限空间管理等内容进行解析和讲解，加强物业企业安全管理能力，提升物业企业消防火灾隐患、有限空间隐患的排查处置能力，有效防止和减少物业管理区域内安全事故的发生

序号	培训名称	培训内容	培训时间	培训对象	培训效果
3	《民法典》与物业管理法律专题培训	物业服务合同、建筑区分所有权等相关法律知识	2021年8月6日	各街道办城建科（物业办）物业管理业务负责人；各社区工作站负责物业管理的主要工作人员；各物业项目负责人或主管人员；各小区业主委员会成员	采用"腾讯会议"云直播方式开展线上培训，各参会人员超过190人，取得了良好的普法宣传效果
4	（1）业主大会和业主委员会运作及管理实务专题培训；（2）《高层民用建筑消防安全管理规定》专题解读培训	（1）业主大会成立、运作以及法律责任等相关法律知识；（2）对《高层民用建筑消防安全管理规定》出台的背景以及重点规定解读与分析	2021年10月15日	各街道办城建科（物业办）物业管理业务负责人；各社区工作站负责物业管理的主要工作人员；各小区业主委员会成员	采用"腾讯会议"云直播方式开展线上培训，各参会人员超过250人，取得了良好的普法宣传效果

深圳市坪山区住房和建设局开展的培训　　　　　　　　表5-2-9

序号	培训名称	培训内容	培训时间	培训对象
1	《深圳经济特区物业管理条例》普法和宣传培训	（1）主要围绕《条例》从立法目的、适用范围、立法原则、市场定位及方向、党的领导、职责等方面进行讲解，以及《条例》的组成部分进行重点介绍；（2）对《条例》重点条款释析，主要对《条例》中重点的条款进行讲解，包括业主大会和业主委员会的成立与召开、业主大会和业委会职责、前期物业服务、专项维修基金的申请及使用等；（3）根据每个街道的不同情况，列举实际问题，以管辖范围内的小区为实例进行剖析讲解	本次培训采取"送课上门"的形式，共进行了6场次，覆盖坪山区6个街道办事处。（2021年6—12月）	街道办工作人员、社区工作人员、业主、业委会、物业服务企业
2	坪山区宜居社区回访工作培训会	坪山区宜居社区回访复查工作要点：（1）回访复查评价指标解读；（2）回访复查工作重点；（3）区级回访复查结果和整改建议	2021年8月31日	各街道城建办相关负责同志、各社区相关负责同志
3	坪山区生活垃圾分类工作推进会议	（1）听取区城市管理和综合执法局关于近期垃圾分类工作进展汇报；（2）通报市生活垃圾分类工作月报中我区落后指标及近期现场检查存在问题；（3）研究部署下一步工作	2021年5月31日	各街道物业办主要负责同志，全区商住小区项目经理或管理处主任

深圳市光明区住房和建设局开展的培训　　　　　　　　表5-2-10

序号	培训名称	培训内容	培训时间	培训对象	培训效果
1	物业管理信息公开和共管账户业务培训交流会	（1）市住房建设局物业监管处就物业管理信息公开和共管账户业务开展培训；（2）各参会人员交流	2021年2月2日	全区正规住宅小区物业管理企业及业委会负责人	使全区正规住宅小区物业管理企业及业委会负责人充分了解物业管理信息公开和共管账户业务，为后期信息公开、共管账户管理工作提供基础

续表

序号	培训名称	培训内容	培训时间	培训对象	培训效果
2	光明区物业小区群众诉求服务站工作流程培训会	（1）区信访局就群众诉求服务站工作流程开展培训； （2）各参会人员交流	2021年3月12日	全区正规住宅小区物业管理企业及物业小区群众诉求服务站负责人	令全区正规住宅小区物业管理企业及物业小区群众诉求服务站负责人充分了解群众诉求服务站工作流程，为住宅小区群众诉求服务站运行提供基础
3	光明区物业小区环境卫生和垃圾分类工作培训会	（1）区城管和综合执法局环卫科就环卫指数测评有关工作进行讲解； （2）讲师就物业小区环卫指数测评工作开展培训； （3）讲师就物业小区垃圾分类工作开展培训； （4）各参会人员答疑交流	2021年3月25日	光明区物业小区物业公司项目经理或环境卫生相关工作负责人	令光明区物业小区物业公司项目经理或环境卫生相关工作负责人充分了解物业小区环卫指数测评、垃圾分类工作，为住宅小区垃圾分类以及环卫工作开展提供政策建议和基础

深圳市大鹏新区住房和建设局开展的培训 表5-2-11

序号	培训名称	培训内容	培训时间	培训对象	培训效果
1	2021年度物业管理领域安全生产工作线上培训	（1）物业管理领域安全生产责任相关法律法规宣贯； （2）物业管理领域安全事故案例剖析	2021年8月13日	（1）新区住房和建设局物业管理相关工作人员，各办事处物业管理相关工作人员； （2）25个社区工作站物业管理负责人； （3）新区物业服务企业负责人、安全主管及相关工作人员	（1）进一步学习物业管理领域安全生产责任的相关法律法规，提高安全责任意识； （2）通过物业管理领域安全事故案例剖析，吸取相关安全事故的经验教训，引以为戒

深圳市深汕合作区住房建设和水务局开展的培训 表5-2-12

序号	培训名称	培训内容	培训时间	培训对象	培训效果
1	2021年物业行业线上安全管理培训	组织学习市住房和建设局举行的2021年物业服务行业安全管理线上培训，学习《安全生产法》《高层民用建筑消防安全管理规定》《电动自行车停放充电场所消防安全规范》《住宅小区电动汽车充电 设施安全管理规范》《物业服务行业安全管理检查评价规范》等文件	2021年11月30日	物业服务企业安全负责人	增强了物业企业对相关法规规范的了解
2	2021年应急管理培训	组织物业企业学习《广东省突发事件应对条例》、安全生产、有限空间安全作业等内容	2021年12月15日	物业服务企业安全负责人	增强了物业企业对相关规范和有限空间作业要求等知识的了解

4.行业自律组织开展的培训

深圳市物业管理行业协会开展的培训　　　　　　　　　　表5-2-13

序号	培训名称	培训内容	培训时间	培训对象
1	第三期深圳市物业管理项目经理技能提升精修培训班	培训内容有15项：竞争时代的物业项目运营管理及场景营造；物业企业增值服务与多种经营的创新与实践；打造物业项目卓越服务现场；提升物业服务满意度的方法与实践；物业项目资金管理；物业项目财务预算编制及预算过程管控；物业项目内业管理；物业项目承接查验的关键节点；物业项目强电安全管理关键及办法；运用品质思维系统提升客户满意度；发现物业市场拓展新机会的思考与实践；项目经理如何做好公共关系，避免"网红"；物业人力资源建设导向与实践；党建引领深化红色物业建设（一）——社会治理背景与认识"红色物业"；党建引领深化红色物业建设（二）——物业服务企业"红色物业"建设要点	2021年4月26日—5月15日	企业项目经理以及各职能部门主管以上中高层管理人员
2	2021年"特种作业操作""特种设备安全管理和作业人员"培训	电工基础、电工安全操作规程、电工实操	2021年6月	特种作业、特种设备作业人员
3	《物业设施设备安全管理和节能降耗智慧运维管理》特训班	培训内容有四个方面：设施设备运维风险管控；设施设备标准化建设；设施设备智慧运维；项目设施设备现场运维考察	2021年6月9—10日	物业企业及项目负责人、相关工程管理人员
4	举办《物业设施设备安全管理和节能降耗智慧运维管理》第二期特训班	培训内容有5个方面，即设施设备运维总体原则，设施设备运维风险管控，设施设备标准化建设，设施设备绿色运维，设施设备智慧运维	2021年8月26—27日	物业企业及项目负责人、相关工程管理人员
5	举办《以标准化建设保障物业服务品质提升》专题培训班	培训内容包括标准决定质量、项目现场的应用、设计与实施、5S管理、标准化建设、高层建筑物业消防管理、精细化管控、十大问题及其对策、写字楼物业等从业人员常用的实务能力课程，共16讲	2021年9月26日—10月17日	物业服务企业从业人员、房地产业相关人员及社会各界人士
6	举办商业物业管理专题培训班	培训内容包括：商业物业管理特点、难点、重点及对策；商业物业管理难点、重点及案例分析；商业物业、工程设施设备运营管理；商业物业开业筹备	2021年11月20—21日	物业运营总监、项目经理、主管、工程及相关人员；拟筹备接管商业物业的相关人员；房地产开发企业相关人员

续表

序号	培训名称	培训内容	培训时间	培训对象
7	《依法治理与行业发展》专题免费公益培训	培训内容：第一课，从《关于加强和改进住宅物业管理工作的通知》和《关于推动物业服务企业加快发展线上线下生活服务的意见》看"大物业"战略机遇期的到来，内容包括：物企融入社会治理体系的时代趋势；健全业委会治理机构的关键点；物业服务水平从哪些方面提升；如何推动智慧化物业服务管理能力；物业如何打造智慧化与高品质服务。 第二课，从《民法典》视角看《关于加强和改进住宅物业管理工作的通知》与《关于推动物业服务企业加快发展线上线下生活服务的意见》对行业发展的影响。内容包括：智慧物业平台与广大业主的关联性；智慧物业平台如何提升服务质量；公用事业单位与物业企业的责任边界；地方政府属地管理责任的法律授权和要求；构建智慧化网络平台相关的法律问题	2021年3月24—25日	深圳物业从业人员
8	《深圳市生活垃圾分类管理条例》公益培训	培训内容包括：垃圾分类相关知识；《深圳市生活垃圾分类管理条例》相关政策法规	2021年11月4日	深圳物业从业人员
9	"红色物业价值与思维创新"免费公益培训	培训内容包括：红色物业的社会与企业价值；融合红色物业理念改变传统物业管理思维；红色物业的根本是"为人民服务"；红色物业的模式创新；如何将红色物业在服务区域落地；利用红色物业模式完善社区治理体系	2021年7月1日	深圳物业从业人员

深圳市罗湖区物业服务行业协会开展的培训 表5-2-14

序号	培训名称	培训内容	培训时间	培训对象	培训效果
1	组织开展住宅小区电动自行车消防应急演练观摩	住宅小区电动自行车消防应急演练	2021年4月22日	物业项目负责人或安全负责人	普及应急知识，提高物业从业人员的应急处置能力，防范安全事故
2	新《物业管理条例》培训	业主大会成立与业委会换届操作指引	2021年4月22日	物业项目负责人	通过培训，掌握业主大会与业委会的权责及成立的关键要点
3	开展罗湖区超高层建筑极端天气应急演练观摩	超高层建筑极端天气应急演练	2021年6月12日	物业项目负责人或安全负责人	普及应急知识，提高物业从业人员的应急处置能力，防范安全事故
4	《民法典》学习（线上）	《民法典》关于物业服务合同新规定、亮点解析与物业管理责任	2021年3月11日、7月30日	物业项目负责人	通过培训，物业从业人员充分认识颁布实施《民法典》的重大意义，正确理解和使用《民法典》，提高物业行业法律和风险管控意识，提升物业服务质量，全面推进依法治企，为企业发展保驾护航，进一步打造高品质和谐生活社区
5	开展物业专项资金政策培训（线上）	维修金使用申请及注意事项（首款、尾款、应急）	2021年4月8日、6月4日、8月30日	物业项目负责人	普及物业维修金使用管理规定，提高物业人员对维修资金使用程序的掌握程度
6	劳动合同法专题讲座（线上）	劳动合同法案例、相应条款	2021年4月16日、9月26日	物业负责人	普及劳动合同法，规避用人法律风险

序号	培训名称	培训内容	培训时间	培训对象	培训效果
7	"每周一课"物业服务专题培训（第一课）	物业催费沟通技巧	2021年11月24日	项目负责人、客服主管	通过培训加深物业服务收费的认识，掌握催费技巧，提升自身的物业服务水平
8	"每周一课"物业服务专题培训（第二课）	项目关键过程管理要求	2021年12月1日	项目负责人	通过培训，掌握项目管理关键要点，提升物业服务品质
9	"每周一课"物业服务专题培训（第三课）	消防安全知识及消防设施设备器材操作	2021年12月8日	物业项目安全负责人、安全主管	通过培训，提高从业人员消防意识，掌握消防安全知识及设施设备的操作方法

深圳市南山区物业管理协会开展的培训　　　　　　　　　　表5-2-15

序号	培训名称	培训内容	培训时间	培训对象	培训效果
1	南山区物业行业法律法规宣讲	《深圳经济特区物业管理条例》及配套文件、安全生产相关法律法规	/	各街道办事处、社区工作站、业主委员会、物业服务企业从业人员	共计33场，200余家企业2200余人参加培训

深圳市宝安区物业管理协会开展的培训　　　　　　　　　　表5-2-16

序号	培训名称	培训内容	培训时间	培训对象	培训效果
1	"广东省物业管理项目经理执业技能及物业服务人员培训（宝安）班"培训活动	/	连续2年	宝安区物业企业	参加人数100人，为宝安的物业企业的继续教育提供便利化服务
2	举办消防设施操作员培训	/	/	宝安区物业企业	参加人数50人，为宝安区物业企业从业人员提供消防安全及设施操作进行培训

深圳市龙岗区物业管理协会开展的培训

2021年，协会先后组织会员单位参加各类论坛及交流活动9场，共计250余人；与本市同行业间交流10批次，共计60余人；结合物业服务企业发展需求，组织物业企业从业人员参加各类线上培训8场，累计参训人数达3.3万人；通过与专业机构和学校合作，开展"广东省物业管理项目经理执业技能培训"及"建（构）筑物消防员培训"，累计参训人员达50余人。

5.深圳房地产和物业管理进修学院开展的培训

国家建设类一级培训机构——深圳房地产和物业管理进修学院，又名"全国房地产业深圳培训中心"，其前身为"深圳市房产管理培训中心"，1990年经深圳市教育局批准正式成立，是深圳市较早的10个成人教育办学机构之一，先后系深圳市原住宅局、深圳市国土资源和房产管理局直属事业单位。1992年经建设部房地产业司批准，被命名为"全国房地产业深圳培训中心"，作为原建设部的培训基地，担负全国房地产和物业管理从业人员的培训任务。1997年6月，经建设部住宅与房地产业司和深圳市教育局批准，成立了中国第一家物业管理专业教育机构——深圳物业管理进修学院。由于行政体制改革的原因，2004年，经市教育主管部门批准，深圳物业管理进修学院更名为"深圳房地产和物业管理进修学院"（以下简称"学院"）。2006年，国土资源部批准学院为"国土资源部干部培训中心深圳基地"，使学院增加了国土资源管理等方面的培训业务，扩大了学院的培训领域和业务范围。2006年，根据深圳市市属事业单位分类改革实施方案，学院正式划转至深圳市国资委，并于2017年12月更名为"深圳房地产和物业管理进修学院有限公司"。

学院开展房地产及物业管理行业培训31年，为物业管理在全国的推广、全行业人员整体素质的提高及深圳市荣获"中国人居环境范例奖"作出了重要贡献。据不完全统计，全国从事物业管理的企业经理和主要骨干约有1/3接受过本学院的培训，学员遍及全国30多个省、市、自治区和香港、澳门特别行政区，形成了名师荟萃、英才辉映的盛况，为我国物业管理行业发展尤其是人才培育作出了特殊的贡献，学院先后出任了中国物业管理协会、广东省物业管理行业协会和深圳市物业管理行业协会副会长单位。学院被中国物业管理协会授予"中国物业管理改革开放三十年突出贡献奖"、深圳市人民政府授予"深圳市教育系统先进单位"、中共深圳市委组织部授予全市"干部培训先进单位"、深圳市教育局评估为全市首批"成人教育一级办学机构"，被誉为"中国物业管理的人才摇篮"和"中国物业管理的黄埔军校"。

2019年至2021年，共举办公务培训74期，培训3977人。先后为深圳市住房和建设局及各区局、深圳市政务服务系统、深圳市不动产登记中心、深圳市人才安居系统、南山区公安系统、龙岗区国有资产监督管理局、福田区沙头街道、龙华区大浪街道、光明区光明街道、龙华街道工商联等单位提供人才综合能力提升的智力支持！

2020年秋季启动国家开放大学现代物业服务与不动产管理学院物业管理专业专科、本科招生。目前，已有本科班3个、专科班2个、在籍学生137人。在籍学生大部分为物业管理行业从业人员，他们利用工作之余的时间通过线上学习，不断提升个人专业能力，从而促进整个行业的持续发展（表5-2-17～表5-2-19）。

深圳房地产和物业管理进修学院培训一览表　　　　　　　　　　　表5-2-17

序号	培训名称	培训内容	培训对象	培训效果
1	物业管理项目经理培训班	物业管理实操技能、最新法规解读等	物业企业在职项目经理和拟任项目经理	系统掌握项目经理岗位技能，了解最新法律法规、物业管理典型案例处理技巧、物业管理方案编制，学习小组围绕项目沙盘20天面对面深度交流，知名企业标杆管理项目现场研讨，专家教授一对一指导与专业点评，行业主管部门领导和企业专家参与沙盘推演结业汇报，现场演讲展示学员个人风采，建立行业人脉资源

序号	培训名称	培训内容	培训对象	培训效果
2	物业管理从业人员（管理员）岗位培训班	物业管理基础理论、操作技能、客户关系、投诉处理、法规常识、职业礼仪	有志于从事物业管理行业者及在职者	掌握物业管理相关基础理论知识，了解行业发展现状与前景，熟悉物业管理相关法律法规常识，掌握物业服务职业礼仪
3	企业人才发展与咨询	深入企业内部，根据企业发展现状及人才需求情况，结合企业发展战略规划，由学院自主设计与企业匹配的个性化课程，开展人才定制和企业顾问咨询业务，帮助企业培育及选拔关键岗位人才	物业企业中、高层干部、项目经理和拟人项目经理	以企业诊断技术介入，查找企业人才发展中存在问题与误区，以此为依据设计人才培训项目，做到精准设计、精细运营、精确内容，助力企业达到培养人才目标
4	聚焦行业热点、难点、重点的专题培训	物业服务企业劳动用工风险防范与应对专题，物业管理市场拓展策略与招标投标实务专题，安全生产的标准化建设与应急能力提升专题，物业高端服务礼仪与会务服务实战专题，石材护理技术在物业管理中的应用专题，商业物业运营与管理专题，物业项目全过程风险管理与危机处理专题，内训师课程开发与授课技巧表达专题，高端写字楼资产管理专题，超甲级写字楼国际化运营管理专题，物业催缴费实务专题，项目预算编制专题，住宅项目房屋渗漏水与裂缝防治专题，物业服务的流程重构与数智化转型专题，以及民法典视角下，业主委员会和业主大会成立与操作实务专题等	物业企业中层干部、项目经理和拟人项目经理、专业技术人员	专题培训云集大咖老师智慧，围绕"行业热点、难点、重点"内容开发与设计课题，让参训学员来了有收获、回去能运用，达到了"短、平、快"的教学目标
5	项目经理跟岗实训	以"走进前沿、考察标杆"为教学主线，介绍深圳物业管理前沿知识、标杆企业的管理经验等。培训采取学与习的方式，在理论知识学习的同时，贯穿标杆考察学习	物业企业在职项目经理和拟任项目经理	项目经理跟岗实训遵循："用实践提升参训学员的学习体验，用实践提升参训学员对物业管理的认知"的教学设计思路，展开教学活动。让学员在观察、聆听、交流、思考中一步步感受品牌企业的管理精华，提升物业管理能力
6	国家开放大学现代物业服务与不动产管理学院物业管理专业专科、本科	物业管理专业知识	有志于从事物业管理行业者及在职者	掌握物业管理专业知识。在学籍有效期内取得教学计划规定的最低毕业总学分，颁发国家开放大学毕业证书，符合条件的本科毕业生由国家开放大学授予管理学学士学位

表5-2-18

深圳房地产和物业管理进修学院2012—2021年物业项目经理培训情况

类别	2012年		2013年		2014年		2015年		2016年		2017年		2018年		2019年		2020年		2021年	
	期数	人数	期数	人数	期数	人数	期数	人数	期数	人数	期数	人数	期数	人数	期数	人数	期数	人数	期数	人数
深圳以外 小计	4	298	3	252	15	1240	13	999	26	2501	20	1781	17	1451	12	1058	16	1147	18	1093
深圳班 小计	4	259	1	56	10	326	13	467	11	507	11	671	9	552	9	841	14	827	12	709
以上合计	8	557	4	308	25	1566	26	1466	37	3008	31	2452	26	2003	21	1899	30	1974	30	1802
总合计	238期	17035人																		

表5-2-19

深圳房地产和物业管理进修学院2012—2021年物业管理员培训情况

类别	2012年		2013年		2014年		2015年		2016年		2017年		2018年		2019年		2020年		2021年	
	期数	人数	期数	人数	期数	人数	期数	人数	期数	人数	期数	人数	期数	人数	期数	人数	期数	人数	期数	人数
深圳班 小计	18	1248	17	1236	23	2103	19	1333	10	506	11	650	6	286	7	389	7	263	4	109
总合计	122期	8123人																		

第三节　物业管理出版

1.概述

作为我国内地最早诞生物业管理的城市，深圳成为早期内地城市学习物业管理的标杆。物业管理出版事业也应运而生。1992年，《住宅与房地产》杂志开始试刊，1995年正式创刊，这本刊物将深圳物业管理的经验及由此上升总结的理论开始向全国进行广泛传播。1999年，《深圳物业管理年鉴》的诞生，开启了全景式展示深圳物业管理行业发展情况的历史征程。深圳的物业管理企业随着向外拓展步伐的加大，也纷纷创办自己的内刊，加强企业文化的宣传。其中办刊比较出色的有《莲花物业》《掘金》《万厦居业》《深业物业》《国贸之窗》《长城物业》《联合物业》《佳兆业物业》《中航物业》《深物通讯》《城建物业》《鹏基物业》《承越》(之平管理创办)、《航天物业》《天利物业》《信托物业资讯》《特科物业》《臻》(保利物业创办)、《特发物业》《龙城报》《华佳宏物业》《卓越物业》《开元国际》《振业物业》《万科VOICE》《中海物业报》等。部分内刊曾获得"广东省优秀企业期刊""深圳市十优企业期刊""深圳优秀内刊传媒奖"等称号。近年来，随着智能手机的普及，许多企业也纷纷取消纸质刊物，开始探索电子版刊物及企业公众号等新的传播宣传方式。

2.期刊、连续公开出版物

《住宅与房地产·物业管理》(上旬刊)

2021年，《住宅与房地产》物业管理版编辑部，在纸媒受到新媒体冲击及媒体改革的种种不利因素冲击之下，依然一如既往，坚持人文理念，坚持职业操守、专业精神，继续发挥物业管理行业专业媒体的优势，站在行业前沿，对物业管理行业的发展趋势、物业管理的本质、物业管理法制建设、物业服务企业的转型升级、社区经济、居家养老、绿色物业、智慧物业、社区治理等问题进行了深入探讨，并刊发了大量的全国各地汇聚的物业管理行业、企业和业主委员会的先进经验与做法，为深圳物业管理品牌的传播、行业及企业的交流借鉴作出了贡献。

2021年，是我国内地物业管理行业改革开放发展40年。作为我国内地物业管理第一刊，编辑部进行了精心策划，隆重地报道了全国物业管理行业40年发展取得的辉煌成就。该系列专题包括《激荡40年•岁月留影》《激荡40年•成长与洞见》《激荡40年•跟党一起创业》《从"道路与梦想"到"回归与超越"——物业管理40年回眸与跋望》。这一年，编辑部还根据物业管理行业的热点策划了《"物业第一股"核心资产被收购之解读》《极端天气下的物业攻略》等专题，为广大读者奉上了丰盛的专业大餐。

《住宅与房地产》编辑部坚守着行业舆论阵地的情怀与决心，同时，希望通过全国性的幸福社区范例评选活动与演讲活动，重点打造"中国幸福社区第一传媒"媒体品牌（表5-3-1）。

2021年《住宅与房地产》物业管理版刊发的部分论文及主要内容　　表5-3-1

文章标题	作者	主要内容
社区正在成为无限游戏区，物业公司该如何应对？	郭金龙	一、社区的参与者越来越多 1.新物业呼之欲出 2.社区成为新商业中心 二、社区里的业务线越来越多 1.传统型业务线 2.创新型业务线 三、社区经营越来越多的玩法 1.破界带来的新玩法 2.改变规划的新玩法 四、物业公司该如何应对？ 1.首先变成一个无限游戏思维者 2.经营上逐步走向无边界经营
没有文化，就没有持久竞争力——向毛泽东学企业文化建设（一）	王兆春	一、企业文化的核心要素 二、重塑人格的气候环境 三、关键时刻的定海神针
擘画"十四五"：解析规划纲要中的物业管理	王帅	一、高品质多样化升级物业管理 二、严格监管促进物业管理健康发展 三、促进物业管理在市域社会治理现代化中创新发展 四、进一步推动物业管理融入社区治理 五、加快智慧物业管理服务能力建设 六、充分共享房地产发展红利 七、坚持"房住不炒"代表了房屋回归其居住属性和民生属性
为什么说，物业公司的规模不等于盈利能力？	郭金龙	一、规模盈利的两个基本条件 1.五种盈利模式的简述 2.规模盈利模式成功实施的两个基本条件 二、物业行业实施盈利模式的三个误区 误区一：商业模式不等于盈利模式 误区二：社区经营独属于物业公司 误区三：业主等于用户

文章标题	作者	主要内容
浅析物业服务企业融入市域社会治理的方式与路径（一）	徐成	一、问题的提出 二、城市生活的"小区化"：物业参与小区治理的客观需求 （一）城市生活已经进入了"小区化"时代 （二）"小区化"城市生活客观上要求以小区治理为基础 （三）"美丽家园"建设既是民生工作也是小区治理行动 （四）物业服务已天然地融入小区治理体系之中 三、当前城市物业管理行业发展的现实困境 （一）政府部门对小区物业服务的认知错位问题 （二）居民对所属小区物业服务企业满意度仍然不高 （三）行业发展还未能真正实现良性循环
物业公司如何在香港上市？	陈波伊	一、架构 二、上市工作计划 三、上市准备 四、审批需要注意的事宜 五、在香港上市的其他要求 六、FINI 七、IPO结算周期偏长造成三大问题
推动物业归位实现四联四治——成都市"物业+社工"助力小区治理实践	张海波	一、背景情况 二、问题根源 三、破题方向 （一）党建引领，联动四方力量 （二）物业购买，引入专业力量 （三）明晰责任，厘清各主权责 （四）陪伴参与，推动业主自治 （五）共同经历，加强多方互信 （六）物业赋能，聚合治理力量
从冲突走向善治——信托制物业服务的运行逻辑及其实践	舒可心	一、我国物业服务中最普遍适用的"包干制"的制度问题 二、我国物业服务中另外一种"酬金制"的制度问题 三、成都市政府于2020年开始推行的"信托制"模式 四、"信托制"各方是互惠利他共同体 五、"信托制"所适用的住宅小区 六、制度优势产生治理效能
深圳物业专项维修资金使用问题研究	李纯	一、深圳物业专项维修资金使用现状概况 二、存在问题及主要原因分析 （一）业主法定决策门槛高 （二）业主大会召开难度大 （三）维修资金使用范围有待进一步明确 （四）维修资金使用安全问题 （五）应急使用需进一步完善 （六）备用金制度被滥用的问题 （七）部分小区维修资金紧缺

文章标题	作者	主要内容
		三、解决问题的对策和建议
		（一）培育业主组织，提高业主委员会成立率
		（二）创新业主大会表决规则
		（三）推广电子投票方式召开业主大会
		（四）优化维修资金使用审批程序
		（五）创新建立老旧小区应急维修引导式财政补贴制度
		（六）建立维修资金使用负面清单
		（七）推进维修资金信息全面公开
		（八）加大力度开展维修资金宣传工作
		（九）建立完善业主大会自行管理维修资金制度
业主自治促和谐 共建共治结硕果	刘爱平	一、与城管、住房和建设部门协同治理，加强小区环境的整治 二、与民政部门协同治理，强化业主自治和创新社会治理 三、与公安部门协同治理，加强对公共秩序的管理 四、与公安消防部门协同治理，加强小区的安全防火工作 五、与文广部门协同治理，加强社区的公共文化建设 六、与人口和计生部门协同治理，加强人口和计生服务工作 七、与工商和消协部门协同治理，切实维护业主的合法权益 八、与体育部门协同治理，加强小区的全民健身活动 九、与老干部部门协同治理，为社区离退休老干部提供"四就近"服务 十、与供电部门协同治理，积极做好供电保障工作 十一、与金融部门党建共建，加强小区的党组织建设
建立物业纠纷的多元化 解决途径	李焰红	一、物业纠纷产生的主要原因 1.房屋质量存在问题 2.物业服务存在瑕疵 3.业主与业主委员会主张权利 4.部分业主恶意拖欠物业费 二、法院受理的物业服务纠纷案件的基本情况 三、法院受理的物业服务纠纷案件的特点 1.被诉业主人数多呈群体性 2.业主对物业不满呈对立性 3.解决纠纷途径单一呈集中性 4.案件的调撤率呈下降趋势 5.同一案件重复起诉增多 四、建立物业纠纷的多元化解决途径 1.多管齐下调处物业纠纷 2.化解矛盾行政职能前置 3.规范物业管理，理顺市场秩序 4.设立法院受理物业服务纠纷案件的前置条件
关于住宅专项维修资金 属性及管理模式的分析	刘立华	一、现行法律法规对住宅专项维修资金属性和管理的规定 二、实际使用中的费用分摊 三、住宅专项维修资金并非属于业主共有 四、住宅专项维修资金是业主共同设立的信托资金 五、住宅专项维修资金管理模式的发展前景

文章标题	作者	主要内容
浅谈深圳业主共有资金制度	李纯	一、业主共有资金制度的立法背景 二、业主共有资金制度主要内容分析 （一）业主共有资金的范围 （二）业主共有资金的使用 （三）业主共有资金的管理模式 （四）业主共有资金的监督管理 （五）建立业主共有资金公示制度 （六）建立业主共有资金核查审计制度 三、业主共有资金制度的机遇和挑战 （一）关于共有物业的权属界定 （二）关于业主组织的成立和运作 （三）关于物业服务的规范和发展
《民法典》后视野：物业管理资金的业主共有性质与物业管理模式的制度探源	陈幽泓	一、物业管理：概念、模式、特征辨析 （一）物业管理概念探源 （二）物业管理模式概念探源 （三）物业管理模式：类型特征与实质特征 二、业主共有资金：定义、性质与费用的财务安排 （一）"业主共有资金"概念的《民法典》探源 （二）"业主共有资金"术语的地方法规：制度、来源、使用 三、物业管理资金的业主共有性质与物业管理模式的发展与变迁 （一）物业管理模式：物业服务企业主导模式与业主主导模式 （二）业主主导的物业管理模式的制度优势 （三）业主主导的物业管理模式类型的利弊分析 （四）混合制："固定酬金制＋经理负责制＋三项承包制"的特点
电梯"保险＋服务"新监管模式，破解住宅小区电梯维保的尴尬困境	严向红	一、宁波模式，破解电梯维保的困境 二、电梯"保险＋服务"包含的具体内容 三、保险公司如何有效监督维保实施 四、取得的实际成效 五、电梯保险的好处 六、宁波模式经验总结 七、电梯保险推广中遇到的困难和反思
社会治理背景下如何做好业主自治管理	鲁捷 祁宏冶	一、深刻理解社会治理内涵精髓，引导业主树立小区命运共同体意识 二、共建是住宅小区社会治理的基础，做好业主自治组织建设是根本 三、共治是住宅小区社会治理的手段，推进小区民主协商机制是关键
物业设备设施管理中的危险源识别与管控措施	卞守国	一、变压器作业场景 二、发电机作业场景 三、低压配电柜作业场景 四、设备控制柜作业场景 五、一般性用电作业场景 六、电梯作业场景 七、扶梯作业场景 八、高处作业场景 九、机械作业场景 十、消防运维场景 十一、综合环境管理场景

续表

文章标题	作者	主要内容
浅谈社区自治过程中的内部矛盾与应对	李萍	一、坚定信念践行社区自治的决心最重要 （一）加强对业委会班子成员的思想统一是首先要做到的 （二）加强对业委会下设的物管团队的宣导工作是重要的 二、坚持共有共管公平公开的原则是根本 （一）业委会班子议事有法有章可依 （二）执行落实中的工作在物管处团队内部公开 三、学会用统战理念攻破内部纷争组织是必然 （一）社区三位一体的组织优势 （二）社区自治组织的营造优势 （三）依靠党委和政府的组织力量
社区增值服务经营的七大新变化	郭金龙	一、由供给主导型向需求主导型转变 二、由重价格到价格质量并重的方向转变 三、由无差别、标准化提供向标准化与个性化并重转变 四、由相对单一经营主体向多元化经营主体转变 五、由重视物质、显性化服务向重视体验、隐性化服务的转变 六、由重产出、重管控向重用户、重参与的方向转变 七、社区增值服务正从供给交易型走向社区生活共同体营造的共创型
关于做实业主代表大会的几点思考	曹军华	一、要确定业主代表大会的定义 二、要合理划分业主小组 三、要明确业主代表资格 四、要制定业主代表推选办法 五、要明确业主代表的职责 六、要依法依规确立业主代表的代表权 七、要明晰业主代表的投票权数 八、要明确业主推选业主代表的投票权数
从物业管理角度看城市洪涝灾害应对措施——以河南新田物业在管项目为例	苏孝芩 张亦刚	一、城市洪涝灾害形成的原因分析 （一）全球升温，加剧气候异常，暴雨气候增多 （二）原有的城市规划防洪标准难以应对特大暴雨等极端天气 （三）城市下垫面条件发生改变 （四）与水争道的情况增加了泄洪排水难度 二、物业管理企业应对洪涝灾害的相关措施 三、从物业管理角度对风险防范的思考
浅谈物业公司如何应对极端天气——河南邦友邦物业防汛抗灾的实践与思考	李化宇	一、暴雨来袭筑守防汛 二、众志成城共战汛情 三、郑州7·20暴雨灾后思考 （一）防汛演练的重要性 （二）灾难程度的预判性 （三）物业项目经理的应急处置能力 （四）物业项目防汛重点部位要清晰 （五）调动业主积极参与的能力 （六）安全作业意识

文章标题	作者	主要内容
从南京禄口机场疫情看物业管理中服务外包的利弊及对策	严向红	一、新闻背景 二、什么是外包 三、物业公司业务外包的利 四、物业服务外包的弊 五、案例回顾 六、对策 （一）细化物业合同，量化服务内容，明确服务标准细则 （二）监管责任不能因外包而卸责，外包只是工作内容外包，管理者的责任不能因外包而推卸 （三）从监督服务结果到监督服务过程 （四）不但有服务品质要求细则，还要有考核细则
未来社区建设与治理中的十大关系	郭金龙 汪校正	一、治理与服务 二、现时与未来 三、自治与公治 四、习俗与文明 五、利益与公益 六、个求与共求 七、方便与规范 八、本土与外来 九、人情与法治 十、信任与信用
政府部门如何加强对物业招投标的监管	赵艳华 蔡城英	一、前期物业服务企业选聘的招投标监管 （一）深圳市范围内，政府部门对于建设单位不采用招标方式选聘物业服务企业是否有监管职责 （二）必须招标区域的监管问题分析 （三）行政机关对于前期物业招标应当进行何种程度的监管 二、业主大会选聘物业服务企业的招投标监管 （一）如何指导业主委员会合理设定业主大会议题 （二）如何指导业主委员会定标 三、在物业招投标过程中，政府部门如何处理投诉
社会组织参与城市物业管理冲突治理的类型、困境和差异化发展路径——基于资源基础理论的分析	黄蕾	一、参与物业管理冲突治理的社会组织：类型、演进与资源 （一）草根精英创设类社会组织 （二）政府扶持发展类社会组织 （三）行业协会转型类社会组织 二、不同类型社会组织参与物业管理冲突治理的困境 （一）社会组织参与物业管理冲突治理的共同困境 （二）不同社会组织参与物业管理冲突治理的差异化困境 三、社会组织参与物业管理冲突治理的关系重构与差异化发展路径 （一）重构社会组织与政府在物业管理冲突治理中的嵌入关系 （二）以混合组织的方式推进社会组织的造血功能 （三）不同社会组织在社区物业管理冲突治理体系中的重新定位和发展路径

续表

文章标题	作者	主要内容
"蓝海"?"痛点"?——物业养老由1.0向2.0时代的嬗变	赵向标	一、"物业服务+养老服务"模式创新，开启物业养老2.0时代 核心观点：物业养老，经历了一个从企业自发到政府支持指导下的自觉的过程。2019年4月，国务院定调探索"物业服务+养老服务"模式，支持物业服务企业开展养老服务！标志着"物业服务+养老服务"这个模式受到了政府支持，也标志着正式"官宣"开启了物业养老的2.0时代！ 二、政策聚焦、多业态发力、智慧运营，物业养老2.0优势凸显 核心观点：物业行业布局养老，是一个渐进的过程。当下，我国物管企业正处于价值重现的重要转型期，企业如果能在养老服务中扮演好自己的角色，尽快完成养老布局由1.0向2.0时代的嬗变，必将在社区养老领域发挥巨大作用。 三、前瞻："物业服务+养老服务"可遥望的蓝海市场有待挖掘 核心观点：发展"物业服务+养老服务"，物业企业具备多端切入的优势，有开展并做大养老服务的潜力。"物业+养老"模式作为居家养老的重要组成部分，将是物业服务企业拓展多元化经营的重大机遇。对多数物业企业来说，布局养老产业，无疑是一片可遥望的蓝海！ 四、困惑："物业+养老"大行其道，尚有瓶颈待突破 核心观点：养老事业是一项风险事业，"物业服务+养老服务"的发展中存在着不少亟待解决的难题和问题。如何保持服务品质的稳定、怎样做好服务风险的管控、如何引导老年人消费、政府如何给予政策资金的扶持等，这些都需要深入研究并在实践中予以探索，物管公司介入养老需慎重
中小物业服务企业规模扩张的致胜思维	范芸	一、中小物业企业如何定位，何时定位 (一)定位是在测试中筛选和优化出来的 (二)定位是需要动态调整的 二、天上不会掉馅饼，拓展要全力以赴 三、中小物业服务企业的拓展机会及实施方法 首先，头部企业的漏洞和混乱就是中小企业的机会点 其次，二次选聘物业服务企业也是中小企业的机会 再次，要有概率思维，坚持不懈去努力
"双碳"目标下，绿色物业管理发展驶入加速车道	赵林夫	一、绿色物业管理是建筑运行阶段降碳的必然选择 二、绿色物业管理是绿色文明的综合体系 三、推进绿色物业管理发展的建议 (一)建立健全绿色运营管理的制度体系 (二)建立绿色运营管理的组织架构和团队 (三)构建物业节能降碳的技术体系 (四)构建绿色运营管理的标准及评价体系
数字化给物业管理带来的变革和思考	夏勇	一、当前数字化的背景 二、数字化的运用 (一)组织的数字化 (二)个人效率的数字化 (三)数字化提升管理效率 (四)数字化更好地提升客户体验 (五)数字化给员工赋能 三、数字化运营的思考

文章标题	作者	主要内容
关于老旧小区实施物业管理的思考	李聪	一、老旧小区实施物业管理存在的问题 （一）点多面广，不成规模，管理范围大 （二）矛盾突出，观念陈旧，管理难度大 （三）设施破损，配套缺失，管理成本高 （四）管理受限，资源分散，造血能力差 二、老旧小区实施物业管理的主要模式 （一）社会资本参与改造和承接物业服务全流程模式 （二）物业服务企业就近承接老旧小区物业服务模式 （三）居民自治自管物业服务模式 三、老旧小区实施物业管理政策建议 （一）修订出台地方性法规，破解老旧小区业委会成立难题 （二）提高现有投入到老旧小区财政资金的使用效率 （三）加大对进驻老旧小区物业管理企业的奖补力度
厘清居民站位推动小区自治——陪伴参与式社区治理模式助力小区治理	张海波	一、定义陪伴参与式社区治理 二、陪伴参与式社区治理的要素 （一）陪伴参与式社区治理是一个夯实党建工作的过程 （二）陪伴参与式社区治理需要覆盖的是多元属性的主体 （三）陪伴参与式社区治理是一种治理手段 （四）陪伴参与式社区治理需要能盘活社会资本 （五）陪伴参与式社区治理需要推动主体转变 （六）陪伴参与式社区治理需要构建社区参与机制 （七）陪伴参与式社区治理需要完成社群孵化 三、陪伴参与式社区治理的路径 （一）单点切入 （二）横向拓展 （三）场景营造 （四）时间沉淀 四、陪伴参与式社区治理的项目体系 第一步：参与式公共空间营造 第二步：为老服务 第三步：邻近志愿者队 第四步：阳光下午茶 第五步：社区社会组织培育
"物业第一股"出售资产带来的启示	谭永涛	一、依托地产的物业 二、无地产可依托的物业 三、规模与效益 四、工业化、信息化、数字化 五、对待客户的出发点
知常明变 逐"痛"向新——物业管理行业的商业模式与良性发展之路	谢水清	一、知常：理清行业的本质 二、逐"痛"：抓准行业的痛点 三、明变：明晰发展的变量 四、向新：找到发展的道路 （一）坚守初心，巩固信任 （二）优化运营，提升规模 （三）技术驱动，资本助力 （四）能力升级，体现价值

续表

文章标题	作者	主要内容
优势凸显内容　精准路径多元——"医院物业+养老服务"实证调研分析	张林华　赵向标	一、医院物业介入养老服务具有诸多凸显的行业优势 （一）鲜明行业优势 （二）专业护理优势 （三）行业互补优势 （四）资源整合优势 二、供需结合视角下医院物业介入养老服务的适宜内容选择 （一）日常生活照料类养老服务 （二）康复护理类养老服务 （三）医疗保健类养老服务 （四）个性化养老服务 三、积极探讨医院物业介入养老服务的多种模式与路径 （一）独立经营方式 （二）协同社区养老机构开展养老照护模式 （三）协同社会养老机构开展养老服务模式 （四）协助医养结合养老机构开展养老服务模式
如何发挥业主委员会在业主共有资金管理中的作用	施法振	一、要给业主委员会管理业主共有资金创造一个良好的外部环境 二、对业主委员会应当给予适当的专业培训和专业支持 三、制定业主委员会管理业主共有资金的专业规范，使业委会工作依法有序、公开透明 四、制定相关政策以明晰住宅小区公共场地的管理权利 五、加强业主委员会组织建设，发挥业委员会在业主共有资金管理中的主体作用
从"道路与梦想"到"回归与超越"——物业管理40年回眸与跋望	张红喜	一、物业管理的"道路与梦想" 二、物业管理发展中的"千禧虫危机" 三、物业管理晚近10年的"解构与重构" 四、物业管理的"回归与超越"
业委会与物业，监督中的合作共赢	张俊杰	一、合作是发挥业委会监督作用的前提 二、要做到有效监督，必须统一思想，打造一支有战斗力的监督队伍 （一）建立一个有战斗力的业委会领导机构 （二）要因势利导，充分调动发挥业主骨干在监督中的作用 （三）要利用好现代化信息平台，提高监督的时效性 三、要充分发挥居委会的作用

《深圳物业管理年鉴》

《深圳物业管理年鉴》（以下简称《年鉴》）是在住房和城乡建设部住宅与房地产业司指导下，由深圳市住房和建设局主持编辑出版的大型连续出版物，是全国最早编撰的物业管理年鉴，自1999年起已连续出版了1999、2003、2004、2005、2006、2007、2008、2009、2010、2011、2012、2019、2021共13期。它汇集了截至2020年12月31日的有关深圳物业管理行业发展的大量数据资料，全景式地展示了深圳物业管理行业的发展情况。

《年鉴》是一部较全面系统记录深圳物业管理行业当年发展状况的行业编年史册，也是供政府相关部门、企业及其他人士了解和研究深圳物业管理发展的一本大型工具书。《年鉴》在完善深圳物业管理行业信息统计、收集分析行业发展态势、促进行业理论研究及为政府提供决策参考等方面起到了良好的作用，受到了物业管理主管部门及业界的极大关注、支持，已成为记录深圳物业管理发展的权威史书。同时，《年鉴》在宣传和推广深圳市物业管理整体形象及构建和谐深圳、效益深圳等方面也起到了良好的作用。

《深圳物业管理年鉴2022》除按以往体例进行编撰外，还做了几大调整：重点强调了深圳物业管理信息化建设在行业管理方面产生的重大积极影响；重点展示了深圳物业管理信息平台的数据资料；强调了党建引领（红色物业）与法制建设、标准建设的重要作用；增加了深圳市物业管理服务促进中心的职能与工作介绍；独立设置了"业主自治"一章。

3.行业协会会刊——《深圳物业管理》

深圳市物业管理行业协会2021年共出版《深圳物业管理》会刊12期，编发稿件近600篇，累计向企业发送3万余册。此外，协会网站全年发稿量1200余篇，浏览量63万；微信发稿量1400余篇，浏览量94.1万，为会员企业搭建资讯共享平台，分享行业先进经验。

2021年，《深圳物业管理》紧紧围绕行业重点热点，先后以业主满意度评价、物业专项整治、安全生产、为民办实事、脱贫攻坚、社区治理、行业党建、行业并购、40年行思等主题策划专题，得到了广大物业企业的积极参与。协会还通过策划对话栏目，分享企业在红色物业、老旧小区管理、物业城市、安全生产等方面的经验，促进行业交流提升。

2021年下半年，《深圳物业管理》编辑部在会员企业中发起的"我为业主办实事"优秀案例征集活动引发媒体关注。协会编辑部从征集到的100多件实事案例中挑选出40件实事案例，在深物协微信公众号发起投票，吸引了约7万人次市民参与投票。

为激发会员企业在宣传工作方面的参与度，营造良好的舆论氛围，协会还通过开展《深圳物业管理》采编交流会，优秀通讯员、优秀作者评选，对63名在宣传工作中表现突出的从业人员进行表彰。

在深圳市出版业协会发布的2021年深圳内刊界"深圳优秀内刊传媒奖"评选结果中，《深圳物业管理》会刊获"优秀城市内刊奖"，曹阳会长撰写的《好体验才能锻造好品牌》获"卷首语"二等奖，吕维副会长兼秘书长撰写的《30年只做一件事》获"好标题"二等奖。这也是《深圳物业管理》连续11年荣获深圳内刊界"优秀城市内刊奖"殊荣。

4.部分企业内刊

内刊作为一个企业的窗口和企业文化的塑造者，作为员工和企业之间的桥梁和纽带，在公司内部建设、扩大市场影响力和企业品牌宣传中发挥着重要的作用。

《掘金》

《掘金》作为金地智慧服务集团"金物解码"重要成果之一，属于公司级企业文化内刊，旨在探究并还原金地智慧服务发展历程中的重要价值积淀。以"传递战略发展、凝聚文化共识"为办刊宗旨，创刊于2016年，为双月刊，最初以报刊形式在内部发行，后改版为电子杂志。《掘金》的"金"指金地智慧服务集团及金地人，"掘"即挖掘，代表《掘金》的创刊目的是挖掘有代表性的金地人、金地事。2021年，《掘金》共策划并发布6期刊物，分别以"精益谋远""有你才是好公司""大场景大管家""走正道无旁骛不着急"及"金牌锻造"为主题发布5期双月刊，以"谋定而后动"为主题发布年终特刊。全年借助不同主题拆解公司战略，向全体员工传递公司重要思想及导向，内容涵盖CEO的金玉良言、中台奋斗故事、战略智库分享、组织发展纪实、红色物业等。在坚守"心诚敢想"核心价值观的基础上，金地智慧服务以《掘金》为重要平台，充分拉通对齐前、中、后三台资讯，达到统一共识、明确方向、共筑文化的目的，同时，通过持续塑造信任文化，推动公司整体战斗力升维。《掘金》积极报道及提炼金地智慧服务文化内涵及发展历程，增强公司文化融合，营造良好的企业文化氛围，有效地推进企业文化建设，全面提升企业竞争力。2021年，《掘金》总阅读量接近30万次，平均满意度超过98分，在公司内部得到了广泛认可。

《莲花物业》

《莲花物业》由深圳市莲花物业管理有限公司主办，创刊于1998年，是一份理论性与实践性兼备的刊物。以宣传企业文化、树立企业形象、提升物业管理服务水平、促进行业发展为办刊宗旨，积极促进行业内外交流，成为莲花物业企业文化宣导窗口。

《莲花物业》自办刊以来，开设了卷首语、特稿专题、总部视野、职场论坛、资讯速览、流光掠影等栏目，除了积极宣传物业管理法规、跟踪行业动态，对行业发展现状和方向进行深入研讨外，还坚持办员工、业主喜爱的刊物，刊登员工、用户的文章，反映员工心声，展示员工风采，反馈用户意见，时刻关注用户的服务需求，促进管理者与服务对象的交流和互动。

2021年在刊物的排版设计和栏目设置上做了调整和完善，不但注重突出清新、简约、沉稳、大气的风格，紧密结合当今互联网科技元素，而且内容不局限于本行业，尽可能地包罗万象，阅读面和受众面广泛，突出文艺与时尚相结合，形成独自特有的品位和文化韵味。《莲花物业》已逐渐成为业界内一道亮丽的风景线，受到广泛的赞誉和好评，2006—2021年度连续16年被评为"深圳市十优企业期刊"，2015—2016连续被评为"中国品牌内刊好杂志奖""全国优秀企业期刊"和"广东省优秀企业期刊"，2018—2020年连续被评为"中国物业管理行业媒体影响力测评TOP50"。《莲花物业》将不断创新和完善自我，致力做出物业管理行业内最好的期刊精品。

《绿清人》

《绿清人》由绿清控股深圳有限公司主办，创刊于2021年，是一份企业内部宣传刊物，每季度出版发行一期，以宣传企业文化、树立企业形象为办刊宗旨，积极促进行业内外交流，成为绿清控股企业文化宣导窗口。

《绿清人》自办刊以来，开设了卷首语、经营之道、企业资讯、赋能建设、抗疫专栏、观点、文苑、风采等栏目，除了积极宣传物业行业动态外，还坚持向员工约稿，反映员工心声、展示员工风采，促进管理者与服务对象的交流和互动。

2021年，在编辑部和投稿人的共同努力下，出色完成了当年四期《绿清人》编辑任务，并且内容更为丰满，每一段文字都有态度。这里既有出彩的品牌介绍、创新的行业观点、深邃的管理思考，也有优秀的运营团队、多彩的文化活动、特别的心得感悟。

2021年，《绿清人》重点开设了《赋能建设》栏目。2021年是绿清"三五规划"的关键之年，在公司领导的率领下，绿清坚持集约化管理原则，以能力建设为抓手，以实施"合作共享计划"为契机，着力打造以"十大赋能"为关键的核心竞争力，对企业的快速、持久、健康发展具有特殊意义。全年有20余同事根据自身工作实际，进行创作投稿，使得《赋能建设》栏目成为《绿清人》的一个重要版面。

2021年，《绿清人》还开设了《抗疫纪实》专题栏目，该栏目全年累计收到了28位同事的投稿，展示团队风采，传播绿清精神。面对肆虐的疫情，绿清人义无反顾、挺身而出，以各种形式支持、支援抗疫一线，涌现出了一大批先进抗疫志愿者、先进抗疫集体，以实际行动践行了"服务伙伴、绽放自己"的绿清精神。

第四节　物业管理行业抗疫行动

1.概述

2021年，深圳疫情多点散发，面对一次又一次突如其来的新冠肺炎疫情，深圳市物业管理行业主管部门与协会组织，一方面以党建为引领，积极引导广大会员企业科学防控，全力以赴地投入疫情防控阻击战中，守住各物业小区的安全防线；另一方面，通过宣传平台和《南方日报》《深圳特区报》等社会主流媒体，宣传深圳物业企业抗疫正能量。深圳市物业管理行业协会在南方日报南方+推出的三期《点赞，以党建为引领，深圳物业行业奋战在防疫线上》，宣传物业企业抗疫优秀经验，弘扬深圳物业行业正能量，得到了30万人次的关注量。在2021年的整个疫情防控中，广大物业企业表现得沉稳、有序，为深圳市疫情防控工作作出了突出贡献。

2.深圳市住房和建设局开展的抗疫行动

深圳市住房和建设局为抓好疫情防控，2021年发布了《深圳市住房和建设局关于配合做好物业管理区域新冠肺炎疫情精准防控工作的通知》(见附件)和《深圳市住房和建设局关于加强中秋国庆假日期间物业管理行业疫情防控安全管理工作的通知》，科学引导疫情防控工作。

附件：深圳市住房和建设局关于配合做好物业管理区域新冠肺炎疫情精准防控工作的通知

各区(新区)住房建设局、深汕特别合作区住房建设和水务局，市物业管理行业协会，各物业服务企业：

当前，全球新冠肺炎疫情持续蔓延，新冠病毒出现新的变异，国内多地相继发现本土确诊病例，我市也出现了境外输入关联无症状感染者。近期，市委、市政府对如何开展疫情精准防控进行部署，期间，我市各物业服务企业积极配合街道、社区等相关部门开展了物业管理区域的防控工作，在为城市末梢的疫情防控工作作出贡献的同时，体现出了各企业高度的社会责任心和使命感。但是，经市、区住房和建设部门巡查抽查及据个别市民反映，部分物业管理区域的新冠肺炎疫情防控工作存在着走过场、不注重效果等问题。为了扎实开展疫情防控工作，严防疫情传播，现按《深圳市新冠肺炎疫情防控指挥部办公室疫情防控组关于更加精准做好近期疫情防控工作的通知》等文件的要求，将有关事项通知如下：

一、严格做好物业管理区域的围合管理及出入值守

各物业服务企业要按照市防控办社区小区组印发的《关于加强疫情应急处置期间社区小区围合管理的指引》，严格实行物业管理区域的围合式管理，合理设置出入口；出入口坚持24小时值守和"一问二测三查验四安置"的工作步骤并提醒出入人员戴口罩；做好外来人员和车辆登记工作；对于体温超过警戒温度的，提醒其尽快到医院发热门诊就医。

二、加强环境清洁、卫生消杀工作

各物业服务企业应加强物业管理区域环境清洁消杀工作：做好物业管理区域内共有部位的卫生清洁，如楼栋大堂、走廊、地下停车场、楼梯间等；加强垃圾收运点、环卫工具房、公厕、建筑死角等区域消杀工作，避免蚊虫等"四害"的滋生；做好人员密集场所和厢式电梯等封闭空间的清洁消毒工作；如遇紧急情况，配合疫情防控部门开展区域内的专业消杀。

三、强化从业人员防护工作

各物业服务企业要克服麻痹思想、厌战情绪、侥幸心理，一如既往地开展从业人员的卫生健康和疫情防控常识教育；继续要求工作人员加强个人防护工作，在清洁作业过程中注意卫生，戴好防护口罩，作业后勤洗手、勤消毒；继续加强员工宿舍、办公场所管理，室内场所保持通风，并定期对环境进行清洁消毒；减少企业内的各类人员聚集活动，继续推行云开会、云交流；提醒员工实时关注我市关于人员流动管控措施，遵守离深、返深最新规定并准确出示核酸检测结果和个人行程。

四、全力配合做好联防联控

各物业服务企业按照市、区卫生健康部门要求，配合街道、社区落实各类防控措施，包括物业管理区域情况排查、住户核酸检测和疫苗注射时的组织协调、秩序维护等；配合相关部门持续开展公众宣传教育力度，利用物业管理区域内电子屏、公告栏、微信群等多种途径开展防疫宣传，共同营造防疫抗疫齐参与的良好氛围。疫情防控的相关主题宣传画、宣传短片可以登录"广东文明网"首页"广东省公益作品广告库"下载。

五、加强沟通联系及巡查督促

物业服务企业在物业管理区域，特别是住宅小区发生疫情防控紧急情况时，在向街道、社区报告的同时，应及时向区住房建设部门报告；工作过程中如遇困难，可以向市、区住房建设部门反映。各区住房建设部门应按照区防疫指挥机构的统一部署，督促物业服务企业履行防控职责，引导企业参与社区防控，积极参与物业管理区域疫情防控检查、督导工作。

特此通知。

深圳市住房和建设局

2021年6月8日

3. 福田区住房和建设局开展的抗疫行动

指导落实文件工作要求。转发《广东省物业管理区域新冠肺炎疫情常态化防控工作指引》并制发《深圳市住房和建设局关于配合做好物业管理区域新冠肺炎疫情精准防控工作的通知》，指导物业服务企业落实有关文件工作要求，做好疫情应急预案和应对准备。加强疫情防控检查。整理福田区物业项目卡口管理人员培训知识要点，督促各物业服务企业组织卡口工作人员的培训和学习。同时，组织工作人员对辖区住宅小区疫情防控措施落实情况进行抽查，截至11月15日，共出动31人次，累计检查物业项目数量78个，共发现问题项169项，全部问题项已督促现场整改。做好防控宣传。督促物业企业主动配合属地街道、社区和相关职能部门做好疫情排查、登记、信息汇报工作，在社区指导下开展在管项目的新冠疫苗接种宣传，引导广大居民积极接种，协助做好解释和宣传工作。全力动员，充分发动物业从业人员就近前往社康、大型接种点接种疫苗。截至6月底，辖区物业从业人员按照区卫健部门的统筹安排，全部完成接种工作，应接尽接人员100%接种。

4. 罗湖区住房和建设局开展的抗疫行动

加强宣传引导。安排专人跟进防疫工作，关注防疫最新政策，及时转发疫情防控指挥办及相关部门最新部署要求，督导物业企业严格落实疫情防控要求，常态化做好体温测试、出入登记和突发疫情的应急准备工作，做好物业管理区域公共密闭空间防控措施，引导物业企业不举办大规模聚集性活动及会议，引导小区居民坚持科学佩戴口罩，养成勤洗手、少聚集的良好习惯。印发防疫通知。9月24日，物业监管科印发了《关于加快推进物业服务行业疫苗接种工作的通知》，要求各街道办事处要充分发挥属地管理作用和行业监管优势，针对物业服务行业和物业小区疫情防控实际情况，不断完善常态化疫情防控举措，抓紧、抓实、抓细物业服务行业和物业小区各项防控措施。要求物业服务企业落实企业主体责任，认真协助社区做好常态化防疫工作和疫苗接种工作，积极动员小区业主参与疫苗接种，组织企业从业人员有序参与到疫苗接，确保实现"应种尽种"接种目标，守好小区防疫和企业防疫两道关口。压实"属地、企业、个人"三方责任，坚决做好物业服务行业疫情防范工作，确保疫情防控措施落实到位。摸清行业底数。指导各街道办事处集中开展物业服务行业疫苗接种情况摸底排查，对接种第一剂量、第二剂量及未接种人员情况进行详实登记，并每周填报《物业行业新冠病毒疫苗接种工作进展》，特殊情况期间每天反馈。推动第三针接种。根据11月9日区新冠病毒疫苗接种工作会议要求，推动物业服务从业人员在第二针接种满6个月的条件下有序接种第三针。经过11月10日首轮摸排，全区接种第二针满6个月的物业服务从业人员有791名，其中100名已接种第三针，加强针接种率13%。

物业监管科将按照上级关于疫情防控相关部署要求，积极推动和落实物业服务行业人员100%接种，筑牢免疫屏障。

5.盐田区住房和建设局开展的抗疫行动

通过微信群发送，督促物业服务企业做好疫情防控相关简讯，并组织辖区各物业服务企业召开疫情防控部署会议共5场，督促物业服务企业落实疫情防控措施。向辖区142个住宅项目发放防护口罩18600个。"5·21"疫情发生之后，盐田区住房和建设局将物业小区疫情防控检查常态化，每天派出检查组对各街道物业小区开展防疫抽查，全年共出动994人次，检查辖区各物业服务企业2030项次。

6.南山区住房和建设局开展的抗疫行动

开展督导检查，确保防疫要求落实到位。6月1日，下发《关于全面强化小区疫情防控管理的通知》，要求各物业服务企业严格落实各项防疫措施。6月5日至30日，共出动140人次，对283个住宅小区和城中村进行督查检查，并对抽查未落实防疫工作要求的120个项目进行了复查，期间分两次约谈11家复查仍未落实防疫措施的企业，确保各项防疫措施在南山区得到落实。制定应急预案，开展专项检查。根据市、区关于疫情防控的工作部署，按照区领导指示要求，制定了《南山区住房和建设局关于商业楼宇（园区）疫情防控督导检查工作方案》，成立4个督查组，对南山区的8个街道的108个商业楼宇（园区）落实防疫措施的情况进行检查。同时制定《南山区（商业楼宇、园区）物业管理区域疫情防控应急预案（示范文本）》《南山区疫情防控商业楼宇（园区）卡口工作指引》等文件，指导商业楼宇（园区）物业做好疫情防控工作。联合相关单位，建立常态化防控机制。提请区社区小区组印发《关于共同做好我区物业管理项目疫情防控督导检查的通知》，会同各街道办事处、区网格管理中心共同做好南山区物业管理项目疫情防控督导检查工作。

7.宝安区住房和建设局开展的抗疫行动

落实住宅小区疫情防控。一是强化工作部署，印发《关于进一步加强物业小区疫情防控及围合管理的通知》等通知、指引文件9份，召开专题部署会2次，指导动员全区物业小区有序开展防控工作。二是常抓督查不懈，持续开展住宅小区疫情防控督导检查，并在"6·21"全区疫情防控关键期及中秋国庆等重要时段加大督导检查频次力度。共计出动984人次，检查小区715项次，制发通报、简报6份，责令整改小区36个，约谈企业相关负责人9人。三是持续做好宣传，编制住宅小区疫情防控应急预案，联合街道、社区在中洲华府、坪洲新村等小区开展疫情防控应急演练，筑牢疫情防控思想防线。

8.龙岗区住房和建设局开展的抗疫行动

持续做好常态化疫情防控工作。按照国家、省市对疫情防控的总体要求，密切配合疫情防控主管部门工作，督促物业服务企业严格做好疫情防控工作。一是严格做好物业服务区域疫情防控措施，做好防控宣传引导、人员出入管控、日常垃圾消毒管理、重点人群信息排查和健康监测等工作，推动防疫措施落实到户、落实到人；二是严格做好物业从业人员疫苗接种和核酸检测工作。龙岗区12000余名物业从业人员已100%完成疫苗接种任务；三是成立11个专项督查组，对商品房住宅小区落实疫情防控措施开展抽查工作，督促物业服务企业严格落实疫情防控相关要求，全年累计检查物业小区150余个，出动330余人次。

9.龙华区住房和建设局开展的抗疫行动

坚持做好疫情常态化防控工作。印发了《深圳市龙华区住房和建设局关于全面加强小区疫情防控的紧急通知》《深圳市龙华区住房和建设局关于配合做好物业管理区域新冠肺炎疫情精准防控工作的通知》《深圳市龙华区住房和建设局关于督促住宅小区、商业楼宇落实一视同仁无差别服务管理若干措施的函》等系列疫情防控文件，同时出动1333人次前往590个（次）小区开展疫情防控指导工作，共发动物业服务企业2636人接种疫苗。

10.坪山区住房和建设局开展的抗疫行动

一是针对纳管的物业小区定期进行全覆盖检查，对物业小区门岗是否落实测温、扫码、登记、督促居民佩戴口罩，以及防疫物资储备方式和地点是否安全等方面进行督查督办。检查过程中发现问题的，要求物业企业限期整改并返回整改报告，形成闭环；二是及时在物业监管工作群转发疫情防控相关工作要求、疫情防控宣传电子资料，并下发《坪山区住房和建设局关于加强岁末年初物业管理区域安全防范及爱国卫生工作的通知》等文件，督促物业服务企业落实疫情防控工作，抓早抓小，持续加强疫情防控宣传力度；三是组织专家于召开多场物业安全线上视频会议，强调疫情防控相关工作，要求物业服务企业结合季节特点做好疫情防控、消毒卫生等工作。共发动物业服务企业1457人接种疫苗。

11.光明区住房和建设局开展的抗疫行动

光明区共有95个住宅小区，其中商品房小区42个、小产权房小区53个，相关物业服务企业62家。按照市、区疫情防控要求部署，光明区住房和建设局负责统筹协调物业小区疫情防控工作，对各街道、物业服务企业落实情况进行监督指导；各街道对辖区物业小区及企业开展全覆盖督查，并按时报送督查情况。为做好疫情防控指导工作，通过微信工作群发布疫情防控相关通知176次，要求物业企业每日实时报送中高风险返（来）深人次、卡口值守工作图片，并及时解答处理物业企业群内反映的问题，加强物业防疫工作督导。

12.大鹏新区住房和建设局开展的抗疫行动

一是加强疫情防控宣传。2021年1月14日，大鹏区局召开了2021年春节前后物业管理区域疫情防控工作宣贯会，传达、学习有关住宅物业管理区域疫情防控的指导文件；春节期间前往各物业小区发放"加强疫情防控尽量留深过年"横幅及《深圳市住房和建设局关于持续做物业管理区域新冠肺炎疫情防控及安全管理工作的通知》等文件；派发防疫宣传海报900余份、疫情防控应知应会手册800本、新冠肺炎疫情防护指导手册1000本，督促物业服务企业做好小区防疫工作。二是鼓励物业行业从业人员接种新冠疫苗。通过动员会进行疫苗接种宣贯，引导企业员工积极接种，做到"应接尽接"。同时，在新区物业公司微信群积极转发新冠疫苗接种知识，建立从业人员对疫苗接种的正确认识，消除顾虑。目前，新区物业行业共计从业人员749人，已完成接种人数713人，另有36人因身体、年龄等原因未接种。三是督促各物业服务企业开展疫情联防联控工作。针对国内疫情防控形势，动态调整疫情防控要求与检查频次。2021年度，累计出动防疫检查人员562人次，检查物业项目267项次，对新区各物业住宅小区均进行排查。同时，要求各物业服务企业加强疫情防控培训，在出入口醒目位置粘贴防疫知识海报，对进入小区人员做好体温检测、扫码、登记工作，值守人员做好个人防护，企业配备适量防护物资。

13.深汕特别合作区住房建设和水务局开展的抗疫行动

督促物业服务企业做好疫情防控工作，严格落实小区居民出入戴口罩、扫码测温工作，做好居民出入管理、异常登记工作，做好物业管理重点区域的清洁消毒工作，加强物业从业人员白名单管理，严控外来人员输入管理工作，从源头上杜绝深圳合作区疫情传播。

14.宝安区物业管理协会开展的抗疫行动

自新冠肺炎疫情以来，在各级党委和政府的关心指导下，协会面对全区的物业公司和小区居民发布疫情防控倡议书和疫情防控工作通知，及时转发新冠肺炎疫情指挥部的相关工作要求的通知和疫情情况，认真做好疫情防控的宣传工作，指导防控人员提高防疫知识。协会领导班子成员和秘书处工作人员携手全区物业人用付出、努力、坚守，承担起超越职责外的更多社会责任，保障广大业主的生命健康安全，勇于战斗在抗击疫情的第一线。秉承为协会会员服务的初心，第一时间解决物业企业所面临的困难，多次向抗击疫情工作人员开展慰问活动并送上慰问物资和诚挚祝福。还利用各种宣传渠道，一些物业人积极投入社区抗疫工作进行相关报道，全方位展示物业企业的具体防疫举措、工作亮点，真实反映物业行业人员兢兢业业、默默付出的感人情景。

15.龙岗区物业管理协会开展的抗疫行动

为切实做好抗击疫情防控工作，协会先后撰写，转发省、市、区政府部门相关通知、通报文件20余份，积极宣传物业企业抗击疫情的先进事迹和经验做法。

16.深圳市物业服务企业开展的系列抗疫行动

招商局积余：

2021年，面对全国各地疫情散点爆发，招商积余坚持常态化疫情防控不放松，认真贯彻落实政府、上级疫情防控总体要求，坚决落实防控责任，勇于担当、主动作为，科学防疫、强内控、筑防线。

招商积余成立疫情防控应急工作小组和应急工作小组办公室，强化疫情信息报送机制，坚守24 小时值疫情班制，科学精准做好疫情防控常态化工作；下发疫情防控指引和供方管理文件，对各项目疫情防控工作进行全面督导；第一时间驰援疫情严重地区，并支援 N95 口罩、防护服等防疫物资；在加强员工自身疫情管理的基础上，所有项目实施封闭管理，有效核实进出人员，保障人员安全快速进出；与客户业主共克时艰，坚守在岗，筑牢社区最后一公里防线，保障上万户业主家庭生活、求医、采购物资各类需求，协助社区实施居家隔离，为隔离业主提供温馨关怀服务，如配送物资、照顾独居老人、代投放垃圾、代打印学习资料等；项目持续对公区或设施进行无间断消毒；严格监管外包人员消杀作业；项目自发组织志愿服务，配合社区，同心构筑疫情防控的"铜墙铁壁"，彰显党员风采和担当。招商积余多举措确保防范到位，建立防疫体系，凝聚抗疫力量，保障经营秩序稳定，获得客户、业主、政府的肯定和表扬，为赢得防疫抗疫阻击战、总体战的胜利贡献了招商力量、作出了特殊贡献。

金地智慧服务：

疫情就是命令，防控就是责任。疫情防控工作已成为常态化管理，金地智慧服务严格按照政府相关部门的文件执行防疫工作，始终坚守响应快、高标准、好服务的原则，有组织、有规划、有纪律地完成了2021年的防疫工作。在2021年，金地智慧服务集团在深圳各项目根据疫情情况调整出入卡口，设置24小时值守人员，按政府要求实施三级防控保护措施，同时保障应急消防通道畅通，强化防疫消杀。制定完善的内部疫情防控管理制度，对员工定期培训、定期检查。同时，公司指定专人管理，项目储备至少30天的防疫物资，公司总部仓库储备至少90天的防疫物资，并根据《应急物资监控日报表》及时了解物资库存情况；公司有完善的物资采购流程和渠道，可从全国各地优质的供应商及时采购补充。除了公司内部管理外，金地智慧服务也提供了多项暖心服务给到业主，例如提供上门消杀、办公/助学打印、老人测血压等多项暖心服务；关注独居老人、行动不便的业主的衣食住行，外卖、快递由工作人员送上门，及时解决客户基础生活需求。

莲花物业：

自2020年初新冠肺炎疫情发生以来，疫情反复，物业服务工作带来了严峻的挑战。一线防疫人员放弃节假日休息，连续作战，努力配合政府做好防疫、抗疫工作，为客户构筑了一道牢固的防线。

在疫情防控工作中，公司坚持做好"五个落实"：一是落实党员、领导带头作用，各项目党员挑起调剂人员、组织物资、指挥防控等重任；二是落实防疫物资，保障抗疫后勤供给；三是落实疫情防控组织。公司所管项目都严格按要求设置疫情监测点，排查外来人员及车辆等，确保精准防控；四是落实环境消毒，项目的楼道、大堂等公共场所按规定全面进行消杀，让业主在小区的每一个角落，都能得到防护、都能安心、放心；五是落实防疫宣传。通过微信群、公告栏、宣传栏等发布防疫资讯，达到群防群治的目的。

在严峻的疫情形势下，物业服务正常工作受到很大的影响，全员上下直面病毒的危险，努力克服人手不足、工作时间长等困难，2021年，广东、华东、北京公司等多个项目被授予"无疫小区"称号，抗疫事迹被新闻媒体报道，抗疫工作受到当地政府部门及广大业主的充分肯定。

绿清生活服务：

作为一家服务范围遍及全国十几个省市的物业服务企业，自2020年初新冠肺炎疫情发生以来，绿清公司一直积极响应各级党和政府号召，以高度的社会责任感参与抗击疫情的奋战，在配合政府做好防疫工作的同时，公司及各分子公司通过各种形式支持疫情防控。

2021年以来，在疫情防控形势日趋严峻之际，绿清旗下多家物业服务公司积极响应市委市政府、区委区政府号召，紧急召集工作人员，支援深圳抗疫一线，彰显了物业服务企业强烈的社会责任感，也体现了绿清人逆流而上、向险而行的可贵品质，为打赢疫情防控"战疫"贡献了绿清力量。

疫情期间，绿清人始终坚守在防疫一线，夜以继日地忙碌在各自的工作岗位上，任劳任怨，毫不松懈。在疫情抗战一线，绿清党员先锋队以最快的速度，组建"抗疫志愿服务者"小分队，积极发挥绿清人冲锋在前、勇于担当的模范作用，参与社区联防联控，迅速响应落实各项防控工作，配合疫情防控部门开展人员排查管控，协助社区核酸检测工作，全力支持抗击疫情。

绿清人坚持抗疫，毫不动摇，为守护业主家园平安，为护航企业复工复产，为支持社区联防联控提供了有力保障，真正体现了绿清"服务伙伴、绽放自己"的企业精神。

长期以来，绿清采取的一系列行之有效的防疫服务举措，获得了业主、政府和社会的高度认可。绿清旗下多家子公司——绿清生活服务深圳有限公司、中保维安绿清服务（深圳）有限公司、广东龙翔城市后勤保安服务有限公司等悉数上榜，被评为"疫情防控贡献单位"。

疫情仍未结束，在防疫的道路上，绿清人将珍惜荣誉、再接再厉，继续坚定信心、迎难而上，保持高度的警惕，严格落实好常态化疫情防控各项举措，携手同心打赢这场疫情防控持久战。

万物云深圳代表处：

疫情中的阳光，温暖有力度。2021年2月—3月，深圳市莲花街道突发疫情，为筑牢疫情防控的"最后防线"，万科城市花园物业工作人员积极投身疫情防控第一线，按照地方政府统一部署和要求，有效实施封闭式管理，做到"外防输入、内防扩散"，有效将疫情隔离在小区门外。疫情期间，项目工作人员积极沟通和解决业主的生活需求，做好居家隔离家庭的帮扶工作。一趟趟地将生活用品送至业主家的万科物业工作人员，还充当起代充各类费用、代遛宠物、代浇花等角色，被业主誉为疫情中的阳光，得到媒体和各级政府单位的认可，被授予福田区莲花街道十佳小区物业管理服务示范单位。

机场物业：

2021年"6·14"疫情发生以后，深圳市机场物业服务有限公司近1/3的员工按要求需居家进行隔离，在面临内部保障人员严重短缺，外部疫情形势极其严峻的情况下，深圳机场物业积极采取重点项目保障人员"就地隔离+就地保障"+寻求万物云支援的方式，解决了现场人手严重不足的问题，确保了机场物业的正常运行和生产生活的正常开展。疫情期间，深圳机场物业先后投入500余人次，到凌霄花园等员工集中管理宿舍楼开展筹备工作，完成了550间集中管理宿舍的入住保障任务，其中物业对集中管理宿舍的封闭式管理做法获得了深圳市防疫专家和相关领导的高度肯定。

佳兆业美好深圳公司：

在深圳出现新的变异毒株后，佳兆业美好深圳公司对旗下多个小区内的重点区域增加消杀频次，加大消杀力度，杜绝安全隐患。佳兆业美好在各小区主出入口搭设无接触的集中临时存放点，安装简易货架存放快件及外卖。而在"龙舟水"那几日，天气不稳定，公司还准备了雨具及防雨设备帮助物品避免受潮受损。6月20日起，龙岗区木棉湾社区加强防疫管理，严禁外来人员进入。佳兆业美好深圳新都汇服务中心成立"快递小分队"，为业主提供快递及物流物品集中消毒配送的上门服务，每日接收到的快递物品不下百件，每一个快递都消毒后送到每家每户。佳兆业美好旗下的佳科智能人工智能测温检测系统产品在此轮防控工作当中就发挥了重要作用，人走过不用接触，也无须摘口罩就能精准测量体温，在1秒内可以测量大量人流。

鹏广达物业：

2021年，深圳市鹏广达物业服务有限公司各在管小区严格按照政府对疫情防控的相关要求，强化进出管控、防疫消杀和疫情防控相关宣传工作。2021年5月21日，盐田港发现首例新冠病毒无症状感染者，盐田区的疫情形势也变得异常严峻。6月1日，鹏广达物业在管项目四季水岸雅居接到政府指令，按防疫要求对小区进行21天硬隔离。鹏广达物业接到指令后，迅速召开疫情防控部署会议，要求全体员工在关键时刻，要彰显出物业人的担当和责任，积极配合政府硬隔离要求，并成立党员志愿者服务队，带领员工全力保障隔离期小区业主和物业人的生活不受影响。隔离期间，鹏广达物业人主动住在办公室、会议室，协助政府相关部门对小区住户进行核酸检测、防疫消杀、物资配送及业主的安抚劝导。隔离期间适逢端午佳节，鹏广达物业为每位业主送去米、油、饮料、粽子，带去温暖和问候。鹏广达物业人在疫情期间的主动付出，不仅深受业主认可，更是得到政府相关机构的高度认可，对物业服务中心的工作效率、紧密配合及与业主间的沟通协调能力给予充分肯定和表彰。

附录一:

深圳物业管理发展大事记
(1980—2021)

【1980年】 8月,由深圳市房地产管理局所属的房地产开发公司(现深房集团前身)与香港公司合资开发建设的深圳第一个涉外商品房住宅小区——东湖丽苑开工兴建,小区的销售对象主要是港澳同胞。为了适应业主要求,深圳市房地产管理局决定在东湖丽苑建成后,比照香港房屋管理模式,实行物业管理。

【1981年】 3月10日,深圳市编制委员会向深圳市房地产管理局下发《关于成立深圳市物业管理公司报告的批复》(深编字〔1981〕6号),同意成立深圳市物业管理公司,这是国内第一家专业化的物业管理企业。9月,东湖丽苑第一期216套商品住宅交付使用,深圳市物业管理公司同时成立了东湖丽苑管理处,这是深圳第一个对商品房实行物业管理的小区管理处。

【1982年】 1月,深圳市房地产管理局被撤销,商品房、公产房的管理职能分别由市房地产公司和市住宅公司管理。

【1983年】 4月,深圳市物业管理公司接管国内首家出售写字楼的大厦——国际商业大厦,成立国际商业大厦管理处。

【1984年】 1月24日,邓小平视察深圳,登上由深圳市物业管理公司管理的国际商业大厦顶层平台俯瞰深圳全景。2月,深圳市住宅公司与市基础工作组合并,成立深圳市城市建设住宅开发公司。4月,李鹏、谷牧、陈慕华、秦基伟等领导先后视察由深圳市物业管理公司管理的怡景花园。7月,加拿大总理特鲁多参观深圳怡景花园。

【1985年】 3月,深圳市城市建设住宅开发公司改为深圳市城市建设开发(集团)公司,继续管理公产房。10月4日,深圳市政府决定恢复成立深圳市房地产管理局(升格为处级建制),负责管理特区内房地产。

【1986年】 9月22日,深圳市城市建设开发(集团)公司管辖的特区内公产房及其负责管理

公产房的人员、机构移交给深圳市房地产管理局。11月3日，深圳市政府调整深圳市房地产管理局职能，地产业务划归深圳市规划局国土处管理。

【1987年】 3月24日，因机构改革，职能调整，深圳市房地产管理局改为深圳市房产管理局（升格为局级建制）。5月5日，深圳市房产管理局首次举办全脱产房管员培训班，全市各房管部门、开发公司53人参加了学习。7月2日，深圳市首次住宅区管理经验交流会在怡景花园召开。10月7日至10日，国际住房年中国住房问题国际研讨会在深圳举行。

【1988年】 1月，深圳市房产管理局组团赴香港考察物业管理。7月1日，深圳市各住宅区全面收取住宅区公用设施管理维修养护费。

【1989年】 7月7日，深圳市房产管理局增设房屋监察处，负责监察管理全市房屋功能的正常使用等。7月20日，深圳市房产管理局成立"深圳市房屋建设、分配、管理、咨询委员会"。7月27日，深圳市房管理局制定的《深圳经济特区居屋发展纲要》由深圳市政府分布实行。7月，深圳市房管理局把属下事业性质的房管所全部改组为企业性质的物业管理公司。8月20日，深圳市房屋委员会成立，负责统筹全市房屋事宜，研讨房屋建设、经营、管理方面的重大问题，制定政策、计划和规定，并通过深圳市房产管理局予以实施。12月，深圳市房产管理局开展文明住宅区评选活动。

【1990年】 1月28日，深圳市房管理局对1989年度房产管理8个先进单位和107名先进个人、11个文明住宅区进行了表彰。1月，深圳市物业管理公司编著的《深圳经济特区涉外商品房产的管理》一书由经济日报出版社出版，这是国内第一本物业管理论著。3月15日，深圳市住宅区设施配套完善工作组正式成立。7月1日，深圳市房产管理局成立房产管理培训中心。10月13日，深圳市莲花物业管理公司成立，直属深圳市房产管理局领导。10月，波兰国家规划国土建设部部长一行18人到深圳市物业管理公司参观。

【1991年】 1月22日，深圳市万科物业管理有限公司天景花园业主管理委员会成立，这是国内第一个业主管理委员会。7月23日，广东省建设委员会1990年度广东省住宅小区建设优秀奖评比揭晓，深圳市怡景花园和文华花园获奖。

【1992年】 3月5日，因机构改革，深圳市房产管理局改为深圳市住宅局，负责全市住宅政策和住宅发展计划的编制，组织福利房、微利商品房的开发建设和对物业管理实施行业管理。8月，《住宅与房地产》杂志试刊。9月10日，庆祝世界住房日之前，深圳市住宅局被联合国授予

"人居荣誉奖"。10月9日，莲花二村、怡景花园被评为全国模范文明住宅小区，文华花园被评为全国文明住宅小区，深圳市副市长李传芳被评为"创建全国文明住宅小区优秀市长"称号。10月29日，时任联合国副秘书长、联合国人居中心执行主任的拉马昌德兰博士在北京新世纪日航饭店会议大厅为深圳市住宅局颁发"人居荣誉奖"。11月10日，全国房地产业深圳培训中心成立，该中心在原建设部房地产业司领导下，作为全国城市房地产业职业教育委员会的培训基地之一，承担房地产行业人员培训任务。

【1993年】 6月30日，深圳市物业管理协会成立，这是国内第一家物业管理行业协会。10月6日，深圳市住宅局、深圳市物业管理协会在莲花二村游泳场举办了第一届"物业杯"游泳比赛，18个单位100多人参加了比赛。10月，深圳市物业管理协会创办会刊《物业管理动态》。

【1994年】 1月10日，莲花北村物业管理内部招标开标，深圳市万厦居业公司以总分95.59分中标取得物业管理权。这是深圳也是国内第一次采用招标方式确定物业管理单位。4月，深圳市长城物业管理公司在深圳物业管理行业率先实行电脑收费。5月6日，肯尼亚总统莫伊到莲花二村参观。6月8日，深圳市机构编制委员会批准成立深圳市房产管理培训中心。6月18日，深圳市第一届人民代表大会常务委员会第23次会议通过了《深圳经济特区住宅区物业管理条例》，并于11月1日开始实施。这是国内第一部有关物业管理的地方性法规。

【1995年】 3月24日，深圳市机构编制委员会发文批准深圳市住宅局成立《住宅与房地产》杂志社。8月30日至9月1日，在山东青岛召开的首次全国物业管理工作座谈会上，深圳市领导作了题为《锐意改革、开拓创新、发展特区物业管理事业》的发言，介绍深圳物业管理经验。12月3日，建设部组织的全国城市物业管理优秀住宅小区考评验收总结表彰大会在北京人民大会堂举行，深圳莲花北村、莲花二村等8个住宅小区被授予"全国城市物业管理优秀示范住宅小区（大厦）"称号，另有3个单位被授予"全国城市物业管理优秀住宅小区（大厦、工业区）"称号，其中莲花北村以99.2分的最高分荣登全国34个优秀示范住宅小区榜首。12月6日下午，正在深圳考察的中共中央总书记江泽民参观了莲花北村住宅区，并与居民亲切交谈。

【1996年】 1月1日，深圳开始实施物业管理行业从业人员持证上岗制度。2月16日，中海物业管理（深圳）有限公司通过深圳市质量认证中心ISO9002质量认证，这是国内第一家通过ISO9002质量认证的物业管理公司。9月20日，《〈深圳经济特区住宅区物业管理条例〉实施细则》经深圳市政府二届三十五次常务会议审议通过，深圳市政府以第五十二号令颁布实施。10月24日，深圳市住宅局发布《深圳市物业管理资质证书管理规定》。10月，深圳市住宅局开始大规模的物业管理普查。11月27日，深圳市住宅局发布《物业管理合同》示范文本、《业主公约》示

范文本。12月3日，鹿丹村物业管理权向社会公开招标开标，深圳市万科物业管理有限公司以95.45分的最高分中标。这是深圳物业管理第一次面向社会公开招标。

【1997年】 1月1日，深圳市住宅局房屋监察处更名为物业监管处。2月5日，深圳市住宅局发布《深圳市物业管理优秀住宅区（组团）、优秀大厦、优秀工业区考评标准》。5月，深圳市住宅局组织了大规模物业管理考评，有102家物业管理单位通过了市级考评达标。先后有41家于9月和10月分别通过了省级和国家级的达标验收。6月28日，深圳物业管理进修学院成立。8月，深圳市住宅局组织的全市物业管理普查结束。这次普查对1980年以来建成的2900多个物业项目进行了全面调查统计。8月11日，深圳国贸物业公司与重庆一房地产开发公司签下了深圳第一份在外地接管非自有物业的全委合同，深圳物管向外扩张的帷幕由此拉开。11月22日，深圳市物价局发布《深圳市物业管理收费指导标准》。11月22日至23日，《住宅与房地产》杂志社第一届编委会暨全国通联站成立大会在深圳召开。11月，深圳市住宅局对全市物业管理企业进行资质认定，88家企业首批通过资质审定。

【1998年】 1月，深圳市城市建设开发（集团）公司将下属多家物业管理单位合并，组建深圳城建物业管理有限公司。此举标志着深圳物业管理向规模化、专业化、集约化方向迈出了重要一步。7月1日，深圳天安车公庙物业管理有限公司进入国际互联网，成为深圳物业管理行业首家有自己网域和网址的物业管理公司。10月5日至8日，深圳市住宅局举办"98深圳住宅建设成就及物业管理设施产品展览会"，住宅与房地产杂志社承办了此次展览。10月26日，深圳市政府发文，开始在莲花北住宅区和桃源村住宅区进行居委会改革试点。12月24日，深圳市物业管理委员会成立。

【1999年】 5月22日至25日，全国物业管理工作会议在深圳召开。此后，深圳物管企业开始大举进军内地市场。6月30日，深圳市第二届人民代表大会常务委员会第三十三次会议通过新修订的《深圳经济特区住宅区物业管理条例》。11月11日，备受关注的深圳南深总物业公司状告深圳南油世纪广场业主违规装修、改变房屋使用功能及名誉侵权案一审物业公司胜诉。次年二审判决结果未变。

【2000年】 1月1日，深圳万科物业正式接管建设部大院。原建设部作为全国房地产和物业管理行业的最高行政机构，率先引入了企业化、专业化的物业管理。1月，全国第一本物业管理年鉴——《深圳物业管理年鉴》正式出版，该年鉴是由深圳市住宅局组织，住宅与房地产杂志社承编的。年鉴客观记载了深圳物业管理行业的发展历史，全面总结了深圳物业管理行业的成果和经验。建设部副部长宋春华为年鉴题写书名，建设部住宅与房地产业司司长谢家瑾作序。8月，根据

深圳市住宅局公布的数据，深圳市物业管理企业进军内地市场的管理面积突破了1000万m²。

【2001年】 3月18日，深圳物业管理20周年庆典大会在深圳会堂隆重举行，建设部副部长宋春华、住宅与房地产业司司长谢家瑾、广东省及深圳市主管领导，以及北京、上海、香港等大城市和在国内物业管理行业较有影响的兄弟城市的主管部门、协会代表，深圳市政府各有关部门及各区政府、各区主管部门领导，全市各物业管理公司和开发公司代表，中央电视台及深圳市各新闻媒体记者等1000人参加大会。大会由深圳市政府副秘书长陈应春主持。宋春华副部长在庆祝大会上高度评价了深圳物业管理20年发展所取得的巨大成就。下午，各位领导和嘉宾参加了"深圳物业管理第一村"东湖丽苑商品住宅小区的揭牌仪式，谢家瑾、广东省建设厅副厅长刘锦红与深圳市副市长卓钦锐共同为"深圳物业管理第一村"揭牌。12月26日，深圳万科物业与人保深圳分公司签订了全国首例物业管理责任险协议，两个多月后的2002年3月8日，深圳中海物业也购买了此险种。

【2002年】 3月8日，备受业界关注的"笔架山庄索赔案"作出终审判决，驳回被上诉人一审原告业主家属的全部诉讼请求，认定物业管理公司对小区业主及非业主使用人的人身、财产安全不负有法定义务。6月，为解决业委会成立、管理和运作过程中的众多问题，深圳在福田、龙岗两区进行"社区管理和物业管理相结合"试点，明确将业委会纳入街道办、居委会的管理和监督体系。6月9日至10日，国务院法制办和建设部《物业管理条例》调研组在深圳进行立法调研。9月6日，深圳开始建立深圳物业管理统计报表制度。9月，深圳市住宅局同意《住宅与房地产》月刊分成两个专刊，上半月刊——《住宅与房地产》物业管理版，下半月刊——《住宅与房地产》综合版。10月29日，深圳市首期物业管理高级从业人员培训班开学。这是深圳首次对物业管理高级从业人员进行政策法规专项培训。

【2003年】 1月21日，深圳市物业管理行业表彰大会隆重举行。2月20日，深圳市以推行物业管理项目获得"中国人居环境范例奖"。4月28日，深圳市住宅局向全市物业管理企业发出《关于做好非典型肺炎防治工作》的紧急通知，对物业管理行业防治非典型肺炎工作提出具体要求。6月8日，温家宝总理签署国务院第379号令，颁布《物业管理条例》，标志着中国物业管理从此走上规范化、法制化的发展道路。7月1日，中共中央政治局常委、国务院总理温家宝到梅林一村视察，受到业主们的热烈欢迎。7月5日，深圳市住宅局举办《物业管理条例》宣讲会。9月18日，为庆祝深圳市物业管理协会成立十周年，举行了首届深圳市物业管理行业运动会，共有89家物业管理单位报名参加。9月23日，深圳物业管理进修学院派员赴拉萨免费举办"西藏自治区物业管理企业经理、管理员岗位培训班"。9月25日至26日，由国家体育总局游泳运动中心、中国游泳运动协会主办，广东省社会体育中心、深圳市莲花物业管理有限公司承办的"莲花

物业杯"全国第六届成人游泳赛暨邀请赛在深圳市莲花二村举行。来自日本、中国台北、中国香港、中国澳门等国家和地区及国内各省市的27个代表队参加了角逐。10月6日，深圳市住房制度改革办公室和深圳市住宅局在五洲宾馆举办了"2003世界人居日深圳住房发展论坛"。10月30日，深圳市住宅局出台《深圳市物业管理区域档案管理规范》，加强物业管理区域档案的规范化管理。11月6日，深圳市住宅局、深圳市物业管理委员会联合发布《关于进一步加强我市物业管理招投标管理工作的通知》。11月19日，国内首家独立注册的物业管理研究所——深圳物业管理研究所成立。

【2004年】 1月9日，深圳市住宅局召开物业管理市、区两级主管部门第一次联席会议。2月9日，深圳市盐田区行政文化中心的物业管理招标，由深圳市中航物业管理有限公司夺得，这是深圳政府投资性物业管理招标投标的第一标。3月17日，《物业管理企业资质管理办法》于2004年2月24日经建设部第29次常务会议讨论通过，从2004年5月1日起正式施行。4月8日，深圳市住宅局下发《深圳物业管理考评专家库管理暂行办法》和《深圳市物业管理招投标专家库管理办法》，进一步规范物业管理招标投标及考评工作程序。6月21日，国内第一部物业管理电视情景剧式教学系列片《物业管理是怎样炼成的》在深圳正式开拍。8月23日，深圳市国土资源和房产管理局正式挂牌。9月25日至30日，深圳市国土资源和房产管理局组织了首届深圳物业管理周活动，为物业管理持续健康发展营造良好的外部环境。

【2005年】 1月17日，《深圳市业主大会和业主委员会指导规则》出台，通过细化业主大会和业主委员会的运作程序，加强对业主大会和业主委员会的管理。4月28日，在深圳市第三届常务委员会第24次会议上，深圳市万厦居业有限公司总经理周宏泉当选为新一届深圳市政协委员，成为深圳市物业管理行业有史以来第一名政协委员。5月8日，深圳市国土资源和房产管理局印发了"关于发布《深圳业主公约（示范文本）》和《深圳市业主大会和业主委员会议事规则（示范文本）》的通知"，进一步规范业主大会和业主委员会的运作。8月31日，深圳市国土资源和房产管理局在深圳会堂召开"深圳市物业管理企业资质管理专项执法检查动员大会"。9月26日晚，深圳市举办了2005年物业管理行业文艺汇演。11月26日，第二届中国物业管理发展论坛暨深圳物业管理周论坛在深圳五洲宾馆隆重举行。

【2006年】 3月13日，深圳市政府发布《深圳市房屋公用设施专用基金管理规定》（深府〔2006〕40号），深圳市房屋公用设施专用基金收取与追缴管理工作全面启动。3月20日，深圳市人民政府办公厅下发了《关于开展老住宅区综合整治并引入物业管理工作的通知》（深府办〔2006〕40号）。5月31日，深圳一小学生小雨放学回家，经至"好来居"大厦北侧人行道时，被一块从高空坠落的玻璃砸伤头部，后送往医院抢救无效死亡。公安机关调查数月，未能查出玻璃是从哪家

掉落。小雨父母于是将"好来居"大厦北侧二楼以上73户业主及小区物业公司告上法庭。2008年3月法院一审判定物业公司承担30%的赔偿责任，合计229945元，二审撤销一审判决，改判物业公司不承担赔偿责任，"好来居"北侧73户使用人各补偿受害人家属4000元人民币。6月1日，深圳市人民政府办公厅印发《关于收缴房屋公用设施专用基金实施意见的通知》(深府办〔2006〕85号)。6月28日上午，深圳市首个维修资金管理中心——龙岗区房屋维修资金管理中心正式挂牌，这标志着全市房屋维修资金收取与追缴管理工作取得实质性进展。8月9日，深圳市物价局和深圳市国土资源和房产管理局联合发布了《深圳市物业管理服务收费管理规定》，该规定自2006年9月1日起执行。8月31日，深圳市国土资源和房产管理局和深圳市物业管理委员会联合印发了《深圳市物业管理信访处理办法》。9月12日，深圳市国土资源和房产管理局组织召开全市物业管理行业质量月活动动员大会。10月28日，全国物业管理师认证考试，我国首批注册物业管理师将诞生。11月13日，深圳市房屋公用设施专用基金管理中心正式成立。

【2007年】 3月，深圳国土资源和房产管理局受建设部委托起草了国家《物业管理承接验收指导意见》。3月，深圳南山区粤海街道率先尝试聘请社区民警等公职人员担任业委会委员，以避免过激维权事件出现，更好地维护业主利益与社区和谐。3月16日，《中华人民共和国物权法》经第十届全国人民代表大会第五次会议表决通过。6月，深圳市物业服务行业启动了"捐助山区教育，燃亮希望之火"的图书募集爱心活动。活动遍及1000余个社区，共募集爱心图书6万余册，书籍4万余册，募集图书共捐助学校31所。9月25日，深圳市四届人大常委会第十四次会议审议通过了《深圳经济特区物业管理条例》，并于2008年1月1日起正式实施。10月18日，深圳市国土资源和房产管理局和深圳市物价局联合颁布《深圳市住宅物业服务收费指导标准》。12月28日，深圳市国土资源和房产管理局颁布《深圳经济特区物业管理条例行政处罚实施标准》。

【2008年】 5月21日，深圳市物业管理行业召开抗震救灾献爱心动员会，号召深圳物业管理全行业积极行动起来，履行社会责任。6月，深圳市国土资源和房产管理局物业监管处将申报国家示范的物业管理项目在媒体上公开发布并接受广大业主的直接监督，得到业主广泛好评。8月20日开始，由深圳市国土资源和房产管理局牵头，各区政府物业管理行业主管部门组织开展了全市范围的物业管理行业执法大检查工作。9月，深圳市国土资源和房产管理局物业监管处被广东省建设厅推荐，成为广东省建设系统唯一一个参加"全国社会治安综合治理先进集体"评选的候选单位。

【2009年】 2月，深圳市政府在《政府工作报告》中提要出在年内"实现特区内住宅区物业管理全覆盖，特区外原农村社区物业管理覆盖率达到50%"，并将该工作列入当年度十件民生实事之一。5月31日，首家全国性的股份制物业管理集团——长城物业集团成立。6月22日，深圳

市政府办公厅印发了《推进物业管理进社区民生实事办理方案》。8月4日，深圳市物业管理协会荣获深圳市民间组织管理局评选的"深圳市AAAA级行业协会"。8月，深圳市公布政府机构大部制改革方案，深圳市国土资源和房产管理局物业监管处职能和业务划归新组建的深圳市住房和建设局，全市物业管理行政主管部门由原深圳市国土资源和房产管理局变更为深圳市住房和建设局。12月，深圳景洲大厦小区超过半数业主选举出了业主自治管理委员会。

【2010年】　4月22日，长城物业集团股份有限公司、深圳市科技园物业管理有限公司、深业集团（深圳）物业管理有限公司、深圳市特发物业管理有限公司荣获第七届深圳知名品牌称号。深圳市方益物业管理有限公司荣获"最具潜力的深圳品牌"称号。9月10日，深圳市人民政府发布《深圳市物业专项维修资金管理规定》。10月12日至19日，由深圳市住房和建设局组织，各区住房和建设局、深圳市物业管理协会、深圳市物业管理进修学院、《住宅与房地产》杂志社以及部分物业服务企业代表参与的深圳物业管理援疆考察团一行赴新疆喀什等地区考察调研。

【2011年】　3月，深圳市住房和建设局印发《"迎大运、创全国文明城市标兵"物业管理服务质量提升工作方案》。3月17日，深圳市政府举行"深圳物业管理30周年纪念大会"，同日，深圳物业管理30周年文艺晚会在罗湖区委礼堂举行。6月21日下午，在第六届深圳物业管理周开幕式上，深圳市住房和建设局发布了《深圳市绿色物业管理导则（试行）》，这是我国物业管理行业首部以绿色物业管理为主题的技术规程。7月27日，深圳市市场监督管理局发布《物业服务通用规范》。10月22日，全国物业管理改革发展30周年大会和文艺汇演在东部华侨城举行。会上对物业管理先进集体和先进个人进行了表彰，在"全国物业服务企业综合实力百强"中，深圳共有26家企业入选，其中前10强有5家深圳企业，深圳万科物业发展有限公司排名榜首。

【2012年】　9月25日，深圳市住房和建设局发布《关于开展物业维修工程造价预（结）算第三方审核服务的通知》，全国首创物业维修工程造价预（结）算第三方审核制度。2012年、2015年、2018年，深圳莲花物业顺利通过三届"深圳知名品牌"复审，连续四届保持荣誉称号。3月16日，深圳市建设工程交易服务中心分别在设计大厦和盐田海客山庄举行了市物业专项维修资金专户银行招标开标会。

【2013年】　2013年，万科物业上线睿服务平台，利用互联网技术，将积累了二十余年的流程和体系"数字化"，借以提高运营效率。同时，CRM系统正式上线，标志着万科物业对客户服务迈入标准化、专业化、集约化行列。3月12日，深圳市质量协会召开年会暨协会成立25周年纪念大会，会议表彰了近年来为深圳市质量传播做出突出贡献的讲师、企业质量领袖人物、功勋贡献卓越的单位和个人，中航物业管理有限公司因近几年来在标准化管理上的优异成绩，入榜深

圳市质量贡献奖榜单。7月，启动"深圳市物业专项维修资金宣传进社区"活动，全面开展打击维修资金违规使用行为。

【2014年】 6月，深圳彩生活物业在香港联交所挂牌上市，成为中国内地第一家以社区服务运营为主业的上市公司。10月19日，发布《深圳市住房和建设局关于开展日常收取的物业专项维修资金自行管理试点工作的通知》，明确日常交存的维修资金业主自管的基本原则、试点的条件、试点区域资金划转流程及责任分工等。

【2015年】 2015年，深圳市住房和建设局制订《日常收取的物业专项维修资金业主大会自行管理规约》(示范文本)，确定了10个自管试点小区。完成《深圳市物业专项维修资金使用规则》和《深圳市物业专项维修资金续筹和补建办法》两个课题研究，在全国率先开展了维修资金续筹的探索模式，走在行业前列。5月，长城物业以"开放、合作、共享"的理念，联合多家知名物业服务企业发起了一应云联盟。10月23日，中海物业在香港联交所主板上市。12月15日，深圳市住房和建设局召开使用深圳市物业专项维修资金共济金会议，两种情形紧急情况可以使用物业专项维修资金共济金。12月22日，由深圳市住房和建设局打造的"深圳市物业管理"微信公众号成功上线，并在福田区天然居小区展开试运行，受到小区业主的热切关注。这是全国第一个官方性质的市级物业管理微信服务平台。

【2016年】 1月，福田区天然居采用微信投票方式召开业主大会，成功进行业委会换届选举。3月31日，承办"中物协维修金专委会2016年全体委员大会"，全国70余个城市维修金管理工作同行参加。4月，在全市正式推广物业管理微信投票系统。4月21日，深圳市住房和建设局组织召开专题会议，积极应用"互联网＋政府"的新思维来破解目前物业管理存在的业主大会投票难、维修资金监管不透明、事务暗箱操作等难题，实现政府、企业和业主"三方共赢"的重要举措。5月3日下午，深圳市物业专项维修金管理中心带队，赴南天一花园社区会议室组织召开了一场微信投票系统培训会，向全市50余家小区的业委会成员详细介绍了物业管理微信投票系统的主要功能及使用流程。6月3日，经深圳市科创委授权，深圳市专家高新科技有限公司组织对深圳市住房和建设局物业管理综合服务平台进行了专家鉴定，本次鉴定以物业维修专项资金管理系统为主体，重新设计物业管理综合服务平台总体架构，以微信投票、共有资金管理为典型应用。鉴定委员会认为"该平台达到国内同类系统领先水平，一致同意通过科技成果鉴定"。10月，共有资金管理系统建设上线，选取福田区天然居等9家小区试点采集所有账户收支项目，并分别与快付通公司和试点小区物业公司签订托收协议，实现日常维修金自动扣款，促进小区账目公开。12月13日，深圳市住房和建设局印发了《深圳市物业管理微信投票规则（试行）》（深建规〔2016〕12号），规范了深圳市物业管理微信投票行为。

【2017年】 2017年，《关于进一步优化维修金使用流程的通知（试行）》发布，维修金使用简化审批深入实施"放管服"。3月15日，深圳市物业管理行业协会正式发布2017年度物业管理业主满意度深圳指数测评结果。调查显示，2017年度物业管理业主满意度深圳指数为80.9，较2016年上升了0.5，与2015年满意指数持平。5月20日，首届全国物业管理行业职业技能竞赛在上海举行，中海物业选手李刚、陈承凭借扎实的技能水平以及良好的心态，从191名参与决赛的选手中脱颖而出，分别跻身电工组、物业管理组前十强，被授予"全国住房城乡建设行业技术能手"荣誉称号。10月，深圳市物业管理标准化委员会正式成立。标委会主任由深圳市住房和建设局物业监管处处长张雁担任，秘书处设在深圳市物业专业维修资金管理中心。10月8日，首届国际物业管理产业博览会在深圳会展中心开幕。10月20日，中海物业以1.9亿元人民币收购中信物业。

【2018年】 1月，《深圳市城中村综合治理2018—2020年行动计划》开始实施，该计划建立了以"政府监管、企业实施、村民参与"为核心的"三方联动方式"机制，携手共治城中村。4月19日，在《深圳特区报》《深圳商报》《南方都市报》等媒体公开亮剑，将全市日常金交存专项行动中排查发现的59家物业服务企业纳入"深圳物业黑榜"，连同71个未移交小区名单予以公开曝光。4月，深圳市政府在广泛征求社会各方面意见和建议的基础上，历时一年多形成《深圳经济特区物业管理条例（修订草案）》，提交深圳市人大常委会审议。5月24日，深圳市住房和建设局、深圳市财政委员会联合印发了《深圳市建筑节能发展专项资金管理办法》（深建规〔2018〕6号），明确了对绿色物业示范项目的资助要求和标准。5月28日，深圳市住房和建设局召开《深圳市绿色物业管理项目评价标准（送审稿）》专家评审会。《深圳市绿色物业管理项目评价标准》是全国首部以"绿色物业"命名的评价标准，填补了深圳市在建筑物运营阶段绿色管理方面缺乏有效评价方法的空白。9月初，深圳市住房和建设局印发了物业领域扫黑除恶治乱专项整治工作方案的通知，以及《深圳市物业领域扫黑除恶治乱专项整治工作方案》（2018—2020年）。9月中旬，深圳物业人众志成城，抗击超强台风"山竹"，为保一方平安，他们在台风暴雨中坚守了数十个小时，并在台风过后迅速组织重建家园。10月15日至17日，第二届国际物业管理产业博览会在深圳圆满举办。本次博览会观展人数达4万人次，参展企业与客户达成合作意向13800余项，其间举行论坛、交流洽谈、签约交易等各种活动400余场。11月2日，"中国共产党深圳市物业管理行业委员会"和"中国共产党深圳市物业管理行业纪律检查委员会"经中共深圳市社会组织委员会正式批准成立。深圳市住房和建设局物业监管处处长张雁任深圳市物业管理行业党委第一书记。深圳市物业管理行业党委和纪委的成立，标志着深圳市物业管理行业在党的领导下进入了全新的历史发展阶段。12月3日，深圳市品牌建设促进大会在市民中心召开，会上发布了首届"深圳品牌百强"企业榜单，深圳市中航、招商局、龙城、赛格等四家物业企业被授予"深圳品牌百强"荣誉称号。12月6日，佳兆业物业集团有限公司正式于香港交易所主板挂牌上市，标志着佳兆业物业正式迈入国际资本市场。12月31日，万科物业发布消息，2018年度实现营业收

入突破100亿元，成为国内第一个营收破百亿元的物业公司，这也标志着深圳物业行业的百亿元巨头正式诞生。

【2019年】 4月29日，深圳市物业管理行业协会根据深圳市住房和建设局提出集中打击惩治，彻底铲除物业领域黑恶势力及行业乱象赖以生存的土壤"第二段目标"工作方案，正式启动2019年物业管理领域扫黑除恶治乱专项整治工作。5月21日，深圳市住房和建设局发布《深圳市绿色物业管理专家管理办法》。8月15日，第七届深圳物业好声音《长征组歌》视频选拔赛拉开帷幕，24家企业选送的25个参赛节目参加了本次选拔赛。最终招商物业选送的《四渡赤水出奇兵》《祝捷》、中航物业选送的《大会师》获得一等奖。8月29日，《深圳经济特区物业管理条例》经深圳市第六届人民代表大会常务委员会第三十五次会议通过修订。10月15日至17日，第三届中国国际物业管理产业博览会在深圳隆重举行。

【2020年】 1月23日，深圳市住房和建设局、深圳市物业管理行业协会先后向深圳物业行业发出了《关于做好物业管理区域新型冠状病毒感染肺炎疫情防控工作的紧急通知》，全面拉开了深圳物业行业疫情防控工作的序幕。疫情防控中，1500多家深圳物业企业克服人手严重不足、防疫物资紧缺、岗位易感风险和企业成本陡增的困难，坚守在全市在管的4000多个住宅小区、3000多个其他类型的物业项目，配合属地街道、社区开展群防群控，为广大群众筑起安全屏障。1月，深圳市物业管理行业党委联合深圳市物业管理行业协会在全行业发起"千物企双百万"活动。截至2020年12月31日，深圳物业企业通过自身及其所属1376个物业小区，发动员工、业主共同参与扶贫、公益慈善活动，累计捐赠现金2900万元（含捐赠物资和购买扶贫产品）；有909家物业小区为抗击新冠疫情捐赠防控物资累计折合人民币4253.30万元。2月7日，深圳市委、市政府出台了《深圳市应对新型冠状病毒感染的肺炎疫情支持企业共渡难关的若干措施》，对辖区物业管理服务企业的疫情防控服务，按在管面积每平方米0.5元的标准实施两个月财政补助，成为全国第一个出台政策支持物业企业参与疫情防控服务的城市。3月1日，《深圳经济特区物业管理条例》正式实施。《条例》创新性地提出，业主大会（物业服务企业）需在数据共享银行开设业主共有资金基本账户（共管账户），并通过深圳物业管理信息平台向全体业主实时公开业主共有资金基本账户（共管账户）信息。3月8日，深圳市物业管理行业协会开展"最美'疫'线物业巾帼"评选活动，在200多名物业人的感人事迹中选出38名"最美'疫'线物业巾帼"。4月，由深圳市住房和建设局指导开展，深圳住宅与房地产杂志社主办的深圳市"最美物业人"评选活动正式拉开帷幕，评选出了"最美保安员""最美保洁员""最美抗疫人""最美维养技工"和"最美项目经理"各10名。5月28日，《中华人民共和国民法典》经十三届全国人大三次会议表决通过，自2021年1月1日起施行。7月1日，《深圳市业主共有资金监督管理办法》（深建规〔2020〕8号）正式施行。8月5日，《深圳市业主大会和业主委员会备案管理办法》（深建规〔2020〕

13号）正式施行。9月17日，深圳市住建局、深圳市消委会与深圳市物业协会联合发布《深圳市物业服务行业自律公约》。首批共407家物业服务企业率先签署《自律公约》，承诺为业主提供更优质的物业服务。11月1日，《深圳市物业专项维修资金管理规定》（深府〔2010〕121号）正式施行。2020年，由深圳市总工会、深圳市人力资源和社会保障局、深圳市住房和建设局主办，深圳市建设工会、深圳市物业管理行业协会承办，深圳市职业技能鉴定指导办公室指导的"深圳市第十届职工技术创新运动会暨2020年深圳技能大赛——电工（物业电工）、物业管理员职业技能竞赛"先后举办。2020年，深圳市住房和建设局积极配合市委组织部，大力推进"党建进小区"试点工作，充分发挥党建引领作用，探索建立"社区党组织＋小区党支部＋业主委员会＋物业公司"四级联动机制。在南山区蓝漪花园、罗湖区百仕达三期等小区建立党支部，探索建立以基层党组织建设为核心，以业主组织为基础，以各方参与为依托的小区治理新体系，为打造共建共治共享的小区治理新格局发挥了先行示范作用。

【2021年】 2月25日，深圳市物业管理行业协会发布表彰决定，对52家"公益慈善突出贡献爱心企业"和118家"公益慈善热心企业"进行表彰。3月10日，深圳市住房和建设局发布《关于印发〈深圳市各类物业建筑安装工程总造价标准〉的通知》（深建物管〔2021〕7号）。4月19日下午，由深圳市住房和建设局、深圳市公安局安全技术防范管理办公室指导，协会联合多家单位共同举办"高空抛物防范及治理"高峰论坛。5月21日，深圳市物业专项维修资金管理中心更名为深圳市物业管理服务促进中心，加挂"深圳市物业专项维修资金管理中心"牌子，是深圳市住房和建设局直属公益一类事业单位，核定事业编制22名，主要负责全市物业管理培训宣传、服务评价、业务指导以及物业专项维修资金的统筹管理等工作。7月1日下午，由深圳物业管理行业党委和深圳市物业管理行业协会共同举办的"红色物业价值与思维创新"免费公益培训拉开帷幕，共有15000多名物业人员在线学习了本次课程。8月13日下午，第八届深圳物业好声音总决赛落下帷幕。10月27日，"2021广州国际智慧物业博览会"在广州保利世贸博览馆开幕，"深圳馆"由深圳上市企业、深圳百强企业、科技企业、配套供应商、产业研究与培训教育等多个展区组成。12月23日下午，深圳市物业管理行业协会召开第七届换届选举会员代表大会，审议通过了第七届换届筹备工作报告、第六届理事会工作报告等多项议案。会议选举曹阳为新一届会长，吕维为副会长兼秘书长，侯亚军为监事长。12月31日，深圳市住房和建设局发布《关于印发〈深圳市物业服务评价管理办法〉的通知》（深建规〔2021〕15号）。

深圳市住房和建设局关于印发《深圳市物业 服务评价管理办法》的通知 深建规〔2021〕15号

各有关单位：

为加强物业服务市场监管，营造诚实守信的物业服务市场环境，根据国务院《物业管理条例》《深圳经济特区物业管理条例》等规定，结合本市实际，我局制定了《深圳市物业服务评价管理办法》，现予印发，请遵照执行。

深圳市住房和建设局

2021年12月31日

深圳市物业服务评价管理办法

第一章 总则

第一条 为了加强物业服务市场监管，营造诚实守信的物业服务市场环境，根据国务院《物业管理条例》《深圳经济特区物业管理条例》等规定，结合本市实际，制定本办法。

第二条 本办法适用于本市行政区域内对物业服务企业和物业管理项目负责人（以下合称评价对象）实施物业服务活动的评价和管理。

本办法所称物业服务企业，是指依法设立，并在本市行政区域内实施物业服务活动的企业。

本办法所称物业管理项目负责人，是指物业服务企业按照物业服务合同及相关约定指派，负责物业服务项目运营和管理的负责人。

第三条 物业服务评价管理活动应当遵循诚信、客观、公正、公开、审慎的原则。

第四条 市住房和建设部门统筹全市评价对象的评价和管理，按照本办法规定负责相关物业服务信息的认定、评价及信访投诉处理。

市物业管理服务促进中心（以下简称市物管促进中心）负责在全市统一的物业管理信息平台（以下简称信息平台）中建立物业服务信息评价管理系统（以下简称市评价管理系统）、统计汇总全市评价对象的物业服务信息，按照本办法规定负责相关物业服务信息的采集、录入、提出初步认定意见，并协助市住房和建设部门开展相关信访投诉处理工作。

区住房和建设部门按照本办法规定负责相关物业服务信息的采集、录入、认定及信访投诉处理。街道办事处配合区住房和建设部门做好物业服务评价和管理相关工作。

第五条 市住房和建设部门可以建立物业服务评价管理委员会（以下简称评价管理委员会），协调处理物业服务评价中的重大事项和重大疑难问题。

评价管理委员会的组成人员包含市住房和建设部门、市物管促进中心、相关区住房和建设部门及街道办事处等部门代表。评价管理委员会协调处理相关重大事项和重大疑难问题时，可以根据需要听取人大代表、政协委员、物业服务行业自律组织、业主组织等意见。

第二章　采集与公开

第六条 物业服务信息，由基础信息、良好信息和不良信息构成，其中不良信息包括行政处罚和其他不良行为信息。

第七条 物业服务信息的采集，是指对评价对象的服务信息进行收集、记录、分类和储存，形成反映其经营、执业情况档案的活动。

第八条 根据《深圳经济特区物业管理条例》等法规政策规定，基础信息具体包括：

（一）在信息平台绑定身份的信息；

（二）在数据共享银行开设业主共有资金账户的信息；

（三）在管物业项目物业服务合同备案的信息；

（四）业主满意度评价情况及反馈业主意见建议的信息；

（五）通过信息平台"信息公开"子系统公开物业服务相关事项的信息；

（六）通过信息平台"安全检查"子系统反馈安全自查的信息；

（七）及时查阅市、区住房和建设部门通过信息平台"通知发布"子系统下发的极端天气、公共卫生预警等通知公告的信息；

（八）物业服务企业报送半年度和年度统计报表的信息；

（九）通过信息平台"专业能力测评"子系统参加市住房和建设部门组织的物业服务水平技能提升在线答题的信息；

（十）其他基础信息。

基础信息通过信息平台自动采集，并直接予以认定。

第九条 良好信息，是指评价对象在物业服务活动中依法经营、优化服务、履行社会责任，受到各级各类表彰及奖励等相关信息。主要包括：

（一）在物业服务过程中获得各级党委、政府以及相关主管部门的表彰及奖励；

（二）获得市级以上物业服务行业自律组织的表彰及奖励；

（三）连续6个月获得业主满意度评价前10名；

（四）在管物业项目获得"市级绿色物业管理评价标识""节水型小区"等称号；

（五）参与各级物业管理领域标准编制；

（六）在管物业项目业主身份绑定率达到一定比例以上；

（七）其他良好信息。

第十条 评价对象可以通过市评价管理系统诚信申报良好信息，同时上传相应材料并对材料的真实性、合法性、准确性负责。

评价对象应当自良好信息产生之日起30日内完成申报，其中获得国家级和部委级奖励的良好信息可以延长至60日。逾期申报的良好信息不予认定。

第十一条 市物管促进中心对评价对象自行申报的良好信息提出初步认定意见，由市住房和建设部门予以认定。

通过信息平台自动采集的良好信息，直接予以认定。

评价对象对良好信息的认定有异议的，可以自公示之日起15个工作日内持相关材料向市住房和建设部门提出异议申请。市住房和建设部门应当自收到异议申请之日起15个工作日内进行复核。异议成立的，10个工作日内予以修正；异议不成立的，应当告知理由。

第十二条 不良信息，是指评价对象在物业服务活动中违反有关法律法规、标准规范、管理要求等相关信息。主要包括：

（一）区住房和建设部门作出的行政处罚；

（二）市、区住房和建设部门认定的其他不良行为信息；

（三）相关行政主管部门和司法机关抄送或者共享的生效法律文书；

（四）法律、法规和党中央、国务院政策文件规定的其他不良信息。

第十三条 区住房和建设部门应当自行政处罚决定书送达之日起10个工作日内将信息录入市评价管理系统，直接予以认定。

第十四条 市、区住房和建设部门认定行政处罚以外的其他不良行为信息应当作出不良行为认定书。

不良行为认定书应当载明当事人及物业项目名称、事实与法律依据、处理结果、救济方式等内容。

不良行为认定书送达之日起10个工作日内，市物管促进中心、区住房和建设部门应当分别将相关信息录入市评价管理系统，直接予以认定。

第十五条 自收到相关行政主管部门和司法机关抄送或者共享的与物业服务活动相关的生效法律文书之日起10个工作日内，市物管促进中心、区住房和建设部门应当分别将相关信息录入市评价管理系统，直接予以认定。

第十六条 评价对象的物业服务信息通过信息平台对外公示。

基础信息和良好信息自该信息认定之日起对外公示，公示期与信息的有效期一致。

除依法依规不予公开外，不良信息自该信息录入市评价管理系统之日起对外公示，公示期为3个月到1年，法律、法规和党中央、国务院政策文件对公示期另有规定的从其规定。

第十七条 市、区住房和建设部门认定的良好信息、不良信息被依法撤销的，该信息自始无效。原作出认定的部门应当自认定信息被撤销之日起5个工作日内，撤回对外公示的信息，不作为评价的依据。

经相关行政主管部门和司法机关抄送或者共享的生效法律文书被依法撤销的，该信息自始无效，不再对外公示，不作为评价的依据。

第十八条 对市、区住房和建设部门认定的不良信息，评价对象主动履行法定义务、纠正违法行为、消除不良影响的，可以在信息公示1个月后，向原不良信息认定部门书面提出恢复申请。原不良信息认定部门应当自收到恢复申请之日起20个工作日内完成核查，经审核同意恢复的，该不良信息不再对外公示，但对应的计分不予调整。

经相关行政主管部门和司法机关抄送或者共享的不良信息被依法恢复的，该信息不再对外公示，但对应的计分不予调整。

第三章 评价与分级

第十九条 市住房和建设部门依据法律法规等规定，结合本市实际情况，制定《深圳市物业服务企业和物业管理项目负责人物业服务信息计分标准》(以下简称《计分标准》，见附件)，并可以根据实际情况对《计分标准》适时调整补充。

《计分标准》包括具体情形、信息采集渠道、最高分值、计分规则等内容。

第二十条 物业服务评价实行动态加减分制。市、区住房和建设部门根据录入市评价管理系统的信息记录，依照《计分标准》每天计算加分、减分。

第二十一条 物业服务评价加分、减分仅在信息录入时的自然年度内有效，次年度该信息加分、减分值自动归零，但原信息记录仍在信息平台上对外公示，具体公示期按照本办法第十六条的规定执行。

第二十二条 市、区住房和建设部门根据本办法的规定，按照《计分标准》对评价对象的信息予以计分。

基础信息通过信息平台自动采集后，直接予以认定并计分。

良好信息及属于市住房和建设部门职责范围内的不良信息的计分，由市物管促进中心提出初步计分意见，经市住房和建设部门审定后对外公示；属于区住房和建设部门职责范围内的不良信息的计分，由区住房和建设部门确定具体分值后录入市评价管理系统，并对外公示。

第二十三条 实行物业服务评价等级制度。市住房和建设部门应当按年度根据评价对象的综合得分排名情况进行等级评价，并通过信息平台对外公示。物业服务评价等级分为AAA(优秀)、

AA（良好）、A（一般）、B（合格）、C（较差）5个等级：

（一）综合得分排名10%（含）之前的，表示在评价期间物业服务评价优秀，等级为AAA；

（二）综合得分排名10%-30%（含）的，表示在评价期间物业服务评价良好，等级为AA；

（三）综合得分排名30%-70%（含）的，表示在评价期间物业服务评价一般，等级为A；

（四）综合得分排名70%-90%（含）的，表示在评价期间物业服务评价合格，等级为B；

（五）综合得分排名90%之后的，表示在评价期间物业服务评价较差，等级为C。

当年度的综合得分和排名公布后，评价对象的综合得分所依据的良好信息或者不良信息被依法撤销的，评价对象可以向市住房和建设部门申请重新计分。市住房和建设部门自收到申请之日起15个工作日内完成重新计分，并根据当年度各评价等级分值区间对申请主体的等级重新作出评价。

第二十四条　物业服务企业在本市行政区域内实施物业服务活动未满6个月的，该物业服务企业不参与年度物业服务等级评定。

在本市行政区域内的物业项目担任物业管理项目负责人的时限未满6个月的，该物业管理项目负责人不参与年度物业服务等级评定。

第二十五条　评价对象对信息计分、等级评定、风险名单有异议的，可以自公示之日起15个工作日内持相应材料向原作出决定的部门提出异议申请。

原作出决定的部门应当自收到异议申请之日起15个工作日内进行复核，并将复核结果反馈异议人。异议成立的，10个工作日内予以修正；异议不成立的，应当告知理由。

第四章　评价结果的应用

第二十六条　对评价等级为AAA、AA的物业服务企业，可以实施下列激励措施：

（一）鼓励建设单位、业主组织选聘物业服务企业时，同等条件下予以优先考虑；

（二）政府采购物业服务项目时，同等条件下可以给予加分或者优先考虑；

（三）在政府部门和物业服务行业自律组织开展的物业服务方面的评先评优表彰、奖励等活动中，同等条件下予以优先考虑或者推荐；

（四）在办理备案等物业服务事项过程中，可以根据实际情况予以容缺受理、优先办理等便利措施；

（五）在行政检查中优化检查方式、检查频次；

（六）法律、法规、规章和相关政策文件规定的其他激励措施。

因发生本办法第三十七条规定情形被纳入风险名单的物业服务企业，终止实施前款规定的激励措施。

第二十七条　对评价等级为AAA、AA级的物业管理项目负责人，可以实施下列激励措施：

（一）在政府部门和物业服务行业自律组织开展的物业服务方面的评先评优表彰、奖励等活动中，同等条件予以优先考虑或者推荐；

（二）对其在管物业项目，在行政检查中优化检查方式、检查频次；

（三）法律、法规、规章和相关政策文件规定的其他激励措施。

评选物业管理项目负责人类别的"最美物业人"时，同等条件下优先考虑评价等级为AAA的物业管理项目负责人。

因发生本办法第三十七条规定情形被纳入风险名单的物业管理项目负责人，终止实施前款规定的激励措施。

第二十八条 对评价等级为B的物业服务企业，区住房和建设部门对其在管物业项目加强监管，市住房和建设部门对其作出书面风险提示。

第二十九条 对评价等级为C的物业服务企业，采取以下监管措施：

（一）对其在管物业项目，区住房和建设部门加强监管，加大检查频次；

（二）市住房和建设部门约谈其法定代表人或者主要负责人；

（三）依法依规限制进入本市政府采购物业服务项目。

第三十条 对评价等级为B的物业管理项目负责人，区住房和建设部门对其在管的物业项目加强监管、作出书面风险提示，并书面告知其所属企业。

第三十一条 对评价等级为C的物业管理项目负责人，采取以下监管措施：

（一）对其在管物业项目，区住房和建设部门加强监管，加大检查频次；

（二）由在管物业项目所在区住房和建设部门约谈该物业管理项目负责人，并书面告知其所属企业。

第三十二条 市、区住房和建设部门、物业服务行业自律组织出具外出经营诚信证明时，应当注明物业服务企业的物业服务评价相关情况。

第五章 激励名单与风险名单

第三十三条 市住房和建设部门可以按年度设立物业服务企业激励名单。

市、区住房和建设部门根据评价对象的评价情况，对物业服务企业和物业管理项目负责人分别设立风险名单。

第三十四条 物业服务企业激励名单从评价等级为AAA、AA的名单中产生，具体按照以下指标和权重计算，排名前列的物业服务企业进入激励名单：

（一）在全国范围内在管项目的面积，指标权重25%；

（二）年度经营总收入，指标权重20%；

（三）年度净资产，指标权重15%；

（四）本市行政区域内年度纳税总额，指标权重15%；

（五）本市行政区域内在管物业项目业主满意度，指标权重10%；

（六）基层党组织建设情况，指标权重10%；

（七）履行社会责任情况，包括公益慈善、疫情防控及其他贡献事项，指标权重5%。

物业服务评价年度内因物业服务活动在本市行政区域内依法受到区住房和建设部门行政处罚或者在全国范围内造成重大负面影响的物业服务企业，不得列入激励名单。

物业服务企业激励名单具体数量，由市住房和建设部门根据实际情况确定，并可以根据实际情况适时调整本条第一款规定的计算指标和权重。

市住房和建设部门在作出本条第三款决定前，应当经评价管理委员会研究审议。

第三十五条　年度评价等级为AAA、AA的物业服务企业通过市评价管理系统申报物业服务企业激励名单，同时提交相应的资料并对提交资料的真实性、合法性、准确性负责。

市住房和建设部门可以委托市物管促进中心对申报企业提交的资料进行初审，并根据需要对申报资料进行抽查。

市住房和建设部门通过信息平台将初审合格名单对外公示，公示时间不得少于5个工作日。公示无异议或者异议不成立的，由市住房和建设部门确定最终的激励名单。

第三十六条　对被列为激励名单的物业服务企业，除可以实施第二十六条第一款规定的激励措施外，市住房和建设部门还可以通过信息平台和相关媒体予以公布。

第三十七条　评价对象存在下列情形之一的，纳入风险名单：

（一）连续两个自然年度评价等级为C的；

（二）在管物业项目发生较大以上安全生产责任事故，并负直接责任的；

（三）在管物业项目发生重大以上安全责任事故，并负间接责任的；

（四）被行政机关责令限期退出但拒不退出物业管理区域的；

（五）因侵占、挪用业主共有资金受到行政处罚或者判处刑罚，并给业主造成实际损失的。

发生前款第一项情形的，由信息平台自动采集并直接予以认定。发生前款第二项至第五项情形的，由区住房和建设部门认定后录入市评价管理系统。

第三十八条　被纳入风险名单的评价对象，不参与纳入时所在自然年度的物业服务评价排名和等级评定。

市、区住房和建设部门通过信息平台对外公示被纳入风险名单的评价对象信息，公示期为1年。

公示期内，评价对象被纳入风险名单所依据的信息被依法撤销或者被依法恢复的，原认定部门应当将其移出风险名单，并终止实施相应监管措施。

第三十九条　在风险名单公示期内，可以采取以下措施加强对物业服务企业的监管：

（一）区住房和建设部门对其在管物业项目加强监管，加大检查频次；

（二）不得获评政府部门和物业服务行业自律组织开展的物业服务有关的先进或者优秀等奖项；

（三）依法依规限制进入本市政府采购物业服务项目或者其他依法进行招标的物业服务项目；

（四）法律、法规和党中央、国务院政策文件规定的其他措施。

涉及的物业服务行业自律组织对纳入风险名单的物业服务企业，采取相关行业自律措施。

第四十条 在风险名单公示期内，可以采取以下措施加强对物业管理项目负责人的监管：

（一）区住房和建设部门对其在管物业项目加强监管，加大检查频次；

（二）在管物业项目所在区住房和建设部门建议物业服务企业更换物业管理项目负责人；

（三）不得获评政府部门和物业服务行业自律组织开展的物业服务有关的先进或者优秀等奖项；

（四）法律、法规和党中央、国务院政策文件规定的其他措施。

涉及的物业服务行业自律组织对纳入风险名单的物业管理项目负责人，采取相关行业自律措施。

第六章 附 则

第四十一条 评价对象应当诚信申报各类信息，被发现弄虚作假的，终止实施本办法第二十六条、第二十七条、第三十六条规定的激励措施，并根据《计分标准》予以扣分；已列入激励名单的，市住房和建设部门应当将其从对应年度的激励名单中移出，并通过信息平台重新公示。

第四十二条 各区住房和建设部门将物业管理行政执法权限下放至各街道办事处的，由各区住房和建设部门负责汇总各街道办事处的信息认定情况，将相关信息录入市评价管理系统，并确定具体计分情况。

第四十三条 本办法自2022年1月1日起施行，有效期5年。本办法实施后，法律法规或者国家相关政策文件对物业服务评价有其他规定的，将适时予以调整。

致　谢

本书编写过程中，得到以下单位的大力支持与配合，在此一并感谢（排名不分先后）：

协助编辑单位（排名不分先后）
深圳市住房保障署
深圳市福田区住房和建设局
深圳市罗湖区住房和建设局
深圳市盐田区住房和建设局
深圳市南山区住房和建设局
深圳市宝安区住房和建设局
深圳市龙岗区住房和建设局
深圳市龙华区住房和建设局
深圳市坪山区住房和建设局
深圳市光明区住房和建设局
深圳市大鹏新区住房和建设局
深汕特别合作区住房建设和水务局
深圳市物业管理服务促进中心
深圳市房地产和城市建设发展研究中心
深圳市物业管理行业协会
深圳市罗湖区物业服务行业协会
深圳市南山区物业管理协会
深圳市宝安区物业管理协会
深圳市龙岗区物业管理协会
深圳市房地产和物业管理进修学院
深圳住房研究会